建设用地再开发研究丛书

胡月明　主编

城镇建设用地再开发理论与实践

王红梅　等　编著

科学出版社
北京

内 容 简 介

本书是作者在城镇建设用地再开发领域的研究成果，旨在提供再开发理论依据，丰富再开发评估技术方法和组织协调机制，对进一步推动中国城镇建设用地再开发实践工作具有重要意义。

本书在系统梳理境内外城镇建设用地再开发发展演进的基础上，通过理论分析和典型案例，运用综合论证、定性定量等研究方法，以"制度前提–权籍基础–资源利用–实践模式–全程评估"逻辑框架为主线，系统论述了城镇建设用地再开发发展演进、理论基础、内涵外延、制度设计、权益调整和收益分配、组织和应用模式、全程评估等内容。

本书可供资源环境政策与管理、区域发展管理、地理信息系统、人文地理，以及土地资源管理、资源环境与城乡规划管理、城市规划等专业和领域的研究者阅读，也可作为本科生和研究生的参考书。

图书在版编目（CIP）数据

城镇建设用地再开发理论与实践 / 王红梅等编著. —北京：科学出版社，2016.3

（建设用地再开发研究丛书）

ISBN 978-7-03-047792-7

Ⅰ. ①城⋯　Ⅱ. ①王⋯　Ⅲ. ①城市建设–土地利用–研究–中国　Ⅳ. ①F299.232

中国版本图书馆 CIP 数据核字（2016）第 055426 号

责任编辑：郭勇斌　蔡　芹 / 责任校对：杜子昂
责任印制：张　伟 / 封面设计：黄华斌

科学出版社 出版
北京东黄城根北街 16 号
邮政编码：100717
http://www.sciencep.com

北京厚诚则铭印刷科技有限公司 印刷
科学出版社发行　各地新华书店经销

*

2016 年 4 月第 一 版　开本：720×1000　1/16
2017 年 1 月第二次印刷　印张：19　插页：2
字数：390 000

定价：98.00 元
（如有印装质量问题，我社负责调换）

"建设用地再开发研究丛书"
编委会

主　　编　胡月明

副 主 编　隆少秋　王广兴　刘轶伦

编　　委　（按姓氏汉语拼音排序）

　　　　　　陈长成　邓堪强　樊舒迪　郭泰圣
　　　　　　郭玉彬　李景刚　廖　靖　刘　洛
　　　　　　刘光盛　刘振华　彭高峰　任向宁
　　　　　　王　璐　王红梅　咸春龙　薛佩华
　　　　　　于红波　张　瑞　张华义　朱一中

本书编写人员名单

主　　编　王红梅

副 主 编　丁　一　朱东亚　朱雪欣

编写人员　刘光盛　程迎轩　郑　标
　　　　　　卢阳禄　王淼淼　王海云

丛 书 序 一

改革开放 30 多年来，中国的城乡建设、经济发展和各项社会事业取得了举世瞩目的成就。与此同时，在特定的发展阶段、特别的产业战略、特殊的土地政策的影响下，传统的经济增长方式、粗放用地模式带来了城乡建设用地的盲目扩张和闲置浪费，在一些特大及大城市连绵带、城市群地区，正面临新增用地不足与存量浪费并存、产业转型升级与资源瓶颈加剧的多重挑战，成为推进国家新型城镇化、城乡发展一体化亟待破解的现实难题。"建设用地再开发研究丛书"的编撰出版，正顺应了国家重大战略需求和城镇化发展的紧迫需要。

"建设用地再开发研究丛书"的研究成果具有扎实的实践基础。2008 年 12 月，国土资源部和广东省政府协商并经国务院同意，共同推进节约集约用地试点示范省建设。近几年来，"三旧"改造在探索中实践、在实践中总结，走出了一条低效建设用地再开发、再利用的"广东模式"。2013 年，广东省深入推进节约集约用地示范省建设，也为其他地区低效用地再开发试点工作提供了宝贵经验。

"建设用地再开发研究丛书"立足高水平的科研平台。建设用地再开发是一项复杂的系统工程，既涉及土地、产业、城建、环境等多个部门相互协调的问题，也涉及开发理论、规划、技术、政策等多个环节相互融合的难题。2012 年国土资源部建设用地再开发重点实验室成立，通过发挥平台优势和开展横向联合，围绕建设用地再开发的理论基础、制度设计、技术创新、模式提炼等前沿领域，深入开展了系统研究和示范实践，取得了一系列重要成果。尤其在建设用地再开发理论体系、技术方法、平台支撑、监管监测、优化决策等方面取得了可喜进展，为该丛书的出版提供了重要支撑。

城镇化发展转型、经济增长方式转变是一个不断优化的过程。应当认识到，新时期我国城乡建设用地存量形势依然严峻，建设用地低效、体制机制局限与经济转型发展的矛盾日益突出，建设用地再开发理论创新与科技支撑的需求十分旺盛，进一步摸清家底、深入揭示规律、深化技术创新、推进开发实践的前景广阔，任重道远。该丛书的系列成果将起到重要的引领和指导作用。

借此机会，我郑重推荐这套高质量的丛书，希望其中的新理论、新技术、新模式的推广应用产生更大的影响。同时，期望这套丛书能够引发学术界、政府管理部门的更多思考，并将思考变为行动，为加快推进我国建设用地再开发的理论发展与实践应用，为全面落实资源节约优先战略、实现全面建成小康社会目标做出积极贡献。

中国城乡发展智库联盟（CURTA）理事长
中国自然资源学会土地资源研究专业委员会主任
中国科学院地理科学与资源研究所研究员、长江学者特聘教授

2016年3月　北京

丛 书 序 二

　　建设用地再开发是我国新型城镇化发展和生态文明建设进程中落实最严格的耕地保护制度和节约集约用地制度的重要手段。2009 年，经国务院同意，国土资源部与广东省人民政府开始共同推进以"三旧"改造为核心的节约集约用地试点示范省建设，正式开启了建设用地再开发先行先试工作。2012 年，《国土资源部关于大力推进节约集约用地制度建设的意见》（国土资发[2012]47 号）首次从国家层面系统地提出了节约集约用地制度的框架体系。2013 年，《国土资源部关于印发开展城镇低效用地再开发试点指导意见的通知》（国土资发[2013]3 号）确定在内蒙古、辽宁、上海、江苏、浙江、福建、江西、湖北、四川、陕西等 10 个省（自治区、直辖市）开展城镇低效用地再开发试点。随着试点工作的推进，建设用地再开发逐步成为国家和地方深入落实"创新、协调、绿色、开放、共享"五大发展理念的重大举措和"破解资源环境约束等发展难题，厚植发展优势，避免中等收入陷阱"最重要的突破口。

　　近年来，各地通过试点对建设用地再开发进行了突破性的政策与实践探索，并总结出广东省的"三旧"改造模式、深圳市的城市更新模式、东莞市的土地"托管"模式、重庆市的"地票"交易模式、天津市的"两分两换"城镇化模式、武汉市的"两型社会"建设模式、成都市的农村建设用地再开发模式、浙江省的低效建设用地二次开发模式等实践模式，为建设用地再开发健康、规范、有序发展提供了参考借鉴。然而，建设用地再开发是一项巨大的系统工程，涉及的领域复杂、利益群体多、程序繁琐、管理部门多，知识广博、学科交叉多，亟待系统的、全面的理论方法、技术手段、政策制度创新支撑。

　　2012 年，国土资源部批准依托华南农业大学和广东省国土资源技术中心建设国土资源部建设用地再开发重点实验室，打造了国内第一个建设用地再开发科技创新平台。在国家自然科学基金委员会、科技部、广东省科技厅等的资助和国土资源部、广东省土地开发储备局、广州市国土资源和房屋管理局、广州市城市更新局、无锡市国土资源局等的大力支持下，实验室联合国内外相关学者，系统地开展建设用地再开发理论方法、关键技术和管理模式研究。本套丛书主要是这些研究成果结集,力求为我国建设用地再开发领域的科技工作者、管理决策人员和企业管理者提供一套有价值的参考资料。

我谨代表国土资源部建设用地再开发重点实验室和丛书编委会,感谢为此付出辛勤劳动的各位作者和编委,同时感谢科学出版社为本丛书的出版提供的支持!

国土资源部建设用地再开发重点实验室主任
广东省土地利用与整治重点实验室主任
广东省土地信息工程技术研究中心主任
广东测绘地理信息产业技术创新联盟理事长

2015 年 12 月　广州

序　言

　　新常态下，中国城镇化步伐日益加快，创新、协调、绿色、开放、共享理念对城镇建设用地再开发提出了更高的要求。

　　实践中，建设用地利用出现的盲目扩张、利用低效、结构失衡等现象屡屡发生。因此，健康开展城镇建设用地再开发，优化土地利用结构，营造优质生态空间，保持城市文化脉络和历史印记，实现城镇空间有机重构，促进城镇"精明增长"正紧迫地被提上日程。

　　作者在汲取境内外实践经验的基础上，对中国城镇建设用地再开发问题做了全面、系统的分析研究，提出了完整、科学的城镇建设用地再开发规范体系，包括基础理论、内涵外延、制度设计、权益调配、模式方法、再开发评估等各个方面。

　　书中，作者从创新的角度，在以下方面做了有益的探索。

　　视角创新——从土地管理和城市发展转型的视角，探索城镇建设用地再开发与社会经济的内在机制，以"制度前提－权籍基础－理论与实践－资源利用－实践模式－全程评估"为逻辑主线，系统论述了城镇建设用地再开发的体系与方法。

　　理论创新——系统分析了城镇建设用地再开发与土地权籍理论、土地经济理论、规划理论与土地利用理论的关系，形成城镇建设用地再开发理论分析框架。基于"多规合一"的视角和契机，针对各类已有相关概念的内涵外延交叉重叠与互补之处，从土地集约节约利用、城市历史文化保护、生态文明建设、社会网络构建等方面，统筹重构城镇建设用地再开发内涵与外延，在理论上一定程度促进了土地利用和城乡规划、可持续发展学科的融合。

　　技术方法创新——提出利用系统动力学、多因素综合评价法、GIS 耦合模型，研究"宏观到微观""数量到空间"的"自上而下"的再开发应用模式优选问题，采用"WinXP+VC+ArcGIS+数学模型"的组合形式，利用 VC、ArcGIS 和数学模型建立再开发应用模式优选评价系统，推动了再开发模式优选的信息化进程。此外，基于项目生命周期理论，首次提出了以"事前、事中、事后"为周期、以项目和政策实施为对象的城镇建设用地再开发全程评估体系。

期望本书的出版对全国城镇建设用地再开发事业有所贡献。

2015 年 12 月　哈尔滨

目 录

丛书序一
丛书序二
序言
1 绪论 ·· 1
  1.1 问题的提出 ·· 2
    1.1.1 粮食安全导致耕地保护政策严 ······························· 2
    1.1.2 "多规合一"致使城镇外围扩张难 ··························· 3
    1.1.3 生态文明压缩城镇用地扩展空间 ····························· 4
    1.1.4 新型城镇化导致城镇用地挖潜需求大 ······················ 5
    1.1.5 城市更新丰富城镇建设用地再开发内涵 ···················· 5
    1.1.6 城镇土地低效利用致使再开发潜力大 ······················ 6
  1.2 城镇建设用地再开发的研究思路与分析方法 ················· 7
    1.2.1 研究思路 ··· 7
    1.2.2 分析方法 ··· 9
2 发展演进 ·· 11
  2.1 国内演进 ··· 11
    2.1.1 曲折探索阶段（1949~1978年）····························· 12
    2.1.2 积极发展阶段（1979~2007年）····························· 15
    2.1.3 成熟阶段（2008年至今）····································· 24
  2.2 境外发展 ··· 32
    2.2.1 探索阶段（19世纪中期~20世纪70年代中期）········ 32
    2.2.2 发展阶段（20世纪70年代后期~90年代中期）········ 34
    2.2.3 成熟阶段（20世纪90年代后期至今）····················· 37
  2.3 本章小结 ··· 41
3 理论基础 ·· 43
  3.1 土地权籍理论 ·· 43
    3.1.1 土地产权制度及其变迁理论 ·································· 43
    3.1.2 土地产权权能理论 ··· 44
    3.1.3 土地产权结合与分离理论 ····································· 45

3.1.4　土地产权商品化及配置市场化理论…………………………46
　　　3.1.5　土地产权登记及土地统计分析理论…………………………46
　3.2　土地经济理论………………………………………………………47
　　　3.2.1　土地财产制度理论为再开发制度设计与产权调整提供基础……47
　　　3.2.2　土地资产流转理论为再开发收益分配提供手段……………48
　3.3　规划理论……………………………………………………………51
　　　3.3.1　规划理论是再开发的依据………………………………………51
　　　3.3.2　规划是再开发实施的重要手段…………………………………52
　3.4　土地利用理论………………………………………………………53
　　　3.4.1　土地规模利用理论………………………………………………53
　　　3.4.2　土地集约利用理论………………………………………………54
　　　3.4.3　土地可持续利用理论……………………………………………55
　3.5　城镇建设用地再开发理论框架……………………………………56
　3.6　本章小结……………………………………………………………57

4　概念解析：内涵与外延……………………………………………58
　4.1　概念的提出…………………………………………………………58
　　　4.1.1　动因分析…………………………………………………………58
　　　4.1.2　核心问题分析……………………………………………………67
　4.2　内涵…………………………………………………………………73
　　　4.2.1　内涵界定…………………………………………………………73
　　　4.2.2　内涵解析…………………………………………………………78
　4.3　外延…………………………………………………………………86
　　　4.3.1　城镇建设用地再开发的实践形式………………………………86
　　　4.3.2　各主要再开发实践形式的联系与差异…………………………89
　　　4.3.3　城镇建设用地再开发外延重构…………………………………92

5　制度设计……………………………………………………………94
　5.1　法律规章制度………………………………………………………94
　　　5.1.1　构建城镇建设用地再开发相关法律的原则……………………95
　　　5.1.2　城镇建设用地再开发立法的重点环节…………………………97
　5.2　规划计划制度………………………………………………………99
　　　5.2.1　城镇建设用地再开发规划体系…………………………………99
　　　5.2.2　城镇建设用地再开发规划编制主体……………………………103
　　　5.2.3　城镇建设用地再开发规划编制程序……………………………104
　　　5.2.4　城镇建设用地再开发规划的主要内容…………………………106
　5.3　组织协调制度………………………………………………………108

- 5.3.1 组织协调的原则与依据 … 108
- 5.3.2 利益相关者与参与主体界定 … 110
- 5.3.3 利益主体的权责划分 … 112
- 5.3.4 组织协调机构与职能 … 115
- 5.4 融资制度 … 116
  - 5.4.1 融资渠道 … 116
  - 5.4.2 融资模式构建 … 117
  - 5.4.3 融资风险管理 … 118
  - 5.4.4 资金管理制度 … 125
- 5.5 运作管理制度 … 126
  - 5.5.1 城镇建设用地再开发项目前期管理 … 126
  - 5.5.2 城镇建设用地再开发项目中期管理 … 129
  - 5.5.3 城镇建设用地再开发后期管理 … 129
- 5.6 监督制度 … 130
  - 5.6.1 监督主体与类型 … 130
  - 5.6.2 监督法律体系构建 … 132
  - 5.6.3 监督手段与方式 … 132
  - 5.6.4 监督问责追究制度 … 133
- 5.7 本章小结 … 133

6 权籍调整和收益分配 … 135
- 6.1 土地发展权 … 135
  - 6.1.1 土地发展权概念界定 … 135
  - 6.1.2 土地发展权由来与产生 … 137
  - 6.1.3 土地发展权理论基础与法律属性 … 138
  - 6.1.4 再开发过程与土地发展权配置 … 141
- 6.2 土地权属调整 … 142
  - 6.2.1 土地权属调整的概念界定 … 143
  - 6.2.2 土地权属管理的法律与制度基础 … 145
  - 6.2.3 土地权属调整的利益公平与交易成本 … 146
  - 6.2.4 产权调整的原则与依据 … 147
  - 6.2.5 产权调整的方式方法 … 149
  - 6.2.6 产权调整的规范化程序 … 151
- 6.3 收益分配 … 153
  - 6.3.1 再开发收益的内涵界定 … 153
  - 6.3.2 再开发利益主体博弈分析 … 154

- 6.3.3 再开发收益分配的原则与依据 ········· 158
- 6.3.4 再开发增值收益构成与分配 ········· 162
- 6.3.5 再开发收益分配方案效果评估 ········· 165
- 6.4 协调再开发的利益关系 ········· 166
  - 6.4.1 规范地方政府的利益追求 ········· 167
  - 6.4.2 规范开发商的利益追求 ········· 167
  - 6.4.3 发展社区建设 ········· 168
- 6.5 本章小结 ········· 169

7 模式研究 ········· 170
- 7.1 再开发组织模式 ········· 170
  - 7.1.1 政府主导型 ········· 170
  - 7.1.2 业主主导型 ········· 172
  - 7.1.3 市场主导型 ········· 174
  - 7.1.4 规划主导型 ········· 176
  - 7.1.5 混合型 ········· 177
  - 7.1.6 典型案例分析 ········· 180
- 7.2 再开发应用模式 ········· 186
  - 7.2.1 综合整治改善型模式 ········· 186
  - 7.2.2 功能提升改建型模式 ········· 187
  - 7.2.3 文化保护更新型模式 ········· 189
  - 7.2.4 产业升级新建型模式 ········· 190
- 7.3 模式集成的典型应用 ········· 192
  - 7.3.1 老城区再开发 ········· 192
  - 7.3.2 城中村再开发 ········· 194
  - 7.3.3 旧厂房再开发 ········· 196
- 7.4 模式优选的方法与集成 ········· 197
  - 7.4.1 模式优选方法 ········· 197
  - 7.4.2 方法集成与系统设计 ········· 200
- 7.5 本章小结 ········· 209

8 全程评估 ········· 211
- 8.1 潜力评价 ········· 211
  - 8.1.1 再开发潜力定义 ········· 211
  - 8.1.2 再开发潜力影响因素 ········· 212
  - 8.1.3 再开发潜力评价的原则 ········· 213
  - 8.1.4 评价指标体系构建 ········· 214

8.1.5　案例分析 ··· 216
8.2　过程评价 ··· 229
　　8.2.1　再开发过程定义 ·· 229
　　8.2.2　再开发规划时序评价 ··· 231
　　8.2.3　再开发规划空间吻合评价 ······································ 234
　　8.2.4　再开发项目施工过程评价 ······································ 240
8.3　效益评价 ··· 243
　　8.3.1　再开发效益定义 ·· 243
　　8.3.2　宏观区域再开发效益评价 ······································ 245
　　8.3.3　微观地块再开发效益案例分析 ······························· 251
8.4　政策评估 ··· 255
　　8.4.1　再开发政策评估的主要内容 ·································· 255
　　8.4.2　再开发政策评估的指标 ··· 257
　　8.4.3　案例分析 ··· 258
8.5　全程评估体系 ·· 262
　　8.5.1　全程评估体系的内容与特征 ·································· 262
　　8.5.2　全程评估体系的功能 ··· 263
　　8.5.3　全程评估体系的实施 ··· 265
8.6　本章小结 ··· 267

参考文献 ·· 269
附录 1 ·· 277
　　调查问卷 ·· 277
附录 2 ·· 280
　　专家调查问卷 ··· 280
后记 ·· 283
彩图

1 绪 论

威廉·配第（1623~1687年）说过，劳动是财富之父，土地是财富之母。作为社会经济发展的基础，土地资源是最具活力、最有增值潜力的资产之一，中国改革开放30多年的飞速发展离不开土地资本的高效运作。在漫长的人类发展史上，土地资源一直是人类社会争夺的焦点，"有土斯有财"的观念贯穿整个人类社会。无论是奴隶社会、封建社会还是现代社会，土地资源都是定国安邦的基础。

经过改革开放30多年的建设发展，中国经济社会发展取得了举世瞩目的成就，工业化、城镇化得到长足发展。虽然经济建设改善了国人的生活条件，但伴随而来的是人地矛盾问题日益突出：城镇建设用地快速、盲目扩张，总体上粗放浪费；耕地资源迅速减少，粮食安全难以保障；土地利用不当造成的环境污染资源退化问题日益严峻。调查显示，2008年年末，全国城镇规划范围内共有闲置、空闲和批而未供的土地近26.67万hm^2，约占现有城镇建设用地总量的8%（刘光盛等，2015）；耕地面积为12 173.33万hm^2（18.26亿亩），与1996年相比减少了833.33万hm^2（1.25亿亩），年均减少61.10万hm^2（961.53万亩），"18亿亩耕地红线"已岌岌可危。2013年国土资源部和国家统计局公布的第二次全国土地调查数据显示，全国共有耕地13 538.50万hm^2（203 077万亩）。其中，564.90万hm^2（8474万亩）耕地位于东北、西北地区的林区、草原以及河流湖泊最高洪水水位控制线范围内，还有431.40万hm^2（6471万亩）耕地位于25度以上陡坡。有66.5%的中低产田，其中，中产田面积占37.9%，低产田面积占28.6%。上述耕地中，有相当部分还需要根据国家退耕还林、还草、还湿和耕地休养生息的总体安排逐步调整。全国人均耕地0.10hm^2，不到世界平均水平的一半。综合考虑现有耕地数量、质量和人口增长、发展用地需求等因素，中国耕地保护形势仍十分严峻[①]。人均耕地少、质量总体不高、后备资源不足的基本国情并未改变。同时，建设用地增加虽与经济社会发展要求相适应，但许多地区建设用地格局失衡、利用粗放、效率不高，供需矛盾仍很突出。土地利用的不合理导致生态环境问题日益明显。根据第四次全国荒漠化和沙化监测的结果，截至2009年年底，全国荒漠化土地面积262.00万km^2，沙化土地面积173.00万km^2，分别占国土总面积的27.33%和

---

① 关于第二次全国土地调查主要数据成果的公报. 2013-12-30. http://www.mlr.gov.cn/zwgk/zytz/201312/t20131230_1298865.htm

18.03%。因此，必须毫不动摇地坚持最严格的耕地保护制度和节约用地制度，在严格控制增量建设用地的同时，进一步加大盘活存量建设用地的力度，大力推进生态文明建设。近年来，节约集约用地成为实现中国土地合理利用的重要手段，一系列节约集约用地的政策也相应出台。2008年，国务院下发《关于促进节约集约用地的通知》，针对土地领域节约集约提出了明确要求。2014年，国土资源部制定《节约集约利用土地规定》，具体落实节约集约用地政策。该规定指出，节约集约利用土地是指通过规模引导、布局优化、标准控制、市场配置、盘活利用等手段，达到节约土地、减量用地、提升用地强度、促进低效废弃地再利用、优化土地利用结构和布局、提高土地利用效率的各项行为与活动。城镇建设用地再开发是盘活存量土地、提升土地利用强度、节约集约用地的重要举措，对缓解人地矛盾、保护耕地与生态用地、保障城镇经济社会发展用地需求发挥着重要的促进作用。

然而，中国城镇建设用地再开发起步较晚，早期与再开发相关的主要是土地整理活动，大多集中在农村居民点整理，自节约集约政策出台后才逐步推广到城镇建设用地。关于农村居民点整理的意义、理论基础、项目管理、工程设计、规划配置和效益评价等，目前已经初步形成了比较完善的理论体系。而在城镇建设用地再开发上，由于其理论研究和实践活动均刚起步，在再开发的内涵外延、理论体系、制度设计、产权调整、收益分配、模式研究、全程评估等方面，国内未形成相对统一的认识，很多研究尚处于起步阶段。在当前保障粮食安全、促进生态文明建设、节约集约用地的背景下，加强城镇建设用地再开发，减少城镇建设占用的耕地及生态用地已成为共识。

1.1 问题的提出

1.1.1 粮食安全导致耕地保护政策严

民以食为天，粮食安全始终是关系国民经济发展、国家自立和社会稳定的全局性战略问题。近年来，国内粮食生产发展和供需形势呈现较好局面，为改革发展稳定全局奠定了重要基础。但是也必须清醒地看到，农业仍然是国民经济的薄弱环节。《国家粮食安全中长期规划纲要（2008—2020年）》强调全国粮食安全面临七大挑战：消费需求刚性增长，耕地数量逐年减少，水资源短缺矛盾凸显，供需区域性矛盾突出，品种结构性矛盾加剧，种粮比较效益偏低，全球粮食供求偏紧。因此，受人口、耕地、水资源、气候、能源、国际市场等因素变化影响，粮食安全将面临严峻挑战。在当前粮食需求刚性增长、气候日趋恶劣、灾害天气频发及国际粮食价格动荡影响下，作为人口大国，中国必须且只能依靠自己解决粮食安全问题。从世界粮情看，全球粮食产量已经在21亿~22亿吨徘徊多年，而世界人口由20世纪的65亿，上升到目前的近70亿，世界人均粮食占有量仅有300kg左右，国际粮食市场回旋余地有限。中国人口占世界人口的1/5，粮食年均需求量（含饲料和工业用粮）近7亿吨，接近世界粮食产量的1/3，如果粮食大量依靠进口以满足国内需求，就会造成世界性粮食灾难。所以必须坚定不移贯彻国家耕地保护战略，立足国内解决吃饭问题[①]。

鉴于人多地少的特殊国情，中国实行"三个最严格"的耕地保护制度，坚守耕地红线，保护粮食安全。《中华人民共和国土地管理法》中明确提出："国家保护耕地，严格控制耕地转为非耕地，对土地实行用途管制、耕地占补平衡和基本农田保护等制度。"然而，中国目前仍处于工业化与城镇化的中期，随着经济的发展及工业化、城镇化的推进，中国城市建设用地需求不断加大，由1986年的6720.0 km²，迅速增至2008年的39 140.5 km²，年均增长8.3%，高于城市人口增速的4.4%。而城市新增建设用地主要来自对周边优质耕地的占用。1986~2008年城市建设占用耕地达393.9万hm²，占耕地流失的19.5%，仅次于生态退耕和农业结构调整。耕地大量流失严重影响了全国粮食安全。相对于农业结构调整、生态退耕和灾害导致的耕地流失而言，建设侵占造成的耕地生产能力丧失应为可控（吴得文等，2011）。2008年中国人均耕地面积0.10 hm²，仅为世界人均量的40%。目前中国常住人口城镇化率为53.7%，户籍人口城镇化率只有36%左右，不仅远低于发达国家80%的平均水平，也低于人均收入与中国相近的发展中国家60%的平均水平[②]，长远来看国内城镇化发展还存在较大空间。根据世界每万人城镇人口需要不少于1km²土地和中国城镇化水平每提高1%将增加1800万城镇人口的要求，为达到发展中国家城镇化平均水平，中国还需要规划1.13万km²的城镇建设用地。因此，未来国内建设用地需求量仍将居高不下，与耕地保护之间的矛盾也必然日益尖锐。大量肥沃、适合农作物生长的城市郊区优质耕地补充要么以土地复垦费代替，要么增补质量较差的非宜农土地，农用地沦为城市建设项目用地。尽管中国实行基本农田保护和耕地占补平衡等制度，但由于政策执行偏差，宜耕后备土地资源趋紧，质量降低，开垦难度加大，生态环境恶化，难以保证政策效果。

1.1.2 "多规合一"致使城镇外围扩张难

规划，尤其是空间规划，是研究解决"发展"与"保护"矛盾的重要突破口。目前中国国民经济和社会发展规划、城市总体规划及土地利用总体规划等规划间的衔接问题日渐突出，导致土地资源开发管理失序严重，城市建设的行政成本不

[①] 中国的粮食安全必须且只能依靠自己，http://www.chinagrain.cn/liangyou/2015/3/27/201532716223522452.shtml
[②] 《国家新型城镇化规划（2014—2020年）》

断攀升。规划冲突致使其难以有效实施，在某种程度上影响了经济社会健康发展。"多规合一"[①]成为空间规划的发展趋势之一。

关于"多规合一"，《中华人民共和国城乡规划法》第五条规定："城市总体规划、镇总体规划以及乡规划和村庄规划的编制，应当依据国民经济和社会发展规划，并与土地利用总体规划相衔接。"2014年，为贯彻落实党的十八大，十八届三中全会、四中全会，以及中央城镇化工作会议精神，中国已在县（市）探索经济社会发展、城乡建设、土地利用规划的"多规合一"。可见，未来"多规合一"全面铺开后，城镇建设用地将遭遇"用地极限"，传统"摊大饼式"的城镇扩张难以为继，城镇内部存量用地挖潜迫在眉睫。

1.1.3 生态文明压缩城镇用地扩展空间

保护生态环境，实施可持续发展战略，是中国的一项基本国策。党的十四大指出：要加强环境保护的基本国策，增强全民族的环境意识，保护和合理利用土地、矿藏、森林、水等自然资源，努力改善生态环境。十五大提出：要坚持保护环境的基本国策，正确处理经济发展同人口、资源、环境的关系，加强对环境污染的治理，植树种草，搞好水土保持，防治荒漠化，改善生态环境。十六大指出：要使可持续发展能力不断增强，生态环境得到改善，资源利用效率显著提高，从而促进人与自然的和谐，以推动全社会走上生产发展、生活富裕、生态良好的文明发展道路。十七大指出：要建设生态文明，在全社会牢固树立生态文明观念。十八大指出：面对资源约束趋紧、环境污染严重、生态系统退化的严峻形势，必须树立尊重自然、顺应自然、保护自然的生态文明理念，把生态文明建设放在突出地位。这些都要求将生态文明建设提升到"五位一体"总布局的高度和前所未有的地位。

中国生态环境非常脆弱，全国森林覆盖率低，土地沙化，水土流失，天然草原退化面积大，地表水、近岸海域环境质量不容乐观，生物多样性减少，一些重要的生态功能区功能严重退化。为缓解生态环境压力，中国提出了优化国土空间、划定生态红线等土地利用策略。其中，《国家生态保护红线－生态功能基线划定技术指南（试行）》（以下简称《指南》），是中国首个生态保护红线划定的纲领性技术指导文件。《指南》规定，2014年，中国要完成"国家生态保护红线"[②]划定工作。生态保护红线是继"18亿亩耕地红线"后另一条被提到国家层面的"生命线"。

---

①根据《关于开展市县"多规合一"试点工作的通知》，"多规合一"是指以国民经济和社会发展规划为依据，加强城乡规划与土地利用总体规划的衔接，确保"多规"确定的保护性空间、开发边界、城市规模等重要空间参数一致，并在统一的空间信息平台上划定生态、基本农田、城市增长边界和产业区块等控制线，建立控制线体系，以实现优化城乡空间布局、有效配置土地资源、促进土地节约集约利用、提高政府行政效能的目标。

②生态保护红线是指在自然生态服务功能、环境质量安全、自然资源利用等方面，需要实行严格保护的空间边界与管理限值，以维护国家和区域生态安全及经济社会可持续发展，保障人民群众健康。

生态保护红线的划定进一步限制了城镇建设用地的扩展空间，在耕地保护与生态红线双重约束下，节约集约用地，突破传统粗放的数量扩张模式，转向质量挖潜，已成为城镇土地利用的必然趋势之一。

1.1.4　新型城镇化导致城镇用地挖潜需求大

改革开放30多年，中国城市空间扩大了2~3倍，2014年城镇化率已达53.7%。但由于人口城镇化进程滞后于空间城镇化，高城镇化率仅流于表象，户籍隔阂使庞大的农民工群体难以充分享受城镇化成果。城镇化建设是中国发展的重中之重，不仅在于中国城镇化与其他发达国家相比差距较大（如美国城镇化率达到90%、韩国城镇化率达到80%），更因其担负扩大内需、拉动增长的重任。党的十八大明确提出了"新型城镇化"概念，随后国家发展和改革委员会会同有关部门编制并发布了《国家新型城镇化规划（2014—2020年）》。这些措施表明，新型城镇化已成为新时期的国家战略。

新型城镇化不同于传统房地产化。1995年以来，中国城镇化经历了史上最快的发展阶段，同时带来了更令人头痛的问题——房价进入快速上涨甚至暴涨期。受土地财政与GDP增长利益驱动的影响，全国各地城市圈地扩容，建房盖楼，城镇面积迅速扩张。传统城镇化扩张的背后隐含着土地城镇化与人口城镇化极不匹配，以及城镇建设用地粗放利用等问题，2000~2010年的11年，国内城镇建设用地扩张83%，但同期包括农民工在内的城镇人口仅增长45%。新型城镇化之新，首先在于抑制类似失衡现象，实现城镇土地节约集约利用。

1.1.5　城市更新丰富城镇建设用地再开发内涵

城市更新最早出现在西方发达国家，西方城市更新历程大致可分为3个阶段。第一阶段（探索阶段）：主要经历了从清除城市贫民窟到重建第二次世界大战期间损毁的城区，再到实施贫困社区更新的变迁；第二阶段（发展阶段）：政府在城市更新中的作用逐渐弱化，市场主体在城市建设中的重要性日益突出，私人投资成为城市更新的主要资金来源；第三阶段（成熟阶段）：单靠市场机制已无法解决城市更新面临的挑战，自20世纪90年代后期以来，除继续鼓励私人投资和公私合伙外，公、私、社区3个方面合作的伙伴关系开始形成，同时城市更新的内涵理念日益完善，由过去房地产开发商主导的单一物质环境更新逐渐转变为经济、社会、环境综合提升的多目标城市更新（翟斌庆等，2009）。

20世纪90年代以来，中国经济由改革开放前的计划经济体制向市场经济体制转变，为城市经济增长提供了广阔空间和难得机遇，也给城市更新的诸利益相关者带来了较大影响。当前，中国城市更新的突出特征是房地产主导的城市改造。尽管西方城市更新理念并非全部适用于中国，但其发展轨迹对中国城市更新仍有一定的借鉴作用。随着城市更新的推进，人们逐渐认识到城市更新不仅是旧建筑、旧设施的翻新，也不完全是房地产开发为导向的经济行为，还具有深刻的社会和人文内涵。忽略社区利益、缺乏人文关怀、离散社会脉络的更新不是真正意义的城市更新。城市更新是多目标的，而不是单目标的。不断发展的城市更新理念对城镇建设用地再开发提出新的需求（张更立，2004）。再开发并非简单的推倒重建，而应该更多地将社区建设、城市历史文化风貌保护融入再开发中。

1.1.6 城镇土地低效利用致使再开发潜力大

在城市边界和资源环境的刚性约束下，内涵挖潜已成为城市发展的必由之路。中国存量建设用地挖潜空间较大，一方面，城市发展过程是一个不断更新、改造的新陈代谢过程。改革开放后，由于实行社会主义市场经济改革，中国经济社会得到巨大发展，计划经济时期用地的功能和配置难以适应时代发展要求，表现为布局混乱、房屋破旧、居住拥挤、交通堵塞、环境污染、市政和公共设施短缺等问题。随着产业转型升级、"退二进三""腾笼换鸟"政策的实施，城市存量建设用地有望得到进一步开发。另一方面，30 年多年来，中国东部沿海地区起步于"三来一补""满山放羊"的分散化粗放型工业，完成了工业化原始积累。其经济高速发展很大程度上依赖于投资规模大、产业结构总体层次不高、技术创新能力不强、生产要素利用效率低、经济整体素质不高的"粗放型增长方式"，属低工资、低技术含量、低附加值、低地价、低环境门槛的高速增长。其结果是发展区域内到处充斥着"小、散、乱"的建设用地，土地资源利用呈现"用得早、用得快、用得粗放"状态。2014 年，中国土地勘测规划院对城镇低效用地的调研数据显示，全国城中村占地约 17.41 万 hm^2，占全国城市土地利用总面积的 4.93%。城镇空闲地面积为 40.9 万 hm^2，约占全国城镇土地总面积的 5.63%，为全国城镇工业用地面积的 1/4。由此可见，城镇低效存量建设用地的开发潜力较大，盘活存量用地能够有效缓解当前人地关系紧张局面。此外，受长期计划经济及"造城运动"的影响，中国城镇土地利用效率一直处于较低水平，突出表现为城镇土地利用结构不合理，土地闲置现象严重，城镇规模偏大，功能布局混乱等。

城镇土地利用结构不合理。根据《城市建设统计年鉴》数据，20 世纪 90 年代以来，全国城市用地中工业用地、居住用地、仓储用地、对外交通用地和特殊用地比例呈下降趋势，公共设施用地、道路广场用地和绿地呈增加态势，市政设施用地比例变化甚微。虽然近些年中国加大了城市土地置换和产业结构调整力度，但与境外相比，国内城市土地利用结构的主要问题仍表现在工业用地比例偏高，道路广场用地和绿地比例偏低。2012 年，中国工业用地、绿地与道路广场用地比例分别为19.1%、10.6%，而在境外，前者一般不超过15%，后者一般在15%以上（邹戴丹，2014）。

土地闲置现象严重。2015年5~6月，国务院部署开展了重大政策措施落实情况的第二次大督查。调查显示多地存在建设用地大量闲置问题。2009~2013年，有些城市已供应的建设用地中，闲置土地总量占当期年平均供应量的30%以上[①]。而据国土资源部介绍，截至2015年6月底，全国已处置闲置土地16 160hm²（24.24万亩），占专项督查发现闲置土地总量的23%，其中动工建设8640hm²（12.96万亩）、收回6853hm²（10.28万亩）、置换667hm²（1万亩）。在耕地保护严格、增量用地指标紧张的形势下，盘活这部分闲置土地具有重要意义。

城镇规模偏大。中国土地城镇化与人口城镇化速度差异较大，城市用地增长弹性系数已超过合理阈值。近20年来，中国土地城镇化明显快于人口城镇化。从数据看，1990~2000年，城市建设用地面积扩大90.5%，城镇人口仅增长52.96%，城市用地增长率与城市人口增长率之比为1.71；2000~2010年，城市建设用地面积扩大83.41%，城镇人口仅增长45.12%，城市用地增长率与城市人口增长率之比达1.85，均远高于国际公认的合理阈值1.12[②]。

功能布局混乱。城市规划是城市建设的基础，但中国的城市规划建设比较落后，20世纪80年代末才颁布《中华人民共和国城市规划法》，在许多城市，城市规划还很不成熟，加上计划经济遗留影响，居住区与工业区混杂，商业区与工业区交错的现象比较常见，许多学校、工厂距离繁华闹市区很近，难以体现土地实际价值。

1.2 城镇建设用地再开发的研究思路与分析方法

1.2.1 研究思路

从中国城镇建设用地再开发的实际出发，结合境内外再开发历程和经验教训，凝练目前国内再开发研究存在的问题，借助再开发相关理论成果，本书主要阐述中国再开发理论与实践体系，以期丰富再开发的理论研究，促进新时期国内再开发的实践应用。本书的写作脉络具体如下（图1-1）。

---

① 京华时报，多地存在建设用地闲置．http://epaper.jinghua.cn/html/2015-07/29/content_220384.htm
② 经济参考报，应以用地极限控城镇化规模．http://finance.eastmoney.com/news/1344,20130401282586154.html

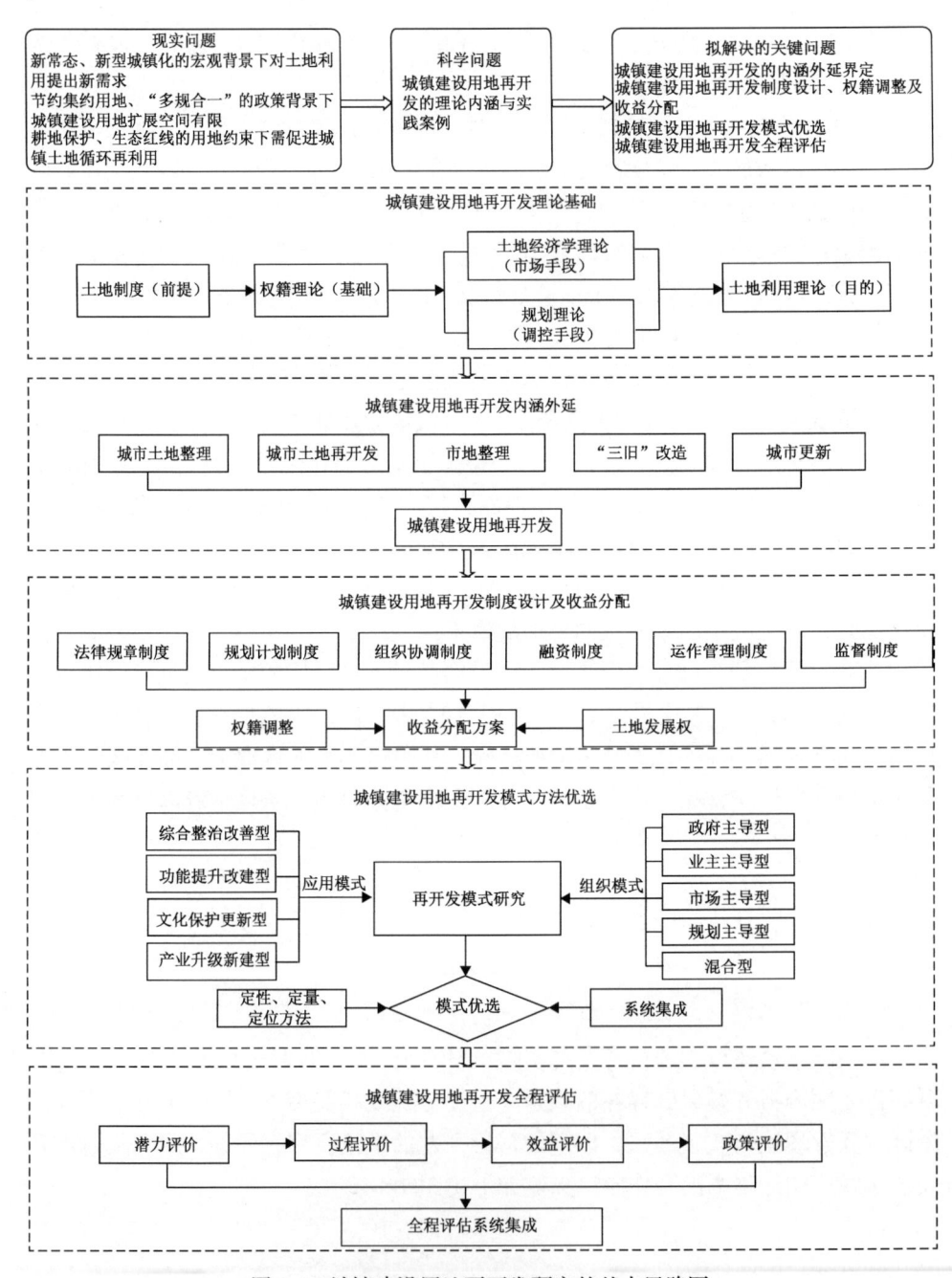

图 1-1 城镇建设用地再开发研究的基本思路图

第一，在阐述城镇建设用地再开发背景、研究思路和分析方法的基础上，重点梳理境内外再开发的理论发展和实践进展，分析境外再开发研究的启示。

第二，借鉴境内外城镇建设用地再开发相关理论，构建中国再开发理论分析框架。其中，制度是再开发基础，产权调整与增值收益分配是再开发核心，资源合理利用是再开发目的。再开发基础理论吸收借鉴了土地权籍、土地经济、规划、土地利用等理论的相关内容，加以统筹整合，形成中国再开发理论框架。基于此，从再开发演进轨迹出发，本书详细论述再开发的理论内涵，同时阐述再开发与城市土地整理、城市土地再开发、市地整理、"三旧"改造、城市更新等相关概念的区别与联系，重构再开发概念的外延。

第三，在设计再开发法律规章以及规划、组织、协调、融资、运作和监督等制度的基础上，从土地发展权的角度出发，通过产权调整与相关利益主体博弈模型，研究再开发土地增值收益分配方案。

第四，结合典型案例，分析城镇建设用地再开发不同组织和应用模式的优缺点及适用条件。基于德尔菲法、GIS 空间分析法、综合效益评价模型等定性、定量及定位方法，研究再开发应用模式优选系统。

第五，根据全程评估理念，提出城镇建设用地再开发全程评估体系，详细分析再开发潜力、过程、效益和政策等评价的基本原则、技术方法及具体应用，选取典型案例，系统展示再开发全程评估的过程。

1.2.2 分析方法

本书在系统梳理境内外再开发理论与实践研究的基础上，通过理论分析和典型调查，综合运用定性、定量、定位研究方法，详细分析和论证再开发的理论基础、制度设计、权益调配、模式方法、全程评估等内容，力求文献分析与综合论证相结合、定性分析与定量模型相结合、理论分析与实践案例相结合、科学性与实用性相结合，以保证观点与表述的客观性。

1.2.2.1 文献分析与综合论证法相结合

本书采取文献分析法，利用图书资料、期刊等相关资源，按照专著、期刊论文、学位论文等文献类别，收集整理境内外再开发理论与实践相关研究的成果，梳理近年来再开发的相关政策和实践，对相关信息进行多视角、多维度综合分析，把握当前境内外再开发相关领域的研究进展，在此基础上进一步提升，以契合中国土地利用转型需求。

1.2.2.2 定性与定量分析法相结合

本书在定性分析基础上，结合定量方法研究城镇建设用地再开发。在分析再开发进展中，采用文献分析法系统分析境内外再开发历程，运用理论分析法梳理再开发相关理论，提出再开发理论分析框架。针对不同问题运用不同数理分析方法，更为直观和准确地判断再开发实施的情况。运用宏观预测模型、层次分析法、系统动力学、综合评价模型实现再开发模式优选，运用指标评价法、空间吻合度模型等实现再开发全程评估。

1.2.2.3 理论分析与实践案例相结合

本书不仅从理论上分析再开发理论体系、权益调配、模式方法、全程评估等，而且结合典型地区的实践案例检视理论研究成果，为再开发实践提供参考。运用理论与实践相联系的方法，系统梳理境内外再开发相关理论和实践，凝练值得借鉴的理论和实践经验。在再开发模式优选中，本书从理论上分析不同模式的利弊得失及适用条件，进而分析政府主导型、业主主导型、规划主导型、市场主导型、混合型等不同模式的典型案例，直观展示不同模式的应用实例。在全程评估中，基于再开发不同环节评价方法的理论分析，选取典型案例进行应用说明。理论分析与实践案例相结合使本书再开发研究理论与实践联系更紧密，应用性、可操作性更强。

1.2.2.4 宏观分析与微观分析相结合

本书采用宏观与微观相结合的分析方法，宏观上设计城镇建设用地再开发的规划、组织、融资、运作、监督等制度，微观上详细剖析再开发关键环节——权籍调整和收益分配；宏观上分析不同的再开发模式，微观上选取典型案例研究和分析理论应用情况。

1.2.2.5 对比分析法

在再开发基础理论上，对比境内外相关理论研究，归纳分析再开发理论框架体系；在内涵外延上，与市地整理、城市土地再开发、"三旧"改造、城市更新等概念进行对比，归纳和重构再开发概念的内涵与外延；在再开发模式研究中，对比分析不同再开发模式的优缺点及适用条件，为再开发模式优选提供支撑。

2　发展演进

在前述耕地保护政策落实难、城镇土地需求较大、城镇扩张困难和扩展空间压缩但城镇内部低效用地再开发潜力较大的背景下，基于城市更新理念的城镇建设用地再开发内涵丰富，梳理其境内外实践活动及理论发展历程将奠定本书再开发内涵与外延重构的基础。

2.1　国内演进

新中国成立以后，由政府部门主导，一些主要大城市开展了针对战后破旧城市建筑的旧城改造运动，但由于国内政治经济原因，以旧城改造运动为主的城镇建设与再开发进展缓慢，甚至一度停滞。直至改革开放，中国城镇建设才重新步入正轨，尤其是20世纪80年代后期以来，城镇建设用地再开发在城市发展中的地位逐步确立，迎来新的发展机遇，渐次在全国范围内开展。历经几个重要发展阶段后，再开发实践逐步走向成熟。与实践活动相比，再开发理论研究起步较晚。新中国成立后的相当长一段时期内，再开发研究均未得到应有重视，导致理论研究进展缓慢。尽管20世纪80~90年代出现了一些研究成果，但这些成果不仅自身存在诸多不足，而且缺乏各类建设用地再开发间的内在联系与机制的探究，尤其是人为割裂了城市系统与土地载体间的联系，阻碍了二者间交流，一定程度上形成了城市发展与土地开发利用间的矛盾。梳理分析各类再开发理论研究的特点，结合再开发实践活动的进程和规律，对打通再开发的"任督二脉"，构建统筹城镇发展与土地开发利用的再开发理论体系，具有重要意义。

新中国成立后，城镇建设用地再开发在理论探索的同时，其实践活动也逐渐展开，为理论探索提供了营养，奠定了丰富的案例基础。在整理分析《中国城市土地整理理论与实践》《土地管理学》《城市更新：城市发展新里程》《城市发展与规划》和《土地经济学》（第六版）等再开发相关专著资料基础上，本书将再开发实践活动归纳为曲折探索、积极发展及成熟3个阶段。再开发概念内涵丰富，涉及土地整理与土地整治（城镇建设用地方向）、城市土地整理、市地整理、城市土地再开发、旧城更新、城市更新、城市再开发、"三旧"改造、城中村改造、棕地再开发、城市环境综合整治等类型。本书从理论演进和实践活动两个层面出发，梳理城市土地整理、城市更新、棕地再开发和城镇环境综合整治等再开发概念的研究成果，发现研究不足，并展望其发展趋势。

2.1.1 曲折探索阶段（1949～1978年）

因受长期战乱破坏的影响，中国的城市建筑遭到毁坏，时局动荡无暇建设，因此，新中国成立后城镇建设用地再开发主要进行城市重建和改造（于今，2011）。刚成立的新中国整体处于贫穷落后状态，导致该阶段城市重建和改造主要以小规模形式进行。城市重建主要针对被战争破坏与日久失修的建筑，着眼于棚户区与危房简屋，同时增加一些最基本的市政设施，以解决居民的安全、卫生、合理分居等最基本生活问题。为了实现城市重建和改造的目标，国家设立相关机构，出台相应法律和政策，开展相关业务活动，积极开启探索之路。因该阶段再开发理论研究较少，故仅梳理其实践活动演进。

2.1.1.1 机构建设

为顺利开展城市重建和改造活动，国家设立了专门的土地管理、城市建设和规划管理机构。1949年9月27日，政务院（国务院前身）内务部下设地政局，作为全国土地管理机构，统一管理土地改革（包括土地清丈、划界、定桩、登记、发放土地证）、国家建设征用土地、城镇房地产管理以及调解土地权属纠纷、土地租税、城市基建规划及考核等工作。1956年，农垦部成立，原农业部土地利用总局中有关荒地勘测调查的任务，全部划归农垦部负责承办，人员相应划拨（朱道林，2007）。

1949年10月，国家在政务院财经委员会计划局下设基本建设处，主管全国的基本建设和城市建设工作，随后各城市相继调整或成立了城市建设管理机构，如北京的都市计划委员会、重庆的都市建设计划委员会、成都的市政建设计划委员会、济南的城市建设计划委员会等。一些中小城市相应成立了城市建设局，分管城市各项市政设施的建设和管理工作。1952年8月，中央政府成立建筑工程部，主管全国建筑工程和城市规划及建设工作。同年9月，中央在建筑工程部内成立城市建设局。1954年，建筑工程部城市建设局设立城市规划处，调集规划技术人员，聘请苏联城市规划专家来华指导。随后全国其他城市也逐步建立和加强了城市规划机构，参照重点城市的做法开展了城市规划工作，城市规划在全国普遍展开。1954年，出于第一个五年计划时期大规模基本建设的需要，国家基本建设委员会诞生。1956年5月12日，国内城市建设刚刚起步，借鉴境外经验，需要城市规划和建设管理，于是成立城市建设部。1958～1978年，受"左"倾思想影响和接连不断的政治运动的干扰，一批城市建设的机构撤并，导致城市重建和改造活动难以持续展开，几乎处于停滞状态（郑国，2009）。虽然国家设立城市重建和改造的相关机构，为城市重建和改造出台相应法律与政策奠定基础，但是该阶段城市重建和改造仍处于探索阶段，难免出现一些失误。

2.1.1.2 政策沿革

该阶段城镇建设用地再开发法律与政策主要围绕土地权属进行改革。其目的在于解放私有化的土地（新中国成立至农业合作化前），使土地可用于城市建设。城市重建和改造需要城市规划的引领与指导，因此该阶段颁布出台的相关法律政策集中在城市规划领域。

在土地方面，1950年国家颁布了《中华人民共和国土地改革法》，废除了国内延续数千年的土地制度，使人民成为土地的主人，使土地用于城市重建和改造合法化，推动了城市建设发展（王沈佳，2013）。同年11月，政务院第58次政务会议通过了《城市郊区土地改革条例》。1956年1月18日中共中央批转中央书记处第二办公室《关于目前城市私有房产基本情况及进行社会主义改造的意见》。十一届三中全会后，土地使用制度发生了重大变化，农村开始实行家庭联产承包责任制，从而增加了农民生产积极性，极大提高了农产品产量，丰富了农产品消费品市场，客观上促进了城市经济的发展。

在城市规划方面，随着城市重建和改造活动的开展，城市规划在实践中的作用越来越突出，城市规划的政策也逐渐出台。新中国成立后，党中央高度重视城市建设，提出了"必须用极大的努力去学会管理城市和建设城市"以及"城市建设为生产服务，为劳动人民生活服务"等思想，党的工作重心从乡村扩展到城市，城市重建和改造逐渐得到重视。城市规划对城市重建和改造具有重要作用，但当时国内城市规划研究相当少，苏联专家帮助下草拟的《编制城市规划设计程序（初稿）》，为后来的城市规划编制奠定基础。1954年，全国城市建设会议要求"完全新建的城市与工业建设项目较多的城市，应在1954年完成城市总体规划设计"。1956年国家建设委员会正式颁布施行《城市规划编制暂行办法》，这是中国城市规划史上第一个技术性法规，施行了24年。这期间它成为国家编制城市规划的唯一指导性法规，对国内城市发展发挥了重要作用。1958~1978年，在"大跃进"运动和"文化大革命"影响下，城市发展几乎处于停滞状态，仅完成了很少部分的城市规划编制工作。1958年5月召开的八届人大二次会议后，全国迅速掀起了"大跃进"和人民公社化运动，建设部也提出了用"城市建设的大跃进来适应工业建设的大跃进"。"文化大革命"爆发后，中国的城市规划被迫处于停滞状态。1971年周恩来同志主持中央日常工作，城市规划与建设工作才开始出现转机。1973年9月，国家建设委员会城市建设总局对《关于加强城市规划工作的意见》《关于编制与审批城市规划工作的暂行规定》《城市规划居住区用地控制指标》等文件草稿征求意见，并于1974年试行。在该阶段，两个较系统的规划的编制，标志着城市规划工作获得了实质性进展：第一，攀枝花钢铁基地的总体规划，这一规划的设计编制，创造性地获得了规划与计划、规划与设计、规划与管理相结合的宝贵经验；第二，地震重建的新唐山总体规划，这一规划的实施使人们真正认识到"建设城市没有城市规划是不行的"。

该阶段城镇建设用地再开发主要开展了城市重建和改造。由于国内前人研究较少，当时与境外交流有限，可借鉴经验不多，法律与政策虽只能在不断探索中提出与颁布，但仍为国家实施城市重建和改造业务活动提供了一定的政策依据。

2.1.1.3 业务活动

1950~1952年，随着土地改革政策的提出，中国共产党不仅在广大农村，而且在城市郊区开展了轰轰烈烈的土地改革运动。土地改革运动中国家没收了帝国主义、国民党政府、官僚资本、战犯、反革命分子、封建地主在城市中的土地，接收了外国侨民在新中国成立前在城市中购置的房地产，拥有了首批城市国有土地。土地改革运动使城市中的一些人拥有了土地，这些人开始对地上建筑进行重建和改造，与此同时，国家也在国有土地上开始城市重建和改造活动。这一阶段其他的业务活动详见表2-1。

表2-1 1949~1978年城镇建设用地再开发业务活动年表

序号	时间	组织者	活动地点	活动主题	活动目的或作用
1	1952年9月	建筑工程部		全国第一次城市建设座谈会	
2	1960年10月	建筑工程部		第二次城市规划工作座谈会	加快制定城市规划，促进城市重建和改造科学合理开展
3	1971年6月		北京	城市建设会议	决定恢复城市规划机构，重新编制规划
5	1973年9月	国家建设委员会城市建设局	合肥	城市规划座谈会	
6	1975年4月	国家建设委员会城市建设局	湛江	小城镇规划建设座谈会	研究了建设小城镇的方针政策，推动了城市规划和城市建设工作
7	1976年	国家建设委员会	唐山	编制新唐山总体规划	恢复和重建唐山，实例验证城市规划对城市重建和改造的重要作用，为城市发展需要规划提供有力的保障

2.1.2 积极发展阶段（1979～2007年）

在曲折探索阶段，城镇建设用地再开发由于缺少政策、理论和方法的指引，再开发活动效果不理想，尤其是一定程度上破坏了一些具有历史文化价值的古迹。因此该阶段旧城改造主要以危旧房改造为主，开始保护历史文化古迹，出台更强有力的相关法律与政策，逐步推进城镇化。但随着城镇化进程不断推进，出现城镇内闲置土地、城中村、"三旧"用地、城市扩张毁坏耕地等一系列问题，导致城市结构和功能失调。作为破解城镇发展困境的重要手段，再开发开始进入积极发展阶段。

2.1.2.1 理论演进

20世纪80年代后，城镇建设用地再开发在中国城市发展中的作用得到前所未有的重视，各类再开发实践活动在政府的支持下逐步展开和推广，涌现了北京菊儿胡同改造等一些较为成功的城市改造案例，相关的总结性论著也随之出现。与此同时，中央和各级地方政府开始重视再开发相关课题的资助，以便更好地服务于再开发实践活动。这不仅填补了再开发领域的研究空白，也对再开发实践活动起到了重要的促进作用。

城镇建设用地再开发概念内涵丰富，衍生的类型多样。本书在分析不同再开发概念特征基础上，将再开发主要归纳为城市土地整理（含土地整理、土地整治、市地整理、城市土地再开发）、城市更新（含旧城更新、城市再开发、"三旧"改造、城中村改造）、棕地再开发和城市环境综合整治等类型。

（1）城市土地整理

城市土地整理理论研究起步较晚，研究成果并不丰富，研究内容主要集中在城市土地整理内涵、理论基础、整理评价、整理模式、开发制度等方面。

①**内涵** 对城市土地整理目的与任务的认识经历了从被动到主动的过程，即由突破土地利用结构及模式限制转变为增加土地供给、促进生态文明建设（董德利等，2000；夏显力等，2003；张明，2005）。城市土地整理的内容经历了从简单到复杂、从单因素分析到综合考虑的过程，主要包括：调整用地结构，优化配置城市土地；对闲置地的开发和权属调整；改造旧城区，盘活存量土地；增加城市绿地面积，优化生态环境；挖掘并促进城市文脉的发展等（谈明洪等，2005；汪锐等，2006；刘锐，2007）。

②**理论** 基础理论研究涉及较多理论，主要包括土地经济理论、土地权籍理论、规划理论、土地利用理论。

③**制度设计** 城市土地整理制度设计包含规划制度与金融制度。土地整理规划是整理区域的土地利用详细规划，依据城市总体规划和相应专项规划的

要求，建立土地整理的方法体系（夏显力等，2003）和公众参与土地整理规划的总体框架（鲍海君等，2004）。融资制度是在当前政府资金有限的情况下，为土地整理寻找到一条资金良性循环的有效途径（杜伟等，2002）。土地整理资金融通方式包括政府拨款、社会集资、实行换地权益书等（夏显力等，2003；张雅杰，2003）。

④**模式体系** 模式体系包括组织管理模式和应用模式。组织管理模式分为政府主导型和规划主导型，在具体实践中前者主要分为征购式整理和重划式整理（崔冬娜，2007）。应用模式可归纳为：产业结构调整、城乡一体化、旧城改造、克服城市蔓延、城市污染和废弃地改造以及多维空间的立体开发（夏显力等，2003；旺锐，2006）。

⑤**整理评价** 整理评价主要涵盖整理潜力评价、效益评价和风险评估，潜力评价可以从经济密度、景观协调度等不同角度开展实施（栗辉，2004），借助 GIS 等技术，运用计量模型，测算城市土地潜力的数量、质量及空间分布（马刚等，2005）；土地整理效益评价可从经济、社会、生态、景观4个层面设计指标体系（刘筱非等，2005；杨红，2005）。

（2）**城市更新**

20世纪80年代以来，城市更新在中国城市现代化发展中的地位逐步受到重视，理论伴随着实践发展。与西方研究相比，国内城市更新理论研究起步较晚，大部分研究是在借鉴西方城市更新理论的基础上，根据中国城市更新实践创新而成。整体而言，国内学者的研究与中国不同时期城市发展和经济发展主题密切相关。

①**内涵** 城市更新强调城市整体结构的完整（冯丽，1996；叶东疆，2003），更新的目标涵盖土地结构调整、城市功能置换、基础设施更新、环境质量改善、中心城区人口疏散等，从而提高城市活力，注重"城市的多样性"（哀家冬，1998；方可等，1998；姜华等，2005）。城市更新不仅要从可见物质形象的改善着眼，而且应从社会、心理等非物质因素着手，以延续城市个性的方式，塑造具有地方特色的现代城市（阮仪三，1996；傅红等，2006）。因此，应遵循有机更新理念，以科学发展观为指导，综合协调，重视历史，优先保护环境，注重社区的延续与重构，妥善处理城市更新当下与将来的关系（吴良镛，1994；党红等，2002）。

②**制度设计** 在规划计划制度上，规划的与非规划的结构应同样受到尊重（龚清宇，1999）。政府垄断式的传统管理机制是城市更新干预失效的根源，城市更新应借鉴多中心理论观点，以社区为基点建构多中心的更新规划机制（郭湘闽等，2007a），应该坚持"以人为本"的原则，立足于社区本位，走"民主化"的更新改造之路，实现社会公平和社会经济效益的最好结合（汪坚强，2002；李小敏 2005）。

③**产权调整** 建立法律强制保障下的"共有产权"制度与平等自由市场体制，更有利于实现城市更新中效率和公平的有机统一（张杰等，2006；郭湘闽，2007）。

④**更新技术** GIS技术主要用于建立城市更新项目管理决策信息系统以及项目数据空间分析（郭湘闽等，2007b）。

（3）棕地再开发

棕地是棕色土地的简称，也称为褐色土地，包含了工业废弃地和工业污染地等用地类型（曹康，2007）。棕地再开发在本阶段研究成果较少，主要探讨了城市老工业区生长过程及阶段性特征、不同动力机制的作用过程、相互影响与协调对策，并对其主要的空间效应进行量化研究。

（4）城市环境综合整治

1995年后城镇建设用地再开发逐步扩展到城市环境综合整治领域。伴随城市发展，"城市病"逐步显现，环境污染防治的重要性逐渐被人们所认识，并开始了环境治理的实践探索和理论研究。随着生态文明建设战略的提出，环境综合整治受到更为广泛的关注，已成为生态文明建设的重要途径。

①**内涵** 城市环境综合整治内涵研究主要集中在定义、目的、任务和内容。狭义的环境整治，是指在城市建设发展过程中，以城市物质环境设计为形式，以城市环境更新和污染防治为内容，确立环境改善的目标和指标体系，达到改善城市环境质量，恢复城市经济活力，推动城市整体发展的目标，其主要任务是改善城市中遭到破坏的建筑、生态、空间环境等，使城市恢复原来的活力，同时提高基础设施布局水平，完善配套公共设施，推动城市社会经济的整体发展。其主要内容包括城市用地功能调整、旧城改造、城乡结合部改造、滨水环境整治和环境污染整治（苏敏，2006）。

②**基础理论** 环境污染的经济本质是由于环境"公共物品"属性导致其使用的外部环境不经济，因此要将外部性理论引入环境综合整治研究（王习元等，2006）。

③**制度设计** 环境保护是基本国策。目前中国已形成包括城市环境综合整治定量考核制度在内等较为完备的环境整治与保护制度体系。其发展方向以环境规划为指导向环境综合整治演进（刘天齐，1991）。

④**整治模式** 有学者提出在操作层面需建立"社会–经济–环境–生态"的环境综合整治模式，在环境整治与改善基础设施上，注重经济功能与活动的优化和社会持续发展问题，兼顾城市生态问题（苏敏，2006）。

⑤**技术方法** 环境综合整治主要有5种措施：用地功能调整、滨水环境建设、环境污染治理、旧城改造、绿化环境建设（苏敏，2006）。

⑥**整治评价** 环境整治适宜性评价方面，提出环境保护与整治的典型模

式，并对模式适宜性进行论证分析（黄敬军，2003）。在整治效果评价上，借鉴与日本类似的及国家统计局人口和社会科技司的指标体系，提出了由21个指标因子构成的城市环境综合整治效果评价指标（杨作精，1985）。国家环境保护总局2006年发布的《"十一五"城市环境综合整治定量进行考核指标实施细则》和《全国城市环境综合整治定量考核工作管理规定》（环办[2006]36号）从环境质量、污染防治、环境建设和环境管理4个方面设置考核指标，综合评价城市环境整治效果。

2.1.2.2 实践活动演进

（1）机构建设

该阶段由于再开发活动涉及的内容更多，范围更广，从城市区域逐渐扩展到城镇区域，为顺利推进再开发，其机构建设也在不断加强。

①土地管理机构 1982年，国务院进行机构改革，确定在农牧渔业部下设土地管理局，行使国务院授权归口管理全国土地的职能，管理全国土地，对乱占滥用土地的现象发挥了一定的抑制作用，土地管理的形势转好（毕宝德等，2011）。1986年2月，国务院第100次常务会议决定，组建中华人民共和国国家土地管理局，隶属国务院管辖。国家土地管理局的成立推动了城乡土地的统一管理，也加强了土地整理。1998年，由地质矿产部、国家土地管理局、国家海洋局和国家测绘局共同组建国土资源部。国土资源部的成立对土地利用与管理具有重大意义。

1998年，国家成立土地整理中心（张秀智，2010）。2001年4月28日，北京市土地整理储备中心正式成立。2002年2月28日，北京市土地交易市正式挂牌。中心的成立和市场的组建是该市贯彻"十分珍惜、合理利用土地和切实保护耕地"基本国策，进一步深化土地使用制度改革，加强国有土地资产管理，建立公开、公平、公正的土地市场秩序的重要举措。2004年，国家土地总督察办公室设立。2007年7月24日，国家土地督察广州局揭牌。土地督察行动在全国开展，进一步加强了土地管理。2007年9月19日，全国土地执法百日行动领导小组成立，加强对全国土地执法百日行动的组织领导，保障百日行动的顺利推进。这一机构的设立，表明国家坚决打击土地违法行为，保障土地合理利用的决心。

②城乡建设管理机构 1979年3月12日，国务院发出通知，中共中央批准成立国家城市建设总局，直属国务院，由国家基本建设委员会代管。伴随城市开发建设出现与积累的环境问题，城市环境治理和保护等相关城镇建设用地再开发的迫切性逐步显现。1982年5月4日，国家城市建设总局、国家建筑工程总局、国家测绘总局、国家基本建设委员会的部分机构和国务院环境保护领导小组办公

室合并，成立城乡建设环境保护部。机构建设的加强，有利于国家有效地制定再开发相关法律与政策，以及及时展开再开发相关业务活动。这一时期城市土地整理活动逐步受到国家重视，开始大量设立相应机构。1986年1月，国务院召开城镇住房制度改革问题座谈会，会议决定成立国务院住房制度改革领导小组和领导小组办公室。1988年5月，第七届全国人民代表大会第七次会议通过《关于国务院机构改革方案的决定》，撤销城乡建设环境保护部，设立建设部；并将国家计划委员会主管的基本建设方面的勘察设计、建筑施工、标准定额工作及其机构划归建设部。1996年在无锡市成立城市更新专业学术委员会。1996年上海成立土地发展中心，不断推行土地储备制度，这一制度在全国许多城市很快得到广泛推行。

（2）政策沿革

该阶段城镇建设用地再开发经历了从1985年前城镇重建和改造为主，1986~1997年危旧房改造和历史文化古迹的保护与传承，到后来解决农田被侵占、城镇内土地闲置和土地乱用问题而加强再开发的较长发展阶段。

首先，为顺利展开城镇重建和改造，1985年前政府部门编制了一些城镇规划，通过规划合理引导这些活动的顺利展开。其次，为弥补曲折探索阶段历史文化名城遭到的损毁，政府部门制定了保护历史文化名城的政策。城镇重建和改造都立足于土地之上，土地政策的变化也影响着城镇重建和改造。

在土地政策上，1979年7月国务院颁布《中华人民共和国中外合资经营企业法》，其中第五条规定："中国合营者的投资可包括为合营企业经营期间提供的场地使用权，如果场地使用权未作为中国合营者投资的一部分，合营企业应向中国政府缴纳使用费。"这是中国土地使用权有偿出让的第一个法律规定，拉开了土地有偿使用的序幕，为城镇重建和改造开辟非政府投资引入提供了政策支撑。1980年7月国务院颁布《关于中外合营企业建设用地的暂行规定》，经济特区和沿海开放城市制定和颁布了相应的地方性法规，对外资企业用地征收土地使用费，如深圳特区首先于1980年开始征收土地使用费，从而为旧城改造和历史文化名城保护提供一定的资金支持，减轻国家财政压力。同时，该阶段在宪法层面明确了城市土地属于国家所有，推动了国家和地方开展旧城改造和历史文化名城保护的进程。

在规划政策上，1979年起，国家基本建设委员会起草了《中华人民共和国城市规划法草案》《关于发展小城镇的意见》《关于城镇建设用地综合开发的试行办法》《关于征收城镇土地使用费的意见》等法律与文件，全面指导城镇重建和改造工作。该阶段关于历史文化名城保护的政策出台较多，国家开始并逐步重视城镇重建和改造中历史文化名城的保护。1982年国务院同意国家基本建设委员会、国家文物事业管理局、国家城市建设总局《关于保护我国历史文化名城的请示的通知》，公布了首批 24 个国家级历史文化名城，创立了中国历史文化名城保护制度。翌年，建设部发布《关于加强历史文化名城规划的通知》。城镇建设用地再开发其他政策文件的整理详见年表（表 2-2）。

从国家土地管理局成立到国土资源部组建期间，城市土地整理和城市更新活动中的危旧房改造和历史文化名城保护受到国家更多关注，国家出台了许多政策给予支持。具体政策文件整理见表 2-2。国家开始实行国有土地有偿使用制度，有利于政府从使用权的出让和转让中获得资金来支持城市更新。由于城市建设基础薄弱，多地旧城见缝插针的方式，造成旧城交通、居住、基础设施负担加重，因此城市更新加大了危旧房改造，从而增加旧城中可利用的房屋，满足城市发展中日益增加的人口需求。中国城市在经历 1949~1986 年 30 多年的建设后，依然缺乏对历史名城的保护（张春国，2008），为此，该阶段国家出台许多重视保护历史名城的政策。

1998 年后，随着城镇化的发展，侵占基本农田、土地乱用、城镇内土地闲置的问题进一步凸显。城镇建设用地再开发是解决上述问题的有效手段。在土地整理上，1998 年 10 月 28 日，国土资源部发布《关于进一步加强土地开发整理管理工作的通知》(国土资发[1998]166 号)。同年 12 月 29 日，国土资源部再次发布《关于加强国土资源综合统计工作的通知》(国土资发[1998]256 号)。1999 年，《土地开发整理标准》出台，先后制定了项目可行性、规划设计及预算编制等技术规程，逐步完善了土地整理标准体系。同年 2 月 12 日，国土资源部发布《关于设立土地开发整理示范区的通知》(国土资发[1999]50 号)。2000 年，国家颁布《全国土地开发整理规划》。2002 年 3 月 7 日，国土资源部发布《关于认真做好土地整理开发规划工作》。2003 年 3 月 7 日，国土资源部发布全国土地开发整理规划第 12 次常务会议通过《基本农田保护条例》，次年 1 月 1 日开始实施。上述政策的出台，一定程度上缓解了大量农田被侵占带来的粮食安全问题，有限提高了耕地质量，减少了城镇进一步发展的后顾之忧。

在土地管理上，期内为铲除滋生土地乱用现象的土壤，国家和地方出台许多相关政策，规范城乡土地利用，推进城镇建设用地再开发的进一步发展，具体政策整理详见表 2-2。

在土地闲置处置上，1999 年 4 月 26 日，国土资源部第 6 次部长办公会议通过了《闲置土地处置办法》，当年 7 月 15 日，国土资源部土地利用管理司就发布关于贯彻落实《闲置土地处置办法》的通知 (国土资用发[1999]17 号)。城镇建设用地再开发展开主要涉及土地整理、土地管理和闲置土地处理，但是再开发的政策法规并不完善，旧城改造和城市再开发等政策较少，需要不断从实践中探寻宝贵经验，完善再开发法律与政策。

表2-2 积极发展阶段城镇建设用地再开发政策沿革年表

序号	时间	颁布机构	政策文件	颁布目的和作用
1	1980年12月	国家基本建设委员会	《城市规划编制审批暂行办法》和《城市规划定额指标暂行规定》	使全国城市规划编制工作有了新的技术性法规
2	1982年2月	国务院	《国家建设征用土地条例》	要求各地建房要规定用地指标，建立审批制度
3	1982年5月	国务院	《村镇建设用地管理条例》	进一步加强了对征用土地的管理
4	1983年7月	城乡建设环境保护部	《关于印发〈关于加强县镇规划工作的意见〉的通知》	加强地方开展城市规划工作
5	1984年1月	国务院	《城市规划条例》	为现代中国提供了第一个城市规划基本法规，规范城市规划实施
6	1986年6月	全国人大	《中华人民共和国土地管理法》	强制性约束土地滥用现象，规范化引导土地合理高效利用
7	1987年12月	国务院	《关于开展土地利用总体规划的通知》	要求1990年前后完成全国和省级土地利用总体规划编制任务，"八五"期间基本完成市、县级土地利用总体规划任务
8	1988年4月、12月	全国人大	全国人大修改《中华人民共和国宪法》，同年修改《中华人民共和国土地管理法》	确定了国有土地的所有权与使用权分离，国有土地使用权可以依法转让的原则，实行国有土地有偿使用制度
9	1990年5月	国务院	《中华人民共和国城镇国有土地使用权出让和转让暂行条例》	
10	1990年	国务院	《对建设部、国家测绘总局与国家土地管理局有关职能分工的意见》（国发[1990]31号）	明确了各有关职能部门在城市规划与建设用地管理、城市综合开发与建设用地管理、土地与房屋的权属管理、国有土地使用权的出让和转让、地籍管理和地籍测绘管理等方面的职责及分工，协调了各相关部门之间的关系
11	1997年		《全国土地利用总体规划纲要》	全面推进全国土地规划工作
12	1986年、1994年	城乡建设环境保护部、建设部	相继公布了第二批、第三批，共99处国家重要历史文化名城受国家保护。	
13	1987年11月	城乡建设环境保护部	《关于印发〈关于加强城市规划管理工作的若干规定〉的通知》	

续表

序号	时间	颁布机构	政策文件	颁布目的和作用
14	1989年12月	全国人大	《中华人民共和国城市规划法》	明确规定："城市新区开发和旧区改造必须统一规划、合理布局、因地制宜、综合开发、配套建设的原则。"
15	1991年3月	国务院	《城市房屋拆迁管理条例》	该条例是中国第一部有关城市房屋拆迁管理的行政法规。它的颁布实施标志着中国城市房屋拆迁工作进入了规范化、法制化的轨道。
16	1993年6月	国务院	《村庄和集镇规划建设管理条例》	
17	1995年4月、5月	建设部	《建制镇规划建设管理办法》《开发区规划管理办法》	
18	1997年8月	建设部	转发《黄山市屯溪老街历史文化保护区保护管理暂行办法》的通知	标志着中国历史文化遗产保护体系又向完善与成熟迈进了一大步
19	1999年4月	国务院	《1997—2010年全国土地利用总体规划纲要》	
20	2002年12月	建设部	《关于加强国有土地使用权出让规划管理工作的通知》（建规[2002]270号）	加强地方开展城市规划工作
21	2004年10月	国务院	《国务院关于深化改革严格土地管理的决定》（国发[2004]28号）	开始查处私下违法土地交易
22	2005年12月		新修订的《城市规划编制办法》	
23	2006年	国土资源部、发改委、财政部、铁道部、交通部、水利部、国家环保总局	《关于加强生产建设项目土地复垦管理工作的通知》	要求各地切实加强生产建设项目土地复垦管理工作
24	2006年	国土资源部	以《全国土地利用总体规划纲要（2006—2020年）》指标"影子规模"启动省市大纲修编	
25	2007年12月	国土资源部	《土地登记办法》	

（3）业务活动

该阶段，国家法规政策从土地和规划两方面指导再开发活动。土地政策中城市土地国有化奠定了国家对城市土地利用和管理的权属基础。征收土地使用费为国家开展再开发提供了资金支持。规划政策中，开始关注的同时也制定了相应的规划，加强小城镇重建和改造。

该阶段，城镇建设用地再开发的业务活动主要以农村经济体制改革和知青返城为主要动力推动城镇化建设。城乡集市贸易的开放和迅速发展，导致农民进入城市和小城镇，出现大量城镇暂住人口。同时大约2000万上山下乡的知识青年和下放干部返城就业，高考的全面恢复和迅速发展也使得一批农村学生进入城市。随着城镇化建设不断推进，城镇重建和改造活动进一步加强。为掌握土地利用情况从而合理有效进行土地利用，国家开展了一系列土地调查工作，客观上推动了城镇重建和改造活动。1980~1983年，全国农业区划委员会组织国家测绘局、农业部、林业部等单位利用美国资源卫星图像，进行全国15种地类的土地利用现状概查并制图，获取各省概查数据。1979~1985年，农牧渔业部、全国农业区划委员会办公室、农业部土地利用局结合全国第二次土壤普查，组织开展了全国县级土地利用现状概查，获取的数据是中国当时条件下所能得到的比较接近实际、较完整的数据。从国家土地管理局成立到国土资源部组建期间，土地详查（第一次土地调查）从1984年开始到1996年结束，历时十多年的调查基本掌握了全国土地利用情况。1987年深圳市率先成功出让国有土地使用权，从而在实践上探索了土地使用制度改革，土地使用权出让为城市更新提供了资金。2005年，国家第三轮土地利用总体规划修编启动，2006~2009年，国家进行的全国第二次土地调查，彻底摸清了全国土地资源的"家底"，为清查违法用地、低效用地发挥重大作用，详细的基础数据为再开发涉及的多方面研究奠定了坚实基础。

除了土地业务活动，针对具体的城镇重建和改造，国家也进行了积极探索。这一时期城市建设走出了一条具有中国特色道路——设立开发区。许多城市通过开发区建设，较短时间内完成了产业和人口的聚集，同时促进所在城市的产业升级、城市空间组织优化，完善和提升了城市功能。知青返城、城乡集市贸易的开放和迅速发展、高考的恢复等推动了城镇化的发展，带动了城镇重建和改造的实施。1984年在合肥召开的全国首次旧城改建交流会，通过听取从事旧城改造专家和学者的观点和建议，为旧城改造提供理论指导。开发区建设，从建设"新城"的实践中为旧城改造提供了可借鉴经验。从1988年起北京菊儿胡同、小后仓、东南园三处的危房改造与房改相结合试点，为危房改造积累了宝贵的经验。20世纪90年代初的"开发区热"虽然对城市规划带来一定负面冲击，但该时期中国城市面貌变化很快。开发区的出现也带动了整个城市的基础设施改造、公共设施建设、老工业区改造和新工业区开发。尽管城市开发区不断发展，规模逐渐扩大，但由于开发建设过程缺少合理规划以及当时整体经济落后的状态，造成大量城市土地闲置，加重了城镇建设用地再开发任务。20世纪90年代北京的"退二进三""退四进二"，上海、杭州的"城市空间置换"，济南实行"腾龙换业"，曲阜等城市的"出让旧城开发权"等一系列的城市更新活动，取得了较好效果，在一定程度上实现了集约利用城市土地的目的。1995年西安"旧城更新"学术研讨会以及1996年在黄山市召开的历史街区保护（国际）研讨会，总结城镇再开发实践活动经验，探讨再开发理论基础，对再开发活动的顺利开展具有积极指导意义。

2.1.3 成熟阶段（2008年至今）

2.1.3.1 理论演进

2009年以来，作为建设用地集约节约利用示范省，广东省"三旧"改造逐步开展。随着城镇土地挖潜需求加大以及土地产权制度进一步完善，棕地再开发和城市土地整理研究逐步增多，特别是2009年国土资源部在全国范围内开展国土资源节约集约模范县（市）创建活动以来，再开发的研究成果数量增幅较大。"三旧"改造在广东省内的全面铺开和成功案例的增加，能够及时分析问题总结经验，并为全国范围内的城镇更新等活动提供经验借鉴。

（1）城市土地整理

①内涵 一般认为，城市土地整理是根据城市发展的需要，在既定的城市空间范围内，按照城市发展规划和土地利用总体规划的要求，对地形地界奇零细碎、利用效益低下、基础设施条件差的土地，采用政治、经济、法律及工程技术手段，从用地结构、用地功能、土地权属和土地收益等方面进行空间配置和重新组合，增加要素供给，提高城市土地的利用效率，促进城市用地合理布局并完善城市功能的扩容提质过程（李雪梅，2010；吴左宾等，2010；杨建军等，2012）。

②制度设计 引进BOT（建设－运营－转移）模式可以解决土地整理项目资金的供求矛盾（李雪芹，2008）。土地权属调整模式可以分为重划型和收购型（张俊等，2013）。土地发展权是一项可让渡的独立物权，设立发展权是调整土地产权、协调相关主体权益的一种创新方法（段潇潇等，2012）。由于土地管理制度、协调机制不完善及棕地再开发经验不足，利益相关主体缺乏合作、权利义务不明确，呈现出政府主导、开发商不积极、公众不参与的特点（李培培，2013）。

③模式体系 再开发模式包括组织管理模式和应用模式。组织管理模式分为政府主导型和规划主导型两类，在具体实践中前者主要分为征购式整理和重划式整理两种（张燕玲，2008）。当前地方政府角色倾向企业化，房地产开发导向的城市土地整理成为主要模式，造成规划控制失灵，多元化主体利益冲突加剧，急需通过建立协同治理机制，创新整理模式，完善规划管理制度和收益分配制度加以

克服（黄晓燕等，2011）。

（2）城市更新

①**内涵** 城市更新包括开发与再开发、保护与整治、完整与平衡3个方面的含义，实质是物质空间和人文空间的重新建构，同时配套相应的产业发展，激活土地价值，促进经济复苏，保护城市的历史文脉、民族传统、文化风俗和地方特色。城市更新应包括城市客观物质实体的改造与建设以及生态环境、空间环境、文化视觉环境的改造与延续。更新方式主要分为重建、整建及维护3种，政策力、经济力和社会力是城市更新过程中的3种基本作用力（张晓峰，2012）。显然，城市更新的内涵已经从最初的物质重建发展到涵盖整个城市经济社会的系统更新，涉及社会、文化和环境等多重目标。

②**理论基础** 有机更新和全面系统更新理论是城市更新理论研究与实践活动的重要指导理论。城市更新机制理论主要包括委托代理理论、公共选择理论和机制设计理论（曲伟强，2009；宋立燊，2013）。城市更新模式的基础理论源于城市生命周期理论和新公共管理理论。城市更新社区改造的主要理论基础在于城市规划领域社区理论、公共管理领域相关理论和"社区规划"理论（吴丹，2012）。此外，还包括"除锈"理论、创新理论、可持续发展理论、级差地租理论、"空间活力场"理论（杨剑，2010）。

③**制度设计** 城市更新制度贯穿城市更新全过程，涉及规划计划制度、组织协调制度、融资制度、运行制度和监督制度。此外，通过规划决策的多方参与、规划运行中的再开发路径选择及规划管理对土地供需与空间配置协调3个层面构建规划利益调控框架，促进空间利益的均衡分配，弥补城市更新中效率优先造成的社会公平缺失（杨晓辉等，2013）。规划制度上，依据"文化、生态、发展"三位一体的思路，采用"三个充分、三个结合"的规划路径，力促文化旅游、生态环境保护和城市发展融为一体（孙强等，2012）。与此同时，在传统空间形态规划的基础上，加入时间和主体认知维度，出现新颖的规划形式——城市记忆规划，为城市更新提供新思路（汪芳等，2010）。融资制度上，目前中国城市更新融资投资渠道较为单一，主要以政府投资为主。然而，一方面地方政府支持城市更新的资金规模不足，另一方面民营资本有能力和意愿参与城市更新，民资参与城市更新是大势所趋（谢桥，2013）。由于民资参与城市更新缺乏经验，加强融资制度体系建设以规范和引导民资的参与行为是重要前提。

④**产权调整** 产权确认与调整是城市更新过程中最为棘手的核心问题。明晰产权，妥善处理土地权益的再配置，对促进城市有序有效发展具有关键作用，而改革制度、强化规划的确权功能，是明晰产权的前提条件和关键环节。城市更新应以土地产权与土地收益的分配关系为切入点，提出解决土地权益配置办法（刘宣，2009）。

⑤**更新改造模式** 城市更新是一个多棱体，从更新参与主体看，其中涉及多元主体利益，因此，利益相关者交互式参与模式（龙腾飞等，2008b；张杰等，2009）和利益共同体模式（王桢桢，2010）是更新改造中常用的组织模式，并引入更新触媒作为解决各方利益不协调问题、实现多方共赢的有效途径（运迎霞等，2012）。

⑥**更新技术** 城市更新常采用的方法主要包括空间测绘技术、GIS 和系统动力学等方法。空间测绘技术为城市更新提供基础数据（万宝林等，2011），系统动力学可用于城市更新权益分配中多元非线性复杂系统的仿真模拟及预测分析（汪洋等，2009）。

⑦**更新评价** 包含更新潜力、实施、绩效和可持续性评价。潜力评价主要针对旧村庄改造，建立相应的指标体系与方法（赵律相等，2012）。实施评价指标体系框架包括土地集约度提升和效益影响两类评价指标体系（雷霆等，2012；高艳梅等，2013）。在绩效评价上，通过建立绩效评价机制（郑巧凤等，2010），运用"经济人理性－利益最大化－公共选择"的理论框架，验证了"公共选择"理论的适用性，反思了政府强力推进旧城改造的"公平与效率"问题（赵艳莉，2012）。在可持续评价上，以"驱动力－压力－状态－影响－响应"（DPSIR）模型作为可持续评价框架，构建旧城更新改造可持续评价指标体系（张建坤等，2010）。

（3）**棕地再开发**

该阶段内中国在棕地开发利用方面的研究仍然不多，大多仍停留在介绍发达国家的经验、棕地内涵界定、开发制度、土壤污染的治理和修复以及环境风险评估等层面。

①**内涵** 棕地一般指在城区范围内曾被开发过，但现在处于废弃、闲置或低效利用状态，可能存在污染但却有再开发利用价值的用地（蔡希，2008；梁艳丽，2012）。从棕地存在的状态来看，既可以是已经废弃闲置的，也可以是在使用中的（黄贝琪，2012）。

②**理论基础** 棕地再开发遵循可持续利用理论、区位理论、系统论、土地经济学、生态经济学、景观生态学等理论（方彦，2009），精明增长、土地集约化利用、城市有机更新理论（蔡希，2008），冲突管理理论、利益相关者理论（杨英武，2010）。

③**制度设计** 国内目前尚无专门针对棕地再开发的法律法规，也没有相应的国家标准。较为相关的法律包含《中华人民共和国环境影响评价法》和《中华人民共和国城乡规划法》，但两者的相关规定都较为模糊，尤其对棕地再开发的前置性治理并无明确规定（何丹等，2012）。有效的管理机制是棕地合作开发的前提，从多主体全过程参与机制等 3 个方面可以尝试构建城市棕地再开发的管理机制（赵沁娜等，2010），建立棕地再开发的"三化"管理准则（陆媛等，2015）。

针对再开发中直接、间接利益相关群体间的利益纠纷和冲突，可通过创新协调机制，采取诉讼、调解、仲裁、协商4种主要解决办法（孙作玉等，2009）。

④**产权调整** 再开发利益相关主体间存在复杂的利益关系，易产生利益冲突，这种利益冲突包括棕地再开发后的产权分割与效益分配矛盾。重视不同利益主体的权利要求，通过协商"求同存异"，应成为一种权益分配共识和理念。此外，有学者基于利益主体的博弈诉求，探讨了多元主体合作开发的可行性（陆媛等，2015）。

⑤**再开发模式** 中国棕地再开发参与主体较多，但环境保护部门的参与不足，导致棕地环境治理力度不够，此外也缺少公众参与（蔡希，2008），"多头管理"的格局也削弱了棕地再开发的实施效果。从再开发相关利益主体的角度，可采用4种再开发引导模式：P+D（污染企业+开发商）、G+D（政府+开发商）、D+D（开发商+开发商）、N+D（非政府组织+开发商）（陆媛等，2015）。然而，目前中国棕地再开发主要以房地产为主要形式（蔡希，2008），开发商追求利益最大化的价值导向造成棕地再开发的短视，甚至产生"毒地"现象，与再开发初衷相悖。再开发模式应因地制宜，结合社会经济发展情况和地理地貌条件等要素综合考虑。县城内部、城乡结合部、乡镇矿区棕地应采用不同的再开发模式（吴亚娜等，2014）。

⑥**技术方法** 中国棕地再开发方法单一、技术较为落后，主要采用传统的物理化学修复法、植物修复法等治理污染，而对境外流行的新技术如微生物修复法缺乏重视（蔡希，2008）。近年来中国的防污治污能力有一定的提升，土壤修复模式主要有传统的环境标准治理模式和基于环境风险的治理模式。目前应用的土壤修复技术较多，主要有焚烧、稳定、固化、挖掘、填埋，正在某些场地试点的技术有生物堆、热处理、生物通风等（李建萍等，2011）。

⑦**棕地评价** 棕地再开发评价主要涵盖效益评价、风险评估和可持续性评价等。棕地再开发的效益至少体现在减轻绿地压力、提升环境质量、促进旧城再生、提升土地价值、利用存量资源5个方面，再开发过程中可能存在的风险包括环境、财务和其他政策、技术、行政等风险，据此可探索设计风险评估体系框架（万里霜，2009）。对于棕地环境风险评估，有学者从原料场污染、焦化料厂污染、污水处理厂污染和老排水沟污染等方面构建评价指标（李建萍等，2011）。可持续性评价可分为目标驱动型和过程驱动型两类。目标驱动型主要与棕地再开发的经济、社会和环境目标有关，一般采用"目标-指标"相结合构建评价体系；过程驱动型分为EIA（环境影响评价）和SEA（战略环境评价）过程驱动型两类，前者针对项目层次，后者应用范围较广（艾东等，2008）。

（4）城市环境综合整治

①**内涵** 城市环境综合整治内涵研究主要集中在其定义、目的、任务和内容上。广义上环境整治包含噪声污染环境整治、大气环境污染整治、固体废物污染

整治、水环境污染整治、城郊环境规划以及绿化环境整治等方面，通过环境的整治与改善，实现产业的优化布局，用地结构的合理调整，最终实现经济效益、社会效益和生态效益的协调发展。狭义层面的环境整治如建筑遗产环境整治，其目的是保护建筑遗产，同时坚持"人居环境并重"，传承和延续所承载的历史文化，实现建筑遗产整体环境有机更新及可持续地发展（谢姝，2010）。

②**基础理论**　大遗址与区域发展协调理论涉及文物保护、环境科学、规划、管理和经济学等（白海峰，2008）。城市空间环境整治相关理论包含城市意向理论、环境心理学、场所理论和街道美学理论、可持续发展、环境经济学、人类聚居环境学、区域 PRED 系统理论和利益相关者等理论（李晋，2013；刘征，2008；袁佳利，2013）。

③**制度设计**　现行的环境整治考核标准存在着忽略地区差异、指标与环境质量改善关系不密切等问题；城市环境综合整治涉及诸多单位和部门，需要各部门的协调合作，目前统一领导、分工协作的协同机制建设尚存不足；对环境保护与治理的控制和引导力度不足；对环境整治主体的权责规定不够明确；"先污染后治理"的行为仍较为普遍（赵银慧，2010）。此外，有学者从自然环境、历史风貌、基础设施探讨了属于城市环境综合整治组成部分的建筑遗产周边环境整治措施（谢姝，2010）。

④**整治评价**　环境综合整治评价包括环境污染现状评价、整治适宜性评价和整治效果评价。环境污染现状评价可采用等标污染指数法和单因子污染指数法（薄丽洁，2012）。通过建立单一河道一维水质模型，利用 VB6.0 进行编程求解，可以对河水水质进行模拟预测评价（薄丽洁，2012），为环境综合整治提供水环境质量改善的技术支持。

2008 年至今，城镇建设用地再开发活动开始走向成熟，在土地整理和城市更新两个层面的机构建设、政策沿革和业务活动均趋于全面展开。

2.1.3.2　实践活动演进

（1）机构建设

该阶段，国家和地方加快了城镇建设用地再开发相关机构建设。

2008 年 3 月 15 日，根据十一届全国人大一次会议通过的国务院机构改革方案，"建设部"改为"住房和城乡建设部"。中华人民共和国住房和城乡建设部，是 2008 年中央"大部制"改革背景下新成立的中央部委，是全国负责建设行政治理的国务院组成部门。该部门的改革为再开发活动中协调城镇发展关系提供了重要平台。

2012 年，国土资源部土地整治中心成立，该中心的成立为全国城市建设用地整理的顺利进行提供了保障。

2010年7月15日,湖南省成立城市科学研究会,该机构的设立为地方城市建设科研开辟另一途径,也为地方开展城镇建设用地再开发奠定了基础,提供了指导。2012年2月24日,广东省土地开发储备局正式揭牌。2015年,广州市成立直属市政府领导的城市更新局,加快推进广州市城市更新的步伐,使广州成为加快推进中国大城市城市更新活动的"领头羊"。

（2）政策沿革

这一阶段城市更新机构的大力建设,为城镇建设用地再开发提供具有针对性的平台,为再开发的内涵和外延的完善奠定实践基础。

2008年后关于城镇建设用地再开发的政策内容更加全面和具体,相关的政策主要涉及城市更新、"三旧"改造、城市用地再开发、城中村改造等,包括城市居民土地权属的维护、相应的规划和指导意见等。这些政策的出台和实施为大力推进再开发提供丰富的指导意见。具体政策沿革详见年表（表2-3）。

表2-3 2008年至今城镇建设用地再开发政策沿革年表

序号	时间	颁布机构	政策文件	颁布目的
1	2008年1月	国土资源部	《土地登记办法》	
2	2008年4月	国务院	《历史文化名城名镇名村保护条例》	
3	2008年10月	国务院	《全国土地利用总体规划纲要（2006—2020年）》	
4	2009年8月	广东省人民政府	《关于推进"三旧"改造促进节约集约用地的若干意见》（粤府[2009]78号）	
5	2010年1月	国土资源部	《关于开展2009年度土地卫片执法检查工作的通知》（国土资发[2010]15号）	
6	2010年4月	住房与城乡建设部	《省域城镇体系规划编制审批办法》	
7	2010年12月	住房与城乡建设部	《城市、镇控制性详细规划编制审批办法》	
8	2012年3月	福建省漳州市人民政府	《加快推进旧城镇旧厂房旧村庄改造实施意见》	
9	2012年5月	浙江省人民政府	《关于推进低效利用建设用地二次开发的若干意见》（浙政发[2012]35号）	为加快推进低效利用建设用地二次开发,大力促进节约集约用地

续表

序号	时间	颁布机构	政策文件	颁布目的
10	2012年8月	人力资源社会保障部	《土地登记办法》	
11	2012年9月	监察部	《城乡规划违法违纪行为处分办法》	
12	2013年4月	国土资源部	《开展城镇低效用地再开发试点指导意见》	确定在内蒙古、辽宁、上海、江苏、浙江、福建、江西、湖北、四川、陕西十省（区、市）开展试点，推进城镇低效用地再开发利用，优化土地利用结构，促进经济发展方式转变
13	2014年2月	浙江省海宁市人民政府	《海宁市城市旧住宅区（危旧房、城中村）改造专项规划（2013市旧住宅区）》	
14	2014年3月	国务院	《国家新型城镇化规划（2014—2020年)》	
15	2014年6月	国土资源部	《节约集约利用土地规定》	
16	2014年9月	国土资源部	《关于推进土地节约集约利用的指导意见》（国土资发[2014]119号）	
17	2014年10月	住房和城乡建设部	《历史文化名城名镇名村街区保护规划编制审批办法》	
18	2015年1月	广西壮族自治区国土资源厅	《关于盘活城镇存量建设用地促进土地节约集约利用的指导意见》	界定城镇存量建设用地盘活范围，分类盘活城镇存量建设用地，完善盘活存量建设用地手续，健全盘活存量激励机制
19	2015年2月	广东省人民政府	关于印发《广东省"三规合一"工作指南（试行）》的通知	

（3）业务活动

2008年后的城镇建设用地再开发已步入成熟阶段，这一阶段的业务活动主要集中在城市更新方面，具体包括旧城改造、"三旧"改造、城镇低效用地再开发和节约集约利用上，基本涵盖了再开发的全部外延。业务活动注重土地整治，通过整治手段解决土地浪费问题，改善土地利用效果。通过土地整理，实现了建设用地的"开源"与"节流"，改善了土地质量，提高了土地利用效率。这一阶段的再开发业务活动，改善了城镇区域的功能衰退和交通拥堵现象，同时也保护了历史文脉，提高了城镇文化价值。具体业务活动详见表2-4。

2 发展演进

表2-4 2008年至今业务活动年表

序号	时间	组织者	活动主题	活动目的
1	2009年	广东省人民政府	"三旧改造"	
2	2009年10月	由住房和城乡建设部主办，湖北省住房和城乡建设厅、宜昌市人民政府共同承办	第四届中部六省城市规划会商会在湖北宜昌举行	
3	2010年	国务院	全面启动城市和国有工矿棚户区改造工作	
4	2012年2月	江苏省国土资源厅厅长胡宪率调研组	广东省考察旧城镇、旧厂房、旧村庄改造工作	
5	2012年5月	国土资源部部长、党组书记、国家土地总督察徐绍史，国土资源部党组成员、副部长王世元	广州市就"三旧"改造、节约集约用地工作开展调研	
6	2012年10月	广州市政府	全市"三规合一"工作	
7	2013年4月	国土资源部	在内蒙古、辽宁、上海、江苏、浙江、福建、江西、湖北、四川、陕西十省（自治区、直辖市）开展城镇低效用地再开发利用试点	推进城镇低效用地再开发利用，优化土地利用结构，促进经济发展方式转变
8	2013年8月	金华市政府	全市节约集约用地和低丘缓坡综合开发利用试点工作推进会	加快推进全市节约集约用地和低丘缓坡综合开发利用试点工作
9	2013年9月	江油市政府	城镇低效用地再开发试点规划工作	为提高城镇建设用地资源节约集约利用水平，提升城市品位和形象
10	2014年2月	广州市政府	全国率先实践"三规合一"（即国民经济和社会发展规划、城乡规划、土地利用总体规划合一）	
12	2014年7月	国土资源部	"十三五"全国土地整治规划编制工作启动	
13	2015年6月	浙江省人民政府	组建省级棚改融资平台	浙江省首批14个棚户区改造融资项目在杭州签约，浙江建融投资发展有限公司作为浙江省省级棚户区改造融资平台，将对浙江省旧住宅区、危旧房、城中村改造项目以及安置房建设项目提供政策性的转贷融资业务

2.2 境外发展

境外城镇建设用地再开发的相关研究，经过一百多年的长足发展，积累了丰富的经验，对解决当前国内再开发存在的问题，促进再开发理论研究与实践活动的可持续发展，具有借鉴意义。境外再开发的称谓较为多样，包括城市重建、城市再开发、城市再生、城市复兴、城镇建设用地整理、市地重划、土地区划整理、棕地开发、棕地治理等多种称谓，体现了不同历史发展阶段的特征和国家与地区的差异。从再开发内涵和外延出发，本书将境外再开发概括为城市更新、市地整理和棕地再开发3类，结合《国外城市更新的历程与特点及其几点启示》《西方城市更新发展历程和改革演变》《英国城市更新》《国外市地整理模式研究》等人的研究，通过深入分析和对比，将境外再开发的发展历程大体分为探索、发展和成熟3个阶段。城市更新内容和对象的每一次变化，都带来城市更新理念的革新。

2.2.1 探索阶段（19世纪中期～20世纪70年代中期）

随着欧洲工业革命后期城市问题的日益加深，城市更新率先成为城镇建设用地再开发和社会经济振兴的实现方式。进入20世纪，土地整理开始从农业领域扩展到城市内部，由此衍生出一种新的城市规划工具——市地整理。这一时期境外再开发以城市更新和市地整理为主要形态。

2.2.1.1 城市更新

近现代意义上的城市更新开始于18世纪中叶工业革命对传统城市的冲击，英国是世界上最早开始关注城市更新的国家。当时城市更新尚无明确定义，随着城市更新实践的发展，其理念和内涵在不断变化与充实。1958年荷兰海牙城市更新第一次研究会对城市更新阐述如下："生活在城市中的人，对于自己所居住的建筑物、周围的环境或出行、购物、娱乐及其他生活活动有各种不同期望和不满。对于自己所居住房屋的修理改造，对于街路、公园、绿地和不良环境的改善，有要求及早施行。尤其对于土地利用的形态或地域地区限制的改善，大规模都市计划事业的实施，以形成舒适的生活环境和美丽的市容抱有很大的希望。包括任何这些内容的城市建设活动都是都市更新。"

工业革命加速了西方城市化进程，城市人口暴涨，城市建设失序，贫民窟扎堆，导致城市空间结构紊乱、人居环境急剧恶化。两次世界大战的冲击使各国面临艰巨的城市重建任务，中心城区人口和环境压力进一步加剧。为改善城市形象、更好地利用市中心土地，从19世纪中后期开始，各国相继开展贫民窟改造，甚至大规模清理贫民窟，新建购物中心、高档宾馆等；英国《格林伍德住宅法》

（Greenwood Act，1930）、美国《住宅法》（Housing Law，1937）是这一时期城市更新的标志性政策。20 世纪 40 年代后期以来，西方各国大力推行城市重建，同时为缓解中心城区压力，规划建设了一批卫星城，美国《现代城市计划》（1965）、英国《地方政府补助法案》（1969）、加拿大《邻里促进计划》（1973）都是具有代表性的更新政策。60 年代西方国家经济发展处于黄金时期，社会普遍富足，凯恩斯主义逐渐占主导地位，城市更新制度开始关注改善弱势群体的生存状况，强调社会公平和公共服务共享，带有福利色彩的社区更新应运而生。60 年代中期，美国《现代城市计划》（Model Cities Program）在大城市几个特定地区制定了一套综合方案来解决贫穷问题。英国政府在 60 年代中后期也开始实施以内城复兴、社会福利提高及物质环境更新为目标的城市更新政策。带有福利色彩的社区更新在荷兰、加拿大、以色列等国也得到广泛推广。

综上所述，这一阶段城市更新以推土机式重建和福利主义社区更新为主要特点，前者通过大面积拆除城市中的破败建筑，全面提高城市物质形象，忽略了城市社会、文化、环境等其他影响城市更新改造的因素，更新目标、内容均较为单一；后者除了致力于改善城市物质环境外，开始关注居住环境和社会服务水平的提高以达到解决人口社会问题的目标。无论推倒重建还是社区更新，更新对象均为物质衰退或旧城贫民社区，在空间尺度上强调地方性的宗地尺度以及社区级别；政府是更新活动的主导者和推动者，对搬迁者提供补贴，更新资金也主要来源于政府财政支持，对更新区域和更新过程有很高的决定权，而市场和社区参与度较低，全部更新过程体现自上而下的管制特色。此外，这一阶段城市更新的空间范围开始由城区内部转向城市之间，即逐步区域化，以区域整体视角构建不同等级城市之间的联系，调整城市功能，完善城市结构，使其从封闭走向开放。

2.2.1.2 市地整理

市地整理源于城市发展过程中如何有效调整城市土地利用结构和改善土地生态环境的探讨。市地整理的概念发端于德国，最开始从农村土地整理发展而来，市地整理虽然在许多方面保留了农村土地整理的特点，但其内容和方法已发生许多改变。市地整理是指将一定区域内的属于不同所有者的城市土地集中起来，进行地块的合并或重新组合，同时，修建和改建道路等基础设施，增加绿地等公共用地，从整体上改善区域内的土地利用结构和环境，再将该区域内的土地或相当于土地的价值按一定的原则分配给原土地所有者（Archer，1974）。其基本原则主要包括两点：整理区域内的土地所有者要让渡一部分土地所有权，用于发展和改善整个区域内的基础设施、公共设施等；原有的土地利用结构和土地权属关系要根据新的城市规划方案进行调整，以保证和实现新规划向尽可能能够提高土地利用效率和提升城市功能的方向发展。

19世纪末市地整理兴起于德国。20世纪以来，德国政府高度重视市地整理政策的建立和完善，从颁布世界上第一部土地重划法案《法兰克福阿迪克斯法案》（1902），到第一部《土地整理法》（1953）及其重要修订（1976），再到各州据此制定地方法律法规，德国形成了较为完备的市地整理政策法律体系。在政策支持下，作为城市规划的一种工具，市地整理在德国得到广泛应用，并有效推动了城市的发展和重建。20世纪初至50年代，随着工业化迅猛发展，尤其是第二次世界大战后欧洲复兴计划的实施，城市土地整理主要围绕城市建设和大型基础设施建设进行；20世纪60年代以后，由于地区发展不平衡和生态环境的恶化，土地整理的重点转为以促进地区经济发展，缩小城乡差别，增加农民收入，保护和改善生态环境、居住环境为目标的综合市地整理。德国城市土地整理主要涵盖了法律依据和原则，组织机构，法律程序，地产分配和补偿办法等，并形成了一套高效的方法，成为世界各国土地整理的典范。

总之，这一阶段市地整理采用政府主导的组织管理模式，参与主体主要包含政府和土地所有者，从发起经规划到执行的全部过程都由政府控制，土地所有者必须参与项目但主导权有限，表现为有权表达意见甚至上诉，但很少得到正式回应，更无权否定整理计划或者退出项目。作为市地整理的组织管理者，市政当局拥有支配权，通常任命专门的委员会或者土地整理管理部门具体负责整理程序，有权决定整理区域的范围划定、功能分区及相关建筑限制等。市地整理的资金主要源于政府，很少吸纳私人投资。市地整理内容大致包括地块重划、地籍更新等，调整土地权属关系是重中之重。其基本特点是兼顾了公共建设用地需要和土地所有者的权益：土地所有者必须贡献部分土地用于街道、绿化地带等公共区域建设，但能够获得价值相当或更多的土地或补偿。

综上所述，探索阶段境外城镇建设用地再开发以政府主导为主，市场和公众参与度低，再开发资金主要源于政府，使政府面临较大的财政压力，再开发的内容、目标较为单一，对环境改善和城镇服务水平考虑不足，难以满足民众的生存和发展需求。

2.2.2 发展阶段（20世纪70年代后期～90年代中期）

20世纪70~90年代，随着全球经济下滑和自由主义市场经济盛行，市场取代政府逐渐成为城市更新的主导力量。市地整理由德国传入欧亚各国并被广泛应用，伴随不同国情和经济发展阶段，出现了新的整理模式和方法理念。土地污染危害的触目惊心引起人们对微观污染地块治理前所未有的关注，棕地治理实践开始在部分国家展开。

2.2.2.1 城市更新

进入20世纪70年代后期，全球性经济下滑对西方国家经济增长造成极大冲击，政府工作重点转移到刺激地方经济增长上来；政权更替，自由市场政策成为根本性经济政策；大规模推倒重建的弊端渐现，现存的邻里和社区纹理逐步丧失，逆城市化进程导致内城社会经济等逐步衰落，加剧了中心城区物质性老化。在此背景下，西方城市更新政策出现明显转变，从政府导向的福利主义社区重建，迅速变为市场导向的以地产开发为主要形式的旧城再开发，城市更新的重点重新回归内城。地产导向的城市更新是指财务、土地、建筑和劳动的集合，是为了占有和投资目的而进行建造和改造建筑的行为（Turok，1992）。

这一时期城市开发战略转向更加务实的内涵式城市更新政策，力求在根本上解决内城衰退问题，更加强调需要解决地方层次的问题（张平宇，2004）。典型的城市更新实践有英国的内城更新和美国的城市复兴运动。英国在1977年颁布的关于内城政策的白皮书被认为是第二次世界大战后英国中央政府首次以最为严肃态度分析城市问题性质和原因的法律性文件，成为英国城市更新政策的"分水岭"（陈萍萍，2006）。1988年的《城市开发行动》手册提出对内城进行大型项目带动的城市再开发。城市更新的重点从解决住房问题的社区更新转到改造城市中心区，重塑其经济活力上。内城更新的根本目标包括增强内城经济实力、改善内城物质结构、缓和社会矛盾、保持人口和就业结构的平衡。从1980年起，英国建立了包括企业开发区、城市发展公司在内的经济性特区（Lawless，1981），美国也建立了授权区、商业改良区等优惠区，并制定税收增值筹资等一系列强有力的税收奖励措施，给予优惠政策，改善投资环境，以有限的公共投资吸引更多的私人投资参与内城复兴。20世纪80年代，英国充斥着各种地产开发项目，商业、办公及会展中心、贸易中心等旗舰项目成为地方主要更新模式；美国联邦政府实施"城市复兴"政策，取消或减少对"现代城市计划"资助，由州和地方政府直接负责城市计划（董玛力等，2009），私有部门首次取代公共部门成为拯救衰退区经济的首要力量。内城更新吸引了大量中产阶级（Gentrification）回归，与低收入居民比邻而居，增加了居住地区的税收并带来投资，改善了居住环境和城市交通状况。但中产阶级化的本质是富有阶层的居民重新占据城市中心的土地资源和生活空间。

与探索阶段相比，发展阶段的城市更新主要采用市场主导的内涵式方式，其战略目标为复兴旧城经济活力，更新对象为城市旧城区域，空间尺度从宗地转向区域尺度，空间开发集中在地方的重点项目上，大部分为置换开发项目，较多关注环境问题（阳建强，2000）。其显著特点是政府与私有部门深入合作，政府出台激励政策为私人投资提供宽松良好的环境以及少量启动资金，私有部门承担城市更新资金重任。在这种自上而下的市场主导模式下，政府与私人部门建立良好的双向伙伴关系，但社区居民的意愿被剥离。由于市场导向旧城再开发项目大多可获得商业成功，目前不少城市仍然广泛采用这种更新模式。

2.2.2.2 市地整理

市地整理在调整土地功能结构、提高土地利用效率、促进城市化地区有序发展等方面具有较为明显的优势，因而逐渐被其他国家引进并获得广泛应用。从20世纪70年代开始，市地整理已成为世界上许多国家发展城市用地和优化城市土地利用的一种重要工具。在欧洲，市地整理概念由德国相继传入了法国、瑞士等国家；在亚洲，市地整理主要应用于日本、韩国、新加坡、中国台湾等国家和地区。在各国的具体实践中市地整理理念、模式、方法等得以创新和发展。

法国的市地整理主要采用土地所有者主导型模式，也称为联合开发（Joint Development），即市地整理的整个过程，主要由土地所有者（业主）控制，业主拥有很大自主权，并承担相应责任。业主或者市政部门都可发起市地整理程序，但只有取得业主们的一致同意方能生效，同时市地整理的实施和利润分享也掌握在业主手中（Larsson，1993）。整理过程主要包括拟定预备计划、发布公告与征集意见、授权实施3个阶段，通常私人利益相关者通过建立业主委员会（AFU）实施市地整理。法国市地整理遵循最大限度维护土地所有者土地权益的理念，大大减少了政府投入，但由于权利主体或交易主体较多，交易成本高，实施程序比较复杂，所需时间也较长。市地整理（称为区划整理）是日本城市发展最重要的工具，主要应用于新城建设、城市边缘地区开发及旧城改造项目。整理项目主要分为公办（地方政府办理、行政机关办理、国有企业办理）与私办（私人办理、业主/租户协会办理）。私办项目需2/3以上业主或租户同意方可启动，利益共享；公办项目与德国模式类似，受业主的影响较小，项目执行效率高。市地整理在日本遭到很多批判，原因在于市地整理项目缺乏配套的建筑规划，并且由于整理项目期限不定、土地投机等原因，建筑规划迟迟未能落实（Nagamine，1986）。澳大利亚西部城市珀思（Perth）采用规划主导型模式开展市地整理，要求整理过程自身包含详细的规划过程，并且严格按照规划进行整理（张军连等，2003）。大体程序为：制定规划方案（视为业主与政府协商形成的合同形式）；方案获批后市政当局组织制定详细规划，实施建设并截留经营地块；业主分配剩余土地，并获得利润和补偿。该模式肯定了政府在城市规划和城市建设中的行政管理权和决策权，同时强调土地所有者的参与，较好地协调政府和土地所有者的利益关系。

与探索阶段相比，发展阶段的市地整理强调政府与土地所有者的双向合作，在某种意义上偏重于土地所有者的主体地位，充分维护了土地所有者的土地权益。市地整理资金源于土地所有者自主投资、土地整理增值收益冲抵以及政府的少量补贴。其局限在于政府、企业参与不足，缺乏强有力的协调手段和市场活力，整理周期较长，开发资金较为紧张，交易成本上升。

2.2.2.3 棕地再开发

棕地再开发实践起源于美国1978年的"爱河事件"（Love Canal），但棕地（Brownfield）概念最早是由英国在20世纪90年代初提出，最初是相对于绿地（Greenfield）的一种城市规划用语。美国学者Alker Sandra和Joy Victoria曾专门研究棕地的诸多定义，认为棕地是郊区或城市中曾经发展过工（产）业的地区，没有使用但实际受到工业污染或是疑似受到污染的土地也可称为棕地（王宏新等，2011）。目前对于棕地最明确的定义是美国国家环境保护局（EPA）的定义："棕地是指废弃的、闲置的或没有得到充分利用的工业或商业用地及设施，这些地块的扩展或再开发会受到环境污染的影响，也因此变得复杂。"棕地再开发是指综合运用经济、法律、污染治理技术等手段，消除棕地存在的污染，恢复到可利用状态，并进行必要的土地开发，提高土地利用率的综合活动。

为应对棕地挑战，1980年美国政府通过了《环境应对、赔偿和责任综合法》，对棕地进行了统一规范，主要意图在于清洁全国范围内的有害地块，并明确清洁费用的承担者（王彦，2007）。由于对环境治理界定的责任过于苛刻严厉，对有害地块污染程度的评估和对清洁费用的预测也不甚清晰，为了避免麻烦，很少人愿意加入到联邦政府的清洁和复兴计划中，非但未改善棕地面貌反而加剧了棕地污染。过高费用和过重责任是阻碍棕地成功再开发的首要因素。

这一阶段棕地再开发的特点是：采用了单一环境治理引导棕地开发的手段，过分关注污染物的治理或清理，与社会经济活动脱节；仅强调开发商的治污责任，致使棕地再开发成为个人行为，缺乏政府有效控制；州、地方或社区进行的治理往往零碎化，缺乏充分规划，因而难以实现真正的长效治理，也未能有效吸引投资者，阻碍了棕地再开发的进一步发展。

综上所述，在发展阶段境外城镇建设用地再开发更加注重环境改善，但过于强调人的物质需求和经济发展速度，忽略了人的社会交往需求和文化属性，造成一定的社会隔阂、城市精神贫乏和个体归属感的缺失。

2.2.3 成熟阶段（20世纪90年代后期至今）

20世纪90年代以来，信息技术加速发展，城市发展日新月异，生活节奏越来越快，城市陌生感和邻里距离感日益困扰城市居民。复兴城市文化肌理、实现城市的可持续发展逐渐成为社会共识，主动参与城市更新发展成为大多数民众的诉求。人们要求自身的合法土地权益得到保障，建立合理的利益协调与发展机制。棕地再开发亦从过去单一的环境治理引导棕地治理进入基于可持续发展促进棕地再开发的新阶段。

2.2.3.1 城市更新

20世纪90年代后期，人本主义思想和可持续发展观受到西方社会广泛认可和推崇。1992年伦敦规划顾问委员会的利歇菲尔德（D. Lichfield）在《为了90年代的城市复兴》（Urban Regeneration for 1990's）中将"城市复兴"定义为：用全面及融汇的观点与行动为导向来解决城市问题，以寻求一个地区得到在经济、物质环境、社会及自然环境条件上的持续改善（吴晨，2002）。英国学者Robert将可持续发展理念下的城市更新概括为用一种系统的、整体性的观念和行为来解决城市发展过程中出现的问题，以实现社会、经济以及物质环境等各方面的改善，对动态发展的城市做出长远的、持续性的提高（Roberts et al.，2000）。日本学者伊达美德在《城市再开发》一书中指出，城市再开发要以恢复或重建原有的秩序为目的；城市再开发包含了城市功能的维持、城市功能的创造、城市建成区功能的再现、城市中心区活动的扩大、城市中心区活动的重组以及人类生存环境的恢复6个方面的任务（周蓉，2011）。

城市更新的指导思想取得革命性突破：高度注重人居环境，提倡城市多样性和多用途性，注重社区历史价值保护和社会肌理保持，强调社会、经济、物质环境多维度综合治理城市问题和强调社区角色参与。城市更新应该是社区的更新，而不仅是房地产的开发和物质环境的更新；社区历史建筑的保护、邻里社会肌理的维持，与消除衰退、破败现象同样重要。英国《综合更新预算》（1995）、欧盟《结构基金》（1999）都是这一时期的重要指导政策和计划。2000年英国《城市白皮书：城市与城镇》（The Urban White Paper 2000：Cities and Towns）提出了进行彻底物质空间变革的必要性和城市复兴的主要任务："使可持续的城市生活切实可行、人们负担得起具有吸引力"，为此采取了包括加强区域规划、定期开展城市容量研究、构建优秀的城市设计、发展文化创意产业等综合措施，以期"不仅改善城市环境，更要促进社会的和谐和文化的包容"。2005年《迈向全面的城市复兴》对英国城市复兴实施进展给予高度评价，"50年来第一次出现利于城市文化的重大转变"，兼顾了社会、企业和社区等多方利益。城市复兴成为推动英国经济、社会和文化繁荣大发展的重要行动（李建华等，2011）。

与以往相比，成熟阶段城市更新的组织管理核心为政府、市场和社区的三方合作，它强调社区的参与和制衡作用，主张"人本主义"思想，注重更新要符合"人的尺度"，尊重人的内心感受和文化认同，体现为自上而下与自下而上相结合的管制特点。资金由大量私人企业、一定的公共补贴和个人投资构成，政府主要承担构建顶层设计、提供政策支持和监督协调的任务。城市更新以维护城市多样性和社会肌理，促进可持续发展为战略目标，以城市衰退地区和规划欠佳的非衰退地区为主要更新对象，集中在社区和区域的空间尺度开展更新。

梳理现阶段西方国家的城市更新理论研究与实践活动，借鉴《美国大城市的生与死》《城市发展史——起源、演变和前景》《俄勒冈实验》等论著，本书将城市更新理念可概括为如下。

第一，以人为本。"人本主义"思想在社会经济生活中复萌，对城市更新的影响与日俱增（刘易斯，1989）。城市更新更加注重人的尺度和需要，其重点从对贫民窟的大规模消除转向社区环境的综合整治、社区经济的复兴以及居民参与下的社区邻里自建，强调公众参与和保护社区文化（亚历山大等，2002）。

第二，强调社会经济意义。城市更新开始重视社会经济价值，规划与设计从单纯的物质环境改造规划转向社会、经济发展规划和物质环境改善规划相结合的综合居住区更新规划，强调规划的过程和规划连续性，其主要内容是制定城市更新的政策纲领。

第三，可持续发展。可持续发展的城市更新理念将城市看作是一个由经济系统、社会系统和环境系统组成的复合系统。要求城市更新坚持经济效益原则、社会公平原则和生态和谐原则，并兼顾经济、社会和生态效益，以求实现更新发展和保护继承的结合，要求城市更新利益主体能够分享城市更新带来的财富。可持续发展思想成为社会的共识，逐渐被参与更新的各方所接受。未来的城市更新必然将更多地注重住房建设和社区的可持续发展。

2.2.3.2 市地整理

20世纪90年代以来，面对市地整理中不断出现的民众质疑和暴力事件，政府意识到只有回应民众的诉求，保障市地整理中民众的知情权和参与权，才能有效减少利益纠纷和社会矛盾，提高政府公信力、政策执行力和市地整理效率，完成城市发展的预期目标。为此，许多国家将保障居民参与市地整理引入了实践。

从20世纪60年代开始，韩国为解决贫民窟、非法聚居区等问题，先后采取了清理工程、选择性合法化和自我发展工程以及定点安置工程，均未取得满意效果，原因在于仅从解决城市建设问题出发，驱赶或安置无合法住房的低收入者，忽视其生存发展权，国家虽投入大量资金，却破坏了原社区，忽视了居民利益，而新建社区无法满足居民需要。90年代后期以来，市地整理思路实现从"控制、提供、给予"到"激励、赋予、授权"的突破性转变，主要做法是：政府不再直接控制和投资，通过制定符合社区居民生活和发展的政策，如承认居民在社区发展中的民主权利、制定鼓励非政府组织（NGO）参与社区建设的政策等，构建"政府发起和引导居民、开发商、NGO参与"的多元参与机制，实施有效的市地整理，使国家、社区居民、企业等多方受益。"联合重建计划"（Joint Redevelopment Project, JRP）正是这种思路的体现：由城市政府指定一个城市开发区域，业主协会负责全部工程的运作，由大型建筑公司提供资金和实施建筑工程；最终房主得到新的超高公寓住宅，大型建筑公司从工程中获得土地或者其他的回报。目前，JRP已经成为最典型、最常见的改善低标准住宅条件的方法，并引入了基于社区的发展方法（Community-based Approach），具有更大的活力（Ha, 2001）。台湾地区的市地整理（即市地重划）是借鉴德国和日本经验基础上的再发展，与日本较为相似，其整理模式包含公办和自办两种。近年来开始出现公私合办模式，基于"民众权益""建设效益""财务负担"及"市场状况"鼓励公私合办（周宇超，2007），该模式在克服财政紧缩、追求公共利益及降低开发风险方面具有优越作用（张学圣，2004）。

与以往相比，该阶段市地整理综合发挥了政府、市场和社区的分工协作作用，构建了风险共担、利益共享的利益共同体，有效协调了各方利益，促进了城市的和谐、可持续发展。其难点在于建立地权调整和权益分配的合理标准。

2.2.3.3 棕地再开发

20世纪90年代以来，在总结以往棕地治理的失败教训中，众多学者逐渐达成共识：为了治理棕地，最重要的是采用某种机制吸引投资回到这些社区来，并将棕地治理看成以社区为基础的社会和经济问题，而不应零敲碎打、修修补补，惟其如此，才能从其源头治理。棕地再开发并不仅指污染物的治理或清理，而是包括从规划、清理、建设到入住的整个过程，是将经济发展与环境保护相结合的再开发行为（蔡希，2008）。在欧美国家，建立在深刻认识可持续发展理念之上的城市棕地更新，已成为各界共同关注的社会发展课题。

美国是棕地再开发策略最积极的倡导和实践国，经过十多年的实践和调适，成效卓著。美国政府通过政策扶持、资金注入、税收减免、交通引导、保险保障、基建投资等途径大力支持和引导棕地再开发，并制定了环境与经济方面的宏观计划与实施细则。90年代中期克林顿政府将可持续发展确立为国策，为棕地再开发实践创造了有利的大环境；《环境反应、赔偿与责任综合法》修正案（1992）、《减税法》（1997）、《小企业责任减免与棕地复兴法》（2002）等为棕地再开发提供了重要保障；在制度设计上，联邦政府注重吸引州、地方、社区、企业等利益相关方的参与，鼓励合作与互动，有效避免了单独依靠市场或政府可能导致的弊端；坚持棕地再开发过程的动态治理，随着治理实践的继续以及环境、条件的变化，细化法规和深化行动，持续改善治理效果。此外，许多发达国家也已建立起较为完善的棕地再开发法律体系和资金保障体系（王宏新等，2011），如提供棕地再开发专项基金，制定减税计划激励再开发行为，严格执行"污染者付费"制度等，有效确保了再开发资金来源。从国家到地方，从棕地再开发相关的法律法案、政策到资金保障计划，均对再开发相关投资主体产生强大的吸引力。

与以往相比，90年代后期以来美国的棕地再开发转变治理思路，从可持续发展的角度，综合运用经济、法律、环境手段，协同促进棕地再开发，形成联邦政府牵头，由一系列制度设计组成，激励州、地方机构、社区及个人积极参与的新思路，取得了良好的治理效果。

梳理《发达国家棕地再开发经验及启示》《美国棕地再开发的融资模式及其对我国的启示》《Brownfield Redevelopment in the Ruhr》等资料发现，由于国家和地区的具体情况存在差异，该阶段境外各国家和地区开展棕地再开发的动因和方式不尽相同，但概括而言大都遵循以下共同的理念。

第一，法律先行。通过设立专门针对棕地再开发的法律法规及政策，规范棕地再开发各项行为，明晰各相关主体权利与责任，提供强制性保障。

第二，资金保障。通过财政补贴、税收减免、贷款优惠等方式以及"污染者付费"等制度，丰富棕地再开发资金募集渠道，建立健全棕地再开发资金保障体系。

第三，统一指导。制定棕地再开发政策框架，明确指导再开发活动的最高机构和相关协作机构，合理划分职能，分工协作，形成良好的棕地治理连锁监督运转机制，从而避免多头管理、职能交叉重复的弊端。

第四，多方合作。鼓励和支持相关主体积极参与棕地再开发实践，提高决策的公开透明程度，协调各方利益，减少社会矛盾。

第五，可持续发展。统筹考虑城市经济、社会和环境效益，从长远出发，既能满足当前城市发展的需求，又要兼顾棕地利用的连续性和继承性。

综上所述，20世纪90年代后期以来境外城镇建设用地再开发更加强调公众参与，综合发挥政府、市场和公众的协同联动作用，拓宽开发资金来源，依靠法律保障，从可持续发展的角度，以实现社会、经济、文化、环境综合效益为目标，追求城市的全面发展，因此成效卓著。

2.3 本章小结

纵观国内城镇建设用地再开发历程，再开发研究取得成绩的同时存在诸多不足。理论研究上，各主要再开发类型的内涵外延存在许多共性，但具体研究视角存在差异，总体分为城镇与土地视角。城镇发展与土地载体密不可分，而目前再开发研究未能统筹考虑城镇与土地关系。各类型再开发界定的作用空间范围不尽相同，导致一定程度的矛盾和冲突，不利于统一把握和理解再开发内涵与外延。再开发引用的基础理论较为广泛，与再开发联系不够紧密。近年来，再开发利益主体间权益调配成为研究热点，但缺乏系统性和实操性，实践相对薄弱。此外，再开发相关制度机制、开发模式以及技术方法研究均有一定积累，但仍存局限，再开发评价研究较少涉及规划时空吻合、施工进度、政策效率等过程评价。实践方面，从曲折探索阶段到成熟阶段，再开发经历了由战后重建、危旧房改造，到旧城改造、历史文化名城保护，再到土地综合整治、"三旧"改造、城镇低效用地再开发的转变，从单一目标、物质性改造逐步发展到基于多元目标的综合性再开发，取得重要进展，但面临的行政干预过多、公众参与度低、权益协调机制乏力、法律保障不足、投资渠道偏窄等瓶颈亟待突破。参照境外，经过一百多年的发展，其再开发已取得长足进步，无论是以人为本和可持续发展的再开发理念，以多元主体参与为主要特点的组织管理模式，还是具有公私合资特点的多元化融资模式，以及完善的专项法律法规和具有战略高度的统一法律政策框架，均为中国再开发提供宝贵经验和启示。

目前，全面开展城镇建设用地再开发，优化土地利用结构，营造优质生态空间，保持城市文化脉络和历史印记，实现城镇空间有机重构，促进城镇"精明增长"，已势在必行。尽管再开发空间和潜力巨大，但如何进行仍需探讨。中国再开发在内涵外延界定、基础理论整合、顶层设计、产权调整、治理模式创新等均存在较大不足，缺乏对全部城市或区域进行再开发的理论和实践，建立多层次再开发理论和实践研究极少，有待进一步发展优化。因此，立足国情，科学借鉴境外成功经验，并集成创新，是构建中国再开发理论与实践体系的必要途径。具体而言，中国再开发研究宜从基础理论、内涵外延、制度设计、权益调配、模式方法、再开发评估等层面展望和布局：基础理论方面，从城市发展、土地利用、生态保护等多领域交叉融合视角，构建涵盖产权、经济、规划、利用的再开发基础理论体系；内涵外延方面，辨析和融贯各主要再开发类型的内涵，分解和重构再开发外延，实现再开发内涵外延的系统性、包容性和可持续性；制度设计上，针对再开发内涵特征，设计一套涵盖规划计划、组织协调、融资、运作治理以及监督制度的再开发制度，以指导和控制再开发实施过程；权益调整方面，设计基于土地发展权价值评估的再开发权籍调整和收益分配方案，以实现调整权籍，协调各参与主体利益关系目的；模式方法上，结合区域实际，构建"政府搭台－规划管控－市场运营－社区参与－法律保障"五位一体的再开发机制体系，探索多元化再开发组织管理和应用模式及其优选方法；再开发评估方面，基于项目生命发展周期理念构建再开发全程评估体系。

3 理论基础

总结前述城镇建设用地再开发演进历程可知，再开发理论研究尚未形成体系，因此，建立相对完善的理论体系对再开发研究具有重要意义。本章在详细阐述再开发相关理论的基础上构建理论分析框架，为再开发实践活动奠定理论基础。

3.1 土地权籍理论

土地权籍理论是土地科学中最具特色的内容，包含土地产权和地籍管理理论。中国的产权制度以马克思土地产权理论为核心，主要包括土地产权制度及其变迁、土地产权权能、土地产权结合与分离、土地产权商品化及配置市场化理论。地籍管理理论主要包括土地调查、土地分等定级、土地登记和统计等理论。由于产权调整和治理是城镇建设用地再开发的核心，因此，地籍管理理论着重分析与产权治理相关的土地登记和统计理论。土地权籍理论是再开发的前提和基础，系统梳理土地权籍理论体系，并将其运用于再开发中，可为再开发的实施提供理论支撑。

3.1.1 土地产权制度及其变迁理论

马克思和恩格斯以唯物史观科学论述了土地产权制度及其变迁。马克思认为人类社会的第一种产权制度是原始的土地公有产权制度，土地私有产权制度在此基础上发展起来。总体上看，人类社会的产权制度经历了原始土地公有—奴隶制土地私有—封建土地私有—资本主义土地私有—社会主义土地公有的产权制度变迁历程。

原始的土地公有产权制度是自然形成的，因为人类产生就是自然的结果，而自然决定了人类幼年时期以"天然共同体"形式的存在。因此，天然共同体的存在是原始土地公有产权制度形成的前提。这种土地产权制度的典型特征是：大共同体是公有土地的最高所有者，而实际上的公社（小共同体）仅享有土地的占有权，是占有者而非所有者。原始土地产权制度以共同体的存在和公社成员的再生产维持原样为必要条件。但生产力发展促使共同体解体，原始产权制度的前提不复存在。共同体的解体促使原始土地公有产权制度变为土地私有产权制度，主要包括奴隶制、封建主义和资本主义3种土地私有产权制度。

奴隶制与封建土地私有产权制度联系紧密且具有许多共同特征。奴隶制土地私有产权制度的产生需要具备以下条件：第一，劳动者将土地作为自然条件的关系解体；第二，劳动者是工具所有者的关系解体；第三，劳动者不仅要生产出维持自己生活的必需消费品，还要生产出供奴隶主享用和储备的剩余产品；第四，劳动者本身属于生产的客观生产条件，奴隶主不仅完全拥有土地的全部产权，而且还拥有奴隶的全部人身权利。伴随着奴隶向隶农、农奴的转变，奴隶制土地私有产权制度开始向封建土地私有产权制度变迁。在这种制度下，封建地主占有土地，享有土地的所有权，但不完全占有农奴，农奴不再是封建地主的财产。农奴可以在从领主那里分得的份地上自由劳动，对自己的劳动工具也享有所有权。因此，相比奴隶制土地私有产权制度，封建产权制度更有利于调动农奴的生产积极性，促进生产力发展。但随着生产力的发展，封建土地私有产权制度逐渐成为阻碍生产力进步的最大障碍，由此资本主义私有产权制度开始出现。

作为最具代表性的土地私有产权制度，资本主义私有产权制度具有以下显著特征：第一，土地所有权从统治和从属的关系中完全解放出来，大量农业劳动者摆脱了人身依附关系，却丧失了生产资料，成为雇佣劳动者；第二，土地所有权和土地所有者分离，土地所有者通过地租实现土地所有权；第三，产业资本家一般没有土地，也不从事具体的生产活动，而是从土地所有者那里承租土地后，雇佣工人进行生产经营。与以往的土地产权制度相比，资本主义产权制度提高了土地配置效率，促进了生产力发展，但其自身仍存在局限，主要表现为：第一，土地私有产权限制了资本主义生产，导致产业资本家在生产经营行为上的短期性，为在租约期内收回投资成本，最大限度地获取超额利润，产业资本家往往不顾一切地掠夺式经营，造成地力不断下降；第二，土地私有产权不仅使土地所有者无偿获得高额租金，导致农业生产投资不足，而且土地私有权的分散阻碍了土地的集中经营，无法形成合理农业规模；第三，随着资本主义市场经济的发展，土地所有者凭借土地所有权零成本占有日益增大的收益，从而促使原料价格上涨，再加上城市地租增加推动住房价格上涨，加重了雇佣工人负担。资本主义土地私有产权制度的内在矛盾揭示了其历史局限性，社会主义公有产权制度应运而生。

中国实行土地社会主义公有制，即全民所有制和劳动群众集体所有制。由于公共利益需要，国家可征收或征用农民集体土地。城镇建设用地再开发的制度设计、权益调配等均应在社会主义公有制框架下实施。

3.1.2　土地产权权能理论

土地产权是指有关土地财产的一切权利的总和，一般用"权利束"（a bundle of rights）加以描绘。与其他财产权相同，土地产权必须得到法律认可和保护，即土地产权只有在法律认可下才能产生（陆红生，2007）。实质上，土地产权是以土地作为客体的各种权利总和,是一种包含占有权、使用权、收益权、处分权、租赁权、抵押权、地役权、地上权和发展权等权利的权利束。其中,土地占有权是指实际支配和控制土地的权利,可以由土地所有权人行使,也可以根据相关契约规定由他人行使;土地使用权是指土地使用者依据相关规定实际利用土地并且取得土地收益的权利,可以与土地所有权结合,也可以采取两权分离的形式;土地收益权是指依据法律或者相关契约的有关规定,土地经济当事人取得土地收益的权利;土地处分权是指相关当事人依照法律或者契约处分土地的权利,包括土地的出租、出卖、赠送、抵押等权利;土地租赁权是指土地所有权人或土地使用权人通过契约将土地占有权、狭义的土地使用权和部分收益权转让给他人的权利;土地抵押权是指土地收押人在抵押人不能履行债务时,将抵押人的土地拍卖价格作为受清偿的担保物权;地役权是一种根据土地所有权而设立的他项权利,如建筑支持权、采光权、瞭望权、取水权、道路通行权等;地上权是一种用益权,是在他人土地上设定其使用土地的一项权利;土地发展权是一种可以与土地所有权分割的单独财产权,属发展土地的权利,随着土地利用方式多元化和相关利益主体间土地增值收益分配不均而出现。

目前中国城市土地归国家所有,由企业、社会团体或个人使用和经营。国家对土地所有权包括占有、使用、收益、处分4项权能。在城镇建设用地再开发过程中,国家有权对安排土地利用、获取土地收益及利用土地作为信用担保获取再开发资金。作为城市土地使用者,居民、用地企业、社会团体等根据国家相关法律享有使用土地或获取报酬的基本权利,但土地使用权、经营权是设定在土地所有权之上的从属权利,其使用土地或者获取报酬的权利从属于土地所有权。因此,土地使用权、经营权要服从土地所有权。此外,再开发改变土地用途或土地利用强度,导致土地价值提升,产生土地增值收益。增值收益分配是再开发参与主体关注的焦点,依据土地产权权能理论,探索设置再开发土地发展权,明晰再开发利益相关主体的权益分配比例,能够有效促进再开发实施。总之,再开发涉及的产权调整、拆迁、补偿、安置、利益分配等活动,均需以土地产权理论为基础,保障各土地权能主体的利益。一般而言,再开发的权能主体包含政府、集体、土地权利人,在分配土地收益的过程中,要合理均衡各方利益。因此,应在土地产权权能理论指导下建立健全再开发产权体系,理顺再开发利益相关主体的产权关系,合理分配产权主体利益,对推动再开发实施具有重要意义。

3.1.3 土地产权结合与分离理论

土地产权是结合与分离的有机统一,各项土地权利构成了土地产权体系。土地使用权与土地所有权既可结合又可分离,即土地使用权既可由土地所有人行使,也可从土地所有权中分离出来,由非所有人行使。尽管土地收益权与土地使用权紧密相连，但土地所有者可单独拥有土地收益权。因此，土地收益权是一项独立权能，是土地所有权的标志。土地所有者将土地的占有权、使用权，甚至一定的处分权分离出去后，仍能保留土地收益权。土地处分权决定了土地的最终归属，是土地所有权的重要组成部分。以上权能既可相互结合，也可相互分离，其中，以土地所有权与使用权的分离较为常见。

土地产权结合是同一主体同时使用土地的不同权利，而土地产权分离是不同主体分别使用不同的土地权利。然而这种分离与独立运作并非任意和无规则的，其基本原则是：分离和独立后的土地产权既要在经济上体现，又要使土地产权形成新的经济关系。再开发实践活动中，土地所有权归国家和集体所有，使用权属土地权利人，相应的土地权能主体包含政府、集体、开发商、土地权利人等。总体上看，土地产权呈现权能逐步分离、产权主体多元化趋势。

3.1.4　土地产权商品化及配置市场化理论

在商品经济条件下，通常将土地产权当作一种商品，主要表现在两方面。首先，人类生产与生活离不开土地，要想使用土地，就必须取得土地的相关权能并作为一种商品进行交易；其次，商品经济的发展和土地有关权能的有偿使用（权能有偿使用普遍化），表明土地产权的商品化。土地产权商品化理论为土地产权配置市场化奠定了理论基础，两者互为因果。由于土地不能移动，土地市场配置的实质是土地产权的市场配置。在商品经济中，土地产权为寻求与其他财产权利的优化配置，可按照商品市场规则进行有效流转，即土地产权配置市场化。

再开发中土地使用权出让是土地产权商品化理论的具体应用。通过"招拍挂"等方式将城镇土地使用权出让给开发商，从而获取再开发资金。

3.1.5　土地产权登记及土地统计分析理论

土地产权登记和土地统计分析是一种操作性较强的指导性理论，明确规定了登记和统计作业的具体方法、内容等实质要素，为再开发顺利实施提供有力保障。

土地登记是国家依照法定程序将土地的权属关系、用途、面积、使用条件、等级、价值等情况记录于专门的薄册，以确定土地权属，加强政府对土地的有效治理，保护权利人对土地合法权益的一项重要法律制度。在社会主义社会，土地登记能有效确认土地所有权和土地使用权，保护社会主义土地公有制不受侵犯，维护土地所有者、使用者的合法权益以及社会主义土地市场秩序，为合理有效利用土地提供法律保障（陆红生，2007）。土地登记可分为初始土地登记和变更土地登记。其中，初始土地登记又称为总登记，是指在一定时间内对辖区全部土地或者特定区域的土地进行的普遍登记。变更土地登记是指初始土地登记以外的土地登记，包括土地使用权、所有权和土地他项权利设定登记，土地使用权、所有权和土地他项权利变更登记，名称、地址和土地用途变更登记，注销土地登记等。土地初始登记是土地变更登记的基础，土地变更登记是土地初始登记的延续，通过土地变更登记保持土地登记内容的现势性和法律效力。在城镇建设用地再开发过程中，土地登记可有效保护权利人的合法权益，规范再开发的权属管理。在再开发权籍调整过程中，相应的权利主体需及时向不动产登记部门申请变更登记，保障土地权利人相应的合法权益。

土地统计分析是对土地数量结构、利用状况、权属状况的区域分布特征、动态变化规律、内在联系与发展趋势进行分析。土地因具有位置固定、不能移动的自然属性而以界线体现。各类土地数量变化，主要是该类土地界线的变化。鉴于土地总面积的固定，各类土地的界线相互变化、相互制约。因此，在土地统计时，为避免土地面积的重复、遗漏、混乱，除需反映该类土地的面积以外，还要标明其位置和四至，即不仅在统计文件上进行数字统计，还要在图纸资料上进行土地界线变化的统计，使土地统计表格、统计图件与实地相一致，这也是土地统计区别于其他统计的重要特点。在城镇建设用地再开发中，通过土地统计分析发现城镇土地利用的问题与矛盾，为再开发科学决策、规划、实施等提供依据。

3.2 土地经济理论

土地经济学将土地作为生产力的基本要素，研究在一定的生产关系下将其投入到生产过程后产生的经济问题，主要研究土地财产制度、土地资产流转、土地资源利用3个方面内容（毕宝德等，2010）。土地经济理论是城镇建设用地再开发的重要依据，为再开发的制度设计、产权调整与收益分配等内容提供理论支撑。

3.2.1 土地财产制度理论为再开发制度设计与产权调整提供基础

土地财产制度是土地的权属制度，具体包括土地所有制、土地使用制，以及土地国家管理体制。

土地所有制是一定社会制度下人们拥有土地的经济形式，土地所有权是土地所有制在法律上的体现形式。中国实行社会主义土地公有制，即全民所有制和劳动群众集体所有制。国家因公共利益需要，可以征收或征用农民集体土地。城市土地属国家所有，农村和城市郊区的土地，除由法律规定属于国家所有的以外，属于集体所有；宅基地和自留地、自留山，也属于集体所有。国家关于土地所有制的基本理论和法律界定，决定了再开发中政府参与的合法性。政府代表国家管治城镇建设用地，具体手段包括组织立法、管理协调、规划、运作管理、监督等。

城镇内部的农村集体土地需依法征收为国有后才可进行再开发。

土地使用制是对土地使用的程序、条件及形式的规定，土地使用权是土地使用制在法律上的体现形式。中国实施国有土地有偿使用制度，土地使用者享有使用、收益、处置土地使用权的权利。因此，再开发区域内的土地使用者依法享有土地收益权和被征收后的土地价值补偿权。

土地国家管理制度是国家政权以社会代表的身份，对一定区域的土地，在宏观上进行管理、监督和调控的制度、机构和手段的综合，包含土地权属管理和土地利用管理。作为土地财政制度的组成部分之一，土地国家管理制度决定了再开发中政府的主导作用。土地管理部门代表国家，通过"委托－代理"关系调整再开发的产权关系，合理分配再开发产生的增值收益，实现城市土地资源可持续利用。作为制度制定和监督者，政府在再开发组织、协调、管理、规划、监督等方面具有不可忽视的作用。

3.2.2 土地资产流转理论为再开发收益分配提供手段

土地资产流转强调土地的资产属性，主要分析土地资产的市场流转和随之产生的土地价值问题，具体包括土地市场的建立及供求关系、地租地价、土地金融、土地税收等。

3.2.2.1 土地供给理论为开展再开发提供依据

土地供给是指可利用土地的供给数量，即地球所能提供给社会利用的各种生产和生活用地的数量，具体可分为自然供给和经济供给。其中，土地自然供给是指土地天生可以供给人类利用的特性，是地球供给人类利用的土地数量。因此，土地自然供给没有弹性。土地经济供给是指在自然供给基础上，经过土地开发或再开发，可成为人类直接用于生产、生活的土地。土地经济供给与土地利用类型、结构密切相关，自然变化、土地集约度变化、社会经济发展的需求变化以及科技进步都可影响土地经济供给。通过完善城镇土地利用条件和环境，从根本上消除城镇土地利用中阻碍经济发展的因素，能有效促进土地利用的有序化、节约化和集约化，使得土地经济供给表现为动态、有弹性。由于土地自然供给的固定、无弹性，再开发的实质是通过盘活城镇范围内低效、闲置的存量建设用地，增加土地经济供给，其主要方式包括改变土地用途或增加土地利用强度等。随着工业化、城镇化不断推进，社会经济发展对土地需求总量不断增加，而在生产和生态空间的约束下，中国的人地矛盾日益突出，土地自然供给潜力有限。再开发通过增加土地经济供给，有效弥补自然供给的不足，促进经济社会可持续发展。

3.2.2.2 地租地价理论是再开发价值评估和收益分配的基础

地租地价是土地经济学的重要理论。地租是出租土地获得的经济报酬，地租占有是土地所有权借以实现的经济形式。地租并非价格的构成部分和原因，而是价格的结果。社会主义地租以马克思主义地租理论为核心，包括社会主义级差地租和绝对地租等。城镇土地也存在级差地租，主要由城镇土地区位决定。地租地价理论是城镇建设用地再开发的核心指导理论之一。再开发中的用地置换、结构优化，本质上是利用地租地价的杠杆调节作用优化城镇内的土地利用结构，用效益较高的第三产业用地置换效益较低的第一、第二产业用地。地租理论认为城镇土地的地租支付能力与用途相关，商服用地对区位条件敏感，地租支付能力最强，居住用地的地租支付能力介于商服用地和工业用地间，工业用地的地租支付能力较弱。随着地租上涨，原先位于城镇中心的工业企业和居住住户不得不迁出城镇中心位置，让位于地租支付能力较强的商服企业。地租的这种价值递减规律为再开发的土地价值及潜力评估提供依据。再开发是城镇土地用途转换的重要手段。根据地租理论，商服用地的地租价值高，再开发成本大，相应的再开发潜力较小，而工业用地再开发潜力较大。关于级差地租形成和分配的观点是再开发中城镇土地地租地价变动规律研究和土地增值收益分配的重要理论依据。研究马克思的地租地价理论，能从经济制度方面分析再开发中地租形成的条件和根源，认清地租的特性，明晰再开发对地租地价的变动机理，采用多种形式正确处理和调节地租的分配。在中国现行的土地制度下，根据马克思主义地租理论，国家、集体和土地权利人应共享地租收益，其理论分配模式是：级差地租Ⅰ应归国家，级差地租Ⅱ应归土地的实际使用者（集体或个人），因国家投资形成的级差地租Ⅱ，国家可参与分配。因此，地租理论为再开发的土地增值收益分配提供了理论依据。

马克思在批判继承古典政治经济学地租理论的基础上，提出了以劳动价值论为基础的地租和地价理论，认为土地价格是地租的资本化（毕宝德等，2010）。土地是一种特殊的商品，其价格形式与本质与一般商品价格存在显著区别，主要表现在：第一，土地价格是一种权益价格，是为获得土地的占有、使用、收益等权利而愿支付的代价；第二，土地价格一般不依生产成本定价，因其首先是一种自然物，非人类劳动产品，也就无生产成本；第三，土地价格主要由土地需求决定，一般而言，土地的自然供给固定，经济供给弹性较小，相对土地需求来说，土地供给变动较小，因而土地价格主要由土地需求决定；第四，土地价格呈总体上升趋势，土地供给的有限性与土地需求的日益扩大致使土地价格不断上涨；第五，土地价格具有强烈的地域性，由于土地位置的固定性，土地无法像其他商品具有流动性，难以形成统一的市场均衡价格。土地价格受较多因素影响，大致可分为一般因素、区域因素和个别因素3类。土地价格的影响因素是土地价格评估的基础。地价理论为城镇建设用地再开发的土地价值评估和房地产价值分析提供了依据。再开发实施中应充分运用市场机制，利用地价理论客观公正评定城镇建设用地价值，从而为再开发利益分配奠定价值基础。

3.2.2.3 土地金融理论为再开发资本运作提供依据

土地金融是指围绕土地开发、改良、经营等活动而发生的筹集、融通和结算资金的行为，即以土地抵押权为担保的土地资金筹集、融通等一切信用活动的总称。土地商品的特殊性决定了土地金融是具有担保的金融。通常，土地是银行最为优良的抵押担保品，能够最大限度地保障债权安全。在城镇地区，土地金融常常与房产金融相互结合。发展土地金融的目的在于促进土地利用，推动社会经济发展。

利用土地作为抵押品取得资金融通，对于吸收社会资金，保证土地利用投入，迅速发展农业生产具有重要作用。土地金融机构通过土地债券化，在社会上募集资金，贷款给土地所有者或经营者，促进城镇发展与升级。随着城镇化快速发展，"经营城市"作为一种城市建设理念逐渐成为人们的共识，其指导思想是充分利用市场经济中的经营意识、机制、主体和方式等理论知识，促进城市资产重新配置和优化组合。目前，中国城镇房价居高不下，随着住房货币化政策改革全面铺开和房地产市场迅速发展，土地金融可扩大住宅消费抵押贷款的资金来源，在一定程度上缓解城镇居民住房资金短缺的矛盾。在"经营城市"背景下，土地金融理论为城镇建设用地再开发资本运作提供理论支撑。一般而言，城镇建设用地再开发投资巨大，主要表现为：第一，通过再开发投资建设市政基础设施和公共服务设施，土地价值产生正外部性作用，土地价值进一步提高；第二，在再开发中，因产权调整和土地用途变更带来的土地补偿安置资金量巨大，增加再开发难度。因此，再开发项目难以单纯依靠本金投入实施，而以城镇土地作为抵押，通过银行贷款、土地资产证券化、土地股份化、再开发信托基金等金融运作方式筹集资金，能有效减少再开发实施的资金瓶颈问题。

3.2.2.4 土地税收理论为再开发收益分配提供手段

土地税是以土地或者土地改良物的财产价值、财产收益或自然增值为征税对象的一种赋税，是国家依据法律规定强制对经济单位或者个人无偿征收的实物或者货币。它随着国家的出现而产生，是国家实现国民收入分配与再分配的一种手段（毕宝德等，2010）。土地税具有多项社会功能：防止地价上涨过快，抑制土地投机；引导土地利用方向，促进土地资源合理利用；调节土地收益分配，促进企业间公平竞争；保障财政收入，筹集公共设施建设资金。再开发实施中，政府以土地税收为手段，合理调节再开发参与主体的利益分配。为防止再开发前出现"抢建""违建"等现象，可考虑采用超额累进税，对超出平均水平的建筑面积实行分级累进税，降低再开发成本；针对再开发中"挑肥拣瘦"现象，政府部门可考虑利用土地税收引导调节再开发方向，对区位条件好、再开发难度小的区域，可适当提高税率，而对区位条件差、预期收益较小的区域，可给予一定税收优惠，以实现城镇土地的均衡发展。此外，再开发土地增值收益分配过程也可适当考虑土地税收手段，如土地税收为国家级差地租Ⅱ的分配提供良好工具，采用税收方式收回国家的土地增值收益，能减少土地权利人的抵触情绪，为顺利实施再开发提供支撑。

3.3 规划理论

规划是统治者实现其发展政策的重要工具，在调节土地关系、巩固和发展土地所有权与土地使用权中起着巨大作用（董德显等，2010）。常见的规划包括土地利用规划、城市规划。规划理论是城镇建设用地再开发的重要手段和依据，为再开发的项目确定、具体实施、评估等内容奠定理论基础。

3.3.1 规划理论是再开发的依据

伴随城镇化和工业化的不断发展，规划理论和技术逐渐成熟。城市人口增长和工业发展使城镇土地利用方式趋于复杂，城镇的自然发展已不能完全解决诸如城市用地蔓延侵占耕地、居住环境恶劣、空间拥挤等问题。规划的目的在于解决"城市病"，并提供科学合理的城镇空间发展战略性方案。因此，规划能促进城镇空间合理利用，从而实现社会公平。

城镇是人类文明和社会发展的结晶，历史的轨迹和时代的特征都以土地载体形式保存下来。每个城镇拥有自身独特的空间布局、自然风貌、文化脉络等特征，为了保持这种特征，土地利用规划与城市规划均发挥了重要作用。规划的作用是在保护城镇区域特征基础上，克服城镇自然发展带来的弊病。土地利用规划与城市规划通过预测未来一定时期内的城镇土地利用，并以法定形式确定下来，从而实现保护耕地、节约用地、合理配置城镇土地资源、促进城镇经济增长等目标。专项规划是土地利用规划的组成部分，需在土地利用总体规划与城市总体规划的指导下制定。城镇建设用地再开发规划属专项规划，因此再开发需服从土地利用总体规划和城市总体规划。

从历史发展角度看，人类的再开发活动比规划活动出现得早，但早期的再开发活动主要为满足人们的生存需要。当城镇发展和土地利用模式受到规划限制时所产生的再开发活动才是我们研究的主题。因而，再开发活动需在土地利用规划和城市规划的框架内实施，以规划作为调节再开发活动的重要手段。总之，规划是再开发的前提和手段，规划与再开发是土地利用的两个方面：规划提供土地利用方案，再开发则是土地利用方案的具体实施。

3.3.2 规划是再开发实施的重要手段

3.3.2.1 规划是确定再开发项目的依据

城镇发展是一个动态过程，由经济发展、文化冲突、宗教信仰、国家制度、政权更迭等引起的各种矛盾冲突，都会体现在城镇发展中的土地利用上。再开发是实现城镇土地合理利用、提供足量城镇建设用地的措施，再开发项目的确定以国民经济社会发展规划、土地利用总体规划与城市总体规划等为依据。土地利用总体规划是在分析一定行政区域内土地资源利用现状、潜力和各行业用地需求的基础上，确定符合国民经济和社会发展规划 10~15 年的远期土地利用规划；城市总体规划是在综合分析城市国民经济和社会发展条件基础上，根据城市的性质、定位、规模和城市能源、供水、交通等情况，所制定的一个城市在较长时期内的发展规划。土地利用总体规划和城市总体规划方案一旦确立，土地和城市管理部门应分期逐步实施。其中，土地利用总体规划的基本任务是统筹安排各行业用地，并且规定土地用途；城市总体规划的内容包括历史街区保护、城市旧区改造等。在再开发实践活动中，一般根据规划方案进行土地利用调整和布局。因此，城镇建设用地再开发专项规划可认为是土地利用总体规划与城市总体规划的深化和补充。

3.3.2.2 规划是实施再开发项目的依据

城市规划可分为城市总体规划、分区规划、控制性详细规划和修建性详细规划 4 个层次。城市总体规划和分区规划是再开发专项规划编制的依据之一，而控制性详细规划和修建性详细规划则是再开发项目实施的依据。控制性详细规划是以城市总体规划或分区规划为依据，确定建设地区的土地使用性质、使用强度等控制指标、道路和工程管线控制性位置以及空间环境控制的规划；修建性详细规划以城市总体规划、分区规划或控制性详细规划为依据，制定用以指导各项建筑和工程设施的设计和施工的规划设计。再开发实施方案中的土地产权调整、用途变更、建设容积率、道路交通设施建设、公共基础设施建设等内容均离不开两个详规和再开发专项规划。

3.3.2.3 再开发评估是规划实施的反馈

规划是对城镇发展、土地利用、再开发项目的科学预测，再开发是对规划的具体实施，规划效果需通过实施来体现。再开发评价是对规划效果的积极反馈，从社会、经济、生态环境、政策等角度出发，按再开发的生命周期，实施事前、事中、事后及政策评价，能有效反映规划实施效果。因此，需要将评价结果反馈到规划的相关部门，作为修正规划和设计规范的依据。

3.4 土地利用理论

土地是人类赖以生存和发展的最基本物质基础。利用土地是人类占有土地的目的，土地开发、保护、再开发均旨在更好地利用土地。土地利用理论主要包含土地规模利用、土地集约利用和土地可持续利用3个方面内容。城镇建设用地再开发的目的在于更好地促进城镇土地利用，提高利用效率。因此，应综合运用土地利用理论指导再开发实践，以实现城镇土地合理利用。

3.4.1 土地规模利用理论

土地利用规模是指相对独立的单项经济活动占土地面积的大小，反映了土地生产要素利用的集中程度。一般地，土地规模的扩大与规模报酬之间关系存在3种情况：第一，土地规模扩大的幅度小于规模报酬的增长幅度，称递增土地规模报酬；第二，土地规模扩大幅度等于规模报酬的增长幅度，称固定土地规模报酬；第三，土地规模扩大的幅度大于规模报酬的增长幅度，称递减土地规模报酬。土地规模利用，就是尽可能地使土地利用处于报酬递增阶段，在此情况下，土地规模扩大所能获得的经济利益即是土地规模经济。规模经济来源于内部与外部，分别为内部规模经济和外部规模经济。内部规模经济是因经营实体规模扩大而在内部产生的效益，其生产的主要原因是生产要素的不可分性。与内部规模经济相对应的是内部规模不经济，是指一个生产经营单位在规模扩大时由于自身内部原因导致的收益下降。外部规模经济是整个行业的规模扩大和产量增加而使单个生产经营单位获得的经济利益。与外部规模经济相对应的是外部规模不经济，是指因整个行业或整个区域的规模扩大或产量增加而使个别生产经营单位成本增加。在城镇建设用地再开发实践活动中，应充分利用土地规模利用理论，指导再开发的合理规模，以实现城镇土地规模利用（土地利用处于报酬递增阶段）。具体而言，在资金条件允许的条件下，尽量实施整体连片再开发，因为分片进行再开发可能因土地增值、违建抢建等问题提高再开发成本。此外，应适当发展再开发的相关产业，如规划设计、建筑施工、房地产开发、整理拆迁，形成外部规模经济，降低再开发成本。

对于再开发项目而言，扩大再开发规模可使许多外部性问题"内部化"，从而提高再开发的经济效益。外部性指一项经济活动不仅决定自身经济效益，还为活动以外的第三者或者社会带来影响。外部性相对于一定范围而言，在较小范围内形成的外部性，在范围扩大后可能成为"内部"问题，即为"内部化"过程，随之产生外部经济问题"内部化"与外部不经济问题"内部化"。城镇建设用地再开发项目需要扩大城镇土地利用规模，必然产生外部性问题"内部化"，可能导致规模经济或者规模不经济。再开发是一个特殊的生产流通过程，需与整个城镇的土地利用规划、城市规划、设计、建设和改造紧密相结合，因此再开发实践活动存在广泛的外部性。再开发过程中，外部经济"内部化"能带来经济效益，如人口聚集能形成一定的市场需求（如日常生活用品需求），在再开发之前，这种需求属外部经济，只给周边商业机构带来经济利益，如果进行再开发，扩大土地利用规模（开发范围包含人口集聚区），则可以结合周边商业机构进行整个区域的再开发，充分利用市场需求，提高再开发经济效益；外部不经济"内部化"降低经济效益，为避免这种情况，再开发的土地利用规模不能太小，宜适度扩大再开发规模，进行再开发区域的综合开发与利用，提高再开发的整体经济效益。

3.4.2 土地集约利用理论

土地集约利用是指在一定面积的土地区域中，通过投入相对较低的生产资料和人类劳动，运用先进的技术和管理方法，使单位土地面积上获得高额收入的一种土地利用经营方式。土地集约利用强调一定土地区域内的经济、社会和环境效益综合最优，是土地利用的趋势。人类在利用土地从事生产活动中发现了"土地报酬递减规律"，即在一定的土地面积上进行相应的生产投入，初始阶段，随着投入的增加，土地报酬也随之增加；达到临界值时，土地报酬达到最大值；当生产投入超过这个临界值，土地报酬不再随之增高，反而会因为生产投入的增加而降低。在城镇建设用地再开发中，应以土地报酬递减规律为理论指导，合理增加再开发投资，才能获得较高的再开发效益。另一方面，再开发中不应盲目追加投入，只有通过科学技术的进步，不断提高土地边际报酬的临界值，才能从根本上有效地提高再开发综合效益，真正实现再开发效益最大化。

随着工业化、城镇化快速发展，人地矛盾日益突出，城市外延用地过度扩张，征用耕地越来越多，导致城镇土地利用效率低下，威胁粮食安全。因此城镇建设用地再开发须遵循集约利用原则，以降低社会管理、城镇建设和土地投入成本，提高城镇土地利用效率，缓解土地供需矛盾。随着城镇化水平不断提高，城镇人口剧增，给城镇建设用地带来巨大压力。实施土地集约利用有助于缓解城镇建设用地不足，这也是再开发的重要内容。再开发过程中，在城镇重点开发区域，充分利用区域综合优势，进一步提高土地资源配置水平，从而提升区域经济规模和优化产业结构；在城镇可优化的开发区域，侧重技术进步和制度改革，合理调整产业结构，有效缓解经济发展与土地资源间的供需矛盾；在城镇禁止开发区域，如自然、文化保护和生态价值较高的区域，重点推行强制性保护策略，同时大力发展环境友好型产业。通过再开发实现土地节约集约利用，使原区域土地利用获得最大的经济、社会和生态环境效益。

3.4.3 土地可持续利用理论

20世纪80年代初期，国际自然和自然资源保护联盟（IUCN）、联合国环境规划署和世界野生动物基金会（WWF）在《世界自然资源保护大纲》中首次使用"可持续"一词，世界环境与发展委员会在1987年正式提出"可持续发展是在不危及后代人满足他们需要能力的前提下，满足我们现实需要的一种发展"。30多年来，由于社会经济的快速发展和改革开放的不断深入，加上中国人多地少的现实状况，人地矛盾更加激烈。土地可持续利用理论可为解决这一矛盾提供理论参考。

土地可持续利用理论是城镇建设用地再开发应遵循的重要指导理论之一。为实现城镇土地可持续利用，应合理调节城镇用地结构、布局和方式，既满足当代人需求，也为后代人发展留有余地。在可持续利用理论指导下，再开发应保障城镇生态用地需求，实行城镇土地立体利用，提高城镇土地的容积率，盘活存量城镇土地，提高土地利用效率，并适时调整原有的土地利用结构、布局及方式。当然，土地开发强度须限制在社会环境承载力范围内，真正实现城镇社会、经济和生态环境的可持续发展。

土地可持续利用理论有利于破解城镇人口与城镇用地面积同向增加的难题。由于经济不断快速发展，用地规模扩大，在可持续利用理论指导下，城镇建设用地再开发采取适当的土地利用方式，可增加城镇土地的经济供给；科学技术的发展为提高城镇土地利用率和实现城镇土地可持续利用奠定技术基础。再开发是实现城镇土地可持续利用的有效途径之一。改革开放以来，随着经济的高速发展，中国城镇土地利用存在诸多问题。尽管再开发无法解决所有问题，但是通过利用各种新技术，合理调整土地空间布局，着力提高土地使用率，节约利用土地，减少土地污染，可实现城镇土地资源的可持续利用。

在土地可持续利用理论指导下，城镇建设用地再开发应注意以下问题。第一，注重环保材料与新技术的使用。再开发作为一种以土地为对象的技术，其技术水平高低，以采用新技术、新材料、新管理的程度为标准。改革开放以来，粗放式的发展模式对城镇环境造成一定的破坏，可持续发展模式强调生态文明发展，侧重长远发展，倡导人类与自然和谐发展。因此，在再开发活动中，应特别注重环保材料与新技术的使用，降低再开发对环境破坏程度，如人行道路采用透水性好的材料，建筑施工采用保温节能型材料等。第二，注重历史文化遗产保护。历史文物建筑是城镇发展过程中形成的独有文化景观，城镇建设不能割裂历史与未来。

再开发应注重保护和修缮城镇历史遗迹，延续城镇历史文脉。第三，重视居民的归属感。城镇的主体是人，人与人之间、人与生活环境之间存在感情勾连，体现为居民对社区邻里和城镇空间的归属感，如有些人喜欢四合院等古典建筑，有些人喜欢高楼大厦等现代建筑。再开发需关注人的归属感，尊重人们不同的价值观、审美观、宗教信仰等。

3.5 城镇建设用地再开发理论框架

本章从土地财产、资产与资源3个属性出发，构建城镇建设用地再开发理论分析框架，主要探讨了再开发与土地制度、土地权籍理论、规划理论、土地经济理论和土地利用理论间的关系。首先，从建设用地财产属性角度提出土地制度是再开发的必要前提，土地权籍理论是实施再开发的基础，土地制度与土地权籍不明，再开发难以为继；其次，从建设用地资产属性角度，指出土地经济理论与规划理论是推进再开发的重要手段，分别对应市场经济调控手段（"看不见的手"）和政府宏观调控手段（"看得见的手"）；最后，从建设用地资源属性角度，在前述的基础上应用土地利用理论达到再开发的最终目的。从土地的3个属性出发，有机结合土地制度和土地权籍、规划、经济与利用理论，构建再开发的理论基础体系。

土地制度是城镇建设用地再开发的前提。所涉及的基础理论包括土地产权制度及变迁等相关理论。在土地制度理论的指导下，制定规划计划、组织协调、融资、运作、监督等再开发制度，为再开发实施奠定基础。

土地权籍理论是城镇建设用地再开发的基础。所涉及的基础理论包括土地产权权能理论、土地产权结合与分离、土地产品商品化、土地产权配置市场化、土地登记与统计等。在制度设计前提下，土地权籍理论指导基础上，合理调整再开发的产权，公平分配再开发增值收益，促进再开发顺利实施。

规划理论和经济理论是城镇建设用地再开发重要手段。所涉及的基础理论包括土地规划、城市规划、土地供需、地租地价等理论。在规划理论和经济理论的指导下，综合运用"看得见的手"和"看不见的手"合理调节再开发活动，实现再开发土地资源的优化配置。

土地利用是城镇建设用地再开发的最终目的。根据建设用地的资源特性，充分运用土地规模利用、集约利用与可持续利用理论，在规划引领下，科学有效实施再开发项目，实现城镇土地资源高效、可持续利用。

具体框架请见图3-1。

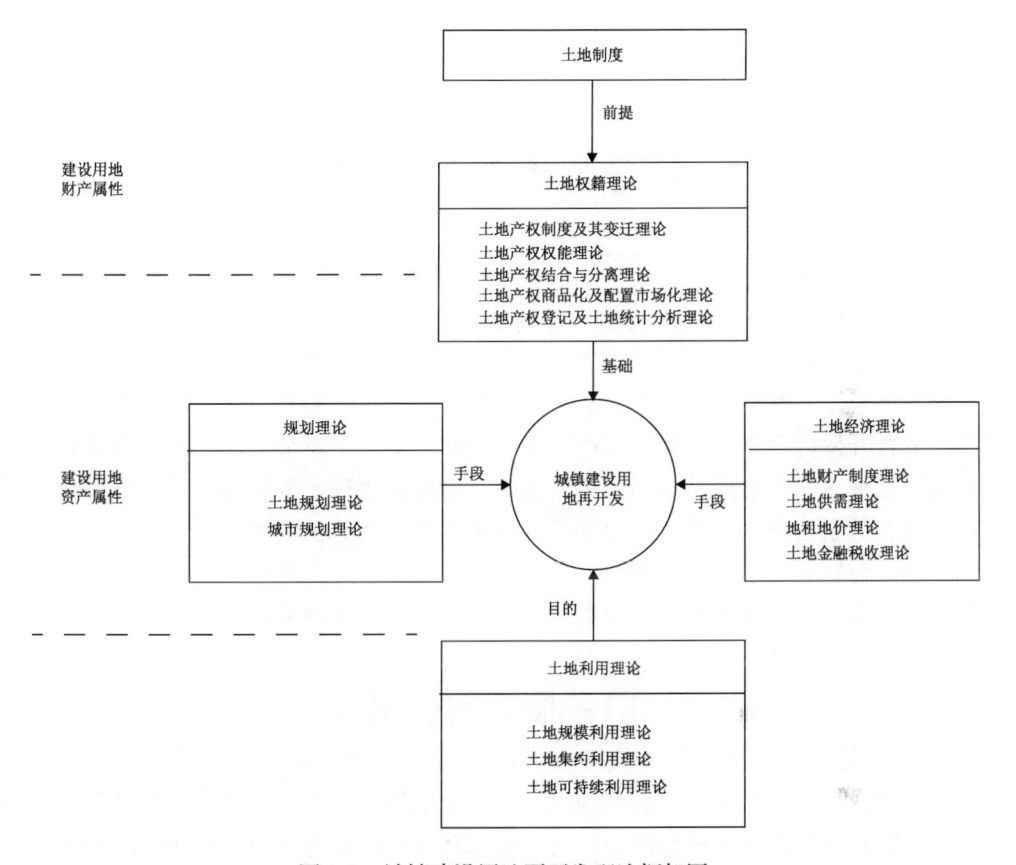

图 3-1 城镇建设用地再开发理论框架图

3.6 本章小结

本章以土地制度为理论出发点，整合土地权籍、土地经济、规划和土地利用理论，构建城镇建设用地再开发理论分析框架，为再开发内涵外延重构、制度设计、产权调整与收益分配、模式研究及全程评估提供坚实的理论支撑。由此提出以下观点：第一，土地制度是再开发的基本前提条件，土地权籍理论是推进再开发的基础，两者构成再开发的先决条件；第二，规划与经济理论是调控再开发的有效手段，促进和保障再开发顺利实施；第三，土地利用是再开发的目的，保证再开发获得较好的整体收益。

4 概念解析：内涵与外延

依据本书第 2 章境内外发展演进可知，旧城更新改造、城市土地整理、市地整理、"三旧"改造、棕地再开发等与城镇建设用地再开发概念相关的理论和实践已经经历了从曲折探索到成熟发展的阶段历程。但仍可看到，不同类型再开发在内涵和外延上，其空间范围和对象、内容与目标各有侧重和交叉，新形势、新常态下的再开发内涵和外延尚无明确界定。因此，本章主要根据第 3 章所构建的以土地权籍理论、土地经济理论、规划理论、土地利用理论为核心的再开发理论分析框架，基于建设用地节约集约利用、城镇历史文化保护、生态文明建设、社会网络构建等要求，系统界定和解析再开发的内涵；并综合分析不同类型再开发的联系与区别，剥离其中的交叉与重叠，统筹重构再开发外延。

4.1 概念的提出

城镇建设用地再开发概念的提出，源自城镇周期性和阶段性的发展过程，再开发是针对城镇发展中的经济、社会、生态和文化传承等问题而采取的改善性、修复性和保护性行为或活动。

4.1.1 动因分析

4.1.1.1 城镇建设用地的开发与再开发

城镇建设用地开发和利用伴随着城镇的起源与发展不断深化演变，并针对城镇发展中存在的问题不断调整优化，以促进城镇的健康、稳定和可持续发展。

（1）城镇的起源与发展

城镇的起源与形成是一个漫长的历史过程，受到自然条件、地理环境、政治制度、经济发展、文化内涵、军事战略等要素的综合影响，围绕着人类社会发展需求、城镇物质形态以及城镇功能而进行。从物质形态看，房屋建筑物、构筑物和基础设施等都依托城镇建设用地的承载功能，从而与城镇建设用地共同构成了城镇的主要物质形态，因此，城镇建设用地成为城镇物质形态的本质。而城镇的物质形态，决定了城镇的基本功能。如建设用地提供一切城镇载体，房屋建筑物的空间性和实体性等为人类提供居住和工作的场所，构筑物和基础设施则提供出行的交通便利等。城镇除了具备以上基本功能之外，还包含了为满足人类社会发展需求而赋予的特定内在属性。城镇形成的社会分工说认为，人类社会由母系社会的原始聚落，经由三次社会大分工，使得城镇出现并逐步脱离农村；私有制说认为城镇是私有制的产物，是随着奴隶制国家的建立而产生的；阶级说认为从本质上看，城镇是阶级社会的产物，是统治阶级奴隶主、封建主用以压迫被统治阶级的一种工具；宗教说认为人类基于宗教祭祀活动，利用庙宇及其雇用的宗教首领、教士和宗教工作人员，引起人口的高度集聚，从而促使城镇的发展（苗圃，2014）。人是城镇的主体，但城镇并非伴随人类的出现而出现，而是人类社会生产力发展到一定阶段的产物。城镇出现和发展的动力，源于人类社会发展的物质和精神需求，城镇的发展和变化与人类需求的不断发展和变化密切相关。

人类社会生产力的发展，带来生产要素以及城镇人口的集聚发展，从而促进城镇的不断出现和发展。城镇的发展，主要体现在物质空间要素增多和功能结构不断复杂化两个方面。第一，城镇的物质结构剧烈变化，空间要素增多。资产阶级革命和工业革命的出现，为城市和城镇注入强大的生命力，工业生产和商品交易日渐繁荣，大片的工业生产区、交通运输区、仓储物流区逐渐出现，混杂着大片的工人居住区等，城镇空间结构多样复杂。随着铁路、公路、轮船等运输方式兴起，很多城镇也相伴出现在车站、码头、港口、机场等交通运输服务设施的集中地段。第二，城镇的功能复杂化。城镇物质结构的多样化，也必然带来城镇功能的复杂化。人类社会工业化和现代化的推进，不断带动人口、资金、技术各种资源向城镇集聚，城镇的经济、社会活动空前发展，城镇功能由最原始的居住和防御功能，向生产、服务、管理、协调、集散、创新等多元化发展。城镇公共基础设施逐步完善，自来水、煤气管道、电力设备、通信设备、公共交通等市政基础设施内涵丰富，分布广泛；行政办公楼、商业大厦、酒店、体育场馆、博物馆等新型公共设施和建筑也为城镇功能的多样化奠定了物质基础。

城镇外延扩张，吞并周边农村土地，在承接农业人口转移的进程中不可避免地承受来自旧城区经济衰退、房屋建筑物残旧破败、市政基础设施落后、城镇功能折旧，城镇人口膨胀、经济快速发展对资源环境的扩张性需求，以及城镇历史文化传承对城镇居民文化认同和精神归属诉求的满足等诸多压力，因此城镇的发展与物质结构老化、功能落后等长期并存。为了恢复城镇低效用地的活力，充分挖掘城镇建设用地集约化利用潜力，保护和延续城镇发展脉络和历史记忆，城镇必须适时调整传统的用地结构和发展模式，修复和完善物质性损耗，改善区域生活质量和生存环境，从而实现城镇的可持续发展。

城镇的改造与更新活动，在带动城镇经济和社会转型发展，促进城镇空间重构，实现周期性和阶段性可持续发展的同时，也存在诸多现实问题。第一，社会网络和邻里关系的弱化。城镇社会经济的高速发展，对城镇土地的集约利用要求越来越高，城镇建设用地的容积率和建筑密度等不断提高，传统的庭院（合院）式生活空间被打破，邻里关系被高楼大厦的单元楼居住空间所分割。此外，高压生活环境下社会关系的"经济化"、社会阶层分化造成的居住环境分离、快节奏生活方式下的疲于奔命、不同行业群体间的交流困难等，也进一步加速社会网络和邻里关系的弱化。早在1991年的一份邻里关系调查就表明，70%的市民是见面略致寒暄的关系，停步交谈的只占20%，而登门拜访和有困难相助的仅占4%；相反，邻里之间互不相识者却占6%，那种形影相吊、与人无交的居民也大量存在（廖常君，1997）。第二，经济发展中的"千城一面"。城镇高速发展过程中，尤其是近年来城市化、城镇化快速推进，城镇大体量、超高层的建筑不断涌现。规划师和建筑师们受城镇发展巨大的经济效益驱动，用日益膨胀的趋利性为城镇治理者创造和复制出一批"现代化大都市"。尤其是改革开放以来，各地政府好大喜功，攀比城镇建筑的高、大、全而大兴土木开发房地产，以及城镇新区、开发区建设，留下许多"政绩工程"和"面子工程"，不仅使得绝大多数城镇面貌毫无特色，新区内土地粗放利用、配套基础设施落后、低层次低效能的开发模式等也较为严重。第三，自然和生态环境的承载压力。工业革命以来，经济快速发展，城镇人口不断集聚扩张，基于人类自身生存和发展需求，城镇自然资源不断被消耗，生态环境面临巨大挑战。1978年以来中国城镇化进程加快，在带来巨大社会经济效益和物质繁荣的同时，城镇规模外延式扩张对其周边农田、水域等生态性用地过度侵占，加剧了城镇生态系统的破坏。城镇中心高楼林立、道路网络交叉密集、地下空间肆意挖掘，切断和阻隔了城镇生态廊道，破坏城镇景观生态格局和生物多样性。为满足城镇建设用地扩张需要而在周边农村地区的土地平整和水道整改等活动也面临降低生态景观异质性的风险，影响生态系统的稳定和可持续性。此外，密集人口的生活垃圾堆积、城镇工矿厂房的"三废"不当处理，以及交通拥堵、尾气排放等环境污染，冲击着城镇自然生态系统，加剧了自然环境恶化。第四，旧城与历史文化的破坏。城镇历史街区和旧城区，见证了城镇建设用地的开发和更新，以及时代的发展和变化；承载了当地居民的生活习性、交流方式，甚至精神追求，是人类宝贵的历史缩影和民族精神象征，具有重要的历史文化价值。而以"发展"为主题的今天，在一些城市规划建设和治理者看来，旧城区环境恶劣、基础设施落后、土地粗放利用等与现代化大都市的宏伟目标格格不入。拥有"大跃进"式立功心态和急于求成政治抱负的城市治理者，企图利用历史基础赢得最高回报率的开发经营者和规划师建筑师，以及急于改善居住条件赢得拆迁补偿的部分居民，成为旧城区和历史街区肆意拆除重建和野蛮破坏的中坚力量。短期来看旧城改造改善了城镇面貌，破旧立新，实质上改建后许多地区的城区建筑、人口及交通容量大大增加，强压下的基础设施不堪重负，更重要的是割断了城镇的历史文脉，城镇成为无思想根基、缺人文内涵的钢筋混凝土群。

（2）城镇建设用地再开发的提出

再开发概念的提出，源自城镇周期性和阶段性的发展过程，再开发是针对城镇发展中的经济、社会、生态以及文化传承等问题而采取的改善性、修复性以及保护性行为。不同行业和领域对再开发的理解和侧重点各有异同，其中较为典型的主要有城建领域的旧城改造和城市更新等，以及国土领域的城镇土地整理、低效用地再开发等。

20世纪五六十年代的美国，在郊区化和城镇中心区衰退背景下，城市人口和规模扩大的城镇集聚效应对城市中心区提出了"再城市化"要求。而国内旧城更新改造活动源于新中国成立初期，国家大力发展工业背景下，为保留原有房屋、公用设施的使用，对环境特别恶劣、问题特别突出的地区所采取的必要维修养护和局部改造活动。一般而言，旧城改造和城市更新等活动着眼于城市结构和功能上的衰退，着眼于地上建筑、基础设施等物质形态方面的维护以改善城市整体功能。城市土地整理和低效用地再开发等则关注城镇中布局散乱、利用粗放、用途不合理的存量建设用地，旨在通过改变原有建设用地的性质用途、规模布局、开发强度和利用方向等，提高土地集约利用水平和综合效益。

由于城镇是一个复杂的包含自然、经济、社会、生态、文化、政治等因素的综合体，城镇建设用地再开发，不仅包含城镇结构调整和维护、基础设施完善、空间潜力挖掘、生态环境保护等物质性方面，也包括城镇形象重塑、功能再造、产业转型升级、历史人文传承和保护等内涵性因素，从而为城镇不断注入新的发展活力，实现城镇健康、稳定、可持续发展。

4.1.1.2 城镇建设用地再开发机制

马克思辩证唯物主义哲学认为，世界是物质的，物质是运动的。物质形态的一切事物都处于不断变化发展的过程中，都将经历产生、发展、兴盛、衰退继而再生的周期性和阶段性特征。不同事物间的运动规律不同，因而表现出的阶段性特征也存在较大差异。作为客观存在物质实体的城镇，也随着时间的流逝而不断演变。历史上，城镇自出现以来，经历了农业社会后期、工业社会和后工业社会，每一历史阶段内城镇也经历缓慢发展、快速发展、停滞甚至衰退的发展过程。20世纪90年代西方学者提出"差异城市化理论模型"解释世界上所有地区人口变化的演化模式，认为大、中、小城市的净迁移量大小随时间变化，进而根据这种变化将城市发展分为"城市化""极化逆转"和"逆城市化"3个阶段，紧接着又是城市发展的第二个周期，城市发展又开始于"城市化"阶段，迁移人口再一次向大城市集中（谭崇台，2005）。而"城市发展阶段模型"则将城市发展划分为城市化、郊区化、逆城市化和再城市化4个阶段；然后，又根据中心城区和周围地区在人口增长率的上升和下降间的转折点,将每一阶段一分为二,从而划分出 8 个时期(勒施,2000)。无论是"差异城市化"模型,还是"城市发展阶段"模型,都说明了城市的发展可能具有周期性,即中心城区人口增长最快的城市化—中心城区周围地带人口增长速度较快的郊区化—中心城区和周围地带人口都下降、中心城区的下降速度快于周围地区的逆城市化—中心城区的人口增长再一次超过周围地区的再城市化,而且这种城市发展的周期性已为 20 世纪 50 年代以来发达国家和地区城市体系的变化所证实(芒福德,2003)。

不同城镇的资源禀赋、内外环境以及发展战略等差异较大,且不同发展阶段内城镇发展的基础、环境和路径也不尽相同。城镇的治理者和领导者,需要正确认识城镇发展的客观规律,认清城镇发展的历史阶段和机遇挑战,深入分析城镇建设用地再开发的驱动性和限制性因素,从而因地、因时制宜地提出具有针对性的城镇发展模式和再开发策略,延长城镇发展的生命周期曲线(图 4-1),真正实现城镇的衰而不亡和持续增长。

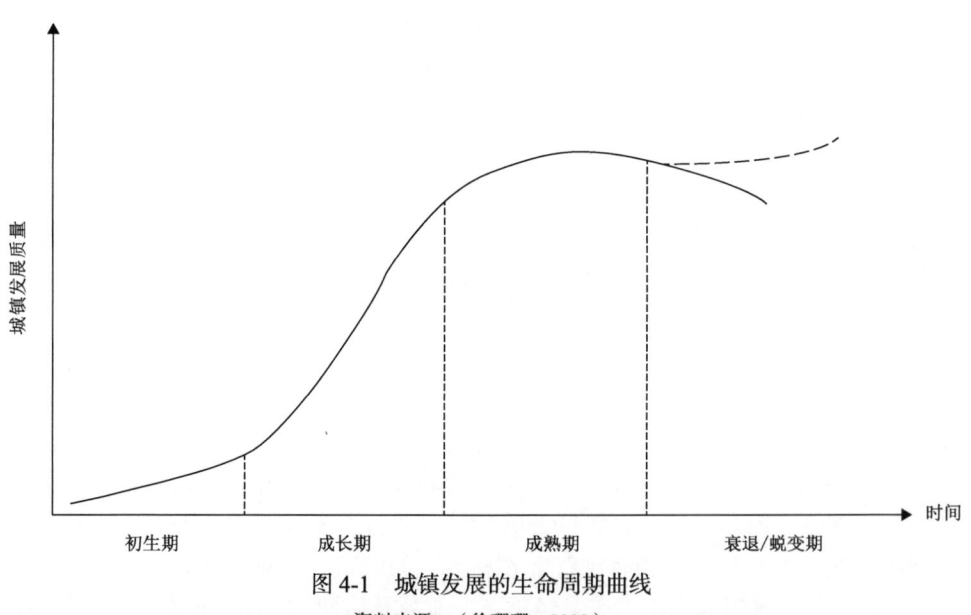

图 4-1 城镇发展的生命周期曲线

资料来源:(徐珊珊,2008)

(1)人口增长与城镇建设用地再开发

与农村相比,城镇的基础设施、公共服务以及资金资本等具有不可比拟的优势,吸引城镇周边农村地区以及经济发展水平较差的城镇地区人口不断向资源丰富和资金充裕的地区迁移和流动,表现为城镇人口数量绝对值的不断增加。1978~2014 年,中国城镇人口比重由 17.92%提高到 53.7%,37 年间城镇化年均提高 1.0 个百分点(尹宏玲等,2013)。城镇人口的急剧增长,带来城镇土地面积的扩张。

依据《中国城市统计年鉴》(2001～2014年)，在2000～2013年的14年，中国城市辖区人口由2.9亿增长到4.1亿，伴随着中国的城市建成区面积增长超过2倍，年均增长1445 km²（图4-2）。随着中国新型城镇化的不断推进，城镇人口数量在未来一段时间内还将继续保持高速增长的态势。城镇人口对城镇住房、市政基础设施以及就业、社会公共服务等刚性需求的增加，在以"粮食安全"为目标的耕地保护压力下，城镇必然从以往的外延式扩张向内涵式挖潜转变，通过城镇建设用地再开发为城镇发展和人口增加提供用地空间。

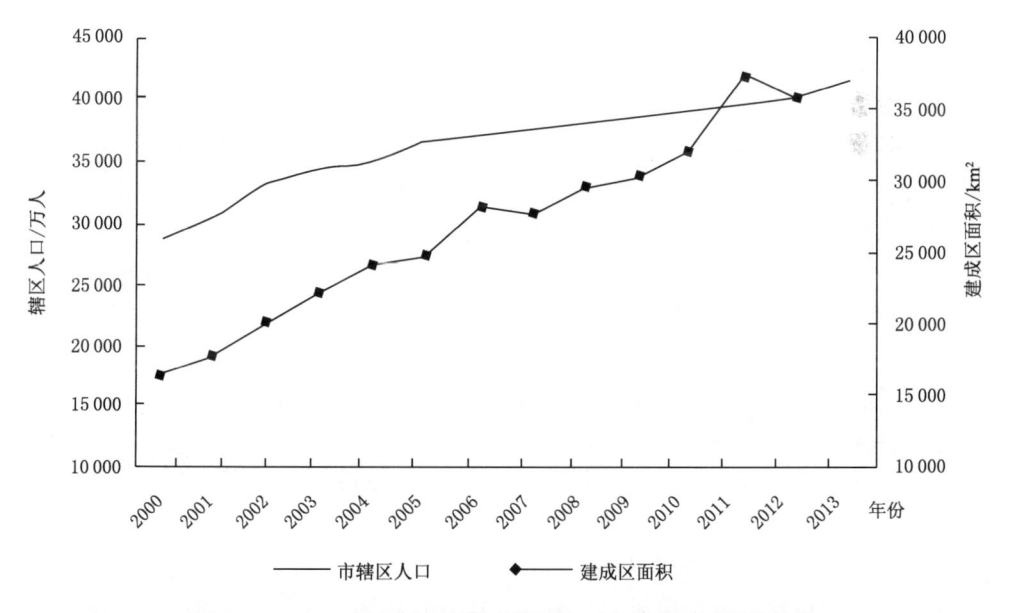

图4-2　2000～2013年中国城市辖区人口与建成区面积变化图

城镇化进程中的人口流动，除了数量的绝对值变化外，还包含了人口年龄结构、生活方式、生产方式、价值观念等转变，相应带来了城镇物质环境改造、产业结构调整、内涵与文化的演变等，改变城镇土地供给和利用结构，从而影响城镇建设用地再开发策略。城镇人口增长与区域经济系统增长相互促进，城镇发展的经济产业结构不断从第一产业、第二产业向第三产业转移，新兴产业发展和结构调整对劳动力素质、劳动技能的要求逐步提高，吸引周边地区中青年劳动力及随迁家属向城镇地区集聚。城镇人口的经济实力、受教育程度、价值观念等不断提高，对城镇工作、居住、娱乐等物质环境和内涵属性的要求也不断提高，促使工业设施、居住空间、商业服务业用地以及公共基础设施的空间结构和功能相应调整和优化。此外，城镇社会经济的高速发展，促使城镇老龄人口的外向性需求不断提高，一些传统观念中由家庭承担的职能逐步转向社会，相应的文化娱乐设施、基层医疗保健设施、老年服务设施等也将逐步成为城镇建设用地再开发的重点；而逐步老龄化的人口结构，也影响城镇居民对住房的刚性需求向刚性剩余转变，以商品房为导向的旧区改造将逐渐减弱。

（2）宏观公共政策与城镇建设用地再开发

对比中西方国家城镇建设用地再开发的进程，可直观地显现国家政治体制、经济运行机制以及社会福利政策等宏观公共政策对再开发影响的效果。西方国家由于长期受市场经济价值规律的影响，促使其城市富有弹性、相对较稳定的社会经济空间结构形成，而理性化的小规模、渐进式再开发方式让西方城市更具生机，从而走上良性循环的发展轨道。此外，西方国家人本主义思想下的再开发，使其从早期的大规模拆旧建新转换为更加强调人的需求和以人为本，政府通过采取渐进式和综合性的再开发，系统解决就业、教育和社会公平等问题；同时西方公共参与的规划思想被民众广泛接受，通过居民协商，努力维护邻里和原有的生活方式，并利用法律同政府和房地产商进行谈判，形成了由社区内部自发产生的"自下而上自愿式"再开发模式。因此，西方宏观公共政策影响下的再开发活动，经历了一个由宏大形体规划下的拆旧建新，向人本主义和多目标可持续发展再开发转变的历程，并逐步发展形成更加注重人居环境、生态环境和城市可持续发展的政策取向（刘磊等，2009）。

中国长期实行计划经济体制，城镇发展的建设用地开发与再开发活动均以政府主导的模式为主。而城乡二元治理体制下的城市土地通过征收和划拨得以使用，再开发几乎是在纯政府推动下完成，造成城市自身调节机制的弱化甚至缺失；再开发以政府领导意志为主，以激进式拆旧建新为手段，忽略来自城镇系统内部为适应城镇社会经济发展和城镇化进程的更新需求以及社会民众对再开发的意愿和利益诉求，造成再开发前后新旧不衔接、再开发周期缩短和成本增加、历史建筑破坏和城镇个性化缺失等问题。此外，中国的财税体制导致地方政府的资金使用依赖行政划拨，缺少资源配置的主动权，而"一级政府一级管理"的城市治理体制，导致实质落实再开发活动的基层政府因缺乏再开发专项资金成为被动旁观者，难以有力推动再开发有效展开。近年来，随着中国市场经济体制的日益成熟，新型城镇化和城乡一体化进程的加快，政府治理体制和宏观经济调控政策改革的进一步深化，部分地区正对再开发理念和方式展开大量富有建设性的探索，多方参与和利益共享机制也逐步在完善，以人为本和"五位一体"正逐步成为中国宏观公共政策对再开发的价值取向。

（3）环境综合承载力与城镇建设用地再开发

资源环境综合承载力，是指在一定时期和区域范围内，在维持区域资源结构符合持续发展需要，区域环境功能仍具有维持其稳态效应能力的条件下，区域资源环境系统所能承受人类各种社会经济活动的能力，反映的是人类活动与资源环境约束的相互关系。而在城镇建设用地再开发过程中，土地资源、水资源以及大气、生物等各种自然资源和物质要素在数量结构、质量等级以及空间分布上均有较大的变化，对城镇生态系统的物质循环、能量流动和信息传递都产生较大影响。

城镇的核心主体是人，城镇因人口需求而发展壮大。空间地域上，城镇因消耗土地资源而导致城镇的边界扩张和蔓延；内部消耗上，人的生存和城镇社会经济的发展离不开水土、矿产等自然资源；同时城镇在消耗自然资源时还将持续排放各类生活、生产活动产生的废水、废气、固体废弃物等污染物。从资源有限性和可持续发展视角看，城镇发展在一定的社会阶段和技术条件下具有一定极限，即城镇发展的资源消耗与资源综合承载力达到阶段性平衡，成为城镇发展的"门槛"。

当城镇跨越一道"门槛"后，就会为一定范围内的人口增长和经济规模扩大拓展空间。城镇建设用地再开发通过改变资源利用方式，提升资源利用程度来降低对资源环境的冲击和胁迫程度，从而在有限资源环境综合承载能力范围内获取新的发展空间。再开发一方面通过增加投入来进一步挖掘资源利用的潜力，调整存量土地资源的利用方式和利用结构，盘活闲置、低效用地空间，调整产业结构和转变经济发展方式来降低能源消耗，从而减少对资源环境的扩张性需求；另一方面通过综合整治污染、环卫设施建设和环境绿化、城镇景观优化等措施来提高资源环境的综合承载力供给。由此可见，资源环境综合承载力，既是城镇发展的限制条件，也为城镇建设用地再开发指明了方向。

（4）文化传承与城镇建设用地再开发

特色是一座城的个性，是城镇经济教育、文化沉淀、历史沿革的外在体现。城镇独有的历史文化和景观特色是一座城镇区别于其他城镇的最重要特征。北京故宫、杭州西湖、西安秦始皇陵、巴黎埃菲尔铁塔、纽约自由女神像、悉尼歌剧院、莫斯科克里姆林宫等，城镇文化不仅体现在这些举世闻名的标志性建筑上，纵横交织的里弄、牌坊伫立的祠堂、五世同堂的宅院，甚至曾经热闹非凡的集市、养育一方的河涌、饱经风雨的吊桥等无不是城镇记忆的载体、文化的标志。这些文化标志不仅仅是一种城镇摆设，也不止是为了让人们记住和识别，更是城镇的"文化名片"，是城镇文化精神的象征。城镇的文化遗产是一种无可替代的社会文化资源，保护具有地方特色的历史文化环境，保存街巷空间的记忆，保持城镇景观时间和空间的延续性是人类文明发展的需要，也是连续世代生活在城镇中的人们的精神纽带。

物质形态的城镇文化更多地表现为城镇的物化环境，具有强烈地方特征的整体空间形态、总体布局、建筑形态等；而在意识形态的文化领域，则更多地表现为城镇的一种"环境氛围"，即牵系于这种物化文化之间的一种内在联系，表现为居民世代生存的社会网络、价值取向、社会风格和历史传统等。因此，城镇建设用地再开发绝不是城镇物质形态的拆除更新，也不能停留在历史、现状的简单复原。再开发中的文化保护和传承，应该体现在两个方面。一是在对历史街区文化内涵全面深入解析的基础上，保护和尊重城镇历史文化的多样性。主要包括城市中的自然环境要素，城市形态特征与特色景观，负载历史信息的建筑物、城市基础设施等硬件环境，以及某些传统的特色产业，文化系统中的传统艺术和人群、传统的历史行为和生活方式等非物质性文化内涵。二是要以发展的眼光维持历史街区社会环境的延续性。要求必须在历史文化的基础上，重新审视历史文化，逐步发展、调整历史文化的定位，使之适应现代生活需求和经济发展水平，以维持文化的延续性（姜华等，2005）。城镇建设用地再开发中的文化传承，不仅是保护文物古迹、历史建筑，还要重视在再开发过程中维护传统的社会功能和社会人文环境，并以有利于现在与未来发展的方式动态整合历史文化和当代文化，避免出现北京永定门"拆除老古董、新盖假古董"的历史悲剧。

（5）产业发展、科技进步与城镇建设用地再开发

科技是城镇发展的源动力，科技进步会促进产业集聚和产业结构转型升级，从而加速经济增长，推进城镇发展的进程。从历史上看，先进的农业技术推动人口向城镇转移；蒸汽机的发明，带来产业革命和城镇的飞速发展；而以汽车为代表的便捷运输技术则进一步促进"城镇郊区化"和"城镇密集带"的出现；通信技术、计算机的发展和应用则强化了城镇服务功能，加快了城镇发展步伐（冯兵，2003）。产业发展和科技进步对再开发的影响突出在以下两个层面。

①**经济发展促进城镇产业转型升级，从而影响城镇建设用地再开发策略**

经济转型发展，离不开科技进步，而不断形成的高新技术产业会加速淘汰传统产业，从而使得一些传统产品丧失市场，或者濒于破产的中小型企业退出第二产业，从事第三产业。分析城镇功能的发展规律可知，城镇功能与产业结构密不可分，城镇功能及其能级决定了产业发展方向，是产业功能发挥的基础和支撑，而产业发展则进一步推动城镇功能丰富完善，促进城镇能级提升。再开发针对产业的转型升级，通过调整工业企业和传统产业的用地结构，转变产业用地的利用模式，从而提高服务业用地的比重，改善高新技术产业的生产环境，为促进高新技术产业的发展创造条件，营造新的城镇竞争优势，增加城镇发展动力和竞争力。

②**技术进步促进城镇治理的现代化和自动化，丰富城镇建设用地再开发的手段和方法** 近年来，计算机硬件技术、网络技术、大数据技术与机器学习等相关技术的发展和应用，为城镇建设用地的实地调查监测新技术研发和应用奠定了理论和技术基础。而以云计算和大数据为代表的现代信息技术更是拓宽了再开发的方法与手段。稳定的云存储技术可为再开发治理与智能决策提供高效服务，综合云学习挖掘技术可建立低成本高效率的土地数据整合挖掘与信息共享服务，而云环境下可创建集3S、3D、网络、移动互联于一体的"智慧国土"工程，实现国土

资源的数字化、网络化、可视化和智能化管理，为高效处理海量多源异构数据提供了更有效的技术解决途径，为实现信息的全面共享和社会化服务指明了方向，为构建多级政府治理下再开发智能服务决策支持提供了更高效、更低成本和更人性化的新技术支持。此外，技术进步还将进一步改善再开发综合调查技术装备，提升再开发实施的监测监管手段，创新再开发评价技术，为再开发规划、实施和决策提供分析服务等。

4.1.2 核心问题分析

城镇建设用地再开发涉及领域广泛，参与主体多元，且利益关系复杂，对城镇社会、经济、生态、文化各方面影响显著。再开发的核心问题，在于通过再开发来实现经济转型健康发展、社会稳定与和谐、生态环境友好以及历史文化遗产保护的目标。

4.1.2.1 再开发与历史文化遗产保护

（1）再开发对历史文化遗产的解读路径

城镇历史文化遗产保护是城镇建设用地再开发的核心内容之一。城镇历史街区和旧城区经历过漫长的历史过程，其规模、形态、空间结构以及包容的文化内涵以独特的姿态呈现，已然成为城镇的身份象征，具有重要的历史文化价值。而经济社会高速发展、房地产业的日益繁荣，城镇中心区土地资源独特的区位优势和地价的级差效应，使得物质性和功能性都已严重折旧的街区、旧城被贴上"衰退""破败""低效益"的标签，成为房地产商追逐资本利益和政府提升政绩的途径。虽然近现代以来旧城和历史文化遗产保护日渐得到政府的重视，但由于国家和地方层面缺乏配套的法律、法规和技术标准，历史文化名城保护规划和涉及历史城区的控制性详细规划的编制和管理还很不规范。且历史遗存大多呈多元交错、碎片化、非均质化分布，并且存在功能混杂，新旧空间叠合、并置的现象，因此一般历史遗存的保护与更新具有复杂性与特殊性（王颖，2013），这也加大了保护旧城和历史文化遗产的难度。目前在历史街区的保护与更新活动中还普遍存在一些误区：一是为再开发而开发，机械地认为旧城保护就是为了恢复历史遗迹，拆除真遗迹翻盖假古董，以吸引游客发展地区旅游业；二是无视历史遗存的复杂性和文化内涵，机械划定旧城和遗址保护区，与现代城市发展与文化传承完全割裂。旧城历史文化遗产的保护，不是简单的物质性维护，更不是传统文化与现代文化的隔离与对立，而是要在深入剖析历史遗迹所记载的历史文化内涵的基础上，遵循城镇历史文化的演变过程，以发展的眼光维持历史街区社会环境的延续性和传承性（图 4-3）。

```
                        ┌─────────────────┐
                        │ 历史文化解读路径 │
                        └────────┬────────┘
                    ┌────────────┴────────────┐
            ┌───────┴────────┐        ┌───────┴────────┐
            │  历史文化内涵  │        │  历史文化演变  │
            └───────┬────────┘        └───────┬────────┘
          ┌─────┬───┴──────┐          ┌──────┼──────┐
        历史  风俗    历史人物       历史   发展   历史
        建筑  人情    和事件         背景   变迁   延续
```

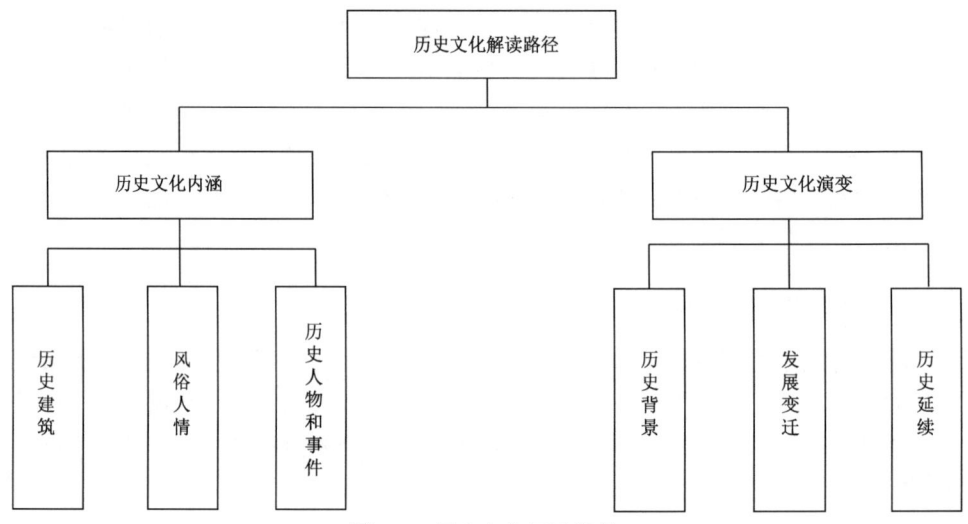

图 4-3　历史文化解读路径

多重线路解读历史文化内涵。历史文化是城镇的记忆，是对城镇过去的保存和再现。历史记忆的解读，首先是分析历史建筑的现状。城镇的发展有其形貌，而历史建筑则是其结构，甚至是基轴，如孔庙、文昌阁、万寿宫、真武宙、忠义祠、观音阁、老衙门、新兴社等。这些建筑不仅体现了一定的技术，反映了先民的生活方式、生存环境与生存理念，而且作为一种历史遗存的古建筑，还蕴含了许多历史人文信息。如江西泰和县蜀口洲上建于明万历年间的宗族祠堂，既记录了欧阳宗族的迁徙兴衰，祠堂匾额上的"父子进士""兄弟尚书"等文字，又体现了彼时彼地对教育的重视，以及兴旺与成就。解读历史建筑，能够挖掘所蕴含的文化信息，以此来维护建筑促使文化的保护，避免机械的翻新和隔离。其次是传统的风土人情和风俗习惯。城镇历史的浓缩和沉淀，一般表现为独特的风俗人情。如江西景德镇千年流传的陶瓷生产工艺和国画与瓷器结合的风雅青花，这些独特的风土人情，是城镇特有的文化符号，更是一种不可替代的历史记忆。再者是历史人物和历史事件。历史名人，是城镇最重要的文化资源之一，只有在他们身上，文化奇观才得以展现。故居遗址、墓地陵园、纪念堂、纪念碑、人物塑像乃至建筑物和街道的命名，都是储存名人记忆的载体。

多维时间追寻历史文化演变。历史是一条长河，历经变迁而川流不息。城镇不可能停留于一种历史文化，正如人不可能踏进同一条河流。历史文化的价值和生命，在于其传承性、延续性和包容性。历史文化既形成于特定的历史时期和历史背景，又随着历史发展不断包容过去、现在，向未来发展。历史文化，不是"过去"就已经凝结成型的一种客观存在，而是在不断地变化着、创造着的一个过程，一种积累，也是一种趋势。因此，历史文化的延续，同时也是一种创造，具有保护和发展的双重意义。历史文化的延续取决于其城镇功能的不断调适，贯穿于城镇发展的全部过程。现代城镇的社会功能结构、生活方式、交通方式等诸要素对历史地段的冲击，使其"环境"的改变顺应成为历史环境的延续，历史地段在发展过程中，继承和发掘其历史文化特征、社会特征和空间特征，或隐或现地再现与过去的联系，外部表现则为城镇空间形态的变化与过去间的关系，这种关系不仅体现在历史地段自身内部，还会延及周围地段以及整个地区，从而形成城镇特色（阮仪三，1996）。

（2）再开发对历史文化遗产的保护策略

①**保护与再开发的整体统筹**　第一，城镇建设用地再开发对建筑文化资源的保护应建立在整体统筹基础上。实施利用文化彰显城镇魅力、推广城镇形象、促进城镇发展的重要战略，需要从宏观和长远发展的角度出发，将建筑文化资源的保护及其再开发纳入到城镇长久发展战略中，建立完善的、具有政策和战略意义并能够在现代社会中长久发挥综合效能的全方位保护性开发计划。第二，由于历史建筑文化遗产的不可再生性，要建立项目前期整体策划与评价体系。为了减少盲目性再开发对文化遗产带来不可逆转的损失，在对建筑文化遗产再开发前，应建立针对策划可行性的评价制度，特别重视评估潜在的负面影响。

②**保护与再开发的全面协调**　第一，再开发规划设计体系应系统全面。对历史文化遗址而言，从土地利用总体规划、城市总体规划和乡镇规划，到城镇建设用地再开发专项规划、控制性详细规划、修建性详细规划，到建筑建造、城镇设计、景观设计及配套设施控制等所有环节都应系统全面，且互成体系，相互协调。第二，再开发实施应协调统一。城镇历史文化保护，涉及城镇多个行政部门，不同部门关注的利益焦点不同，各自提出的保护性再开发计划难免存在矛盾。因此，城镇历史文化遗产保护性再开发必须建立在各行政部门统一、协调的基础上，全面协调平衡各方利益，避免造成重复性开发和破坏（夏青，2006）。

③**保护与再开发的可持续性**　历史文化遗产保护是一项长期事业，必须建立历史文化遗产保护性再开发的长效机制，既要延续历史文化，也要实现生活现代化和历史环境的协调，实现历史遗存的可持续发展。保护古城和历史街区，不是封存珍贵的历史遗迹，而在于保护历史传统和建筑精华，改造其生存状态，更新城镇机能，实现社会价值与经济效应、生态服务、人文关怀等多重效应的平衡，促进其长久发展。通过建立物质特色和文化创新的良性循环体系，滋养新的文化内涵和文化载体，实现经济、社会、人文和自然的和谐与可持续发展。

4.1.2.2　再开发与城镇生态建设

（1）再开发对城镇生态环境的影响

城镇建设用地再开发中的工程建设和实体改造，改变了城镇自然生态系统的物质环境和空间结构，并带来城镇交通网络、人口流动、功能区布局等一系列变动，引发城镇经济社会系统的变化；同时施工中还伴随着污水废水、粉尘和固体废弃物排放，以及施工噪声污染和建筑垃圾堆积等系列生态环境问题。再开发前后的城镇生态系统在物质生产、能量流动和信息传递等方面均发生明显改变，对城镇的可持续发展具有重要影响。再开发对城镇生态环境的影响，主要体现在3个层面。

①**再开发影响城镇的微观自然环境** 自然环境的改善，建立在有形的物质基础上，城镇建设用地再开发是一项实体改造工程，其维修和拆建行为对地表覆盖物、地质地貌结构以及空气质量、采光通风等城镇自然环境具有重要影响。不合理的再开发方式，将导致建设用地对林地、草地、水域等生态用地的过度侵蚀和破坏，城镇绿地空间被压缩和分割；高密度、高容积率再开发行为造成"建设性"破坏，带来地面沉降、生活垃圾和污水污染、烟尘粉尘排放、防火防灾等隐患。

②**再开发影响城镇的景观生态格局** 景观生态格局是大小、形状各异的景观要素在空间上的排列和组合，包括景观组成单元的类型、数目、空间分布及配置。景观生态学认为，景观格局可以有规律地影响干扰的扩散、生物物种的运动和分布，营养成分的水平流动和净初级生产力的形成等（肖笃宁，2009）。再开发改变城镇的自然物质环境，空间上表现为生态用地的空间分形和布局，生态廊道的空间连接性和网络密度，以及垃圾转运处理站、各类污水处理设施的空间联动等，继而影响区域的景观生态格局。

③**再开发影响城镇的生态系统功能** 再开发的实体改造直接作用于城镇的物质环境，改变了自然景观要素和生态支撑体系的结构和空间格局，影响了城镇景观氛围的营造、水土涵养和调节气候、环境净化与有害有毒物质的降解等自然生态系统功能，并带来城镇交通网络、人口流动、功能区布局等系列变化，引发城镇经济社会系统功能的变化。

（2）再开发对城镇生态环境的建设策略

①**完善城镇环境基础设施建设，治理和修复城镇生态环境** 城镇环境基础设施包括城镇污水处理和分流、生活垃圾集中处理、雨洪排泄地下管网布设、园林绿化等。城镇建设用地再开发要坚持生态环境建设优先，将各项城镇环境基础设施建设工程列入再开发的首批工程，制定城镇环境质量标准；规划先行，确定各项城镇环境基础设施的布局和设计规模；同时加强对城镇水污染和固体废弃物污染的环境治理，做好环境监测和环境修复工作。

②**调整城镇生态用地结构，优化城镇生态景观空间格局** 首先，在数量上增加城镇绿地面积，提高生态用地总量结构，配备并完善相应的绿地系统、景观游憩系统等；其次，依据景观安全格局理论，针对景观中各个点、线、面对生态重要性所起的不同作用，合理布设重要的生态廊道和节点基础设施；最后，保存和修复原有破坏较小的生态空间，结合新建的环境基础设施维护生态景观的连续性，

丰富景观要素异质性和景观结构镶嵌性，综合发挥城镇的生态系统功能。

③实施城镇生态环境综合整治，协调城镇整体发展　融合再开发中的生态环境建设与城镇的社会、经济发展系统，兼顾社会、经济成本与效益，从土地利用、产业体系、环境质量、交通系统、文化风貌、人居环境等方面综合考虑。同时建立有效的运行机制和调控机制，致力于建立区域联合治理生态环境的组织机构，鼓励跨地区的生态环境建设合作，以市场机制为基础，利用经济杠杆加强再开发主体对生态环境建设的重视力度和实施强度，实现生态环境的综合治理（种颖，2013）。

4.1.2.3　再开发与社会网络

（1）传统再开发对社会网络的排斥影响

社会学家格拉斯在对居住邻里单位进行考察时，发现其中的社会网络系统是一种节点系统，由居住社区中的公共服务设施以及使用这些设施进行交往的居民共同构成（亚历山大，1985）。城镇居民的复杂多样，以及长期的人际交往，形成了较为稳定的社会关系；而城镇社区功能的丰富构成和社区文化的积淀，使得人们对所处的居住空间形成强烈的归属感和认同感。人与人，人与居住环境之间经历较长一段时间的磨合后，形成了较为稳定的结构关系，赋予城市空间某种极具凝聚力的内在精神（Garnham，1985），从而交织出错综复杂的社会网络。因此，社会网络的有机发展，需要具备完整的公共空间，如公园、文体活动场所等，以有利于人际交往和轻松和谐邻里关系的形成。传统的旧城改造、城市更新等再开发活动大多采取激进式的推倒重建为主，高利润回报率的房地产开发行为，往往忽视对城镇居住区社会网络和邻里关系的保护，狭小的社区公共空间减少了居民之间的联系和交往。同时，城镇中心城区的衰退和较高的差异性地价，使得再开发过程中街区邻里和具有历史文化气息的地段被高密度、高容积率的商业建筑所取代。部分原住区的居民在再开发活动中遭受到了来自经济、政治、社会关系和文化等方面的排斥，导致原住区居民出现失业现象增加、公共服务缺失、社会网络断裂、公共空间的消失等问题，使其在空间转换过程中，被排斥在正常的城市社会结构之外（邵任薇，2014）。经济社会阶层的分化，以及公共空间的缺乏，使得新的社会网络因缺乏凝聚力而变得脆弱。

（2）再开发中社会网络重建与发展的策略

再开发中社会网络的重建与发展总体要求是提高居住社区功能，扩大公共服务空间，调整居住社区的用地结构，改善社区和旧城的生态环境，更新完善物质设施，以及加强城镇居住社区社会网络关系凝聚力。首先在邻里结构上，要通过再开发活动建设社会结构异质性和相似性邻里。异质性邻里，一定程度上能够实现社区内部分化，通过增加不同群体的社会交往，构建城镇居住社区居民多样性基础；而相似性能够减弱社区中的邻里阻隔作用，避免当地回迁居民和市区外迁居民的差异化居住条件而导致的交流贫乏。其次在邻里公共空间建设和设计上，要通过再开发活动进行特色化和个性化的设计，创造适应不同居民需求的邻里地域精神和功能特点。其中，主题式的邻里内公共空间设计，能够突出各种特色化场所的主题功能，从而吸引邻里内部及其周边居民前去，为不同居民群体间的交往提供同一时空聚集的机会。而宽敞的道路公共空间，庭院式布局设计，高绿化覆盖面积等均能为居民提供舒适的交流环境，以促进不同居民的社会互动。最后是在社区文化上，通过再开发活动为各类文娱活动提供充足的物质空间载体。社会网络的发展，需要注重社区文化软环境的建设，加强社区的文化整合功能，通过规划设计富有文化特征的空间场所和景观结构，将居住功能与文化、教育、娱乐、保健等富有文化气息的社区文化功能在空间上有机融合，来协调不同类型居民的行为规范和生活方式。

4.1.2.4 再开发与产业转型升级

城镇发展的历史中，城镇产业经历了最初的手工业、商业向工业，又从近代工业向现代服务业升级的阶段，城镇产业结构由"一、二、三产业"顺序，逐渐转为"二、三、一产业"和"三、二、一产业"顺序。未来城镇的现代化发展，应逐步由劳动密集型向知识、资本和高技术密集型的先进制造业、现代服务业等高端产业发展，形成制造、研发、销售和服务联动转移及集群式、产业链整体转移趋势，逐步淘汰和迁出高污染、低附加值、落后生产工艺的传统制造业和工业，从而减少资源消耗和环境污染，突破城镇发展的资源环境制约。

产业转型升级和结构调整，导致土地资源在不同产业部门间的重新分配，决定了土地利用结构和空间布局，而土地资源的优化合理配置是产业转型升级的物质基础和前提条件。滞后的城镇产业结构只能形成经济效益低下的城镇土地利用结构；不合理的城市土地利用结构，会降低土地经济、社会和环境综合效益，从而影响城镇经济社会的可持续增长。城镇建设用地再开发通过调整土地利用结构和优化土地利用功能布局，实现土地、资金、技术和劳动力在空间上重新配置和组合，促进产业结构的转型升级。因此，从产业转型升级和结构调整，到城镇土地结构调整和空间优化布局，再到城镇建设用地再开发，是一脉相承的逻辑链条。一般而言，再开发对城镇产业转型升级的促进作用体现在：一是按照区域产业用地发展和布局指南，从城镇中心城区淘汰和迁出不宜在内部发展的生产粗放型、能源消耗型和高污染型工业产业，逐步向城镇周边工业区或外围区域转移，将原工业用地转为现代服务业、先进技术产业或居住等其他用途；二是更新改造废置或衰退的老商业区，通过关联企业的联合发展和土地利用立体空间开发，进一步挖掘原商业用地潜力，发展为高集约利用度的综合性商业用地；三是针对布局散乱、条件落后的旧城区和居住社区，通过整体改造和潜力挖掘，合理引导商业房地产开发，形成"商住一体化"或"商住混合式"用地空间布局。

4.2 内　　涵

4.2.1 内涵界定

本节通过分解城镇建设用地再开发相关概念，层层深入剖析，从空间范围、内涵要求与特征分类多个层面界定"城镇建设用地再开发"的内涵。

4.2.1.1 城镇

（1）城市

"城市"从字面上理解，包含"城"和"市"，指一个被城墙围起来，用于人们居住和商品买卖交易的空间区域。《简明不列颠百科全书》[1]对城市的解释为：一个相对永久性的、高度组织起来的、人口密集的地方，比城镇和村庄规模大，也更重要。《中国大百科全书》[2]对城市的定义为：依一定的生产方式把一定地域组织起来的居民点，是该地域或更大腹地的经济、政治和文化生活的中心。

城市不仅是一种经济的组织形式，也是一种政治、社会、文化、地域的组织形式，是一个复杂的、动态的综合系统。有关城市的定义，目前学术界仍未达成共识，不同学科对城市的理解也各不相同。社会学家将城市界定为"人口规模和人口密度一般较大，社会关系不是被封闭于地域社会内部，而是向外开放，居民大多从事非第一产业的地域社会"（富永健一，1992：202）。经济学则将城市定义为"人口和经济活动在空间的集中，一个坐落在有限空间地区内的各种经济市场（住房、劳动力、土地、运输等）相互交织在一起的网状系统"（巴顿，1984：65）。地理学家认为，城市是指地处交通方便环境的、且覆盖一定面积的人群和房屋的密集结合体（郑国，2009：178）。《建筑经济大词典》指出，城市是"以人为主体，以空间利用为特点，以集聚效益为目的集约人口、集约经济、集约科学文化的空间地域系统，是一定区域范围内政治、经济、文化的中心。它包括国家按行政区域划分而设立的直辖市、市、镇、未设镇的县城及独立工矿区和城市型居民点"（黄汉江，1990：509）。

城市的定义虽难以统一，但是城市一些基本特征并无太大争议：在产业构成上，城市以从事非农业生产活动为主；在规模上，城市人口聚居规模大于农村地区；在空间形态上，城市具有较大的人口密度和建筑物密度；在物质构成上，城市拥有较为完善的市政设施和公共设施；在功能上，城市是一定地域范围内政治、经济、文化活动的中心。

（2）镇

在中国城镇建设与规划中常用的相关概念包含"集镇""建制镇"和"小城镇"。

---

[1] 《简明不列颠百科全书》编辑部. 简明不列颠百科全书. 北京：中国大百科全书出版社，1985.
[2] 《中国大百科全书》总编辑委员会. 中国大百科全书. 北京：中国大百科全书出版社，1993.

关于"集镇",1993年《村庄和集镇规划建设管理条例》即有明确界定:集镇是指乡、民族乡人民政府所在地和经县级人民政府确认由集市发展而成的作为农村一定区域经济、文化和生活服务中心的非建制镇。集镇的形态和经济职能兼有乡村和城市两种特点,是介于乡村和城市间的过渡型居民点,其形成和发展多与集市场所有关。集市依托周边一定腹地和有利交通位置,通过定期的商品交换,逐步发展成为或者最终建立经常性的商业服务设施,从而继续发展形成集镇。在中国,县城以下的多数区、乡行政中心,均具有层次较低的商业服务和文教卫生等公共设施,并联系着周围一定范围的乡村,除设镇建制的以外,习惯上均称为集镇。因而集镇是农村中工农结合、城乡结合,有利生产、方便生活的社会和生产活动中心。"建制镇"即"设镇",是指经省(自治区、直辖市)人民政府批准设立的镇。不同国家对建镇条件规定不同;在同一国家,对不同地区和不同发展阶段也有相应规定。早在1955年和1963年中国就曾公布过不同的设镇标准,现行的设镇标准是1984年国务院转批的民政部《关于调整建制镇标准的报告》中规定:2万人以下的乡,乡政府驻地非农业人口超过2000人的,或者总人口2万人以上的乡,乡政府驻地非农业人口占全乡人口10%以上的,可以撤乡建镇;县政府所在地均应设镇的建制;少数民族地区、人口稀少的边远地区、山区和小型工矿区、风景旅游区、边境口岸等地,非农业人口虽不足2000,确有必要的也可设置镇建制。"小城镇"介于城乡之间,地位特殊,不同的学科对小城镇概念的理解可以有狭义和广义两种:狭义上的小城镇是指除设市以外的建制镇,包括县城;广义上的小城镇,除了狭义概念中所指的县城和建制镇外,还包括了集镇的概念。

(3) 城镇实体范围

新中国成立后,中国市镇建制标准在1955年、1963年、1986年、1993年进行了4次较大的调整。特别是1986年和1993年增加了国民生产总值、财政收入等社会经济指标以及基础设施指标,同时在地域上不是按照城市实体设置市镇,而是整县、整乡设镇,使得国内的城乡划分与其他国家明显不同。此外,实际生活中城镇的实体范围和行政辖区范围也多不一致:或是城镇的行政管辖范围比实体范围大,包括一定的乡村地域,辖区范围内的人口多于城镇实体地域的人口;或是城市的实体范围超出了城市的行政辖区范围,城市实体地域的人口多于辖区范围内的人口。因此,城镇的划分标准,与基于实体范围的城乡划分并不相同。为了解决城市实体同城市行政界线不相符的问题,国家统计局出台《关于统计上划分城乡的暂行规定》,规定以国务院关于市镇建制的规定和中国的行政区划为基础,以民政部门确认的居民委员会和村民委员会为最小划分单元,将全国的地域划分为城镇和乡村。城镇是指在中国市镇建制和行政区划的基础上,经该规定划定的区域。城镇包括城区和镇区。城区是指在市辖区和不设区的市中,经该规定划定的区域,包括:街道办事处所辖的居民委员会地域;城市公共设施、居住设施等连接到的其他居民委员会地域和村民委员会地域。镇区是指在城区以外的镇和其他区域中，经该规定划定的区域，包括：镇所辖的居民委员会地域；镇的公共设施、居住设施等连接到的村民委员会地域；常住人口在3000人以上独立的工矿区、开发区、科研单位、大专院校、农场、林场等特殊区域。乡村是指该规定划定的城镇以外的其他区域。

从土地利用治理层面看，为全面查清土地资源的类型、数量、质量、空间分布状况和历史演变规律，掌握真实土地数据，国家利用遥感等手段结合实地调查，开展全国范围内的土地利用现状调查和变更调查活动。2007年全国第二次土地调查在开展农村调查时，对《土地利用现状分类》（GB/T 21010-2007）中的部分一级类和二级类进行归并，形成"城镇村及工矿用地"分类标准。其中"城市"被定义为城市居民点，以及与城市连片的和区政府、县级市政府所在地镇级辖区内的商服、住宅、工业、仓储、学校等企事业单位用地。"建制镇"定义为建制镇居民点，以及辖区内的商服、住宅、工业、仓储、学校等企事业单位用地。"村庄"被定义为农村居民点，以及所属的商服、住宅、工矿、工业、仓储、学校等用地。图4-4展示了2014年珠海市土地利用变更调查的情况。

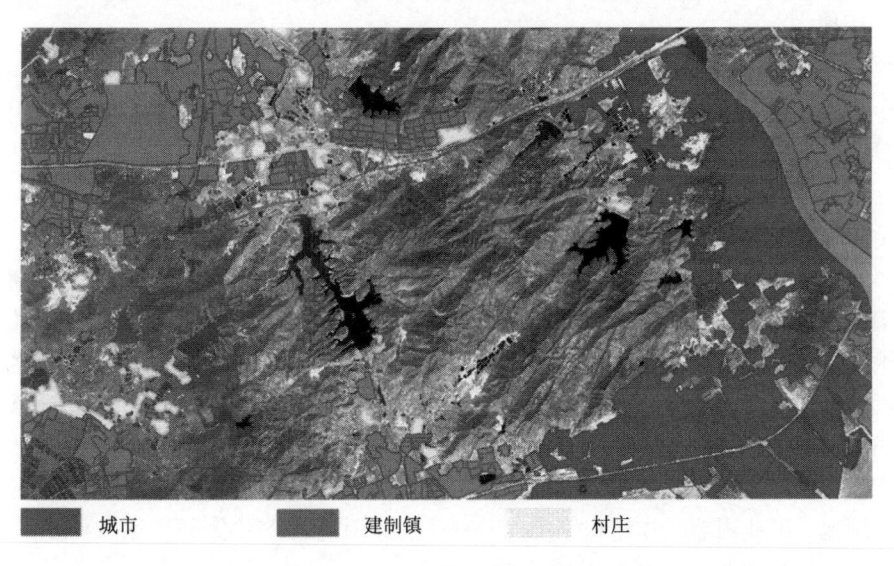

图4-4 珠海市2014年土地利用变更调查中城市、建制镇与村庄用地（局部）（后附彩图）

资料来源：珠海市2014年土地利用现状变更调查

4.2.1.2 城镇建设用地

（1）建设用地的内涵与分类

建设用地，是指建造建筑物、构筑物的土地。建筑物一般是指人们进行生产、生活或其他活动的房屋或场所，如工业建筑、民用建筑、农业建筑和园林建筑。构筑物一般是指人们不直接在其内进行生产和生活活动的建筑物，如水塔、烟囱、栈桥、堤坝、挡土墙、蓄水池等。建筑物和构筑物一般统称为建筑。具体的"建设用地"，按照土地利用的类型、用途、使用性质等不同，中国不同的行政机关出台了系列土地分类体系对其进行具体细分。

1980年中国科学院原地理研究所在编制中国1：100万土地利用现状图时，采用了三级土地分类系统，该分类系统在当时比较侧重于农用土地，对城镇用地的划分较为简略。为加强城镇土地管理，原国家土地管理局在1993年制定了《城镇土地分类及含义》，根据土地用途差异，城镇土地分为10个一级类，24个二级类，主要用于城镇土地利用详细调查。为适应社会主义市场经济发展和实施土地用途管制标准制度，有效实行城乡地政统一管理，2002年国土资源部在《土地利用现状分类及含义》和《城镇土地分类及含义》的基础上，制定了城乡统一的《全国土地分类（试行）》（国土资发[2001]255号），采用三级分类体系，一级类3个（农用地、建设用地、未利用地）。其中"建设用地"包括：商服用地、工矿仓储用地、公用设施用地、公共建筑用地、住宅用地、交通运输用地、水利设施用地、特殊用地。

2007年新国家标准《土地利用现状分类》取消了原《全国土地分类（试行）》的一级类，使得12个一级类不受三大类型框架的限制而自成体系。《土地利用现状分类》中的"建设用地"包括：商服用地、工矿仓储用地、住宅用地、公共管理与公共服务用地、特殊用地、交通运输用地。其中"城镇村及工矿用地"分类包括：城市、建制镇、村庄、采矿用地、风景名胜地及特殊用地。

2011年，住房和城乡建设部发布国家标准《城市用地分类与规划建设用地标准》，其中用地分类包括城乡用地分类、城市建设用地分类两部分。"城乡用地"的定义为：指市（县）域范围内所有土地，包括建设用地与非建设用地。建设用地包括城乡居民点建设用地、区域交通设施用地、区域公用设施用地、特殊用地、采矿用地等，非建设用地包括水域、农林用地以及其他非建设用地等。"城市建设用地"的定义为：城市和县人民政府所在地镇内的居住用地、公共管理与公共服务用地、商业服务业设施用地、工业用地、物流仓储用地、交通设施用地、公用设施用地、绿地。

（2）城镇存量建设用地的内涵与分类

"城镇存量建设用地"的概念，在2004年12月国土资源部发布的《关于开展全国城镇存量建设用地情况专项调查工作的紧急通知》（国土资电发[2004]78号）中首次被明确提出。该通知将中国的城镇存量建设用地分为闲置土地、空闲土地和批而未供土地3类，并分别对其内涵进行了界定。其中，闲置土地是指土地使用者依法取得土地使用权之后，未经原批准用地的人民政府同意，超过规定的期限未动工开发建设的建设用地。具有下列情形之一的，也可以认定为闲置土地：

国有土地有偿使用合同或者建设用地批准书未规定动工开发建设日期，自国有土地有偿使用合同生效或者土地行政主管部门建设用地批准书颁发之日起满1年未动工开发建设的；已动工开发建设但开发建设的面积占应动工开发建设总面积不足 1/3，或者已投资额占总投资额不足 25%，且未经批准中止开发建设连续满 1年的；法律、行政法规规定的其他情形。批而未供土地，是指自1999年新《土地管理法》实施以来，依法已经国务院或省级人民政府批准土地征用或农地转用，而未供应出去的土地。空闲土地，是指城乡存量建设用地中除上述两类土地以外处于空闲状态的土地。主要包括无主地，废弃地，因单位撤销、迁移和破产等原因停止使用的土地，在已完成城镇地籍调查的地区，主要指按照《城镇地籍调查规程》确定的"其他用地"。

该通知对城镇存量建设用地的内涵界定，着眼于行政治理，主要针对"程序上的建设用地，而实际中的非建设用地"，未考虑城镇存量建设用地的实际利用状态和利用程度。对城镇建设用地再开发而言，再开发的主要目的在于盘活已有的建设用地，通过挖掘潜力来为经济发展获取空间，提高土地利用效率，同时实现经济、社会、生态效益的最大化以及历史文化遗产保护等。"城镇存量建设用地"内涵的界定，除了上述通知中规定的判断土地是否被利用，还应该判断建设用地的利用情况和地上附着物的功能价值是否符合现势性的最大需求。因此，"城镇存量建设用地"可以定义为：在现有城镇建设用地范围内，由于自然因素或经济活动所造成的闲置未利用或利用不充分，不能充分体现土地利用价值，具有潜在开发利用价值的宗地（刘怡等，2011）。

从分类来看，城镇存量建设用地应该主要包含两个部分。一是基于土地实际利用状态的未充分利用的城镇建设用地，包括未利用的、未开发完全的城镇建设用地。具体来看，主要包括闲置土地、空闲土地和批而未供土地，以及开发商囤积的土地、部分开发或未完全开发的土地等。二是基于地上附着物的功能价值的低效利用土地，主要包括基础设施条件较差、功能不完全、建筑密度和容积率较低的旧城与旧村庄用地，实际经济产出较低、利用较粗放以及被污染的工业企业用地，再开发后具有明显社会经济效益产出和历史文化价值的低效用地等。

4.2.1.3 城镇建设用地再开发

再开发概念源于城镇建设用地的开发过程。从城镇发展的历史纵向看，城镇建设用地的开发是初始阶段，是对未利用地或农用地有目的、有计划的开发建设活动，从而获取城镇发展的动力和支撑。而城镇建设用地再开发是开发的延续。城镇的发展，必然经历由盛而衰的阶段性周期，城镇存量建设用地受不同历史阶段发展理念、技术手段、产业发展水平、生态和文化保护观念等限制必然会经历物质性和功能性的衰退过程。因此，再开发是一种城镇自我更新和调整过程，是建立在城镇土地初始开发基础上，从经济、社会、生态、文化保护等综合效益最优出发，对原有的用地类型、结构、程度、性质及空间布局等进行置换和升级。从城镇发展的土地开发横向类型看，城镇建设用地开发，主要发生在城镇边缘地区的土地上，是以现有城镇建设用地为基础，向城镇周边非建设用地扩张利用，从而将土地从非城镇用途转化为城镇建设用地的开发过程，属于城镇发展向外扩张性需求。而城镇建设用地再开发，是在现有城镇建设用地上挖掘潜力的过程，其作用是减少向外扩张性需求，转向内部立体空间和内涵深度发展。与城镇建设用地开发相比，城镇存量建设用地涉及的已有产权关系调整和利益分配更为复杂，对技术手段和工程措施的要求也更高。

综上所述，城镇建设用地再开发的内涵为：针对城市范围内及城市周边且与城市密切联系的建制镇建设用地，依据国民经济和社会发展规划、功能区规划、土地利用总体规划、城市规划等"多规合一"的规划，利用行政、法律、经济和工程等措施，从用地功能、土地权属和土地收益等方面，进行空间配置和重新组合，以满足新型城镇化发展要求，在维护良好生态环境前提下实现经济社会稳步均衡发展的目标。

4.2.2 内涵解析

4.2.2.1 城镇建设用地再开发空间范围

城镇建设用地再开发的空间范围，决定了再开发的指向对象，因此客观界定再开发对象的合理范围十分重要。本书所研究的再开发空间范围，为城镇的实体范围，而非行政辖区范围，在空间地域上主要为除乡村之外的城区和部分与城区结合紧密的镇区。依据前文所述城镇实体范围的界定方法，结合目前中国城镇发展的实际状况，本书认为再开发的空间范围主要包括以下几种具有中国特色的地域概念。

①**城市建成区** 指城市行政区内实际已成片开发建设、市政公用设施和公共设施基本具备的地区。中国统计部门用建成区来反映一个市的城市化区域的大小，具体指一个市政区范围内经过征收的土地和实际建设发展起来的非农业生产建设的地段，包括市区集中连片的部分以及分散在近郊区域与城市联系密切，具有基本完善的市政公用设施的城市建设用地（如机场、污水处理厂、通信电台）。城市近郊的一些建成地段，尽管未同市区连成一片，但同市区的联系十分密切，已成为城市不可分割的一部分，也可视为城市建成区。城市建成区在单核心城市和一城多镇反映不同。在单核心城市，建成区是一个实际开发建设起来的集中连片、市政公用设施和公共设施基本具备的地区，以及分散的若干个已经成片开发建设起来，市政公用设施和公共设施基本具备的地区。对一城多镇来说，建成区就由

几个集中连片开发建设起来，市政公用设施和公共设施基本具备的地区所组成。

②**城中村**　指伴随城市扩展而出现的、城市建设用地包围原有农村聚落、城市土地和农村集体土地共存的现象，是在城乡二元土地管理体制下，在廉租住房、就业机会和社会保障等供给缺位或不足条件下，城市化的农民及集体经济组织，运用自身特殊的区位优势、非农化的留用土地、自主使用的宅基地等，利用市场化的各种有利条件，发展形成的一种特殊的社区类型（成得礼，2008）。城中村的一个基本特征是在城市建成区范围内，国家所有的城市建设用地和集体所有的农村集体建设用地并存，城中村在土地、户籍、行政治理制度上依然延续传统农村的模式。

③**城市边缘区**　又称城市边缘带、城乡连续区域、城市蔓延区、城乡结合部、城市阴影区、城乡交错带，最早由德国地理学家哈伯特·路易（H.Louts）于1936年提出，他在对柏林城市地域结构的城市形态研究时发现原先的乡村地区逐步被城市建设区占用而成为城市的一部分，他将这一区域称之为城市边缘带。这一概念在国内学术界尚未统一。20世纪80年代中期国土、规划部门提出便于规划和管理的"城乡结合部"概念，指出"城市规划区范围的边缘地带，是城市市区与郊区交错分布的接壤地带，是城市近域推进的具体表现，也是城市区域构成的主要部分之一"。2002年8月，建设部、国土资源部等九部委在《国务院关于加强城乡规划监督管理的通知》中提出："城乡结合部是指规划确定为建设用地，国有土地和集体所有用地混杂地区；以及规划确定为农业用地，在国有建设用地包含之中的地区。"《中国大百科全书》定义"城乡交错带"为："城乡交错带是兼具城市和乡村的土地利用性质的城市与乡村地区的过渡地带，又称城市边缘地区。位于市区和城市影响带之间，可分为内边缘区和外边缘区。"虽然概念定义不同，但总结起来城市边缘区具备如下特征：第一，人口结构复杂，人口增长速度较快，人口流动性较强；第二，与城市中心保持着密切的联系，在技术、资金、人才、信息和市场上依赖于中心城区；第三，生态系统脆弱，环境污染较为严重，空间布局无序；第四，土地性质处于动态变化过程中，土地开发密度介于中心城区和农村，土地权属复杂，土地市场和治理处于无序状态；第五，城市服务功能渗透明显，但公共服务设施不完善；作为城市空间的重要组成部分，由于受行政体制限制，在人口、经济、社会管理上显得有些无力（荣玥芳，2011）。

④**卫星城**　指在大城市外围建立的既有就业岗位又有较完善住宅和公共设施的城镇，是在大城市郊区或其以外附近地区，为分散中心城市的人口和工业而新建或扩建的具有相对独立性的城镇。卫星城是伴随城市的快速发展，城市内部组织复杂程度的增加，人口以及产业不断向中心城集中，大城市城区面积不断向外蔓延的背景下产生的，在经济、社会和文化上具有现代城市性质的独立的城市单位，同时可以看作是从属于某个大城市的派生产物（白旭飞等，2007）。卫星城与中心城区的关系密切，可以分担中心城市的一部分功能，是中

心城市职能的延伸。

4.2.2.2 城镇建设用地再开发原则依据

(1) 再开发的主要原则

①可持续发展原则 可持续性，是城镇建设用地再开发的一项基本原则和总体要求。再开发应在经济、社会、环境和文化保护等目标的共同作用下寻求平衡，促进城镇的可持续性稳定增长。再开发的可持续性原则重点体现在两个方面。第一，再开发活动是一项综合性技术措施，追求经济、社会、环境和文化保护等综合目标。城镇发展的问题，体现在城镇建设用地利用上包含了基础设施落后、功能结构不合理、房屋建筑破败、生态环境恶化、城镇特色文化丧失等诸多问题。再开发以解决上述综合问题为目标，必须在一定的社会环境综合承载力允许的范围内进行，以有利于实现经济、社会和环境、文化保护的可持续发展目标。第二，再开发本身是一项动态更新的过程，其内涵也在不断的演变和深化。这种动态性体现在再开发活动与城镇发展的阶段性周期密切相关，城镇发展的问题受时代背景、发展观念、技术条件等综合影响而纷繁出现。城镇建设用地再开发，必须与时俱进地丰富自身内涵，不能目光短浅而采取一蹴而就的再开发策略。

②多目标统筹协调原则 多目标，体现在城镇建设用地再开发的经济、社会、生态效益和文化保护的综合性和全面性。首先，经济发展是再开发的条件。再开发活动需要一系列的建设维护，依赖于资金支持和城镇经济的发展。同时也要适应城镇产业的转型发展，从而为再开发提供经济环境。其次，社会网络重构是再开发的核心。"人"是城镇的主体，坚持"以人为本"原则是城镇发展的根本要求。再开发不仅属于物质更新改造，更是对社会心理产生深远影响的社会行为。因此，如何有机重构由人与人的社会关系、人与城镇物质基础的相互依存共同构成的社会网络，是再开发面临的首要问题。再次，良好生态是维持城镇可持续发展的前提。生态环境是人类社会赖以生存和发展的自然空间，人类各项经济建设和自然改造活动必须基于维护生态环境稳定统一的前提。再开发必须充分考虑资源环境的综合承载能力和自然生态系统的稳定和更新，才能实现城镇社会经济的可持续发展。最后，城镇特色文化提升城镇发展的核心竞争力。城镇形成和发展的历史中积淀而成的特色历史文化，是城镇的气质和品位，是城镇区别于其他地区的最重要特征。城镇历史文化保护能够延续城镇的风俗传统和价值规律，挖掘城镇发展的精神品质，从而提升城镇发展的核心竞争力。总之，再开发是一项综合性技术措施，要实现城镇发展的经济、社会、生态效益以及文化保护的综合目标，必须统筹协调各目标的实现程度，从而提高城镇建设用地综合效益。

③宏观调控与市场配置相结合原则 城镇建设用地再开发的宏观调控原则，主要体现在再开发活动的政府引导和规划统筹。再开发对象多为处于实际利用状

态但未充分利用的城镇建设用地,以及基于地上附着物功能价值的低效利用土地。从产权主体来看,既包含国有建设用地和农村集体建设用地,也包含了基于不同主体间的复杂土地使用权关系,再开发开展的前提必然涉及各政府机构、企事业单位和个人等的土地使用者所有权、使用权等权属关系的调整,必须建立一套政府监督、部门协同、企业和公众参与的工作机制。此外,在再开发目标多样、涉及面广泛、领域跨度较大、利益关系复杂等综合因素影响下,再开发活动必须依据"多规合一"规划,科学制定和实施再开发的专项规划和年度安排,确保再开发活动的稳步有序展开。因此,再开发的组织实施、投资引导和动态监督等一系列内容,必须充分发挥政府引导和规划统筹的作用,实现再开发的规范治理。同时,在规范治理基础上,要运用市场机制和手段来优化配置土地资源,鼓励相关权利人和集体经济组织等市场主体参与再开发活动,构建多种再开发组织管理模式和改造开发模式,充分调动市场各方参与的积极性。

④利益共享和多方共赢原则 城镇建设用地再开发不只是政府的行政措施,同时也涉及城镇建设用地的相关权利人。兼顾各方利益,实现多方共赢,使群众和社会各方共享再开发成果,既是"以人为本"的要求,也有利于促进社会和谐稳定以及调动各方参与再开发的积极性。遵循利益共享和多方共赢原则,需要着重考虑两个问题。一是协调社会公共利益与私人利益间的矛盾。公共利益主要体现在公共服务设施和基础设施,如教育、医疗、文化、体育、绿地广场等设施用地;而私人利益则更多体现在对土地的占有、使用和收益等需求。公共利益和私人利益的协调,需要在规划设计期内提高公众参与度和配合度,通过合理的沟通交流设计规划方案,减少矛盾的产生。二是合理分配土地的增值收益。土地的增值收益既含再开发带来的地价增值,也有相关权利人的权属收益,同时也包含了再开发的成本消耗,需要基于市场原则合理评估并进行分配,从而协调政府与开发商、原土地使用权人或集体经济组织间的利益冲突,规范城镇存量建设用地补偿,实现多方共赢。

(2) 再开发的依据

城镇建设用地再开发的依据是"多规合一"规划。国民经济和社会发展规划是全国或者某一地区经济、社会发展的总体纲要,是具有战略意义的指导性文件,是国家加强和改善宏观调控的重要手段,也是政府履行经济调节、市场监管、社会治理和公共服务职责的重要依据,因而是解决城镇的发展方向、城镇的定位和性质等城镇发展战略性问题的依据。为落实国民经济和社会发展规划而编制的全国主体功能区规划《国务院关于编制全国主体功能区规划的意见》(国发[2007]21号),明确了主体功能区的范围、功能定位、发展方向和区域政策的任务,是战略性、基础性、约束性的规划,是国民经济和社会发展的总体规划,是人口规划、区域规划、城市规划、土地利用规划、环境保护规划、生态建设规划、流域综合规划、水资源综合规划、海洋功能区划、海域使用规划、粮食生产规划、交通规划、防灾减灾规划等在空间开发和布局的基本依据。城市规划是对一定时期内城市的经济和社会发展、土地利用、空间布局以及各项建设的综合部署、具体安排和实施管理，是建设城市和管理城市的基本依据，是保证城市合理地进行建设和正常运行的前提和基础，是实现城市社会经济发展目标的综合性手段（郑国，2009）。土地利用总体规划是在一定规划区域内，根据当地自然和社会经济条件以及国民经济发展的要求，协调土地总供给与总需求，确定或调整土地利用结构和用地布局的宏观战略措施（王万茂等，2006）。城市规划和土地利用总体规划通过对土地利用数量结构和空间格局的合理安排和配置，来引导和控制土地的开发与再开发方式和效率等，为再开发提供制度性依据。此外，生态环境保护规划等为再开发活动提供环境承载能力和生态环境保护要求的基础性约束因素，通过生态空间用途管制实现社会经济发展的可持续发展。由于中国现行的规划类型众多，规划的不协调、不衔接、不统一将严重削弱各项规划的科学性和权威性，甚至造成空间管理无序、土地资源浪费、环境保护失控等问题，因此规划一体化和"多规合一"是大势所趋，也是指导再开发的重要依据（图4-5）。

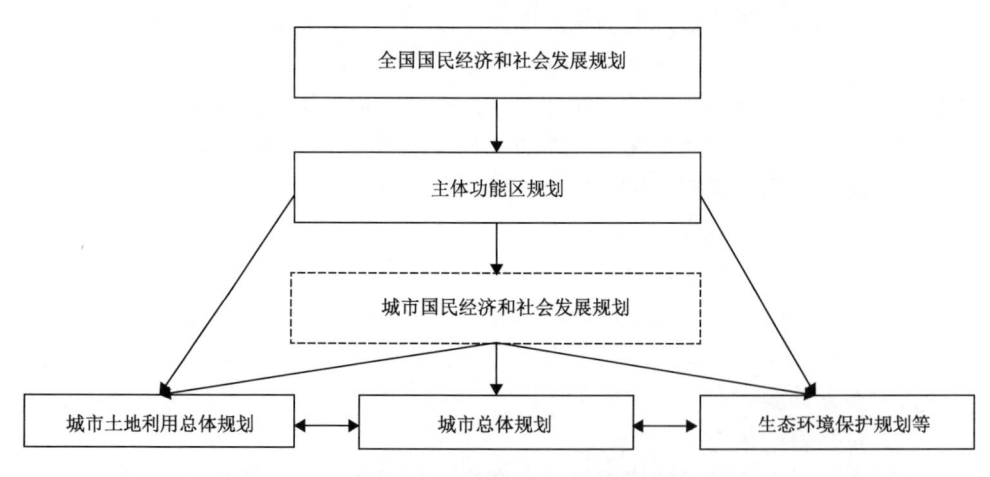

图4-5 "多规合一"的城镇建设用地再开发规划依据

4.2.2.3 城镇建设用地再开发目的和任务

（1）保护历史街区以传承历史文化

城镇中的旧城历史地段和历史遗址等，兼有保护和再开发的双重要求。历史地段和历史遗址，具有较高的历史文化价值，是城镇发展的记忆载体和文化内涵。与城镇的新区相比，城镇历史街区面临的问题也十分突出：房屋建筑结构和材质相对简陋和破败、基础设施和居住生活条件落后、人口密集、交通拥挤等。此外，位于城镇中心地段的旧城历史街区，其较高的级差地租客观导致商贸业的集聚和房地产开发热,引发破坏性建设。城镇建设用地再开发对历史街区的保护和更新体现在3个方面。第一,改善物质条件。通过投入基础建设资金,完善配套设施,增加公共绿地;修葺房屋建筑,改善交通状况和街道布局。第二,保护风俗传统和历史文化。通过再开发,维护公共空间和社会网络关系,尽量保持原有房屋产权人的权利关系,维持原住人口结构,进一步营造本地区的文化特色和传统风俗。第三,延续和传承文化特色。在历史文化的基础上,通过重新审视历史文化,逐步发展、调整历史文化的定位,使之适应现代生活需求和经济发展水平,以维持文化的延续性。再开发中的文化传承,除了保护文物古迹、历史建筑,还要在再开发过程中维护传统的社会功能和人文环境,并以有利于现在与未来发展的方式动态地整合历史文化和当代文化。

(2) 提高城镇建设用地利用综合效益

城镇建设用地利用综合效益体现在经济、社会、生态等综合效益。城镇建设用地再开发,经济效益上,通过优化调整土地利用结构和功能,合理规划和布局城镇空间,促进城镇产业的转型升级,消除低效建设用地对经济发展的限制,提高建设用地利用的产出和效率,从而增加城镇发展活力,带动区域经济发展。社会效益上,通过完善城镇基础设施,改善交通网络布局和修护衰败的房屋建筑,增加公共活动空间,提高居住条件和生活水平;优化配置城镇低效和闲置未利用地,加强城镇国有土地资产的宏观治理,维护相关权利人的资产收益;挖掘存量用地空间,控制城镇建设用地的盲目扩张,减少对农用地的过度依赖和侵占,维护区域粮食安全和社会稳定。生态效益上,通过合理的景观生态规划和布局与城镇综合环境整治,提高城镇绿化面积,保护和发挥城镇生态用地的景观生态功能和生态系统服务价值;淘汰和迁出落后、高污染的生产工艺,减少工业污染排放,完善城镇绿色基础设施建设,提高污染治理和环境修复力度。

(3) 拓展城镇发展空间实现城镇可持续发展

城镇发展对建设用地的需求毋庸置疑。从土地经济学的角度看,城镇土地的自然供给在宏观总量上弹性为零,为此只能通过增加城镇土地的经济供给为城镇发展扩展空间。美国著名经济学家伊利和莫豪尔斯在《土地经济学原理》(1924)中提出了增加土地经济供给的4种方法:一是土地利用的扩张——将新开辟的自然资源投入使用;二是土地利用的集约——在现在使用的土地上增加劳力和资本;三是土地的经济利用——用更有效的设计来消除某些妨害现有土地充分利用的障碍;四是消极地控制消费——使人们所需要的限于土地最容易生产的东西。除去通过控制人的需求相对增加供给的第4种方法外,其他3种都可通过土地的整治、整理、再开发等方式提高土地的经济供给。城镇建设用地再开发对象为存量建设用地,通过追加存量建设用地利用的劳力、资本等生产要素来改善土地利用条件,提高建设用地利用的技术水平,调整土地利用结构和功能,提高土地利用的效率和程度，为城镇发展挖掘潜力空间。城镇发展是一个阶段性周期性的过程，再开发也是一个动态更新的过程。随着城镇发展的战略、目标以及发展基础、条件和内外环境等的不断调整，再开发也通过自我更新和调整来适应城镇发展的用地需求，而技术的进步、经济的发展也进一步提高再开发对存量建设用地潜力挖掘的能力，从而实现城镇存量建设用地的可持续性利用和城镇的可持续发展。

4.2.2.4 城镇建设用地再开发内容

（1）权益调整

城镇存量建设用地类型多样，权属关系和产权主体也极为复杂。一般而言，产权明晰是城镇建设用地再开发开展的前提条件，产权如果界定不清，经济当事人权能的行使就无法形成有效而又稳定的预期，就很难避免相互侵权行为的发生，导致土地资源利用和配置的低效率。因此，再开发的首要内容是土地或房地产产权的调整，具体包括对再开发范围内的建设用地农民集体土地所有权和使用权、国有土地使用权、房屋所有权、土地发展权等重新调整，通过划定宗地权属界线，形成新的土地利用功能分区，进而进行不动产产权登记和发证造册。

任何产权安排，应赋予经济当事人一定权能，也使之承担一定责任并获得相应的权益。城镇建设用地再开发对市政基础设施、公共基础设施、房屋实体等的改造完善，必然带来存量建设用地和地上不动产价值增值收益。不同的产权主体和相关权利人享有不同比例的增值收益，为促进社会公平，需要根据不动产价值评估理论对再开发前后的土地价值进行评估，并依据土地产权、土地价值和土地增值收益分配等理论进行合理分配，实现利益共享和多方共赢。

（2）功能重组

功能重组指通过建设用地用途更新、结构转换以及布局调整等措施，实现建设用地现有功能和潜在功能的再开发，从而优化用地配置。功能重组是建设用地再开发实施的主要依据，在再开发专项规划制定期间就必须加以明确和规定。城镇存量建设用地多为低效利用土地，其用地结构不合理、空间布局混乱、土地利用效率较低，建设用地功能重组就是要将未利用地和综合效益低下的土地置换出来，围绕城镇的功能更新，调整城镇建设用地的利用方式和空间结构，实现城镇土地的集约、高效、可持续利用。在具体实施中，应注重结合纵向立体式更新改造与横向平面式重组置换方式。纵向立体式更新改造即土地利用的空间潜力挖掘，通过发展多层或高层建筑并降低建筑密度，为公共服务设施和城镇环境改善等预留空间。纵向立体式空间潜力挖掘，并非房屋建筑越高越好，还需要综合考虑房屋采光设计、城镇整体景观格局以及宜居性、成本维护、地面承载等综合因素。横向平面重组置换即土地利用功能在平面上的转换，如城镇产业结构调整，制造业和传统服务业等向城镇边缘区或农村地区扩散转移，现代服务业等高端产业不断向城镇中心集聚，使得城镇"肌体组织"不断更新完善，为城镇可持续发展奠定动力和物质基础。

（3）实体改造

建设用地的实体改造指具体的施工过程，是城镇建设用地再开发专项规划的落实和实施，主要通过人力、物力和财力的投入，对房屋建筑的推倒重建、局部改善、外观修葺、对道路路网的结构调整、道路路面的修扩建、基础设施的修建、园林绿化、河道整改等进行施工改造。城镇建设用地实体改造，一般处于项目工程的施工环节，采用市场模式进行运作，实行项目法人责任制和工程招投标制度，由项目的承包单位负责具体项目施工。在具体的实体改造过程中，需要依据不同的改造对象、目标，分别采取不同的改造策略、技术方法和施工材质等。

4.2.2.5 城镇建设用地再开发手段方法

城镇建设用地类型多样，产权关系复杂，因而城镇建设用地再开发涉及面较广，参与主体既有政府部门，又有企事业单位、农村集体、私人业主等。从再开发的运作程序来看，从前期的勘测调查、规划设计，到投资融资、项目施工，最后到工程完工、财务决算、质量验收以及地籍变更登记等环节，需要测绘部门、国土部门、住房与城乡建设部门、财政部门、环保部门等多个政府部门协同配合，涉及地理信息、土地管理、城乡规划、财税金融、生态环境、工程施工等多个行业领域。因此，再开发的手段方法包含了行政、法律、经济以及工程技术等多种措施和手段。

行政手段，是指国家通过行政机关，采取行政命令、指示、指标、规定等行政措施来调节和管理城镇建设用地再开发的手段，主要是国家凭借政权力量，通过行政系统、行政层次及行政区域中的一些主管单位及其所属职能部门进行调节来完成实施。再开发最典型的行政手段，就是规划制度。再开发行政主管部门，依据"多规合一"规划，编制城镇建设用地再开发专项规划、控制性详细规划和修建性详细规划等，辅以规划实施的政策性文件和规章制度，保证再开发的有序推进。此外还有一些"政府主导、土地产权人参与"的再开发模式，再开发项目审批和管理，再开发项目施工和检查验收，以及再开发资金使用监督管理、公众参与的责任义务和程序方式等都需要政府的行政手段加以规范和管控。

法律手段，是指国家依靠法律的强制力量来规范城镇建设用地再开发活动，保证再开发实施政策目标的手段。运用法律手段规范治理的作用在于，将再开发行为纳入法制轨道，从而增强调控行为的合法性和权威性。再开发涉及复杂的不动产产权关系调整和收益分配问题，尤其是土地所有权的变更和土地使用权的流转必须在法定框架内实现，避免出现违法用地"搭便车"的行为。土地发展权带来的增值收益也需要在相关法律框架下，妥善处理各利益主体、利益关系的矛盾，从而有效合理地调整和分配，使得再开发相关权利人的收益受法律保护，促进社会稳定和公平。

经济手段，是指国家运用经济政策和计划，通过调整经济利益影响和调节城镇建设用地再开发活动的措施。经济手段通过政府指导经济活动所规定并付诸实施的准则和措施，包括财政、货币、产业、信贷、价格、税收等政策，为再开发的实施和运行建立市场化运作机制。传统的政府主导型再开发活动，过度依赖财政投入，公共资金使用效率偏低，难以满足再开发持续进行的要求，而在市场资金的介入和市场竞争机制的作用下，可以弥补政府资金的缺陷，激发再开发专项资金的联动使用效应，促进再开发可持续发展。

工程技术手段，是指运用在利用和改造土地过程中逐步积累的经验和知识，指导再开发实践"做什么"和"怎么做"。城镇建设用地再开发的工程技术是一项土地综合应用技术，这源于城镇建设用地系统的复杂性和再开发环节的多样性。城镇建设用地的利用是综合经济、社会、生态、自然、人文等多个子系统的复杂系统，再开发在实践中涉及产权调整、收益分配、调查监测、规划设计、生态保护等多个方面，综合运用了土地产权、土地价值、土地区位、规划、土地生态学等理论，相应地在建设用地物质实体改造中综合采用了地籍测量、不动产评估、产权登记、规划设计、景观设计和生态修复、建筑施工等多种工程技术手段。

4.3 外　　延

4.3.1 城镇建设用地再开发的实践形式

4.3.1.1 土地整理与城市土地整理

中国的土地整理活动由来已久。有学者认为西周时期的"井田制"是中国古代土地整理的雏形（王军等，2003）。新中国成立后至改革开放前，受土地制度改革影响，中国土地整理活动主要以土地产权调整为主。改革开放以来，土地整理的重点是农地整理，主要目标是增加耕地面积，保护基本农田，而建设用地整理则主要开展了针对农村宅基地、"空心村"和城中村的整理，依然以增加耕地面积为主要目标。

在城镇建设用地快速扩张，耕地保护形势日益严峻的情况下，虽然已有学者认识到城市土地整理对优化城市用地结构，提高土地集约利用程度，控制城市用地无序扩张，促进经济发展的重要作用，但由于现有城市土地制度以及政府对土地供应的绝对控制权，以"全民参与为前提、土地收益共享为基础"的城市土地整理实践并未在全国范围内展开和推广（张秀智，2010）。城市土地整理实践性很强，不同地区的城市土地整理因资源禀赋和现实需求差异，整理的关注点和目的并不一致。依据第 2 章关于城市土地整理的内涵介绍可知，城市土地整理不仅包括土地利用的空间配置和土地利用内部要素的重新组合，还包括土地权属和土地收益的组合（夏显力等，2003）。

4.3.1.2 城市再开发与城市土地再开发

城市再开发，源自城市开发客体上的新区开发，是指购买城市某地段内现有建筑物后，进行拆除，从而将土地腾为空地以供新项目开发建设的过程，城市再开发是城市建成环境发生物质更替的过程，它往往伴随着功能的转换，如居住用地转化为商务用地，单一功能用地转化为综合用途，还可能是以高强度发展替代低强度发展。日本学者伊达美德在《城市再开发》一书中指出，城市再开发包含了城市功能的维持、城市功能的创造、城市建成区功能的再现、城市中心区活动的扩大、城市中心区活动的重新组成以及人类生存环境的恢复6个任务。

城市土地再开发则是指建立在城市土地初始开发的基础上，为实现效益最大化，对原有用地的类型、结构及空间布局等进行置换升级，尤其是对城市建成区中的衰退地区进行改造重建等。与城市土地开发相比，共同点为旨在通过一定手段，挖掘土地内在潜力，提高土地的利用率以及土地的经济、社会或环境效益；区别在于城市土地开发是一种水平发展形态，取决于城市土地地租与农业地租之间的关系，建筑行业的技术水平以及土地开发的资金成本，而土地再开发是一种垂直或立体发展的形态，取决于城市土地地租及再开发的成本（闵师林，2005）。从境外城市发展进程来看，城市土地再开发包含精明增长、城市更新、城市再生、城市复新等理念，尽管侧重点不同，本质上这些概念均围绕城市土地所属空间进行重构与再分配。与西方国家所经历的城市土地再开发不同，当前中国的城市再开发正处于土地紧缩政策与城市土地资源趋紧背景下，不仅呈现由外生性扩张向内需性增长的结构性转变，也贯穿着地方政府、开发商、被拆迁人等利益群体之间的非均衡博弈（杨晓辉，2014）。

4.3.1.3 市地整理

本书第2章已总结了市地整理的起源、应用及作用，杨建军等人（2012）在对比境外整理实践后，认为市地整理的基本涵义是：根据城市发展的需要，对城市建成区或城市边缘区中地形地界奇零细碎、利用效益低下、基础设施条件差的土地，从用地功能、土地权属和土地收益等方面进行空间配置和重新组合（形状、大小、位置、功能等），以提高城市土地利用和设施配置效率，促进城市用地合理布局。市地整理是市场经济国家实施城市规划和用地更新调整的一项重要手段，是应对市场经济体制下因利益冲突引起的规划阻力的有效途径，能够兼顾利益相关者的权益，有效提高规划的效率（杨建军等，2012）。

4.3.1.4 "三旧"改造

"三旧"改造的概念源于广东佛山。2009年广东省人民政府出台《关于推进"三旧"改造促进节约集约用地的若干意见》(粤府[2009]78号)，切实推进广东省旧城镇、旧厂房、旧村庄改造工作，促进节约集约用地试点示范省建设。该文件规定要紧紧围绕产业结构调整和转型升级、城市形象提升和功能完善、城乡人居环境改善、社会主义新农村建设等战略部署，在有利于进一步提高土地节约集约利用水平和产出效益的前提下，确定"三旧"改造范围，具体包括：城市市区"退二进三"产业用地；城乡规划确定不再作为工业用途的厂房（厂区）用地；国家产业政策规定的禁止类、淘汰类产业的原厂房用地；不符合安全生产和环保要求的厂房用地；布局散乱、条件落后，规划确定改造的城镇和村庄；列入"万村土地整治"示范工程的村庄等。"三旧"改造是改革开放三十多年来广东省社会经济高速发展带来的资源过度消耗、土地利用粗放、生态环境恶化以及城市经济结构转型和发展方式转变迫切需求的背景下，国家特别赋予广东省对存量土地潜力挖掘的一次政策尝试，以推进"三旧"改造工作为载体，试图通过制度完善和政策创新来促进存量建设用地"二次开发"。

4.3.1.5 旧城更新

旧城更新也称为旧城改造，根据本书第 2 章所述，1958 年 8 月在荷兰海牙召开的第一届关于旧城改造问题的国际研讨会，提出旧城改造的再开发、修复和保护 3 个内容。旧城区存在的城市问题可以归纳成城市土地利用、城市环境和城市设施老化和城市功能衰弱问题三大类（袁家冬，1998）。

中国的旧城更新，因城市发展水平和阶段不同，远晚于欧美国家，兴起于 20 世纪 80 年代，直至 1989 年《中华人民共和国城市规划法》颁布，才以正式术语"旧区改建"一词出现。1996 年 4 月中国城市规划学会成立"旧城更新专业学术委员会"，1998 年颁布的《中华人民共和国城市规划基本术语标准》将"旧城改建"解释为"对城市旧区进行的调整城市结构、优化城市用地布局、改善和更新基础设施、保护城市历史风貌等的建设活动"。在第 2 章概括旧城更新的基础上，可将现阶段中国的旧城更新理解为：针对物质环境和功能结构无法适应当前社会经济发展的城市老化衰弱地区，实施有计划的建筑保护、整治和重建，同时配套相应的产业发展和人口安置计划，实现该地区土地价值激活、经济活力复苏、社会文化丰富和物质环境改善的目标（吴丹，2012）。

4.3.1.6 棕地再开发

依据第 2 章所述，棕地内涵包含几个明显的特征：位于城区范围内、曾经被开发、现状闲置或低效利用、可能存在污染、重新开发具有潜在效益和风险等。棕地再开发对于缓解城市用地紧张，有效遏制城市扩张，修复污染土地从而提升城市形象等具有重要意义。此外，作为现代工业的发源地，欧洲保存许多工业遗迹，棕地再开发还带有浓厚的遗产保护色彩。许多发达国家都出台了明确的棕地再开发规划与实施细则，通过政策扶持、资金注入、税收减免、保险保障等途径大力支持和引导棕地治理开发。因此，棕地再开发的定义是：针对城区中历史遗留的存在不同程度污染、现处于闲置或低效利用用地的工业或商业用地及设施，通过政策扶持、资金注入、税收减免、交通引导、保险保障、基础设施建设投资等途径进行再生、复兴与循环再利用。

4.3.1.7 其他

与再开发相关的实践活动还有诸如城市环境综合整治、建设用地整理产业化等。城市环境综合整治是为了改善城市全部环境质量状况，根据经济规律与生态规律的要求，运用多目标、多层次、多因子、多功能综合的战略决策与策略手段，以最少的劳动消耗，最佳的环境、经济、社会效益进行经济建设、城乡建设、环境建设，使城市达到最优化的环境质量（杨作精，1985）。城市环境综合整治强调运用生态观点进行城市开发与组织，要求社会经济活动和生活消费，必须跟相关联的资源消耗与再生增殖能力平衡、环境容量与污染排放量平衡。

建设用地整理产业化的概念，最初由彭群（2001）提出，认为建设用地产业化主要是由政府或政府委托的机构、企业等单位通过征购或其他方式，从分散的土地使用者手中将土地集中起来，并进行土地整理，在完成房屋拆迁、土地平整和基础设施配套后，根据城市经济发展对土地的需求或政府的土地供应计划，以出让、转让等方式将土地投入市场，其实质是形成一种"以钱生地，以地生钱，钱再生地"的土地资源良性开发机制。建设用地整理产业化实践关注的主体是建设用地整理运作模式，通过行政监督管理与市场化运作来综合整治和优化配置建设用地资源。目前已形成市场机制运作、行政指导与市场运作相结合以及政府立项企业运作3种模式。

4.3.2 各主要再开发实践形式的联系与差异

4.3.2.1 空间范围和对象的联系与差异

广义的土地整理，对象是一切"未利用的、低效利用的和不合理利用的土地"，虽然中国的土地整理实践目前仍以农村范围内的农地整理为重心，但根据土地整理的内涵以及境外土地整理的实践，土地整理的范围和对象要广泛得多。根据被整理土地的地理范围，土地整理分为城市土地整理和乡村土地整理，具体包括城市建成区、城市规划区、城乡边缘区、城中村以及城市范围以外的所有农村等。依据整理土地的分类标准，还分为建设用地整理、农用地整理及未利用地整理。城市土地整理，地理范围限定在城市区域，整理的对象既包括低效建设用地，还包括城市内部水系、湖泊等自然界未利用地，以及都市农业、都市观光农业用地等。城市土地再开发，是相对于城市土地开发概念而提出，是建立在城市土地初始开发基础上，对原有用地类型、结构及空间布局等进行置换升级，强调城市土地的二次利用过程。与城市土地整理相比，二者所包含的空间范围相同，但对象上城市土地再开发较少关注城市内部的未利用自然保留地。城市再开发，空间范围依然为城市，但与城市土地整理、城市土地再开发相比，其再开发的对象并非局限于土地，还包含着城市附属的一切物质与非物质性事物，如城市内部的房屋建筑、构筑物、植被景观等，以及城市文化、标志与精神象征等。综上所述，城市土地整理与城市土地再开发，直接作用于城市的土地要素，通过调整土地的结构、功能、分布、权属等为城市发展奠定良好的"硬件"基础，而城市再开发除了土地之外，还关注立体空间的发展以及人文关怀等城市的"硬件设施"以及"软件"内涵，范围较城市土地整理与城市土地再开发要广。市地整理，研究其概念内涵可知，其范围更为明确，包含城市建成区和城乡边缘区，整理对象也具体到"不规则的地形、地界和奇零细碎的、低经济效益的土地"。旧城更新，关注物质环境和功能结构已难适应当前社会经济发展的城市老化衰弱地区，一般多位于城市内部的老城区，不包括因城市扩张和城乡二元结构形成的"城中村"等范围。"三旧"改造，其空间范围除了城市市区之外，还包括一些布局散乱、条件落后，规划确定改造的城镇，以及列入"万村土地整治"示范工程的村庄等。但"三旧"改造作为一项政策试点的应用，目前尚具有一定的期限限制，改造对象一般以明确纳入"三旧"改造图库范围的为准。因此在宏观意义上"三旧"改造的空间范围和对象要较城市土地再开发或整理等宽泛，但又有所区别。其他的如棕地再开发等，则以"城区中存在不同程度污染、现处于闲置或低效利用的用地的工业或商业用地及设施"为对象，再开发范围进一步缩小而明确。综上所述，目前主要再开发实践的空间范围及对象间相互关系比较复杂，各种形式的再开发关注重点各具特色，本书尝试用一张概略图来大致描绘彼此间交叉重叠与互补关系，如图4-6所示。

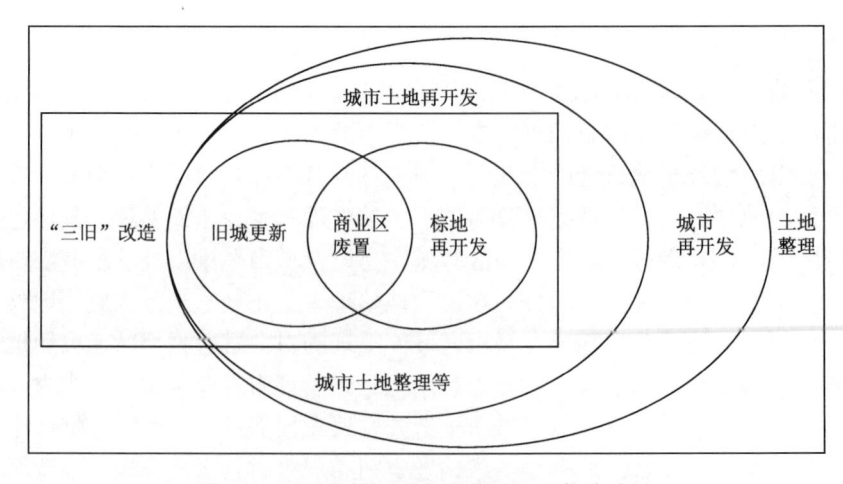

图 4-6 再开发外延的空间范围和对象关系图

4.3.2.2 内容和目标的联系与差异

根据各种再开发实践类型的内涵解析，本书将目前城镇建设用地再开发的目标和侧重点归纳为促进土地集约利用、调整产权收益、增强经济活力、完善社会服务、改善生态质量、保护文化脉络、政策创新7类。促进土地集约利用，指再开发实践盘活闲置废弃地、调整城镇低效用地结构、功能和布局，以及挖掘土地立体空间的利用潜力等，提高城镇土地节约集约利用水平；调整产权收益，指再开发过程中调整国家、集体、个人等相关权利人间的土地所有权、土地使用权、土地发展权等权利关系，并重新分配再开发产生的土地增值收益、土地征收补偿、土地产权入股收益等，缓和利益主体间矛盾；增强经济活力，指再开发活动通过优化土地利用、吸引投资、增加税收和政府财政收入、产业转型升级和生产要素集聚等带动GDP增长，提高城镇经济效益；完善社会服务，指再开发活动通过更新社区居住条件、改善城镇公共服务设施、完善基础设施、缓和城镇发展用地需求与耕地保护矛盾、重塑社会网络关系等举措，提高城镇社会效益；改善环境质量，指通过修复污染土地、优化城镇绿化景观设计、消除环境隐患、提升环境质量等，实现城镇生态环境效益；保护文化脉络，指再开发过程中对城镇历史遗址的保护与更新、传统风俗习惯的保护、历史文化发展脉络的传承与可持续等，保持城镇历史文脉和精神内核；政策创新，指再开发中在土地供应、土地处置、财政资金、权益调整、监督管理等多项政策的创新探索。

再开发的对象一般以低效用地为主，既包含城区范围又涵盖部分农村地区，产权主体及其利益关系极为复杂，土地利用的外部性也十分明显，对城乡社会、经济、生态、政治、文化等都会造成一定影响。此外，不同的再开发目标间还存在交叉影响，如土地集约利用会进一步促进土地利用的经济、社会、生态效益产出，产权收益调整也将促进相关政策的创新等。为此，本书按照"直接影响"和"重点目标"两项原则，探讨多种再开发外延间内容和目标的相互关系。产权关系是再开发活动得以开展的前提条件，而产权调整也必将带来相关权益的调整和分配，因此产权收益调整是所有再开发外延形式的基础。土地整理基于土地粗放利用，城市无序扩张以及耕地保护和粮食安全压力等问题，重新调整和规划土地利用方式、结构和关系，最主要的目的在于提高土地利用率和产出率。因而土地整理的重点在于促进土地集约利用，并由此引发深刻的经济、社会和生态环境效应。棕地再开发，以工商业废置区、污染土地为对象，通过土地修复与污染治理、旧厂房拆迁改造、居住商业的开发、生态恢复性绿地重建等措施，实现管控环境风险、提高土地利用效率的目标，因而棕地再开发的重点目标在于修复生态环境和提高社会经济效益。建设用地产业化与城市环境综合整治均以产权调整为基础，以实现社会、经济、生态效益为目标，区别在于建设用地产业化更注重增强经济活力，而城市环境综合整治则侧重提高环境效益。城市土地整理、城市土地再开发以及市地整理，均着眼于土地，以调整置换原有用地类型、结构、空间布局、权属关系等为主要内容，以节约集约利用城市土地为任务，不断提升待整理土地的经济、社会、生态综合效益。旧城更新、城市再开发已从最初的物质重建发展到涵盖整个城市经济社会和历史文化系统的综合更新，涉及经济、社会、环境和文化等多重目标。"三旧"改造目标涵盖了产业、人居环境、城乡格局及土地效率等多元目标，与旧城更新、市地整理等的内涵一致，但"三旧"改造特别强调创新土地政策及完善土地制度，如完善历史用地手续、土地征收及供应方式等。"三旧"改造本质上是一种城市再开发（更新），但更突出政策探索与创新的内涵（赖寿华等，2013）。综上所述，各主要再开发实践的内容和目标关系，如图4-7所示。

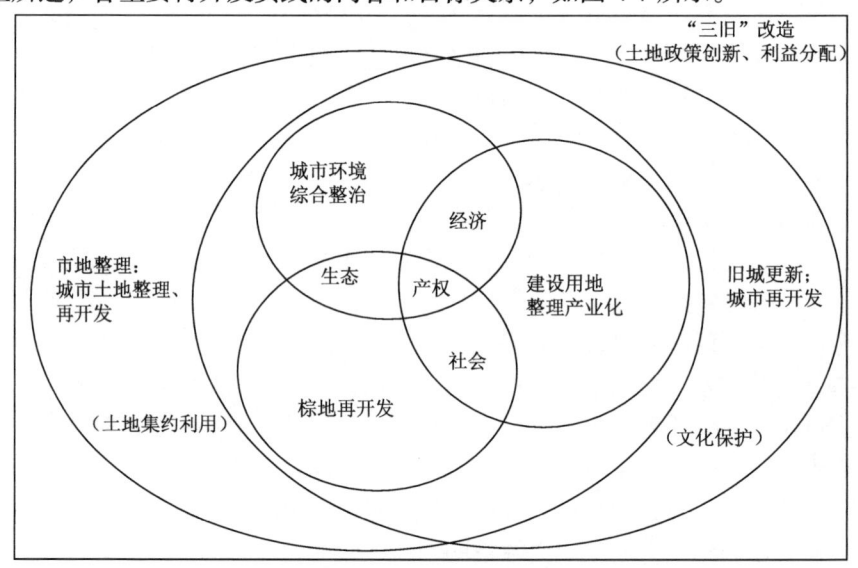

图4-7 再开发外延形式的内容和目标关系

4.3.3 城镇建设用地再开发外延重构

依据逻辑学的解释，内涵指一个概念所概括的思维对象本质上特有的属性总和，外延是指一个概念所概括的思维对象的数量或范围，是具备概念所反映特有属性的那些事物。重构城镇建设用地再开发的外延，需从其内涵入手。依据本章前述"城镇建设用地再开发"内涵，目前各主要再开发类型的外延与再开发具有一定的交织与互补关系。

首先是再开发的空间范围和对象，本书所界定的城镇建设用地再开发，其空间范围为"城市范围内及城市周边且与城市密切联系的建制镇"，包括了一般意义上的城市建成区、城市边缘区、城中村和卫星镇等范围，涵盖了城市土地整理、城市再开发、城市土地再开发、市地整理、"三旧"改造、棕地再开发和城市环境综合整治等再开发外延的全部范围，以及土地整理、建设用地整理产业化中的部分镇区和农村地区。其次，从再开发内容和目标来看，现阶段再开发的内容已不局限于土地和地上附着物层面的用地结构、功能、布局、景观等物质要素的实体改造，以及土地权属和收益的调整等，还包括城镇历史文化的保护与传承、城乡发展的统筹兼顾、城镇形象和精神面貌的重塑等多个方面，是对整个城镇发展系统的综合更新与再造。因此，城镇建设用地再开发，从目标上看，涵盖了土地集约利用、权益调整、经济活力、社会服务、环境质量、文化保护、政策创新；从内容上看，也综合了城市土地整理、城市再开发、城市土地再开发、旧城更新、"三旧"改造、市地整理等全部内容。可以认为，现阶段的城镇建设用地再开发，是城镇历史发展过程中针对城镇物质性、功能性、结构性衰退而采取的所有更新维护手段的积累和延续；再开发内涵，涵盖了历史进程中的"整理""改造""更新""保护""传承"和"复兴"等。综上所述，本书界定的城镇建设用地再开发外延，即限定在"城市及城市周边、与城市密切联系的建制镇"空间范围内的一切再开发活动，包括土地整理、"三旧"改造、市地整理、城市再开发、城市土地整理、城市土地再开发、旧城更新等外延，具体如图4-8所示。

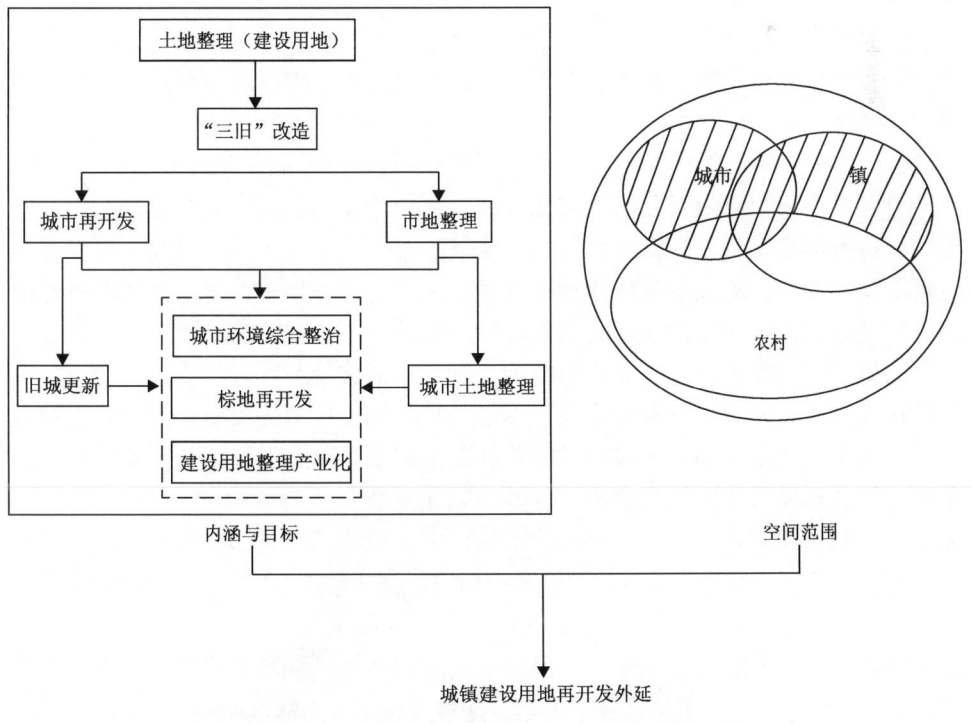

图4-8 城镇建设用地再开发外延示意概略

5 制 度 设 计

由本书第 4 章所述城镇建设用地再开发的内涵与外延可知，再开发以"多规合一"的规划为实施依据，涉及领域广泛、参与主体多元、利益关系复杂、资金量庞大、项目周期长，因此需要设计一套涵盖规划计划、组织协调、融资、运作管理以及监督制度的再开发制度，以指导和控制再开发实施过程，协调再开发各参与主体利益关系，筹集再开发资金并降低风险，规范再开发运作程序，监督再开发实施全过程，从而保障和提高再开发的实施效果与效率。

5.1 法律规章制度

目前，中国正处于快速城镇化进程中，城镇建设面临着大量的更新、发展和改造需求，但总体来看，法制建设尚未形成系统的、具有清晰目标的再开发政策框架，城镇建设用地再开发带有一定盲目性，其规划往往受市场经济利益驱动，缺乏完备计划，城市规划无法发挥其应有的指导作用。中国城市规划、土地利用规划和经济社会发展计划的体系分别归属 3 个部委管理实施，导致三者难以充分衔接。这对建立一套兼顾经济、社会和环境效益的再开发制度无疑面临巨大挑战。中国再开发在决策、执行和监督层面都缺乏法律依据，且无明确的地位、内容及相关利益群体权责，需根据中国国情尽快建立再开发法规体系。因此，在中国当前新常态背景下，加强相关法律体系建设，完善再开发相关机制，充分利用先进技术和理念，才能保障再开发的顺利进行，促进中国的城镇化发展。

城镇建设用地再开发需要有系统的、针对性的法规对其进行规范和约束。西方发达国家和地区对再开发的推动，不仅是理念和模式上的改变，更体现在城市政策和立法上的制度推进，即通过完善法制框架来规范和引导再开发实践模式的变革。从已开展再开发的国家看，各国家和地区都十分重视再开发立法。立法情况如表 5-1 所示。

德国、日本、韩国、中国台湾等国家和地区都非常重视城镇建设用地再开发，而立法是实现再开发目的的必要手段之一。各国家和地区再开发的名称不一，但均为实现城镇存量土地的有效利用。根据不同时期社会经济的发展需求和再开发目的，尼泊尔、土耳其、哥伦比亚、泰国、印度尼西亚等国家先后制定了相关法令，推动再开发在本国的应用和发展。而由于缺少专门的再开发法律法规，中国再开发实践缺乏战略性指导标准，关于再开发的法律规定，包括城市更新、城市土地整理等相关内容，分散在土地或城市的有关法律中，未颁布一部相对独立、立法层次高、执行力度大的再开发法律法规。关于再开发的相关法律制度，目前最迫切的是制定和颁布《城镇建设用地再开发法》。在《城镇建设用地再开发法》中规定再开发的概念内涵、目的、内容、运行机制以及在城乡土地管理中的地位和作用等。因此，再开发的理论和实践研究对制定《城镇建设用地再开发法》具有重要促进作用。

表 5-1 境外部分国家或地区再开发立法情况

国家/地区	时间	名称	立法情况
德国	1902	城镇建设用地整理（Umlegung）	建筑法典 土地整理法
日本	1919	土地区划整理（Kukaku Seiri）	土地区划整理法 市街地再开发法 新都市基础整理法
中国台湾	1987	市地重划（Land Consolidation）	市地重划实施办法 平均地权条例 平均地权条例施行细则
韩国	1934	土地区划（Land Readjustment）	土地区划整理事业法
哥伦比亚	1989	土地重调（Readjuste de Tierras）	城镇改革法 国土开发法
泰国	2005	土地共享（Land Sharing）	土地重划法
尼泊尔	1976	土地勘绘调整（Land Plotting）	土地取得法 城镇开发法

5.1.1 构建城镇建设用地再开发相关法律的原则

立法原则是城镇建设用地再开发相关法律法规立法活动的重要准绳，是立法指导思想在立法实践中的重要体现。再开发涉及多个利益主体，关系城镇经济社会发展。因此，构建再开发相关法律法规应遵循以下原则。

5.1.1.1 公平性原则

城镇建设用地再开发相关法律法规要能公平处理各种利益主体、利益关系在再开发中的矛盾，直接、合理、有效地调节政府、业主、开发商、租户等利益相关主体在再开发中的利益分配。再开发过程中的利益调整，不是政府部门代表国家对其他利益主体居高临下单一式的调整，而是将国家、集体、个人放在同一个利益圈内，通过再开发相关法律调节处理他们在再开发活动中的利益冲突。因此，再开发法律法规，不应以政府行政命令、强制划拨、低价强制收购等方式作为调整利益关系的出发点，需要充分尊重利益主体各方意愿，公平合理地创新再开发产权调整和收益分配制度，按照政府引导和市场运行的规律来调整利益主体之间的土地权利和利益。

5.1.1.2 公开性原则

为避免城镇建设用地再开发过程中因沟通引发的矛盾，再开发法律法规需保障政府及开发商在再开发活动中的公开透明性。其中，建立再开发公示制度是保障公开透明的重要手段之一。及时公示规划、征地、拆迁、补偿、建设等环节的信息，可增加政府或开发商在再开发中的透明度和可信度，提高再开发的效率和公众参与再开发的积极性，防止政府公务人员滥用权力，导致职务犯罪。

5.1.1.3 民主原则

城镇建设用地再开发常要调整一个区域的城市规划和权力分配，是一项涉及权利人、实施主体、周边区域人口等社会大众的工作，其可能侵害或受益的群体非常广泛。因此，作为再开发的被调整者和调整结果的直接接受者，公众参与再开发的决策和监督十分必要。在再开发中，开展公众参与的目的在于，通过公众参与，使再开发活动民主化、方案合理化，积极推动再开发的决策和实施。

城镇建设用地再开发的民主化体现在公众参与的程度和路径。一般来说，公众参与再开发分为两个方面。第一，公众参与城镇或地区中长期再开发规划或计划的决策，包括哪些地区要被列入再开发范围、再开发的时序等。政府决策部门需与公众协商，倾听公众意见。第二，公众参与具体的再开发项目运作，如参与再开发项目的规划设计、产权调整、征地拆迁、建筑施工等。公众参与的程度越深，再开发的阻力越小，当然，相应投入的人力物力成本也越高。

城镇建设用地再开发公众参与的路径主要包括 3 种：自上而下、自下而上、交互式。传统的自上而下再开发方式因造成城市传统风貌消失、大规模拆迁导致低收入群体的利益损失等不良后果而广受诟病。自上而下的公众参与方式产生的根源在于政府行政管理的自上而下。其主要特点是由政府和专家确定项目方案，公众仅限于了解和聆听。这是一种事后、被动、初级的参与，对再开发项目的影响非常有限。自下而上公众参与路径是在借鉴西方国家城市规划中公众参与方法的基础上提出的，主要强调再开发利益相关主体的意愿。交互式参与是在承认政府在公众参与中所处的决策者和政策制定者位置、承认规划师等专家在城市规划中具有知识和技术优势的特殊地位基础上提出的一种参与方式。它要求政府在城市更新过程中为公众参与创造所需的渠道（平台），让政府、专家、公众发挥各自的优势，在再开发中从方案设计、实施、运营的全程采取协商的互动方式。3种公众参与路径由浅入深，从简单到复杂。

建立城镇建设用地再开发公众参与应根据中国再开发的实际情况，由易到难，由浅到深，逐步形成再开发的公众参与运行机制，使公众能在再开发过程中维护自己的权利。

5.1.1.4 节约集约原则

土地节约集约利用是生态文明建设根本之策，是新型城镇化的战略选择，是破解资源难题，实现科学发展、可持续发展、包容性发展的根本出路，是新常态下转方式、调结构、稳增长、促改革的内在要求。城镇建设用地再开发是节约集约用地的重要手段之一。受耕地保护与生态保护政策的制约，城市扩张空间有限，如何盘活存量用地，节约集约利用城镇土地是未来再开发立法应重点考虑的内容。因此，制定再开发相关法律法规中，应本着节约集约用地原则，盘活存量建设用地，优化城镇建设用地结构，减量用地、提升用地强度、促进低效废弃地再利用。

5.1.1.5 保护性原则

随着城镇化进程的加快以及土地资源稀缺性问题的突出呈现，城镇建设用地再开发及其规划设计开始成为各级政府管理部门的关注焦点。而随之出现的历史文化保护问题，例如：城市特色的减弱、历史记忆的消失、文化传承的断裂等，成为再开发中备受争议的问题。如何不断更新发展城镇建设用地，又保留城市历史遗产是再开发立法过程中需要特别强调的重点。因此，在再开发过程中，尊重其原有历史肌理的更新方式，保留城市记忆，融合原有城市脉络和周边环境是立法的重要原则之一。

5.1.1.6 以人为本原则

西方城市更新理念经历了从形体主义向人本主义思想转变的过程。"人本"思想强调城市发展中应主要考虑人的物质和精神需求，强调"利人原则"在城市更新中的核心地位。城市多样性、历史价值保护和可持续发展观是人本主义规划思想的主要内容。城镇建设用地再开发法律法规需保障业主的生活居住条件，同时通过"改而不迁"的方式，保留地区原有居民，尊重他们的既有生活习惯。改造后的地区应原汁原味展示城市形象和内涵。

5.1.2 城镇建设用地再开发立法的重点环节

本书在城镇建设用地再开发内涵外延分析、理论基础等内容的基础上，参照境外发达地区的立法经验，提出中国再开发立法的重点环节，具体需处理好以下4对关系。

5.1.2.1 政府与市场的关系

西方国家在城镇建设用地再开发领域不断进行政策创新。在寻求有效管治手段和运行机制的过程中，政府（公共部门）、私有部门以及社区民众3个主要利益集团间的权利关系不断重构。城市更新的主要政策机制从20世纪60~70年代的政府主导型，转变到80年代以房地产开发为手段、以公私伙伴关系为取向的市场主导型，进而从90年代开始发展到以公、私、社区三方伙伴关系为基础、特别强调公众参与和社会公平的协调式城市更新管治模式。西方国家的历史经验以及中国当前再开发的实践表明，以市场为导向的房地产再开发模式和以政府为主的"土地储备"模式均存在一定的局限性。以市场为导向的房地产开发模式存在动迁矛盾多、闲置土地量大等问题，房地产主导的市场模式突出了经济利益，过于重视财务可行性，一定程度上忽视了再开发的社会功能。其往往优先考虑那些有利可图的再开发项目，偏重公共利益的再开发项目则无人问津。而以政府为主的土地储备模式，在国家严厉调控之下房地产和土地市场的形势严峻，土地储备模式下所依赖的"土地财政"的不可持续性，导致政府筹措资金压力亦不断加大。因此，在再开发立法内容中要规定政府与市场的关系，既不能任由政府大包大揽，也不能放任市场自由发展。政府应有限地介入再开发中，对再开发的市场需求进行必要的干预和引导，包括从全局、战略的角度整合多元化的再开发目标和需求，建立全市层面的统筹安排和行动纲领。政府计划是政府引导市场的有效工具，在不同计划层面应针对性地体现政府有限干预的目标和需求。

5.1.2.2 公共利益与私人利益的关系

界定公共利益，划清公共利益与私人利益边界，是解决城镇建设用地再开发合法性问题的关键和基础。公共利益与私人利益的边界不清，容易被利益集团利用，或作为谋取商业利益的工具，或以牺牲私人利益为代价成全公共利益。公共利益既是一个重要的法律概念，更是一个重要的实践问题。具体到再开发中，公共利益的清晰界定是一个基本的理论前提，它关系着公权行为的正当性和合法性，也关系着私权行为的限度。厘清公共利益与个人利益、集体利益之间的界限，对于保护公民合法权益、保障再开发的顺利开展、维护社会稳定都具有重要意义。再开发法律法规需规定再开发公共利益界定的主体、实现路径和基本程序等。

5.1.2.3 再开发与保护的关系

历史文物建筑是随着城市发展建设而形成的独有文化特色。城市的建设不能割裂历史与未来。随着时间的推移，承载着历史文化脉络的旧区面临外在"糟粕"、内在"精华"局面。城镇建设用地再开发过程中应杜绝"拆旧建新""拆旧建假"现象。现代许多城市建设仿古街区企图寻回历史痕迹，与其花重金再造一个新的或假的，不如在改造之初就保护文化。再开发应注意对历史文物建筑加以区别对待，以延续城市文脉为出发点，从城市风貌、形态肌理、生活模式等多元视角，通过再开发的方式在历史环境中注入新的生命。保护是为丰富再开发，再开发是为了更好的保护，两者并非矛盾，而是互为背景和环境。

5.1.2.4 控制与引导的关系

当前中国房地产式的城镇建设用地再开发以追求短期的经济利益和利润最大化为目标，而再开发的对象并非总能产生较大经济效益，因此一些经济效益好、改造容易的项目往往被优先开发，而一些拆迁难度大，经济效益不高的再开发项目则难以推动。为鼓励再开发，政府需要制定一些激励政策以引导再开发。同时，再开发涉及利益主体多，开发过程复杂，应在相关法律法规中制定一系列管治措施，以维护再开发各方利益，把控再开发的发展方向，避免出现损害公共利益，浪费土地资源的现象。

5.2 规划计划制度

城镇建设用地再开发要以国民经济和社会发展规划、主体功能区规划、城乡总体规划、土地利用总体规划等为前提和基础，编制再开发专项规划，并制定再开发的计划，从而构建再开发规划体系，从规划体系、编制要点、编制主体、编制程序及规划主要内容等构建再开发规划计划制度。

5.2.1 城镇建设用地再开发规划体系

城镇建设用地再开发采用行政、法律、经济以及工程技术等多种措施和手段，通过建设用地权益调整、功能重组以及实体改造等方式，不断追求和实现"保护历史街区，传承历史文化；提高城镇建设用地利用的经济、社会、生态综合效益，提升城镇核心竞争力；拓展城镇发展空间，实现城镇可持续发展"的目标。再开发的依据为"多规合一"的规划。为科学有序地开展再开发工作，应根据国民经济和社会发展规划、土地利用规划、城市规划、功能区规划和城镇生态保护规划等，编制再开发专项规划，从总体上指出再开发方向，指导全域范围内再开发的用地结构、空间布局和用地强度等。同时，结合城镇控制性详细规划，编制再开发专项规划设计导则，确定城镇不同功能区的规划设计方案和建筑要素设计，引导再开发项目。最后，通过制定再开发计划，合理指导再开发项目的区位、性质和规模等。因此，再开发主要是通过《城镇建设用地再开发专项规划》《城镇建设用地再开发专项规划设计导则》和《城镇建设用地再开发项目计划》等文件来引导和统筹。城镇建设用地再开发规划计划与相关规划的关系如图 5-1 所示。

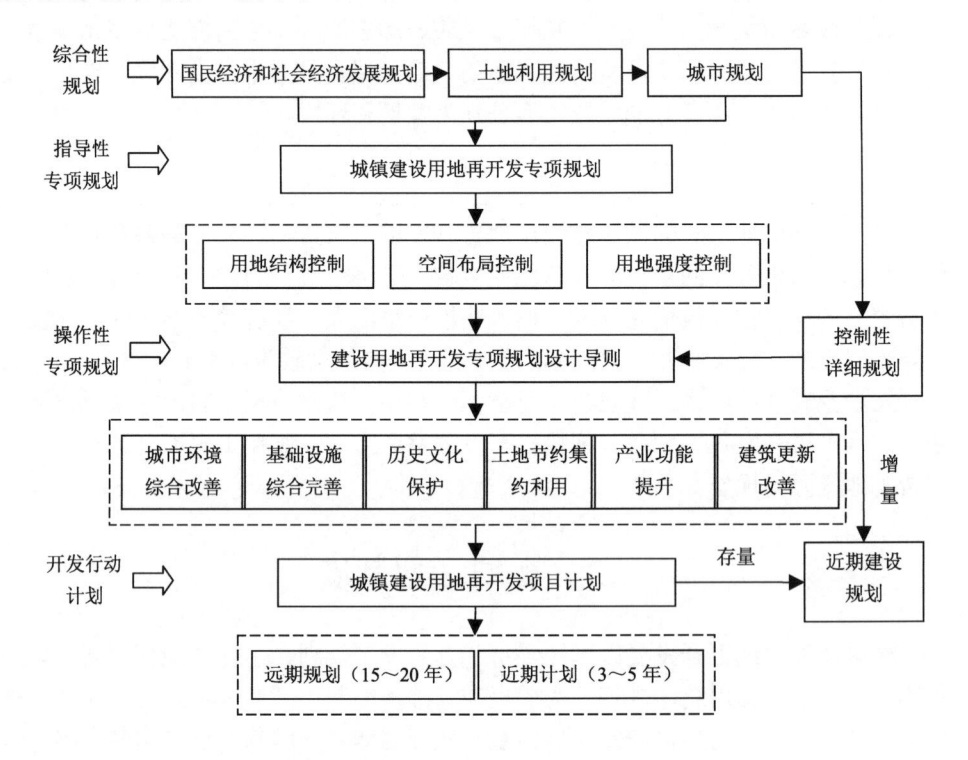

图 5-1 城镇建设用地再开发规划计划与相关规划的关系

在编制再开发规划计划工作中，要结合国民经济和社会发展规划、城市土地利用规划、城市规划和生态环境保护等规划，把握相关控制性和指导性规划的实质，制定有利于城市可持续发展、规划协调衔接和操作性强的城镇建设用地再开发规划计划体系。中国的国土空间规划体系中各规划间衔接比较薄弱，应重视相关规划的协调与衔接，尤其是再开发规划与城市更新专项规划和近期建设规划的衔接。

5.2.1.1 城镇建设用地再开发专项规划

国民经济和社会发展"五年"计划是解决城镇发展方向、城镇定位和性质等城镇发展战略性问题的依据。城市规划和土地利用规划通过对土地利用数量结构和空间格局的合理安排和配置，来引导和控制土地的开发、再开发方式和效率等，为再开发提供制度性依据。生态环境保护规划等专项规划，为再开发活动提供环境承载能力和生态环境保护要求的基础性约束因素，通过生态空间用途管制实现社会经济发展的可持续发展。因此，再开发专项规划，需要依据各相关规划等"多规合一"，准确定位区域经济社会发展战略，具体分析各行业对存量及增量建设用地的潜在需求，确定区域建设用地再开发的战略目标和方向。同时需制定土地利用结构和布局优化调整的原则，促使其土地利用结构和布局与区域经济社会发展战略相协调，保障经济社会科学发展用地需求。最后要充分挖掘存量低效用地潜力，合理确定再开发项目区开发利用强度优化目标，保护城镇历史文化，全面提升城镇整体面貌和内涵品质，促进其经济、社会、生态与文化综合协调发展。

用地结构控制，需根据规划目标，结合城镇低效建设用地现状，确定用地类型和结构比例，合理安排居住生活用地、产业用地、基础设施、公益设施等各类功能用地规模，明确城镇建设用地再开发项目区块用地结构调整优化的方向，各用途规划与现状面积和比例的变化情况。再开发通过调整不同类型、不同功能用地的数量结构，重新分配与确定再开发地块适用功能，达到修复城市绿地系统，延续文化风貌，振兴产业发展，构建舒适道路环境等目的。用地结构控制是区域建设用地利用的宏观控制手段，以满足不同行业、不同群体的用地需求，是对建设用地利用经济、社会、生态、文化等效益的综合平衡和整体提升。

建设用地强度控制，需根据规划目标，对经济状况、设施配套、交通运输、生态环境等影响城镇开发建设强度的主要因素进行综合分析和多因子校核，合理确定再开发用地的容积率、建设高度、建设密度等开发强度控制指标，以提高土地利用效率。再开发的主要目的之一，就是通过追加存量建设用地利用的劳力、资本等生产要素来改善土地利用条件，加强建设用地利用，从而为城镇发展挖掘潜力空间。容积率、建设高度以及建设密度等建设用地强度控制指标，对建设用地利用的技术要求较高，是对区域建设用地项目在地块层面的微观控制。

建设空间布局控制，需根据规划目标，结合城镇低效建设用地现状及潜力分布，在与各类综合性规划和其他行业专项规划充分衔接的前提下，以有利于城镇功能再造、产业结构调整、历史文化保护和人居环境改善为基础，合理确定城镇建设用地再开发项目区布局、开发模式及开发利用方向。具体涵盖城镇整体空间结构、用地功能分区和风貌分区等内容，以及道路、广场、娱乐等基础设施和开放空间的布局。再开发通过对建设用地功能调整、建筑空间实体及各类配套设施的改造优化，将不同再开发模式与不同功能类型建设用地按照"多规合一"规划进行空间融合，从而完善城镇用地布局，营造整体协调的城市面貌。

5.2.1.2 城镇建设用地再开发专项规划设计导则

规划设计导则是依据规划设计精神，以城市空间形态为特性，通过对人行为、心理的研究找出城市建设过程中各种集团利益的有效契合点，以弹性渐变的规定作为项目实施的行动构架，为治理部门提供长期有效的技术支持（杨俊宴等，2011）。城镇建设用地再开发专项规划是实施再开发管理的重要依据，也是实现再开发目标的直接手段。然而由于再开发专项规划自身关注视角的局限，对再开发项目地块具体形态的控制作用较为有限，且难以反映城镇设计与系列保护规划的抽象协调要求。再开发专项规划是对全域范围内的存量低效建设用地再利用的宏观控制，是为保证开发实施的空间整体性和环境品质，对城镇全域建设用地再开发提出的整体设计要求。而再开发规划设计导则是针对具体地块，对具体的设计提出的导则要求。导则是对上一层次规划和设计政策的进一步解释，以有效推进下一阶段具体行动的实施（华芳等，2013）。

城镇建设用地再开发专项规划设计导则应从宏观到微观、从整体到局部，多层次多方位考虑各种影响城镇存量低效建设用地空间形态的建筑、土地以及设施等要素，进一步展开包括原建设用地结构、空间形态构架、开放空间分布、高层建筑分布、现有建筑改造、历史建筑保护、道路交通组织、景观设施控制以及专项防灾体系等涉及城镇各系统的内容，将再开发专项规划的控制要素用二维用地属性平面和三维空间形态表达出来。再开发专项规划设计导则，基于不同城市类型、同一城市不同功能采用不同的编制目标和方案，将再开发专项规划的种种设想转换成可以落实、便于控制的指标，进一步纳入规划管理程序，从而引导城镇空间健康发展。

5.2.1.3 再开发项目计划

城镇建设用地再开发项目计划是在再开发专项规划的宏观指导下，依据再开发专项规划设计导则，对城镇存量低效建设用地具体项目落实改造的计划安排，是结合城镇的资源禀赋、社会经济和政策等条件和市场需求，对再开发项目时序进度以及空间布局、规模与强度控制的详细规定，是指导城镇存量用地再开发项目组织实施的依据。

再开发项目计划制度设计具体包含内容如下：

第一，制定再开发的年度实施计划。依据再开发项目的宏观区域潜力评估成果，将再开发任务数分解到全域下级不同行政区，各行政区拟定本行政区每年的实施项目计划；依据再开发项目地块的微观潜力评估成果，将再开发任务分解到具体的项目地块，制定各行政区拟再开发项目地块的开发先后顺序。

第二，确定再开发项目的规模控制和强度控制指标。以国家规范和各地的《城市规划管理技术规定》为指导，以经批准的控制性详细规划为依据，合理制定各再开发项目地块的容积率、建筑密度、绿地率等规划指标，以及建筑类型、建筑高度、历史保护建筑、建筑组合等建筑要素的控制指标。

第三，进行再开发项目的空间布局安排。依据再开发专项规划中的空间分布控制要求，结合再开发项目地块的具体实施环境和实施能力，合理落实再开发项目的空间引导和规划布局。

第四，制定再开发项目组织实施方案。明确再开发实施的人员组织和资金保障机制，以及再开发项目从立项审批、组织施工到项目验收等各流程环节中的进度控制。

5.2.2 城镇建设用地再开发规划编制主体

从法律行为规范看，规划的编制工作是具有"立法"性质的行政行为，因而法律规定的规划编制主体为不同行政等级的政府部门。如《中华人民共和国土地管理法》规定，各级人民政府应当依据国民经济和社会发展规划、国土整治和资源环境保护的要求、土地供给能力以及各项建设对土地的需求，组织编制土地利用总体规划。《中华人民共和国城乡规划法》规定，国务院城乡规划主管部门会同国务院有关部门组织编制全国城镇体系规划，用于指导省域城镇体系规划、城市总体规划的编制；省、自治区人民政府组织编制省域城镇体系规划，报国务院审批；城市人民政府组织编制城市总体规划；县人民政府组织编制县人民政府所在镇的总体规划，报上一级人民政府审批；其他镇的总体规划由镇人民政府组织编制，报上一级人民政府审批。城镇建设用地再开发，是对全域城镇建设用地的权益调整、功能重组以及实体改造的行为，在现行的国家公有制体制下，再开发规划具有强烈的公共政策属性。因此，再开发规划编制的法律主体为不同行政等级的人民政府。

从行政治理看，各行政主管部门依据一定的政府职能履行相应的职权。在实际工作中，由于各类规划覆盖面较广，组织工作量较大，专业技术要求较高，因此各类规划一般由各级人民政府委托或者法律授权相应的行政主管部门进行具体的规划编制工作。如各级土地利用总体规划，一般由各级土地行政主管部门会同其他部门编制；各级城乡规划，一般由各级城乡规划行政主管部门编制；生态环境保护规划则一般由各级环境保护行政主管部门编制。对再开发而言，其内容不仅涵盖了土地层面的用地结构和布局，还包含了城乡规划范畴里的建筑要素控制、基础设施建设等内容，此外还有文化保护、生态环境改善等综合要求。因此，再开发涉及多个行业领域的技术要求，触及不同行政主管部门的权限关系。在"多规合一"背景下，再开发规划编制的行政主体，需要统筹协调不同行业部门的权力，由市人民政府组织设立、各行政主管部门相关人员组成独立的建设用地再开发机构，负责多部门协调和统筹全市再开发的职责，包括再开发规划体系的编制、审批、管理和建设等。

从技术操作看，城镇建设用地再开发规划的编制具有政策制定以及技术工作两层属性。再开发规划的政策制定属性，属政府行为，必须纳入政府治理范畴；而再开发规划的技术工作属性，则体现了规划的市场准入机制。已有相关法律规定，规划机构主要是政府规划行政主管部门，同时也要明确其他参与主体的权利和义务，如规划设计技术单位和社会公众等。依据承担规划编制任务能力的大小，设立规划编制资质等级，政府部门委托编制再开发规划，应当选择具有相应资质的规划编制技术单位。同时需要设立公众参与机制，以规划方案的论证会、听证会以及规划方案的公布等形式落实公众参与制度。

5.2.3 城镇建设用地再开发规划编制程序

城镇建设用地再开发规划是指导再开发有效开展、科学实施的重要依据，具有科学性和指令性。目前，规划理论界学者普遍认为中国的城市规划体系在规划衔接、立法基础、公众参与等方面比较薄弱，并且计划色彩浓厚，缺乏自下而上的民主化参与程度；同时认为国内规划体系应在综合性、协调性、可持续性方面进行改进（肖红娟等，2009）。为保障规划编制的系统性、科学性和可操作性，再开发规划编制应遵循"政府主导、多方参与、规划协调、持续发展、科学评价"原则。

城镇建设用地再开发规划的编制程序分为3个阶段，即规划编制准备与组织阶段、规划编制工作阶段、规划审批和实施阶段。

5.2.3.1 准备与组织阶段

（1）明确编制任务并落实编制计划

各级人民政府负责组织编制再开发专项规划，具体工作由城镇建设用地再开发行政主管部门承担。规划编制前应组成再开发专项规划工作组，成立领导小组，组建编制组、技术协调组和重点项目科研组，分别负责规划的编写工作、技术联系与协调工作，开展城镇建设用地现状调查与评价、政策研究等。规划编制工作组成员，应涵盖城乡规划、土地规划、地理信息系统等相关专业不同学科背景；工作组成立后应及时制订相关规划编制的工作方案和技术方案，并明确人员分工。

（2）基础资料与现状调研

城镇存量低效建设用地现状基础资料收集与调研是编制城镇建设用地再开发专项规划的基础工作。需要通过文献研究、访谈、现场踏勘等多种方式，对区域社会、经济、自然、生态环境、文化内涵展开全面和细致的调研。调查研究突出以下两个方面。一是收集和掌握相关资料与文件，包括国家、省、市等不同级别的再开发相关政策法规，国民经济和社会发展规划、土地利用总体规划、城乡规划以及各类专项规划，土地利用现状数据库、遥感影像图、土地利用权属资料等建设用地利用相关资料，统计年鉴、文献资料、各行业发展用地需求、历史文化与传统风俗调查资料等。二是规范化整理，将调研成果形成基础资料汇编。

（3）拟定城镇建设用地再开发专项规划编制技术大纲

根据区域建设用地利用问题，确定规划重点，拟定技术大纲，经过论证和审定，作为规划编制的行动纲领，并报上一级管理部门批复，下达规划任务。

5.2.3.2 编制工作阶段

(1) 规划初步方案专题研究

根据资料收集处理和外业现场调查结果，采用数学方法和一定的评价标准，评估区域城镇建设用地利用现状质量、再开发潜力；综合分析区域社会经济发展现状趋势和战略目标，研究确定再开发战略目标和规划目标；研究各行业发展用地需求以及现状用地适宜性等，研究确定各类功能用地规模与空间布局。具体而言，初步方案主要涵盖以下 6 个方面。

①**目标和功能定位** 根据经济社会发展战略确定再开发目标。根据再开发目标、项目所处区位，合理定位再开发后的功能。

②**总体规模和布局研究** 根据再开发摸底调查成果，确定全市范围内再开发的总体用地布局，并分类明确各再开发类型用地布局、用地规模和土地用途。

③**土地利用强度控制** 综合分析经济状况、设施配套、交通运输、生态环境等影响城镇开发建设强度的主要因素，并进行多因子校核，合理确定各类型低效建设用地的容积率、建筑高度、建筑密度等开发强度控制要求。

④**配套设施和道路交通** 确定配套设施（包括公共设施和市政设施两大类）的规划布局和需配套的项目及规模。确定再开发地区的道路网络构成，明确交通站场设施的分布和控制要求，提出交通设施和步行街等行人专用系统的控制原则和管理规定。

⑤**文化遗产保护** 遵循原真性、完整性、可持续性原则，保护历史文化遗产。明确文化遗产保护的性质、目标，划分保护范围与建设控制地带，制定保护工程和技术要求，划分功能分区，限定利用功能。

⑥**实施机制** 就分期实施计划、资金概算与筹措计划、组织与机制保障、配套政策制定等，提出一系列具有较强操作性的实施对策。

(2) 规划初步方案征求意见

规划草案形成后，规划组织编制单位应当征求有关部门意见。除涉及国家机密外，规划组织编制单位应就规划草案听取公众特别是利益相关群体的意见。听取意见可以采取公布规划草案、召开座谈会、组织听证会等方式进行。

(3) 规划衔接

城镇建设用地再开发专项规划应依据现行的各类综合性规划编制，做好与发展规划、国土规划、城市规划三大规划体系之间的深度衔接，并与其他各行业部门的专项规划进行有效衔接，避免规划间相互脱节或矛盾。规划草案形成后，相关部门会同发改委、国土部门、规划部门、环保部门等进行规划衔接。涉及重大问题或重要事项，各部门应当召开联席会议进行研究，向人民政府提出相关建议。规划组织编制单位要按照"下级规划服从上级规划、专项规划服从本级总体规划、专项规划之间不得相互矛盾"的原则采纳有关意见，修改完善规划草案。未经衔接的规划草案，不得提请批准和公布实施。

（4）规划文本与数据库

根据资料分析、实地调查和前期规划研究成果，综合规划初步方案意见与规划衔接意见，最终形成城镇建设用地再开发专项规划文本和图件，并依据相关规范标准建立再开发专项规划数据库。

5.2.3.3 审批和实施阶段

城镇建设用地再开发专项规划在广泛征求意见并与其他规划充分衔接后，送规划编制工作领导小组办公室论证评审，规划编制工作领导小组办公室及时组织有关方面的专家、协调相关部门和有关单位召开规划论证评审专题会，并出具专家组书面论证报告。凡是未经论证评审或未通过的总体规划纲要和重点专项规划草案，不得提请批准和公布实施。

城镇建设用地再开发专项规划坚持分级审批制度，以保障再开发专项规划的严肃性和权威性。各级再开发专项规划由建设用地再开发机构负责审批，报各级人民政府备案。规划组织编制单位提请批准规划草案时，要同时提交编制说明、论证报告，以及法律法规规定的相关资料。

5.2.4 城镇建设用地再开发规划的主要内容

城镇建设用地再开发规划的基本内容是依据"多规合一"规划，在充分研究城镇存量低效建设用地的自然和生态、经济、社会和文化现状条件的基础上，合理确定城镇功能的空间布局，制定相应土地利用与建筑管理的规定和技术要求，提高城镇建设用地集约利用程度，并提出相应的再开发年度实施计划和实施机制。具体而言，主要包含以下内容。

①明确规划的范围和对象　依据《国土资源部关于印发开展城镇低效用地再开发试点指导意见的通知》(国土资发[2013]3号)，城镇低效用地是指城镇中布局散乱、利用粗放、用途不合理的存量建设用地。另外，国家产业政策规定的禁止类、淘汰类产业用地；不符合安全生产和环保要求的用地；"退二进三"产业用地；布局散乱、设施落后，规划确定改造的城镇、厂矿和城中村等符合土地利用总体规划的城镇存量建设用地，均可以作为再开发的对象。在实际规划编制过程中，需要结合地方的实际情况和现实需求，有针对性地将规划目标年份内重点需要解决的低效存量建设用地纳入再开发规划范围和对象。

②明确规划的目标任务　城镇建设用地再开发总体宏观目标在于：保护历史街区，传承历史文化；提高城镇建设用地利用的经济、社会、生态综合效益，提升城镇核心竞争力；拓展城镇发展空间，实现城镇可持续发展。再开发规划编制过程中，

需要结合地区城镇经济社会发展战略要求，以及已经纳入再开发范围的存量建设用地自身条件，将再开发的宏观目标进行分类别、分期限地具体化。针对不同再开发对象，依据其建设用地利用特征、区位条件等分别明确和量化再开发目标，并按照远期和近期时间段来分解和落实再开发目标。

③**明确再开发对象的功能定位** 城镇建设用地再开发专项规划，将城镇存量低效建设用地按照居住、公共管理与公共服务设施、商业服务业设施、工业、物流仓储、道路与交通设施、公用设施、绿地与广场、区域交通设施等主导用地功能进行规划引导。对不同类型的再开发对象，按照用地性质和开发强度研究确定综合整治改善型、功能提升改建型、文化保护更新型、产业升级新建型等再开发模式，并明确不同的功能定位。如对旧城区的再开发功能定位为更注重环境效益、社会效益，特别是文化效益，通过再开发改善居住环境，切实提升各类配套设施，积极增加绿化开敞空间，保护和传承城镇传统历史文化，发挥重要的城市职能及片区功能。对旧厂房的再开发功能则定位为发展高新技术、高附加值的特色产业基地和生产性现代服务业集群，从而促进产业调整和转型升级，提升城市形象，促进城市升级。

④**明确再开发的规模布局和控制强度** 依据各行业发展用地需求，合理预测不同功能用地的面积规模和结构比例。从全部区域未来规划出发，根据城市总体规划和土地利用总体规划等综合性规划的功能布局，结合城市发展变化与最新要求，重新分配与确定再开发地块的适用功能，从而优化再开发的空间布局。综合分析经济状况、设施配套、交通运输、生态环境、历史文化等影响城镇开发建设强度的主要因素，并进行多因子校核，合理明确各再开发项目用地的容积率、建设高度、建设密度等开发强度控制要求，以提高土地利用的效率。

⑤**明确再开发的时序安排和年度计划** 在各行政单元上报城镇建设用地再开发项目再开发时序意向的基础上，结合现状发展条件和项目所处区位的分析，依据再开发项目地块微观潜力评估结果，制定再开发启动时序计划。将规划期划分不同时间梯度，明确不同梯度内的再开发具体项目地块。近期规划重点推进全域中心区、重点产业片区、重点景观地区、重大基础设施建设区内，存在严重安全隐患、效益低下、对整体城镇面貌影响较大、具有较高提升价值的再开发工作；远期规划启动再开发潜力较小，实施能力较弱，再开发难度较大的再开发项目，待其条件成熟再进行局部再开发工作。同时，为有效控制再开发项目的用地规模、空间分布以及再开发愿景，推动区域再开发总体目标和各分类目标的顺利完成，编制再开发规划时，依据再开发时序安排制定再开发实施年度计划。

⑥**提出再开发规划实施的保障措施** 为加强城镇建设用地再开发规划实施控制，落实再开发目标，须从规划、财政、组织和协调制度保障等方面提出再开发规划实施的保障措施。各级行政单位需要依据上一级再开发规划，编制本级再开

发分区规划，细化再开发项目地块的控制要求。研究加强再开发财政扶持的政策措施，适度将再开发纳入相关领导和部门工作绩效的考核指标体系。

5.3 组织协调制度

5.3.1 组织协调的原则与依据

组织协调的原则和依据，是城镇建设用地再开发过程中协调利益关系、缓解再开发各环节矛盾、有效促进再开发有序开展的行为准则，需要从整体宏观把握、局部关键处理，同时要注意问题解决的时效性和社会公平性。组织协调需在相关法律规章制度下开展，依据明确的再开发权责体系，规范再开发各参与主体行为。

5.3.1.1 组织协调的原则

（1）全局性原则

基于整体的宏观视角，城镇建设用地再开发组织协调坚持全局性原则。再开发是一项系统工程，从前期的再开发调查评估、申请立项、项目审批、立项后备案或登记，到中期规划编制、权益调整、项目实施、开发建设，再到后期的项目验收、产权调整登记发证、项目资料的档案管理、项目后评价和项目后期管护等，各环节流程相互关联，环环相扣。参与的主体和利益相关方涉及政府机关部门、相关科研单位和技术单位、房地产开发商、社区业主，以及金融机构和投资企业、施工作业单位，此外还有农村集体经济组织、农户等，各利益相关方彼此影响，相互竞争。再开发目标多样，体现在再开发的经济、社会、生态效益和文化保护的综合性和全面性。因此，再开发组织协调必须基于全局性视角，统筹协调各主体、各环节、各目标之间的综合效果，实现再开发的可持续发展。

（2）及时性原则

基于事物动态变化的视角，城镇建设用地再开发组织协调坚持及时性原则。在再开发过程中，各环节的衔接程度、不同利益主体的主观诉求以及不同片区的发展战略和价值追求等都可能出现各种问题。问题最初出现时，只要稍加注意，一般用较少的时间和精力就可妥善解决，而若拖延、无视甚至掩盖问题，不及时协调解决，难免会积少成多、积小变大，甚至无法正常解决，积重难返。因此，再开发协调机构和组织必须时刻保持机动性，主动发现问题，直面问题，并及时解决问题。

（3）关键性原则

基于问题重要程度，城镇建设用地再开发组织协调应坚持关键性原则。关键性原则体现为以下两点。一是抓住再开发过程中重大和根本的问题。对于社会经济及生态环境、历史文化影响长远的重大问题，以小带大触发社会风险、存在潜力蔓延性且可能影响全局的问题，薄弱环节代表性的典型问题，以及根源性、群众意见大、反映强烈的问题等，都需要优先妥善解决。二是标本兼治解决问题。为有效避免类似问题的重复出现，再开发协调机构需在解决问题的同时，研究分析问题出现的内在机制和原因，从组织中人与物要素出发全面考察再开发过程中需要协调处理的依赖关系类型、结构及其来源，研究采用标准化、程序化等管理工具消除以人的不稳定行为为主的不确定性，优化再开发中物的要素关系，杜绝矛盾和冲突的发生。

（4）公正性原则

基于价值属性视角，城镇建设用地再开发组织协调坚持公正性原则。公平、公正是组织协调中需要维护的根本原则。公正性原则，要求再开发过程中做到利益分配公正性、程序公正性以及信息公正性。利益分配公正性，要求充分考虑各利益相关方的合理诉求，依照相关的法律规章制度合理分配再开发收益。程序公正性，是协调解决再开发过程中各种问题的依据，要求保障决策各方的发言权，并充分倾听各方意见，确保执行规则的一致性，遵守职业道德。信息公正性强调再开发过程中的信息公开，并提供应有的信息解释，保证各参与方和利益相关方的知情权。

5.3.1.2 组织协调的依据

（1）相关法律规章制度

城镇建设用地再开发组织协调行为需维持合法性，要求严格按照相关法律规章制度的规定来完成组织协调工作。各级再开发行政主管部门需要针对再开发过程中的敏感性、易发性、难解决的潜在问题，依据上一级再开发相关法律规章制度，结合地区实际情况制定本级行政范围内的指导性政策文件。如广东省为做好"三旧"改造试点工作，积极出台《关于推进"三旧"改进促进节约集约用地的若干意见》（粤府[2009]78号）《关于在"三旧"改造过程中加强预防职务犯罪工作的通知》（粤检会字[2010]2号）《关于在"三旧"改造中加强文化遗产保护的通知》（粤文物[2010]268号）等系列政策文件，相应地，广州、深圳、珠海、佛山等各地市也出台系列政策，这些政策文件成为再开发组织协调的合法性依据。

（2）明确的权责体系

为有效开展城镇建设用地再开发组织协调工作，需要利用各系统权责体系进行操作。明确的权责体系对再开发组织协调的指导性主要体现在两方面。一是对组织协调机构而言，权责体系中应明确划分职责、权利范围，赋予相关协调人员同等的权利，做到责任与权利一致，维持组织系统的正常运行。具体分析再开发过程中出现的问题，根据问题的属性、类别、严重性等由不同职权人员分类处理，提高组织协调效率。二是对再开发相关权利人而言，明确的权责体系能够降低矛盾和问题出现的几率，指导再开发各环节实施人员尽职尽责，减少摩擦，提高再开发的积极性、主动性和创造性。

5.3.2 利益相关者与参与主体界定

5.3.2.1 参与主体

从城镇建设用地再开发中规划设计的编制到再开发项目的实施管理，涉及的相关利益主体较多。其中参与的主体主要包括：

（1）政府

政府不仅是公共资源的掌控者，也是公共利益的代言人，在城镇建设用地再开发中扮演至关重要的角色。政府通常代表公共利益，明确以公众利益为基础的再开发目标，并通过公权力对再开发政策制定和再开发实施施加影响。此外，政府的介入也能够补充个人积极性的不足。在再开发过程中，通过政府赋予能力，可以使低收入者提高改善自身居住环境的水平，保持社区社会结构的延续，控制开发商破坏旧城区的程度，维持中小型经济活动，从而增加传统社区的活力，实现城镇经济、社会、环境的可持续发展。

在中国，政府对再开发发挥主导作用。从建设用地再开发政策制定、规划编制、方案设计到项目实施，主要由政府组织和相关行政主管部门负责具体组织、协调、监督全域再开发工作，委托规划设计机构编制规划、设计项目方案和方案论证，委托实施机构对项目进行实施、后期的维护及运营。

（2）开发商企业

作为城镇建设用地再开发的主体，追求利润最大化是开发商进行开发活动的内在动机和目标。开发商大多经济实力雄厚，能够筹措再开发所需资金，保证资金的连续供应，缓解政府的资金压力，使政府将更多的财政资金投入到配套基础设施和公共服务设施建设上，以此提高区域生态、社会和文化效益等。同时，开发商开发建设经验丰富，实施再开发工作较为专业，能够保证再开发区域的品质与档次。但是，开发商作为市场主导的参与主体，其参与再开发的主要出发点为获取经济利益，因而在开发建设过程中追求高容积率，忽视了再开发项目的社会和生态效益，因此需要政府进行监督和正确引导。

（3）业主（或被拆迁人）

原业主是城镇建设用地的实际利益主体，也是再开发主要的利益相关者。由于再开发过程中经常涉及房屋拆迁补偿、移民安置、规划方案实施、旧城维护与管理、土地征用等与原业主切身利益相关联的诸多方面，所以，原业主对再开发具有较高的参与积极性。

作为理性个体，原业主追求自身利益的最大化。其行为选择目的首先是对所生活的城市空间环境的利益诉求，包括提高住房质量、增加公共设施和改善生态环境等；其次是要求参与城市空间更新的权利诉求，包括获得相应的知情权、参与权和决策权等。城市长远利益和公共利益往往不是其主要考虑的内容（杨晓辉等，2013）。

5.3.2.2 其他利益相关者

（1）投资机构

城镇建设用地再开发投资机构主要是指通过为再开发注入专项资金并从中获取收益回报的企业、金融机构等。例如一些以房地产开发为核心，私募基金及独立投资人为助力，专注地产开发、城市更新等活动的投资机构，以及为再开发提供商业贷款的政策性金融机构等。

（2）社区

城镇建设用地再开发中的社区自治组织主要有社区管委会、街道居委会和村委会、农村集体经济组织等。社区自治组织参与再开发的目的是追求社区整体空间利益的最大化，集中分散的社区居民利益，并通过有效组织影响城市政府相关政策的制定与执行。由于公众本身具有无组织性、分散性的特点，为了使公众参与更规范，更有秩序，可以借助社区对公众进行宣传，告知公众参与的渠道和在再开发各阶段公众参与的主要内容（龙腾飞等，2008a）。

（3）非政府组织

非政府组织（Non-Governmental Organization，NGO）追求社会公益。虽然相对于西方的NGO而言，中国的NGO缺少一定的独立性和自主性，但可以利用其在全国各地的活动经验，为再开发在文化、环境和社区发展等领域提出指导性建议。这种建议由于有NGO的人力资源等支撑，更加专业和理性。此外，NGO在再开发中的重要功能是以公众的身份对再开发的全过程实施监督，使其在促进再开发中的民主化进程和推动城市社会、经济可持续发展上发挥巨大作用。

（4）专家学者

专家是特定政策或技术领域的专业人士，负责根据政府或委托方的要求就特定城镇建设用地再开发问题展开研究和论证，对即将做出的决策提供专业性咨询意见，或对规划部门已完成的政策/方案进行评估，就再开发专项规划设计内容、标准、方法、可行性等提出专业评估意见（孟芊，2014）。

（5）公众代言人

公众代言人是指由公众选举产生，代表公众利益的个人或团体。在实践中，公众代言人往往是由一些具有专业知识，受公众认可，具有一定能力的个人组成的团体。

（6）其他社会公众

再开发是一项社会性很强的工作，再开发过程中的外部性较强，再开发项目的社会、经济及生态效益对周边地区公众的生活、生产活动影响较大。

5.3.3 利益主体的权责划分

明确的权责体系划分，能够有效减少不同利益主体间的矛盾与摩擦，提高各参与方的主动性与积极性。不同再开发类型涉及的利益主体不同，相应的权责也不尽相同。本书依据第4章再开发内涵与外延的相关内容，总结和梳理近几年再开发的主要类型，如表5-2所示。

表5-2 城镇建设用地再开发几种主要类型

再开发类型	主要特征	再开发主要功能定位	相关利益主体
城市旧区改造	商业效应集中，建筑拥挤凌乱，住宅与公共空间相分隔，用地权属多元化	降低人口密度，扩大公共活动空间	地方政府、开发商、行业代表组织、社区组织、居民
历史街区更新	历史性建筑逐渐衰败，文化延续性丧失	延续历史街区的文化传承	地方政府、开发商、居民
城中村改造	公共设施不完善，社区治安问题严重，城市景观破碎化	增加公共服务设施，提高人居环境质量	地方政府、开发商、村集体、村民、流动人口
农村旧村居整治	建设分散，土地粗放浪费，市政设施严重不足，环境脏乱差	集约利用土地，增加公共服务设施，提高人居环境质量	地方政府、开发商、村集体、村民
棕地再开发	传统工业废弃用地的土壤污染问题导致环境质量下降	对工业遗迹进行适应性再利用，减少"棕地"污染	地方政府、企业业主、NGO组织、开发商
产业用地置换	开发强度小，生产效益低，功能布局混乱，旧厂房用地粗放	置换产业用地功能，提升土地使用效率、促进产业调整和转型升级	地方政府、企业业主、开发商

资料来源：(杨晓辉等，2013)

5.3.3.1 城市旧区改造

对于城镇旧区改造而言，城镇建设用地再开发目的主要在于改善居住空间，提升城市品质，恢复城镇发展经济活力。相关利益主体主要有地方政府、开发商、行业代表组织、社区组织和居民。其中作为城市土地的所有者，政府对城市土地具有绝对的控制权和处置权，且作为公共决策的控制者和公共服务的供给者，在再开发中发挥重要作用。作为再开发的实施主体，开发商主要以资本的投入换取利润回报。行业组织代表作用有限，一般以规划及政策制定的意见反馈形式参与再开发。作为城市土地的使用者，社区组织和居民是再开发影响最大的群体。

政府在城镇建设用地再开发过程中享有的权利主要有：再开发政策制定，再开发专项规划编制，获取再开发后城市经济环境和社会环境改善收益。相应的责任义务主要有：政府权力行使公开透明化，接受公众咨询与监督，解释和宣传相关政策，平衡不同利益集团间的利益分配，协调和监督再开发规划及项目实施。

开发商的权利主要有：地产开发获取投资回报。其责任义务主要有：投入再开发资本和技术，按时、按量、保质，且符合再开发详细规划设计地完成再开发项目。

行业组织代表的权利主要有：参与规划及相关政策制定的决策权，监督政府行为和再开发项目的实施。其责任义务主要有：合理提出本行业发展需求，争取城镇旧区改造中的行业发展机遇。

社区组织和居民的权利主要有：城镇建设用地再开发中的拆迁补偿和安置；部分土地用途变更产生的增值收益；监督政府行为和再开发项目实施的过程；参与规划方案制定和相关政策的决策。其责任义务主要有：在平衡私人利益与公共利益的基础上，合理表达自身利益诉求，积极配合再开发项目的实施。

5.3.3.2　历史街区更新

城镇中的历史街区，兼有保护和再开发的双重要求。历史街区中的历史地段和历史遗址，具有较高的历史文化价值，是城镇发展的记忆载体和文化内涵。因此，历史街区更新的主要目的在于改善物质条件，保护风俗传统和历史文化，延续和传承文化特色。作为公共利益的主要提供者，政府是历史街区更新的主导角色。开发商是再开发实施主体，在落实政府保护历史街区文化的同时获取利润回报。居民通过再开发后的社会、文化效益提升，获取旅游资源。

政府在历史街区更新中享有的权利主要有：历史文化保护性再开发政策制定，历史文化保护性再开发专项规划编制，获取再开发后文化保护效益和社会环境改善收益。相应的政府责任义务主要有：提供再开发专项资金，其他同5.3.3.1节相应内容。

开发商的权利同5.3.3.1节相应内容。其责任义务主要有：投入再开发资本和技术；落实历史文化保护性再开发详细规划设计。

居民的权利主要有：再开发中的拆迁补偿和安置；监督政府行为和再开发项目实施过程的权利；享受再开发后经济效益和社会效益。其责任义务主要有：保护历史街区风貌，积极配合再开发项目实施。

5.3.3.3　城中村改造和农村旧村居整治

城中村是中国特殊的城乡二元体制下，城市外延扩张避开农村建设用地的结果。城中村被城市包围，却依然延续农村集体的治理体制：滞后于时代发展步伐、游离于现代城市治理之外、生活水平低下、生活环境恶劣。与普通的农村相比，城中村与农村旧村居的相同之处在于农村治理体制下的市政基础设施较为落后，公共基础设施贫乏。差别在于农村旧村居一般土地利用较为粗放，房屋建筑楼层低矮，建筑密度较低，而城中村因特殊的区位和低廉的生活成本承载大量外来人口，房屋建筑过于密集，生活空间狭小。因城中村和农村旧村居再开发涉及产权关系复杂，产权调整既包括土地所有权、宅基地使用权，还包括房屋出租部分的使用权等，为避免农村土地的非法经营与开发，在实际再开发过程中政府一般较少允许开发商直接参与再开发过程，而较多采用拍卖融资方式引入开发商资金。

政府在城中村改造和农村旧村居整治中享有的权利同 5.3.3.1 节相应内容。相应的政府的责任义务主要有：合理补偿和安置，保障村集体和村民利益；其他同 5.3.3.1 节相应内容。

开发商的权利与义务同 5.3.3.1 节相应内容。

村集体与村民的权利主要有：再开发中的拆迁补偿和安置；部分土地用途变更产生的增值收益；监督政府行为和再开发项目实施的过程；参与规划方案制定和相关政策的决策。其责任义务主要有：在平衡私人利益与公共利益的基础上，合理表达自身利益诉求，积极配合再开发项目实施，为再开发提供部分专项资金。

5.3.3.4 棕地再开发与产业用地置换

棕地再开发与产业用地置换，本质上都属于产业用地的再开发。棕地再开发更加侧重于污染用地的治理，以及闲置或低效用地的更新改造。产业用地置换，主要指围绕产业结构调整和转型升级、城市形象提升和功能完善等要求，对市区"退二进三"产业用地以及城乡规划确定不再作为工业用途的厂房用地的功能置换。棕地再开发与产业用地置换中，相关的参与主体主要有政府、企业业主和开发商，其他如非政府组织、当地居民直接参与再开发过程的力量有限。

政府在棕地再开发与产业用地置换中享有的权利主要有：再开发政策制定，再开发专项规划编制，以及再开发后的经济、社会、生态综合利益；其他同 5.3.3.1 节相应内容。相应的政府的责任义务主要有：落实和加强生态修复；其他同 5.3.3.1 节相应内容。

开发商的权利与义务同 5.3.3.1 节相应内容。

企业业主权利主要有：再开发中的土地置换，部分土地用途变更产生的增值收益，监督政府行为和再开发项目实施过程的权利，参与规划方案制定和相关政策决策的权利。其责任义务主要有：积极配合再开发项目实施，为再开发提供部分专项资金。

5.3.4 组织协调机构与职能

为更好地解决城镇建设用地再开发中遇到的各种问题，可组建由各相关方代表组成的临时组织机构——组织协调机构。组织协调机构从再开发项目的确认和可行性研究阶段开始设立，直到项目完成移交后再撤销，也可以根据项目的需要推迟撤销。组织协调机构职能包含3个方面。第一，解决和协调再开发项目全过程中遇到的相关问题；第二，监督各方义务履行情况；第三，协调各相关方的利益分配。

为保证该临时机构的权威性，应依据机构职能决定机构成员的组成。各相关方代表主要是部门和公司的领导，或社区和组织的公众代表。例如，政府部门、投资公司或金融机构、开发商等相关方代表主要是由该部门或组织的领导构成，社区代表是由相关业主选举或推荐的技术能力较强者担任，规划设计部门代表是直接参与再开发项目的规划者或设计者等。该机构与各相关方的关系如图 5-2 所示。

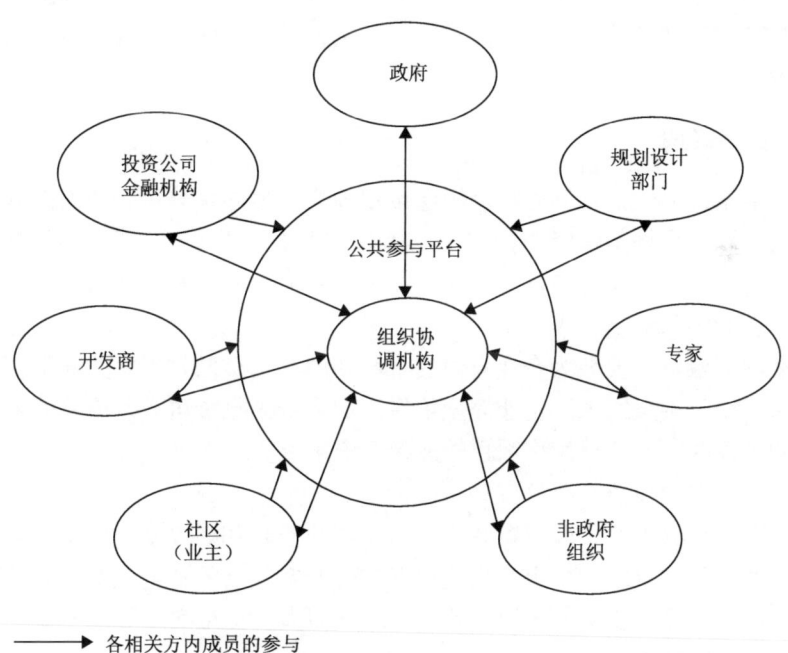

⟶ 各相关方内成员的参与

⟷ 各相关方代表传达或反馈信息

图 5-2 组织协调机构与各相关方的关系

为保证相关方个体的知情权和参与权，每个成员可通过公共参与平台了解和参与具体实施的再开发项目。同时，各相关方的意见和反馈信息主要由组织协调机构中该方的成员来传达和反馈。另外，为维护产权人的利益，社区代表的人数在组织协调机构中要占有一定的比重。

各方代表的权利与义务有以下 3 点：汇总各方意见和建议，并向组织协调机构反应各方的意见；及时汇报各方义务履行和任务完成情况；传达组织协调机构的意见和信息。

5.4 融资制度

城镇建设用地再开发过程中不可避免要面临一系列问题。其中，资金问题尤为突出。根据中国再开发的实践情况，再开发融资渠道主要分为政府财政投资、企业内部融资和银行贷款、股权、债券等传统的融资渠道（陈小祥等，2012）。由于再开发要兼顾景观环境建设、历史文化保护、城中村改造、旧城更新等内容，资金平衡问题更为突出。因此，按照"政府主导、市场运作、多方参与、互利共赢"的原则，应创新融资渠道和方式，重视发挥市场机制作用，充分调动企业和居民的积极性，动员社会力量广泛参与再开发，并为此研究和制定一系列相应制度和政策。

5.4.1 融资渠道

从资金来源的主体不同可将城镇建设用地再开发融资分为企业内部融资、政府财政投资和市场外部融资 3 种方式。其中，市场外部融资主要有银行贷款、再开发专业银行、再开发专项基金、再开发投资基金和 PPP 模式等。

（1）企业内部融资

企业内部融资主要分为企业自由资金和新股东资金两种形式的融资。由于再开发项目需要的资金巨大，企业完全依靠内部融资来投资再开发项目的可能性不大。因此，该融资方式可用作项目的前期投资来源。

（2）政府财政投资

政府财政投资主要是政府财政支持，指财政拨款和财政专项资金等形式。再开发中涉及的基础设施、历史文化建筑保护等开发项目的资金主要来源于政府财政投资。但是，这种投资方式导致政府财政压力大，很难实现资金平衡。

（3）市场外部融资

①**银行贷款**　银行贷款主要是指房地产开发企业在进行房地产开发项目中向银行申请的抵押贷款，在申请开发贷款时一般均需提供《建设工程规划许可证》《建设用地规划许可证》《建筑工程施工许可证》和《土地使用权出让合同书》（简称"三证一书"）。然而，再开发项目在运作开端的拆迁往往就面临巨大的资金需求，普通房地产开发企业很难承担。因此，以土地使用权和在建工程抵押担保发放贷款的传统银行贷款方式会使再开发项目受到一定限制。能否通过再开

发主管部门以及相关政府机构出具的改造主体确认文件和专项规划批复作为银行贷款的凭证，有待银行监督机构指明政策方向。

②**城镇建设用地再开发专业银行** 城镇建设用地再开发专业银行本质上是一种政策性金融机构，是为实施再开发政策，筹集资金搞好城镇建设、土地管理、房地产市场而设立的专门金融机构，主要负责再开发的贷款融资业务。再开发专业银行可由各地方政府的财政管理部门、规划国土主管部门、住房建设主管部门等出面筹建。资金主要来源一是合作储蓄业务，如通过吸收单位和个人的各类存款、开办购房专项存款、地产基金等业务；二是发行再开发项目股票或债券。

③**城镇建设用地再开发专项基金** 城镇建设用地再开发专项基金由市区政府支持，主要从城市维护建设税、城镇公用事业附加费、城市基础设施配套费、土地出让收入等渠道中，安排一定比例专项资金用于再开发。再开发专项资金可用于存量土地储备与整合，可对再开发给予贷款贴息等。

④**城镇建设用地再开发投资基金** 城镇建设用地再开发投资基金由政府投入部分专项基金发起，鼓励国内大型房地产开发企业和知名的基金公司共同设立，同时，积极鼓励和吸引民间资本参与。再开发投资基金是专门投资于再开发项目的大型投资基金，重点解决重大再开发项目的融资问题。

⑤**PPP模式** PPP模式（Public-Private-Partnership），通常译为"公共私营合作制"，是指政府与私人组织之间，为了合作建设城市基础设施项目，或是为了提供某种公共物品和服务，以特许权协议为基础，彼此间形成一种伙伴式的合作关系，并通过签署合同来明确双方的权利和义务，以确保合作的顺利完成，最终使合作各方达到比预期单独行动更为有利的结果。城镇建设用地再开发项目融资需要吸引实力强、信誉好的企业及社会力量参与，积极引入民间资本，拓宽融资渠道。PPP模式为再开发融资重点研究的融资模式。

5.4.2 融资模式构建

5.4.2.1 PPP典型融资模式

从上一节内容可知，再开发融资渠道很多，不同城镇和不同再开发项目可以选用合适的融资方式。

PPP典型融资模式的设计：政府对再开发项目应具备完整的政策框架、目标和实施策略，指导和约束项目建设和运营过程中参与各方的行为。融资组织协调机构尽可能使参与各方在项目进行中达到预定目标。这种模式最显著的特点就是政府与项目的投资者和经营者之间的相互协调及其在项目建设中发挥的作用（图5-3）。

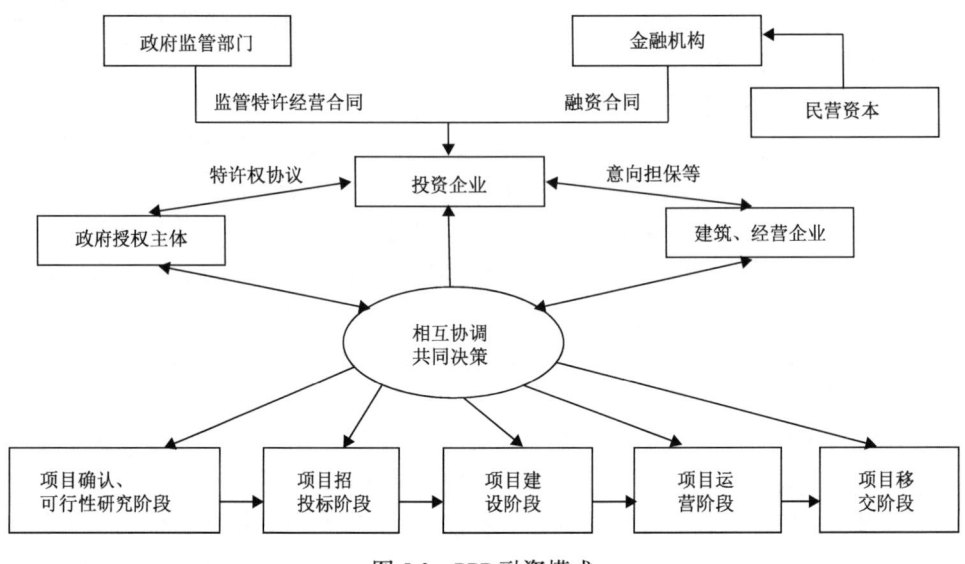

图 5-3 PPP 融资模式

5.4.2.2 成功运作 PPP 融资模式的必要条件

(1) 政府部门的有力支持

在 PPP 模式中，政府的总体角色和责任是为大众提供最优质的公共设施和服务。在任何情况下，政府都应从保护和促进公共利益的立场出发，负责项目的总体策划，组织招标，理顺各参与机构间的权限和关系，降低项目总体风险。

(2) 健全的法律法规制度

PPP 项目的运作，需要在法律层面明确界定政府部门与企业部门在项目中需要承担的责任、义务和风险，保护双方利益。在 PPP 模式下，项目设计、融资、运营、管理和维护等各阶段都可采纳公共私营合作（PPP），通过完善的法律法规有效约束参与双方，最大限度发挥优势和弥补不足。

(3) 专业化机构和人才的支持

PPP 模式的运作，广泛采用项目特许经营权方式进行结构融资，需要比较复杂的法律、金融和财务等知识。一方面要求政策制定的参与方，参与制定规范化、标准化的 PPP 交易流程，确保项目运作的技术指导和相关政策的支持；另一方面需要专业化的中介机构提供具体专业化服务。

5.4.3 融资风险管理

《旧城改造项目融资模式研究》（齐建敏，2012）一文对旧城改造项目融资的风险类别、风险评估与风险分配与控制等进行了较为详细的论述。由于再开发的外延包括旧城改造，二者在融资过程中存在相似，因此，在参考该文的同时，本书结合再开发实践，在融资风险类别、融资风险识别与评估、融资风险控制等方面论述再开发融资风险管理。

5.4.3.1 融资风险类别

城镇建设用地再开发项目融资风险主要包含两大因素：再开发项目融资过程风险（非人为因素）和决策风险（主要为人为因素）。其中，融资过程风险主要来源于：再开发项目自身存在的风险、融资结构本身隐含的风险以及融资的环境和平台存在的风险。再开发项目融资决策风险，主要来源于政府工作人员徇私违规，融资决策失误，评估专家打分的主观性等因素。

（1）融资过程风险

融资过程风险，主要是受再开发项目自身特点、融资客观外在环境以及融资结构影响而存在的系统风险影响，一般难以避免。融资过程风险包含3类：再开发项目实施风险、融资结构风险和融资环境风险。

①城镇建设用地再开发项目实施风险

城镇建设用地再开发项目实施周期较长，从规划立项、房屋拆迁、建设施工到竣工验收等环节涉及的再开发主体多元，利益关系复杂，再开发模式多样，所以增加了再开发项目的风险可控性难度。具体而言，再开发项目实施风险包括两个方面。

突发性不可抗力风险。这类风险主要来源于极端自然灾害，如地震、海啸、泥石流等，以及突发性的战争、爆炸等意外事件。该类风险出现的可能性较低，但对再开发项目的影响巨大。

项目生产经营类风险。再开发项目的生产经营风险主要是指再开发项目施工过程中的建设风险。主要包括：再开发项目不能按时完工，从而增加再开发项目成本及资金使用成本；再开发建设过程中材料供应难以完全落实，从而延长再开发周期；再开发施工过程中的环境以及社会负的外部性，造成纠纷而影响再开发进程；以及其他一些再开发施工环节可能出现的风险。

②城镇建设用地再开发融资结构风险

融资结构，主要指再开发项目资金来源方式和来源主体多样化带来的不可控风险。再开发工程量较大，相应所需的资金量较大。此外，再开发项目利用其可以抵押贷款的特性取得大量非自有资金用于再开发项目，属于对外部资金依赖度较高的资金密集型项目。融资主体资质、经营状况、经营业绩、管理水平以及商业信誉等因素，都将为再开发项目融资带来相应的风险，而一旦资金链出现问题而断裂，将直接影响全部再开发项目的实施。

③融资环境风险

融资环境风险主要包括金融风险、政策风险以及市场风险。

金融风险。再开发资金量巨大，与金融行业密切相关。金融风险主要是指利率、汇率、通胀等因素带来的金融系统波动，从而造成再开发金融风险。利率的变化，主要通过影响商业贷款利息，来影响再开发项目的融资费用和成本，从而导致再开发延误工期。汇率项目的内部收益和股本回报等经济指标都是根据既定的汇率确定的，因此一旦汇率发生变动将会对再开发项目产生不利影响。通胀风险主要是通过影响再开发人力、材料等成本来影响再开发项目实施。

政策风险。法律制度的风险一般是指因项目所在地法律制度的变更或不完善而给项目带来的损失。一般影响再开发项目融资的法律制度包括国家的担保体制，融资税收制度，以及地方政府在再开发试点期间对再开发临时出台的一些鼓励或抑制性政策等。这些都是再开发项目的法律政策风险因素。

市场风险。市场价格、市场竞争和供求关系要素共同组成了再开发项目的市场风险。对于再开发项目而言，开发商的参与使得大多数再开发项目与房地产开发密切相关，其市场风险主要是指再开发地区房地产市场的供需状况，价格区位以及竞争激烈程度。公共设施及政府采购类项目的市场风险则主要涉及政府的需求。

（2）融资决策风险

在城镇建设用地再开发项目融资模式选择和资金管理的全部过程中，会面临一系列风险，尤其是政府主导的城市旧区改造、历史街区更新等再开发项目，往往会被政府部门视为提升政绩的途径而转为"面子工程"，出现工作人员徇私违规，融资决策失误，评估专家主观性打分等。这些因素都会造成再开发决策过程的风险，导致再开发项目融资模式和资金运作管理等决策失误，导致再开发项目经济、社会以及生态上的损失。

①政府部门相关人员违规操作

地方政府在再开发过程中掌握主要的信息源和主动权，政府部门在再开发项目的全部建设过程中拥有多重权利，其主导项目融资过程，确定项目融资结构，与再开发投资者和开发商间具有信息的不对称性。政府部门掌握再开发主导权利和信息优势，在决策的过程中可能存在违规操作，或者不规范的行为。

②风险评估专家小组人为误差

风险评估专家小组的评估结果也可能导致再开发项目融资模式选择的失误，从而影响再开发项目融资。客观来讲，融资评估小组成员的专业能力，专业领域以及评估角度和方法等因素都有可能造成评估出现失误。主观上看，评估组人员信誉水平、职业操守、道德水准等因素也可能导致融资选择失误。

③再开发项目各融资企业信息误差

在融资模式选择设计的过程中，对参与再开发项目各投资方的资金财务状况、信誉水平、所投资项目状况、发展状况等信息的掌握情况，会直接影响再开发项目融资模式设计,造成再开发项目融资风险。

5.4.3.2 融资风险识别与评估

(1) 风险识别

风险识别是指在建设用地再开发融资过程中,通过充分的资料和有效的方法,系统地、连续地识别和探测已经存在和潜在的风险事故,并分析风险事故发生的潜在原因。

风险识别的方法很多,不同方法的特征和适用环境各不相同。由于再开发自身项目周期长、开发环节多、利益关系复杂、参与主体多样等特点,再开发融资过程中可能面临的风险多样。因此,具体的风险识别过程,需要结合实际情况组合多种合适方法进行,以便在不同情境中全面识别再开发过程风险,从而有效降低风险发生后的损失。各种风险识别方法如表5-3所示。

表5-3 常见的几种风险识别方法

方法名称	特点	适用范围
因果分析	不易遗漏风险,但对管理者的经验依赖性较高且耗时	大型工程
流程分析法	强调根据不同的流程,对每一阶段和环节,逐个进行调查分析,找出风险存在的原因,耗时较大	技术及分技术风险
分解分析法	将大系统分解为具体的组成要素,从中分析可能存在的风险及潜在损失的威胁,工作量大,耗时长	不适用与大型工程
失误树分析法	可以全面形象的描述发现风险,但较大型的工程会发生遗漏	小型的经验较少的工程
核对表法	方法简单易识别风险,但是不易确定风险的难易	适用常见风险
头脑风暴法	思维跳跃度高,便于发现不常见、易忽视的新风险	较简单且目标确定性项目
专家调查表法	风险管理专家集思广益,风险事件准确性较高且风险易量化,耗时长,成本高	大型工程

资料来源:(齐建敏,2012)

(2) 风险评估

城镇建设用地再开发融资风险评估是在融资风险事件发生之前或期间,对再开发项目融资中财务风险、信用风险等造成的影响和可能损失进行量化评估。其主要目的在于综合评估再开发融资所面临的潜在威胁、融资结构的弱点、融资风险的影响,以及三者综合作用所带来风险的可能性。其主要任务包括:识别再开发融资过程和融资决策过程中面临的各种风险;评估各种融资风险出现的概率和可能带来的负面影响；确定再开发融资机构和项目组织承受风险的能力；确定风险消减和控制的优先等级；推荐风险消减对策。风险值评估的主要逻辑过程如图5-4所示。

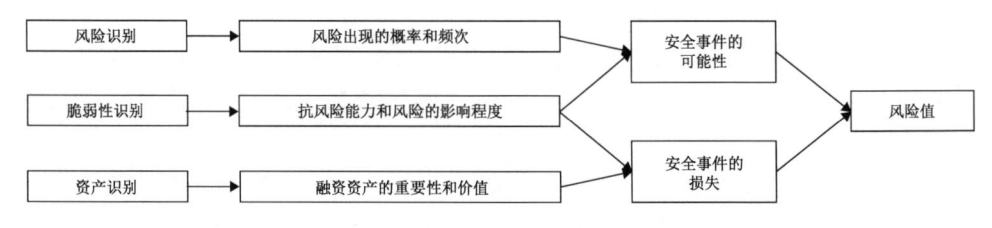

图 5-4　再开发融资风险评估逻辑过程

城镇建设用地再开发融资风险评估一般采用定性和定量相结合的方法，对识别并分类整理得到的风险分别运用相应方法进行大小和损失程度衡量和排序。对再开发融资的财务风险等可直接定量分析，通常采用层次分析方法、主成分方法、模糊评估法、人工神经网络法等评估融资风险。而对于其他如信用等不能直接进行定量分析的风险，一般采用德尔菲法、观察法、调查了解法、逻辑分析法、类似估计法等定性风险评估法，通过观察、调查与分析，并借助风险评估专家的经验、专业标准和判断能力定性评估再开发融资风险。对于再开发项目，由于项目周期较长，利益关系复杂，参与主体多样，再开发实施过程中随时可能出现新增风险，因此需要运用层次分析法及模糊统计方法对项目进行动态评价。

5.4.3.3　融资风险控制

由于全部城镇建设用地再开发项目的融资风险不单纯存在于融资阶段，在项目的全部运作周期中融资风险时刻影响着项目，因此针对再开发项目融资风险的控制，应实施运作周期全过程的风险控制。

（1）融资过程风险分配

①风险分配的原则

风险分配的目的在于尽量降低风险因素发生的概率和风险事件带来的损失。为合理分配再开发项目融资风险，需遵循以下原则。第一，风险分配与风险控制能力相匹配。不同风险的实际影响差距较大，需要结合各参与投资方的风险控制能力合理分配风险，以减小风险的潜在影响。第二，风险分配与投资收益回报对等。风险控制能力与投资主体的经济实力、成本投入等直接相关，承受风险相应要付出一定代价，因此承受风险需要附加与风险匹配的收益。第三，风险分配要依据投资主体的投资量合理公正分配。公正地分配风险可以促进各投资方理性和谨慎地实施再开发项目。第四，风险分配需具备上限控制原则。风险不是越大越好，要有上限限制，即为承受方风险控制和承受的能力。

②风险分配的影响因素

城镇建设用地再开发项目本身的特征。由于再开发项目的特征，使得私人部门和政府公共部门等各参与主体对风险均持非常谨慎的态度。

各融资方对项目融资风险分担的误区。再开发项目中，政府部门引入社会投资机构，其目的主要在于利用社会资金、管理和技术优势来弥补再开发过程中政府财政预算不足等问题，但政府部门通常错误地将再开发项目中的风险也一并转移到社会机构。而社会投资机构面对再开发项目较长合同期内的巨大风险，更乐意获得施工合同而不愿意经营基础设施（刘新平等，2006）。所谓风险分担不是尽量排除自己承担的风险，将风险推给其他合作伙伴，而是为风险寻找最有利、最有效的承担者。

各融资方的风险偏好和承担风险的意愿。不同的融资方对再开发项目融资风险的喜好受决策者主观意识和性格等因素影响会有所不同，因此各融资方追求利益与规避风险的限值存在差异。此外，融资方对风险类别、诱因、发生概率及潜在影响的认知程度，对风险的承担能力和管理能力等，都会影响其承担风险的选择。

③风险分配的逻辑过程

第一阶段，风险识别与分析过程。依据多种合适的风险识别方法，在不同情境中全面识别再开发过程的风险，并初步分析风险的发生概率以及风险发生时可能带来的影响和风险价值。依据风险分析的结果，初步判断风险是否在各融资方可承担的范围内。针对各融资方风险承担能力以及风险大小，可以初步决定风险是否需要进一步谈判与定量评估。

第二阶段，风险的分配过程。对于有风险承担意愿且有风险承担能力的融资方，可以根据风险大小和风险承担能力，设定相应的风险管理方案。当各融资方无主动承担风险意愿和独自承担风险能力时，需采取一定的风险量化方法以及谈判方式，设定相应的风险分配机制，将再开发融资风险按照上述风险分配原则进行分配。分配完成后，各融资方需要重新评估所分配的风险价值，并依据自身对风险的态度、风险处理能力等进行自我评估，综合提出风险补偿价格。如果风险补偿价格得到所有融资机构的同意，则各方进行相应的风险管理，反之则重新谈判，修改风险分配机制直至各方达成一致。

第三阶段，风险的跟踪和再分配。该阶段的主要任务是跟踪已分配的风险是否发生意料之外的变化或者出现未曾识别的风险，然后进行风险的再分配。如果出现了未识别的风险，或已经识别的风险发生了预料外的有害变化，则按照风险分配的过程重新组织分配。对于预料之外的"对称性风险"，即有益收益，则各融资方共同分享。

风险分配流程详见图5-5。

图 5-5 再开发融资过程风险分配

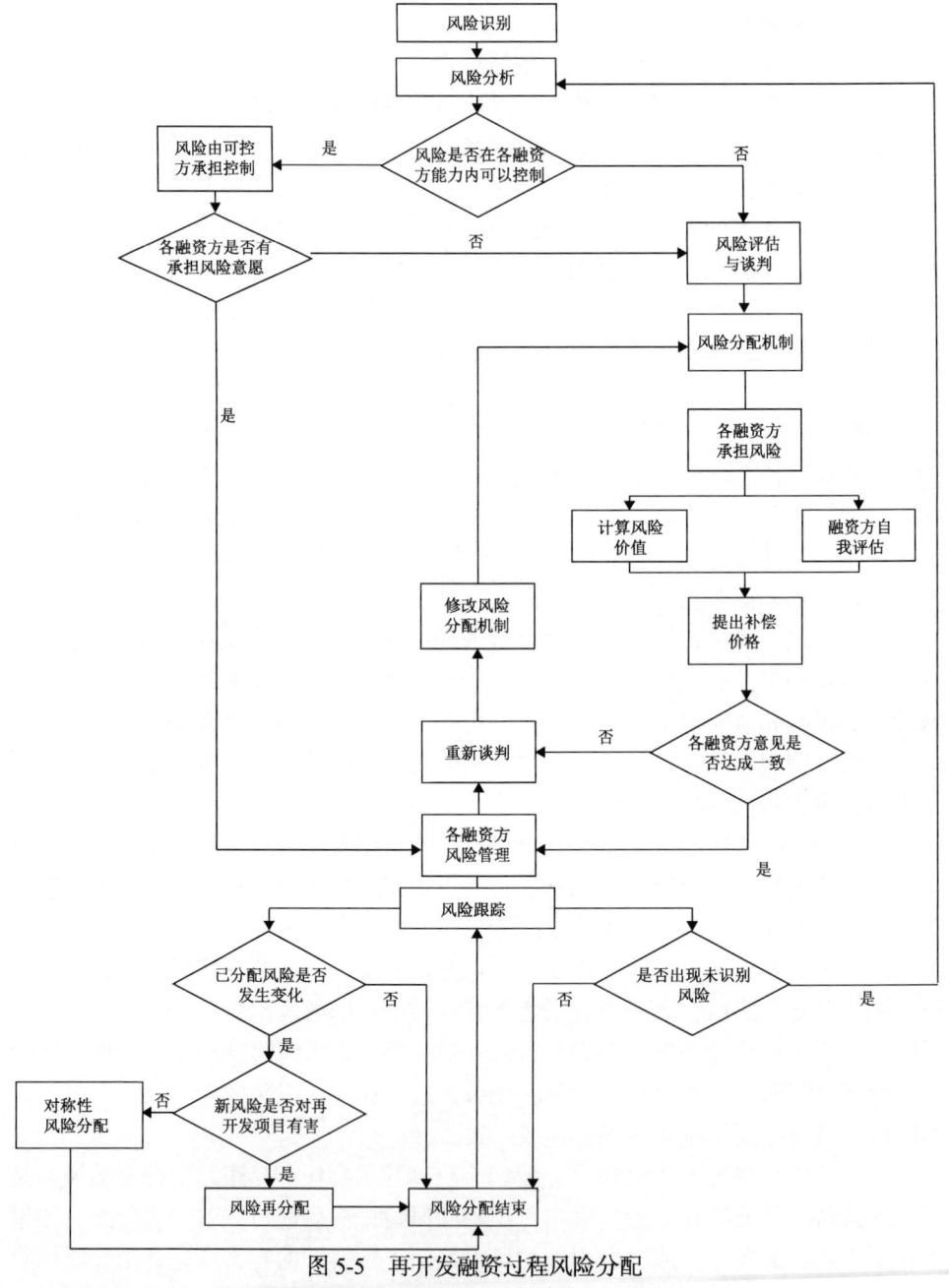

资料来源：（齐建敏，2012；刘新平等，2006）

(2) 融资决策风险控制

①完善融资机构市场信誉建设机制

融资机构的市场信誉，体现为相关投资企业诚实守信的状况。市场信誉度较高的再开发投资机构，一方面能够减少人为因素导致的融资决策风险，另一方面在面临融资风险时能够积极主动地承担和解决风险问题。因此，要依赖强大的数据库支持，建立相应的信誉评定机构和成熟的信息管理系统，从而完善融资机构市场信誉建设。各融资主体通过电子信息系统，能够全面了解各公司及其员工的信用记录等信息，依次提高各融资机构的敬业精神以及职业道德。依赖完善的信誉机制和信誉等级考评，约束相关再开发投资主体的行为规范，促使各部门工作人员按规矩依法完成全部再开发项目融资决策过程。

②完善融资机构市场准入机制

为加强城镇建设用地再开发融资风险管理，规范再开发融资机构行为秩序，应实行再开发融资机构市场准入制度。市场准入按照融资机构市场信誉、风险承担能力以及融资机构资金实力设定再开发融资机构准入等级，优先选择等级较高的融资机构参与再开发项目融资。政府部门应加强管控力度，制定相应的政策规定，设立并完善专业化融资准入等级评定机构，登记并颁发相应的等级资质证书。

③完善融资机构事后惩罚机制

加强城镇建设用地再开发融资管理立法，规范再开发融资主体行为规范，有效规避因再开发项目中各部门人员，包括投资者，开发商，以及政府部门相关人员投机、寻租等不当行为造成的再开发风险。完善融资机构风险发生的事后惩罚机制，立法追究再开发融资过程中的政府寻租、市场投机以及其他不当操作行为，对于其他参与者的违法行为要追究其经济责任，促使相关部门人员更加审慎所为并依法公正地履行职责。

5.4.4 资金管理制度

为加强城镇建设用地再开发资金管理，避免再开发专项资金使用风险，需研究制定资金管理办法、建立资金管理机构和资金监管机构等构建再开发资金管理制度。

①制定资金管理办法　　政府针对财政投资专项资金下发相关资金管理办法，对专项资金进行计划管理，规定专门部门负责监督管理。例如，深圳市为加强城中村（旧村）改造扶持资金的管理，提高该资金的使用效益，加强财政资金管理，制定《深圳市城中村（旧村）改造扶持资金管理暂行办法》（深府[2007]24号）；为规范深圳市盐田区城市更新专项资金的管理，提高盐田区城市更新专项资金的使用效益，推动城市更新工作顺利实施和财政专项资金管理的有关规定，制定《深圳市盐田区城市更新专项资金管理办法》。对于再开发项目专项资金也应制定相关办法，有效管理资金，提高资金使用效率。

②建立资金管理机构　　为避免城镇建设用地再开发融资资金的不当使用，加强融资资金规范管理，应由再开发行政主管单位设立专门的资金管理机构，遵循公开、公平、公正和绩效的原则，实行计划管理、专款专用、专项核算、追踪问

效制度，有效规范再开发融资资金的管理和使用。再开发融资资金管理机构，主要负责管理、调配再开发融资专项资金，编制再开发融资专项资金使用计划。

③设立资金监管机构 针对城镇建设用地再开发监督，再开发行政主管单位应设置资金监管处，对项目全过程的资金实施有效监督。再开发资金监管机构，应加强对再开发专项资金使用情况，以及在再开发过程中政府采购制度执行情况的监督检查，确保再开发专项资金的使用遵循"公平公正公开""专款专用"的原则。同时再开发资金监管机构应针对专项资金实施项目考核制度，对严格按照规定实施和管理项目，使用资金成效显著的再开发单位予以相应奖励。

在以上3项资金管理制度中，制定资金管理办法主要是对政府专项资金的使用设立规范准则，建立资金管理机构主要是规范再开发融资资金的运作管理和使用计划，而设立资金监管机构主要是审计和监督项目资金的使用情况。为更合理规范和管理项目资金，应建立系统、完善的再开发资金管理制度体系。

5.5 运作管理制度

城镇建设用地再开发项目的顺利实施需要一定的管理制度加以规范，为更好地推动再开发项目实施，本书以再开发项目的实施过程为对象，结合组织管理模式和应用模式在实践中的具体运作，以再开发项目运作视角构建再开发运作制度。根据再开发项目的运作过程，本书将再开发的运作管理分为前期、中期和后期管理，并根据不同阶段的不同任务进一步细化管理的制度建设（图5-6）。

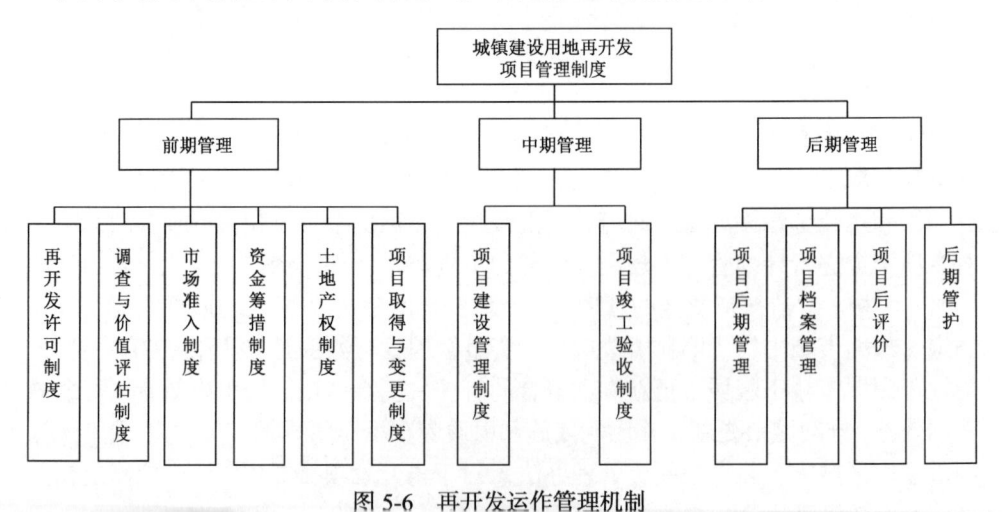

图5-6 再开发运作管理机制

5.5.1 城镇建设用地再开发项目前期管理

城镇建设用地再开发的前期管理主要包括再开发的准备与确定阶段，准备阶段主要是对原土地的情况调查,摸清土地的权属,调查土地的概况,确定土地的价值,同时筹措项目再开发资金,寻找项目工程的再开发企业和监理企业。再开发项目的确定是指政府依据一定的原则对再开发项目进行立项。该阶段主要涉及的管理制度包括再开发许可制度、调查与价值评估制度、市场准入制度、资金筹措制度、土地产权制度、项目取得与变更制度等。

5.5.1.1 城镇建设用地再开发许可制度

城镇建设用地再开发的许可制度应该包括申请立项、项目审批、立项后备案或登记制度。

申请立项。再开发项目必须列入年度再开发计划,向再开发管理机构申请立项,交验相关文件获得再开发许可证,进行再开发企业的招标准备。

项目审批。再开发项目审批是指按照规范的再开发标准,赋予不同级别的地方政府对申请人的再开发方案给予通过与否的评判权。一般而言,再开发管理机构是政府对再开发许可的授权机关,既可以根据土地整理区域面积数量,也可以依资金数额划分不同再开发管理机构的权限,同时为保证土地利用的总体平衡,面积或数额较大的再开发项目应报国家土地整理部门批准或备案。审批依据主要是城市规划、土地利用规划以及再开发规划,同时应尊重原土地产权主体的意愿。如果原土地产权主体一半以上反对再开发,则政府可暂缓执行,也可通过其他途径说服其执行。

立项后的备案或登记制度。再开发项目执行过程中涉及土地或房地产权属的调整,为了项目结束后土地权属调整有据可依,同时出于国家对再开发的宏观掌控,项目在立项后应向再开发管理部门备案,并在再开发相关部门进行登记。

5.5.1.2 调查与价值评估制度

调查包括再开发区域土地权属、社会、经济、环境等方面的资料,中国土地调查制度基本存有成熟的经验可供借鉴。再开发的价值评估包括再开发前和再开发后的价值评估,再开发估价应遵循公正、公平、公开的原则,按照国家规定的技术标准和评估流程,参考当地市场价格,做出合理的估价。

5.5.1.3 市场准入制度

为提高再开发的质量,规范再开发的秩序,应实行再开发市场准入制度。市场准入制度是指国家只允许符合一定条件的企业具备资格从事再开发,不同条件的企业从事不同范围的再开发项目。主要包括企业资质管理和资本金管理。

再开发公司实行分级资质审批的制度,即高级资质的审批权限收归省级以上政府,中低级资质的审批权限可授予不同级别的地方政府。同时,对再开发公司的资质实行升级制度和资质年检制度。

城镇建设用地再开发项目涉及资金数额巨大，国家与原产权主体财力有限，因此，资金筹措成为再开发的关键，参与再开发的企业必须具备一定经济实力以保证再开发的顺利进行。实行再开发资本金制度，规定再开发企业承揽项目必须具备一定比例的资本金是规范企业行为，防止再开发无序发展的有力保障。

5.5.1.4 资金筹措制度

城镇建设用地再开发的资金落实是再开发的中心环节，也是再开发顺利开展的重要保障。传统的财政拨款加银行贷款的模式在实践中存在许多问题。本着多方参与和谁受益谁付费的原则，借鉴境外再开发资金筹措成功经验，形成一个以市场为主导、政府为依托，多方参与，以地生财的资金筹措制度尤为重要。

市场应是城镇建设用地再开发的投资主体，再开发企业可通过商业银行抵押贷款、土地资产证券化的形式发行土地债券、股票、投资基金等。政府是再开发的依托，政府的投资形式可以是财政拨款、政策性信贷资金、再开发专项基金以及政府的优惠政策如税收减免、优惠利率等。多方参与是指参与再开发的投资者既包括政府、原土地产权主体，还包括再开发企业、其他投资企业，可通过利润分享方式与再开发企业共同进行再开发。以地生财是利用再开发未来的土地价值为抵押，投资再开发项目。

5.5.1.5 土地产权制度

土地产权制度是城镇土地市场运作、土地资源优化配置和城市发展的前提和基础。长期以来，中国实行的是无偿、无期限的行政划拨。土地制度改革后，中国实行了城镇土地所有权和使用权分离的有偿、有期限的土地出让制度。由于划拨与出让模式并存，此外还有体制原因，导致城镇土地产权体系有些混乱，主要表现在：中央与地方之间、政府部门之间的土地产权界线模糊；土地产权权能的细分模糊；多种形态的土地使用权权利界定不清，实际运作混乱；城市土地产权缺乏法律保障（聂华林等，2005）。

城镇土地产权制度是资金筹措和收益分配的基础，为理顺再开发产权，在再开发时进行权籍调查，同时要加强城镇土地产权制度研究，构建产权清晰、交易成本低廉、易流转、具备法律保障的产权体系。

5.5.1.6 项目取得与变更制度

城镇建设用地再开发项目需要根据相关法律规定招标，一般而言，既可以采取公开招标，也可以实施邀请招标的方式。中标后，投标企业应按照合同履行义务，按时完成中标项目。中标人不得向他人再转让中标项目，也不得将中标项目分解后分别向他人转让。

5.5.2 城镇建设用地再开发项目中期管理

城镇建设用地再开发中期是再开发企业取得再开发项目后，开始执行再开发方案到项目完工的过程。这一阶段也是项目工程的建设期，主要涉及的管理制度包括工程建设管理制度和项目验收管理制度。

5.5.2.1 工程建设管理制度

城镇建设用地再开发项目建设管理制度主要包括项目实施过程中的质量、进度、成本等控制管理制度。在市场经济条件下，政府不直接参与企业的经营行为，工程建设阶段的质量、进度、成本控制主要由再开发企业具体执行，由政府和公众监督。

质量控制管理。质量控制是指再开发管理中，以合同规定的质量目标或以国家标准、规范为目标所进行的监督与管理活动，包括决策、设计和施工阶段的质量控制。在施工阶段，主要指在施工过程中及时发现施工工艺规程是否满足设计要求和合同规定，对所选用的材料和设备进行质量评价、对全部施工过程中的质量进行评估，将取得的质量数据与国家有关规范、技术标准进行比较，并做出判断。

进度控制管理。进度控制是指以项目计划为依据，综合利用组织、技术、经济和合同等手段，对项目实施的时间节点进行把控。其主要内容包括：对项目建设总周期目标的论证与分析，编制项目工程进度计划，编制其他配套进度计划，监督施工进度计划的执行，施工现状的调研与分析等。

成本控制管理。成本控制是指再开发企业监督成本费用支出，降低工程造价。主要内容包括编制成本计划、审查施工组织设计和施工方案、控制工程款的动态结算、控制工程变更等。

5.5.2.2 项目竣工验收制度

城镇建设用地再开发项目验收是项目再开发过程的最后环节，是项目从投资实施到交付生产、运营的衔接转换，是项目投资建设成果转入生产使用的重要标志，是全面考核投资工作质量的关键环节。再开发项目竣工后，经验收合格才能交付使用。竣工后的再开发项目由再开发管理机构委托独立的第三方进行验收。竣工验收的内容包括项目计划任务完成情况、项目预算执行情况、工程建设质量、资金使用与管理情况、土地权属明晰、档案资料完整、工程管护措施完善情况等。验收合格的出具验收合格证书，不合格的及时向再开发治理机构反映，由治理机构责成再开发企业限期改进。

5.5.3 城镇建设用地再开发后期管理

城镇建设用地再开发项目通过竣工验收合格后，项目承担单位还要做好项目移交工作，完成项目终结。项目后期管理包括项目资料的档案管理、项目区土地的后期管理、项目后评价和项目后期管护。

项目资料档案管理。技术档案是再开发的重要组成部分，项目完成后要将每个工作环节的技术资料建档保存，为同类再开发项目提供一定的参考。

项目区建设用地的后期管理。土地交接后，土地使用者向土地管理部门申请地籍测量、绘制地籍图、办理土地产权证书，调整土地所有权、使用权、承包经营权以及其他权利，确保权属明确。及时进行变更登记，保证地籍资料的现势性和准确性，根据地籍管理的要求，对现状和权属发生变化的土地建立新的档案。

项目后评价。再开发项目完成后由再开发管理机构委托独立的第三方咨询机构进行项目后评价。评价过程中要坚持公正性和独立性，资料信息可靠，评价方法使用，可操作性、透明性和反馈性等原则。通过评价分析，找出项目成败的原因，总结经验教训，同时积极反馈信息，为未来类似项目决策提供参考依据。

项目后管护。项目后期管护措施可由项目所在地的国土资源管理部门制定，也可由项目区群众自行制定。但必须科学合理，得到项目区群众认可，确保项目能发挥最大的社会经济效益。再开发后期管护是防止国有资产和集体资产流失，确保再开发有效运行，发挥其社会经济效益的重要措施。

5.6 监督制度

城镇建设用地再开发监督机制的建立，参与主体多元、利益关系复杂、实施周期跨度大、涉及领域范围广。再开发要实现健全而高效率的运行，需要建立一套完善的全过程全方位监督制度，引入多层次监督主体，公开透明化监督过程，规范监督程序，创新监督方式方法，构建监督问责追究机制，从而提高监督的效果。

5.6.1 监督主体与类型

目前中国城镇建设用地再开发项目主要由政府成立相关机构或部门监督和考核再开发项目实施情况。由于再开发项目的复杂性，涉及的问题和矛盾突出，单纯依靠政府监督有失偏颇。为此，本书提出构建多层级、多角度不同监督机构共同监督的监督制度。

5.6.1.1 政府部门的层级监督、内部监督及项目整体监督

政府部门的监督，主要包含上下级行政主管部门相互监督的层级监督、同级主管部门的内部监督、主管部门对再开发项目的整体监督。为加强再开发的行政监督，需在各级再开发行政主管部门内部设立相应的权限独立的监督部门。监督部门运用政府的公共权力，对全部再开发项目实施过程中社会参与主体市场行为行使监督职能。为保障政府部门的内部监督功能，需实行再开发实施、管理、监

督的分离，避免出现各级行政主管部门既是"运动员"又是"裁判员"的现象。同时采取层级监督机制，通过上级监督主管部门对下级的行政监督，规范监督工作人员行为，提高监督工作人员的监督效果和效率；下级监督部门也同样可以监督上级部门，向上级监督部门提出批评和建议。

5.6.1.2 社会公众的外部监督

社会监督主要是由城镇建设用地再开发的公众参与组织机构、新闻媒体、社会舆论以及相关权利人和人民群众，实行对再开发政策执行、再开发规划实施、再开发项目施工、再开发利益分配等全程的监督。社会监督具有监督主体广泛、监督形式灵活、监督时效性强以及监督成本低等优势，是其他形式监督很好的补充。

要完善再开发信息公开制度以及群众意见反馈制度，从而提高社会公众外部监督的力度。信息公开，既要畅通信息通道，也要扩大群众知情权。要充分利用报纸、电视、网络等载体，及时发布应公开的内容，增加工作透明度，落实群众的知情权、参与权、选择权和民主监督权。尤其是关于拆迁安置、补偿等群众关注的焦点、热点问题，均坚持信息公开，拒绝暗箱操作，保证公平和公正（杨宇鹏，2009a）。意见反馈畅通，要通过完善举报、社会调查、申述、对话、意见征询、领导接待等制度，多渠道畅通群众监督意见的反馈通道，提高人民群众和社会组织的话语权。通过网站设置意见建议箱、电子信箱、公布监督电话以及接待群众来信来访等途径，广泛收集社会各界群众的意见建议；通过约谈、座谈会、情况通报会等形式，收集意见建议。意见建议收集后，相关监管部门按照相关要求和规定及时进行梳理分类，综合整理，并提出相应的整治措施和反馈结果。

5.6.1.3 第三方监督机构的专业监督

由于政府再开发行政主管部门和公众监督机构组织等都是再开发的利益相关方，在相互监督过程中很难避免矛盾和冲突，甚至出现不必要的诋毁和干扰，增加再开发监督的成本。为此，应引进第三方监督机构进行全过程全方位监督，弥补政府部门监督与社会公众监督的失效。

为正确有效地引入第三方监督机制，提高第三方监督机构的公信力，需从3个方面构建和完善第三方监督机构。第一，组建高素质监督队伍。再开发涉及领域广泛，要求第三方监督机构成员具备再开发所需要的规划、政策、项目施工、房地产评估等专业技术能力，必须经过相关专业培训和考试方可上岗。第二，提高监督公信力。第三方监督机构可以邀请社会公信力强的人大代表、政协委员、社区工作者和法律界人士参加，对再开发相关利益群体和相关管理部门进行监督，为维护相关主体合法权益提供咨询或帮助（方耀楣等，2010）。第三，规范监督程序。要求第三方监督机构在第一线和现场全面收集真实信息，科学合理地设置监督考核内容和标准，并针对监督结果加强与各参与主体的沟通与联系，提高监督结果的运用效果。

5.6.2 监督法律体系构建

构建完善的城镇建设用地再开发行政法规和政策制度，是确保再开发监督体系正常运行的重要保障。健全的再开发监督法律体系，既包括针对被监督对象的再开发监管法律依据，也包含针对监管者的再开发监督执法规范，可以指导监督部门和监督主体依法行政和操作，引导开发商、投资主体及业主等相关人员参与再开发，同时可为再开发监督主体及监督对象行为提供充足的政策依据。

在内容体系上，再开发行政法规和政策制度体系包括对再开发行政主管部门行政程序的规范，对政府部门工作人员在再开发实施过程中职能的规定，对开发商、投资机构等参与再开发过程的行为规范，对利益相关群体、建设用地使用者配合再开发的规范，以及不同主体间利益分配与组织协调的政策规定、公众参与再开发事务决策过程的规定等。从内容内涵上，再开发行政法规和政策制度需要对各行为主体参与再开发程序、方式、内容、权限以及权责义务、利益分配比例等事项做出具体、详细规定。如广州市在广东省政府《关于推进"三旧"改造促进节约集约用地的若干意见》（粤府[2009]78号）基础上，先后制定了加快推进"三旧"改造的工作意见、实施意见、"三旧"改造规划计划、土地出让金收缴使用、补偿安置标准、完善历史用地手续、城中村改造程序、城中村改造成本核算、简政放权、区域城中村统筹整体改造、旧厂房审批指引、改造方案编制指引、立案收件标准、廉政建设制度等方面一系列规范性文件，涵盖了项目改造方案的编制报送要求、立案条件、审批流程与规定、成本审核内容与标准、资金保障与监管、改造主体行为规范与监管、项目批后实施建设与监管程序等方面，基本确立了以"三旧"改造为主体的再开发政策体系。

5.6.3 监督手段与方式

为避免出现再开发监督主体不敢监督、不会监督、监督不处理等监督形式化、表面化的问题，创新监督手段和方式方法，并制定相应的政策规章制度加以保障和约束，是提高监督效果的重点。创新监督方式和方法可从3个方面入手。

第一，全面监督的同时对重点问题做专项调研。对再开发全过程的监督，要求出台相应的政策规定，多种监督方式的协同运用，同时注重监督方式的针对性和灵活性，实现再开发的全方位监督。此外，对社会关注、群众关心的补偿安置、基础设施建设等民生问题，以及再开发的社会热点、难点问题等开展专项调研，采用质询等"刚性"手段进行监督，提高专项问题监督的深度和力度。

第二，改进监督回查方式，建立督办落实机制。监督结果公布并形成处理意见后，专门成立监督处理意见督办小组，负责抓好督促落实。在督察督办过程中加强调研随访，针对新情况、新问题及时反馈，建立督办跟踪协调机制，使监督与被监督双方围绕推进再开发目标形成良性互动。

第三，运用信息化手段提高监督水平。加快再开发信息化建设，研制开发再开发网络公共服务平台。首先，将再开发项目规划计划、政策颁布与解释实施、投资机构参与申请认定、施工单位招投标，以及再开发项目实施进展等相关信息于网络服务平台公示，发挥网民的监督作用。其次，拓宽再开发监督信息沟通渠道，收集民众意见并及时处理反馈。最后，搭建再开发参与主体多方沟通平台，加强再开发数据库建设，实现政府部门、开发商、投资机构、业主等信息共享。

5.6.4 监督问责追究制度

依据制度经济学原理，城镇建设用地再开发实施主体的违规违法行为属于典型风险决策行为，即权力主体权衡各种利弊得失，决定是否实施腐败行为。同样，再开发监督主体在决策过程通过权衡违规的成本与收益来决定是否从事违规行为（杨宇鹏，2009b）。加强和落实监督结果的问责追究制度，能够发挥好监督问责的实际作用，形成有错必究、有责必问的责任追究机制，从而有效提高再开发违法违规行为的成本，减少被监督主体选择违规的概率。问责追究制度建立需要考虑以下4点（贺夏蓉，2014）。

第一，明确问责的情形。探索建立责任追究机制，注重具体性、操作性、实用性，各级监督主管部门要分解责任，层层追究，明确规定哪些情形要追究行政主管部门的责任，哪些情形要追究监督机构的监督责任，那些情形要追究社会参与主体的责任，哪些情形要追究共同责任，切实将软任务变成硬指标，做到失责必问责。

第二，规定问责的具体内容。针对不同情形、问题出现的严重程度等，明确相应的问责内容。各监督主体根据调查认定的事实、情节以及被监督对象的认错态度、悔改表现等，参照具体问责内容规定，对被监督对象相应做出责令公开道歉、停职检查、引咎辞职、责令辞职、免职、经济赔偿、教育等处罚。

第三，规范问责程序。从问责的启动、调查的展开，到处理意见的提出、研究，再到处理决定的形成、送达，以及问责对象的申诉渠道和程序等，都要在充分调研的基础上进行规范，实现问责常态化、制度化、规范化。

第四，用好问责结果。制定责任追究管理办法，建立责任分解、检查监督、倒查追究、结果运用的完整链条。凡经查实的问题，不管涉及什么人，都要坚决追究责任，杜绝下不为例和姑息迁就，形成良性的责任导向。

5.7 本章小结

城镇建设用地再开发具有涉及领域广泛、参与主体多元、利益关系复杂、资金量庞大、项目周期长、社会关注度较高、社会影响较大等特点,对技能专业化、政策创新化、程序规范化要求较高,因此需要针对再开发的这些特征,设计一套完整的制度以保障其实施的有效性、稳定性以及持续性等。本章在再开发的预备筹措、监督管理、项目实施等多个方面,探讨建立一套涵盖规划计划、组织协调、融资、运作管理以及监督的再开发制度体系。第一,中国实行土地用途管制制度,政府部门通过编制相应的规划,为合理分配和组织土地利用做出预先安排,并制订行为规则,因此规划具有典型的公共政策属性。再开发规划计划制度通过明确再开发规划体系、主要内容、规划编制要点、编制主体、编制程序来保障再开发规划的政策属性,为指导实施再开发项目提供制度性依据。第二,再开发参与的主体较多,利益关系较为复杂,需要有明确的组织协调制度以协调利益关系、缓解再开发各环节矛盾、有效促进再开发有序展开。因此本章从组织协调的原则依据、利益相关方界定及权责划分、组织协调机构与职能设定来构建再开发的组织协调制度,从而保证再开发实施过程的稳定和谐。第三,再开发所需资金量巨大,单纯依靠政府或业主资金投入难以有效推动大范围的再开发项目实施。因此本章通过构建再开发融资制度,从融资渠道、融资模式、融资风险管理以及融资资金管理等规范引导社会资金的投资使用,提高再开发资金使用绩效,为其提供动力支撑。第四,再开发项目实施周期较长,专业化依赖度较高。因此,本章根据再开发项目实施的阶段性过程,将再开发运作管理分为前期、中期和后期管理,并依据不同时期不同任务进一步细化管理的制度建设,以规范再开发运作程序。最后,任何制度在实际运作和执行过程中,都难免出现主观或客观性差错,为保障再开发全过程的持续性及制度运行的有效性,本章引入多层次监督主体,完善监督法律体系,创新监督方式方法,构建监督问责追究机制等建立一套完善的全过程全方位监督制度,对再开发实施环节、过程进行监视、督促和治理,发现问题及时调整解决,从而使再开发不断适应新形势、新阶段和新要求。

  再开发制度设计是再开发实施的前提。一套完善的再开发制度能够规范再开发各实施环节的操作程序,为再开发各主体行为提供法律依据,从而有效维护再开发实施的合理性与合法性。对再开发而言,各参与主体行为规范制度设计的法理基础在于产权,即不同主体利用建设用地或投资建设用地再利用等所引起的人们之间相互认可的行为关系。产权作为一种制度安排,在协调和规范人们争夺或利用稀缺建设用地资源的行为过程中具有极为重要的作用。因此,再开发中的产权调整与相应的收益分配既是再开发相关制度的结果,同时也是再开发制度设计的重要内在因素。本书下一章将重点分析再开发过程中相关产权调整与收益分配的理论与方法。

6 权籍调整和收益分配

制度设计是城镇建设用地再开发的前提条件和法律保障,权籍调整和收益分配是再开发的基础,是顺利实施再开发的关键。因此,设计合理的权籍调整和收益分配方案对实施再开发至关重要。本书引入土地发展权概念,设计基于土地发展权价值评估的再开发权籍调整和收益分配方案,以实现调整权籍,协调各参与主体利益关系,合理分配再开发增值收益,保障再开发顺利实施的目的。

6.1 土地发展权

土地发展权(Land Development Rights),又称土地开发权,最初源于采矿权,可与土地所有权分离而单独出售和支配。土地发展权的基本概念是发展(开发)土地的权利,是一种可与土地所有权分割而单独处分的财产权。再开发建设用地的权利实质也是一种土地发展权。城镇建设用地再开发的核心是土地发展权的重构。再开发导致土地用途或用地强度改变,由此产生的发展利益分配和权利归属越来越成为关注的焦点。作为一项重要的土地产权制度,土地发展权最早源于英国1947年颁布的《城乡规划法》,随后在美国、法国、德国等相继设置。尽管中国实际上存在大量的土地发展权问题,但目前仍无相关权利制度的设置。20世纪90年代以来,中国不少学者分别从法学、经济学等视角,在理论上做了大量研究。本书首先归纳梳理土地发展权的概念、由来、理论基础和法律制度,为进一步分析再开发的权籍调整和增值收益分配奠定基础。

6.1.1 土地发展权概念界定

土地发展权有狭义和广义之分。狭义土地发展权是土地所有权人将自己拥有的土地变更用途或在土地上兴建建筑改良物(包括建筑物与工事)而获利的权利;广义土地发展权涉及土地利用、再开发的用途转变和利用强度的提高而获利的权利(王永莉,2007)。如果仅涉及土地用途和性质或土地集约程度某一方面改变带来的权利,即是狭义的土地发展权;如果包括这两方面,则是广义的土地发展权。其中,广义的土地发展权是目前学术界的主流观点。归纳起来,土地发展权具有以下6个特征:第一,土地发展权的根本内容是变更土地用途的法定形态,即对应于《中华人民共和国城乡规划法》中土地用途分类的城市用地,而非适用于《土地利用总体规划》中土地用途分类的城市用地;第二,土地发展权是一种可与土地所有权相分离的独立财产权,具有财产权特性的土地发展权应具备平等性、自由性和可流通性；第三，发展权能恰当地反映土地所有权或使用权的行使范围，作为财产权利客体的土地，不但包括地表的陆地延伸，还包括向地表上下发展的空间；第四，土地发展权之权益具有预期性，该权益是关于未来土地利用的获利性；第五，土地发展权的主体具有多重性，土地发展权主体主要包括国家、集体经济组织和个人；第六，不同主体的土地发展权存续时间不同。在中国，国家、集体土地发展权具有永久性。个人土地发展权之产生缘于个人原来的土地使用权身份，故其存续时间应该与土地使用权的存续期间相吻合。

按土地发展权主体不同，可将其分为国家土地发展权、集体土地发展权和个人土地发展权；根据土地发展权的客体不同，可将其分为市地发展权、农地发展权和未利用地发展权。农地变更为非农用地的发展权或在农地使用性质不变的情况下扩大投入的发展权称之为农地发展权；在城镇建设用地上提高建筑密度、覆盖率或进行再开发的发展权称之为市地发展权；未利用土地变更为农用地或建设用地的发展权称之为未利用地发展权。本书所指的土地发展权属市地发展权，是指在城镇建设用地再开发中改变土地用途、性质和集约度的权利，其中改变的方式包括改变土地用途、改变土地容积率、选择土地再开发时间等。

土地增值收益源于城镇建设用地再开发中土地用途或土地利用强度的改变。其分配由土地发展权的归属和行使所决定。目前关于土地增值收益的争论，主要可归纳为两种观点。第一，单一主体论。该观点认为土地增值收益应当坚持"涨价归公"，城镇建设用地增值受城市周边环境的带动和影响，是全社会共同投资的结果，如果增值收益归集体土地所有者或土地使用者所有，将会对其他公众不公。第二，多元主体论。该观点认为土地增值收益的分配主体至少应该包含国家和农村集体。城镇国有建设用地应坚持"涨价归公"，但在处理集体土地如城中村的土地增值收益分配时，应尊重和保护集体土地产权人的权利。其主要理由为土地发展权是一种相对独立的物权，但这种物权是从土地所有权中分离出来的。中国的土地所有权分为国家所有和集体所有两种形式，前者的土地发展权归国家，后者的土地发展权若被国家从农村土地"产权束"中剥离出来，若由政府完全享有，则不太合理。农村集体既然拥有土地所有权，而且法律上国家所有和集体所有是平等的，那么集体对其所有土地也应拥有发展权，相应享有土地增值收益。

上述两种观点间的分歧主要集中在理论和制度两个层面。理论层面的争论主要围绕发展权的来源、归属和法律属性展开；制度层面的分歧则主要围绕如何建立合理的土地增值收益分配机制展开。理论与制度层面存在着内在联系，对土地发展权来源、归属和法律分析能有效指导再开发土地增值收益的分配。因此，要科学合理分配再开发的权益，首先需细致梳理土地发展权的由来和产生的历史过程；其次要从理论和法律视角研究土地发展权的理论基础和法律属性，并以此为基础，厘清土地发展权与土地增值收益间的关系，探讨再开发过程中土地发展权的合理配置，确定再开发中主要权益主体的利益分配比例。

6.1.2　土地发展权由来与产生

土地具有区别于一般商品的三大特性：资源的稀缺性、用途的多样性以及不同用途之间收益的差异性。同一地块作为商业用途的收益往往高于作为居住或工业用途，而用于商业、居住或工业的收益往往又会数倍于农业用途，这就必然导致土地不同用途间的冲突与竞争。在城镇化、工业化欠发达的社会，上述冲突与竞争并不明显，但随着城镇化不断发展，用地需求逐渐增加，土地用途间的竞争日趋激烈，如果不限制传统的土地所有权，那么作为理性"经济人"，农业用地的所有权人会倾向于将土地用于可为其带来更大收益的商业、居住或工业用途。但这种无限制的所有权行使会大量减少农业用地数量，人们基本生活资料很难得到充分保障，社会利益无法实现最大化，因而提出土地发展权以限制土地开发。

土地发展权最早缘起于英国，在张新平等人（2014）的研究成果基础上，本书归纳了土地发展权的4个主要阶段。

萌芽阶段：1909年英国制定了《住宅、城镇规划诸法》（Housing, Town Planning, etc. Act），首次通过立法方式启动全面的城市规划，并对土地发展进行立法限制。该法案规定："任何一块正在进行开发，或者准备进行房屋建设"的土地都必须符合住宅和城镇规划的要求。对已违反规划方案的建筑，政府均有权将之迁移、拆除或者实施改造，无论该建筑建于规划方案实施前还是实施后。城市规划法对土地发展的限制，对土地发展权的权益构成和性质造成了重大影响。在城市规划实施之前，土地发展权的价值主要受到土地自然条件、区位特征等因素的影响。而在规划控制制度下，被允许发展的土地价值因其他土地限制发展而得到额外增加，即土地发展价值发生了转移，即从被禁止发展的土地转移到了获许开发的土地上。因此，特定土地的发展权价值并非完全源自土地自身属性，而是蕴含了社会整体价值，这是后来英国推行土地发展权国有化的基点之一。

私有化阶段：按照1909年《住宅、城镇规划诸法》规定，任何人的财产受到规划方案的不利影响，都有权向地方政府请求赔偿。但是，对于处于规划方案启动编制到规划正式实施过渡时期内的新建或在建项目，如果与正式规划相悖，开发人无权要求赔偿。这种僵化的规划制度遭到许多土地开发者的反对。为解决这一问题，1922年制定的《城市规划法令》（Town Planning Order）提出实施过渡时期的开发控制（或称临时开发控制），建立了发展许可制度。这一法令规定，在规划方案编制和审查阶段，当地政府可以给予建设项目发展许可。如果获准开发的项目因与最终施行的规划方案不符而受到不利影响的，则由政府给以相应补偿。发展许可制度通过事后"迂回"补偿开发者的方式，在一定程度已将土地发展视为政府赋予开发者的一项权利。但是，未获得发展许可而开发的项目并未视为非法，开发人也无义务为开发项目事先取得许可，因此，土地发展权依然留在私人手中。

国有化阶段：1947年，英国为了加快战后重建工作，改善民众的生活居住环境并确保充分就业，实施了土地发展权国有化战略。英国政府首先通过1947年的《城乡规划法》将全国私有土地的发展权全部国有化，然后由政府通过城乡规划来决定土地如何开发利用，并由政府代表国家享有土地增值收益。此后，如果某块土地被政府征收，土地权利人只能按照土地现有的用途获得补偿，未来土地开发可能获得的收益则不予补偿。同时，基于发展权国有化的原则，因规划所导致的禁止开发不予补偿。至此，英国以往依靠私人约束土地的使用方式，在很大程度已被政府的管制所取代，土地发展权彻底从土地固有权利中剥离出来，成为一项国家公权力。为确保土地发展权国有化的顺利推进，英国政府并非彻底独占发展权，而是实施分享土地发展权，设立了一个3亿英镑的基金，用于向政府提出申请但被拒绝的土地所有人进行补偿。尽管如此，英国土地发展权国有化政策，特别是以"发展捐"（Development Charge）的名义全额征收土地增值收益的做法仍遭到各方强烈反对。

改进阶段：这种"土地发展权国有化"战略并未实现预期目标，反而伤害了公民的权利保障和社会经济发展。由于政府完全拿走开发土地的利润，人们丧失了开发土地的动力，土地市场出现萎缩，政府开始成为城市住房和城市更新的主体，但战后重建工作却进展缓慢。因此，1953年，英国政府在保留发展许可制度的同时废止"发展捐"，改以规划利得（Planning Gains）附加开发者相应的义务。英国先后在1967年和2010年针对土地发展价值分别尝试征收"改良捐"（Betterment Levy）和社区基础建设税，并通过引入规划义务的方式，由开发者在取得发展许可的同时，作为附带条件承担建设公共设施、经济住宅等基础设施的义务，从而将部分发展价值回归社会。可见，土地发展权的独立地位和社会分享观念并未发生根本变化，仅在价值分配的比例和方式上与1947年《城乡规划法》有所差异而已。

尽管土地发展权国有化政策在英国受到诸多批评，但将土地发展权从土地价值中分离出来，并根据社会利益施加限制和重新分配，不失为一种伟大创举，这为本书中再开发的增值收益分配提供了有益参考。

6.1.3　土地发展权理论基础与法律属性

6.1.3.1　土地发展权的理论基础

公平合理配置再开发土地发展权，首先需要在理论上厘清再开发过程中土地发展增益的来源。

许多著名的理论家均曾论述过土地发展增益。在中国，孙中山很早就从理论上论及土地发展增益的来源，并提出了相应的分配原则，这是其"平均地权"思想的重要组成部分。孙中山指出："地价高涨，是源于社会改良和工商进步。这种进步和改良的功劳，还是由众人的力量经营而来的；所以由这种改良和进步之后，所涨高的地价，应该归之大众，不应该归之私人所有。"英国经济学家约翰·穆勒早就主张："应对自然增加的地租课以特别税"，将土地自然增长的价值收归社会所有，即凡不是由于土地改良而增加的土地价值一律归公。美国经济学家亨利·乔治进一步深化这一思想，指出："土地的价值（或者经济学上的地租），如我们所知，完全不是劳动或者资本这种要素制造的，其表示的仅仅是占用土地得来的好处。土地价值不表示生产的报酬，它在任何情况下都不是占有土地者个人创造的，而是由社会发展创造的。"英国城市学家、"田园城市"运动创始人埃比尼泽·霍华德也指出："城乡之间最显著的差别可能莫过于使用土地所支付的租金。这种租金之间的巨大差别几乎完全是一处有大量人口，而另一处没有大量人口；由于这不能归功于某一个人的行动，它通常被称为自然增值，不应归于地主的增值，较为准确的名称应该是集体所得增值。"从上述经典的论述可知，土地发展增值具有社会属性。

　　土地增值包含自力增值和外力增值。自力增值是土地权利人因改善土地的物理、化学、地质性状，改善基础设施、增加附属物，所带来的土地增值。自力增值是土地权利人投资获得，应该由土地权利人享有。土地的外力增值则是非因土地权利人直接投资而获得的增值，它通常是由社会性投资产生的外部性结果。社会性投资包括交通、通讯、能源、环境、教育等基础设施的建设，商场、银行等工商业的发展，医院、学校等公共事业设施的健全。此外，土地用途改变带来的增值也属于外力增值。土地的外力增值基本上是国家、政府、公私单位长期投资积累、社会大众共同努力的结果，与土地权利人的努力关系甚微。外力增值对城镇建设用地的作用很大，而自力增值通常对城镇建设用地的作用微不足道（陈柏峰，2012）。

　　随着城镇化的发展，城市基础设施的完善，城镇土地产生巨大的增值收益。一般意义上，影响城镇土地发展增益的因素非常广泛，根据影响性质可涵盖投资因素、供求因素、用途因素、收益因素、土地本身因素；依据影响空间可包含一般因素（经济形势、政治稳定、城市规划、土地政策、人口与家庭状况等）、区域因素（繁华程度、区位因素、功能分区等）、个别因素（地块的形状、基础设施情况、规划制约等）。具体到再开发上，土地增值收益主要受区位及供求关系的影响：<u>土地区位</u>，主要与城市的繁华程度、城市规划相关；土地的供需关系，同时受土地供应量和需求量影响，主要与土地供应政策、城镇化率相关。

　　①**繁华程度**　一般来说，离城市中心距离越近，基础设施越完善，再开发的土地增值收益越大。城市越繁华，土地出让的价值越大，土地发展的增益越大。

　　②**城市规划**　在城市规划的功能分区原则下，不同用途的建设用地发展增益不同。商业用地可以分享更多的土地发展增益，居住用地次之，而用于公共服务和公共设施的建设用地则不能分享土地发展增益。

　　③<u>**土地供应政策**</u>　由于土地位置的不可移动性，城市内部可发展的用地空间小，

城镇内土地供应远小于土地需求，土地发展的增益较大。从政策上看，再开发政策决定了城镇内部土地供应量的大小，土地供应量越大，城镇建设用地的发展增益越大。

④**城镇化率** 城镇不能无限增长，在耕地保护政策和城市开发边界划定的背景下，城镇外延扩展的空间有限，城镇内涵式挖潜是未来土地利用的发展趋势。而城镇化水平越高，内部挖潜的空间越大，有更多的城镇建设用地可用于再开发，土地增值收益就越高。

在上述因素共同作用下，只有处于特殊位置的建设用地再开发，才能产生较高的发展增益。土地发展增益本质上源于社会发展，是社会大众共同努力的成果，却受诸多因素共同影响而聚集于一些地块之上。忽视土地发展增益的影响因素，就很难认清土地发展增益来源，可能会产生不合理的土地增益分配方案，导致分配不公，引发社会矛盾。

6.1.3.2 土地发展权的法律属性

土地发展权是土地发展增益分配格局的法律保障。由于土地发展增益源于全社会共同努力，因此设立土地发展权制度初衷应是实现土地发展增益的社会共享。如果土地发展增益源于土地所有权，那么主张将土地发展增益完全分配给土地所有权人就是合理的，但从法理上讲，土地发展权并非全部土地所有权的派生权利，所以上述观点值得商榷。

土地发展权派生论的立论基础是"所有权绝对"的观念。"所有权绝对"观念认为，土地是具有三维空间之物，地表上下能满足权利人需要的一定空间都是土地权利人的支配范围。依此观念，土地发展权被认为是从土地所有权中分离出来的一种物权，是通过土地利用的纵深扩展或用途变更来谋取更大发展增益的权利，它是土地所有权的派生权利。因此，土地所有权人理所当然拥有土地的发展权。

然而，即便避开土地发展增益来源，上述理论思路的说服力也非常有限。20世纪以来，所有权应当受到限制逐渐成为社会共识，并为各国立法所接受。土地所有权并非绝对，而是应受到明确限制，这首先体现在相邻关系中。《中华人民共和国物权法》就体现了对土地所有权的限制。其中第86条至第92条规定："土地所有权因相邻权利人用水、排水、通行等受到限制，因相邻权利人建造、修缮建筑物以及铺设电线、电缆、水管、暖气和燃气管线等而负有必要的义务，因相邻权利人的通风、采光、环境安全、不动产安全等而负有必要的义务。"

实际上，土地所有权不仅受私法限制，还普遍受公法限制。在中国，土地所有权至少受到包括土地管理法、环境保护法、耕地保护法、航空法、渔业法、矿产资源法、森林法、文物保护法、防洪法等的限制。公法中的土地规划、分区、用途管制等权利在性质上属于国家管制权，隶属于国家主权。土地规划、分区控制、用途管制、地方建筑准则、建筑从业许可等，都是国家在土地利用方面行使管制权的体现。管制权的实施不会给国家带来赔偿土地所有人价值损失的义务。土地发展权产生于国家管制权对土地开发利用的限制。若不限制土地利用，就难产生所谓土地发展权。古代土地利用相对自由而不受限制，到了近代，随着经济社会的快速发展，产生了历史古迹保护、耕地保护、环境保护、土地利用均衡等多种土地需求，加之不同用途土地之间的增益差异巨大，土地所有权人在经济利益刺激下，可能会主动侵占基本农田，破坏历史古迹和自然风景，追求经济利益更高的土地用途。这不利于社会经济效益的最大化，因而产生了土地分区规划和用途管制的需要。基于土地利用管制的需要，产生了土地发展权的概念和制度。

土地规划和用途管制会限制某些土地发展，限制所有权人对土地发展增益的分享，而反过来会增加另一些土地所能分享的发展增益。土地发展增益的多少与土地的自然属性无关，而与政府管制行为密切相关，政府的管制可以使社会发展的成果刚好集中于某些特性地块。土地发展权的初衷就是政府为了贯彻土地利用规划而干预土地发展增益分配，以平衡并重构土地利益结构。如果赋予土地无限发展权，则会导致土地规划、用途管制所造成的土地利益落差缺乏平衡补救机制。因此土地发展权与国家管制的限制相伴而生，它力图平衡和解决土地发展增益的分配，以促进土地资源合理有效利用。

城镇建设用地再开发也受国家管制，包括城市规划规定土地用途、建筑高度和容积率、土地规划规定用地指标等多方面。中国城市土地归国家所有，农村土地归集体所有。城市土地经审批后可以开发建设，而集体土地要用于非农建设，需要通过征收转变为国有建设用地。在国家管制权的作用下，中国法律并未言明土地发展权，却近乎采取了土地发展权的国有模式。这意味着，农村集体土地所有权与发展权是分离的。英国、美国等国家的经验也表明，土地发展权可以与土地所有权分离，土地发展增益的独立性受到普遍承认。因此土地发展权是独立于土地所有权的调整土地发展增益的有效手段。随着再开发的逐渐推进，其过程中巨大增益的合理分配成为进一步推进再开发的关键。而运用土地发展权的形式调整再开发增益的呼声越来越高。本书将进一步探讨在再开发中如何运用土地发展权合理分配土地发展增益。

6.1.4 再开发过程与土地发展权配置

城镇建设用地再开发的土地增益分配困境在于：首先，城镇土地收益难以分割，虽然理论上可以分析土地价格的构成要素，但实践中土地价格表现为综合的市场价格，难以分解不同增益形式实现对等分配；其次是土地增益与产权保护的矛盾。从产权保护的视角，产权人拥有土地的占有、使用、处分和收益权利，但从外部性视角看，政府有权对土地用途进行管制，并将由外部性导致的土地增益归公，避免土地权利人对土地增益的不劳而获。总体而言，土地发展权的设置和归属仍存在较大争议，但基本的分配原则是土地发展权既不能完全归公，也不能完全归私，而应在公有和私有间取得合理平衡。基于此，本书将进一步探讨基于土地发展权的再开发土地增益分配。

社会主义市场经济条件下的财富分配机制包括初次分配和二次分配。初次分配兼顾效率和公平，以尊重和保护产权为基础，主要通过自由的市场交易完成；二次分配更加注重公平，主要通过政府调控如征税、提供公共服务等形式完成。土地增益也属于一种社会财富，因此可以适当参考这种分配机制。

①初次分配　在城镇建设用地再开发土地增益的初次分配中，政府应当尊重和承认土地权利人的土地发展权，保护公民基于土地所有权和发展权获得相应土地增益的权利。在征收土地时，应该公平补偿被征收人。所谓公平补偿，目前普遍认为按照"市场价格"补偿被征地人是最为公平的，因为市场价格是当事人在同意进行交易的前提下，通过讨价还价、谈判协商而形成的价格。但这种价格并非市场最高价，而是同一片区的中间价格或均衡价格，也不是补偿的完全价格，因为被征收人的其他补偿（如被征收人对不动产的感情、就业、预期利益等）并未包含在其中（程雪阳，2014）。

②二次分配　在城镇建设用地再开发土地增益初次分配过程中按照市场价格公平补偿被征收人，并不意味着所有的土地增益都应归土地权利人享有。从前述可知，第一，土地的增益容易受社会因素的影响。土地增益至少包含：土地的自然属性（如区位、土壤、地质等）、土地权利人的改良（增加附属物、修路等）以及社会因素带来的增值（如人口增值、城市规划、城市化、土地政策等）。而社会因素带来的增值是土地增益的主要部分。第二，土地所有权要受来自国家、社会和其他权利人基于公法（如用途管制）或者私法（如地役权）的限制。其中既包括对土地利用方式或者土地权利行使方式的限制，也包括对土地收益权的限制。然而，即便是承认上述两点，采用土地发展权国有化的模式往往使被征收人产生被剥夺感，出现抵触情绪。事实上，在土地征收的过程中，应采用"市场价格补偿+合理征税"的方式实现土地发展权增益归公的目标。与发展权国有化模式相比，税收模式具有比较明显的优势，因其更具有民主正当性，更符合比例原则，也更有利于国家治理现代化的实现。税收模式不仅有助于达成土地增益社会返还目标，最小化公民权利受侵害程度，而且可有效平衡国家与公民利益。

6.2　土地权属调整

城镇建设用地再开发实施过程复杂，投资巨大，社会影响大，其中，产权调整最易引起矛盾。房地产产权调整，需重构再开发范围内不同利益主体，如国有土地使用人、房屋所有权人、政府以及开发商间的利益。产权调整是城市土地资源在各部门和个体间的重新配置。本书首先系统梳理再开发土地权属调整的概念、法律与制度基础、权属调整的利益公平与交易成本，进而提出产权调整的原则依据、方式方法及程序，为再开发的顺利推进提供一定参考。

6.2.1 土地权属调整的概念界定

权属调整主要是城镇建设用地再开发范围内的土地和房地产产权调整，涉及土地所有权、土地使用权、土地租赁权、房屋所有权等权利，也包含国家、政府、农村集体经济组织、土地使用者等多个权利主体。再开发所引起的产权调整，既可从物权视角考察房地产产权的支配关系，也可从产权视角考察房地产产权调整带来的经济利益变动。从物权的表现形式上看，产权调整是权利归属的变更，即产权人主体和房屋相关事项的变更登记；从产权的角度看，产权调整是土地价值再分配的过程，是相关者利益的再分配。任何一个再开发项目，必然要对项目内的土地权利进行重新调整，包括征收、合并、分割、置换、出让等，重新分配的结果是土地权利中占有、使用、收益和处分等各项权能的变化。综上所述，产权调整是指在再开发中由于土地重新规划和房地产重建而使得开发前后土地产权归属发生变化的行为，包括土地产权主体调整和作为再开发客体相关权利的调整。

6.2.1.1 产权主体调整

城镇建设用地再开发前的产权主体为政府、集体和原业主，其中政府和集体拥有土地的所有权，业主拥有土地的使用权、抵押权、租赁权、地役权、相邻权等其他权利。再开发后，原土地产权人通过变更用途和提高容积率发展和变更土地产权。再开发后土地产权主体为政府、集体、原业主（原土地产权人）和新业主（新土地产权人）。其中，再开发后部分集体所有的土地转为国有，例如，由于公共利益的需要，将集体土地征为国有，可能使得某村集体的权利主体转变为政府；另外，大部分业主原地安置，也有部分业主迁出开发区域，使得原业主减少。再开发中产权与产权主体变化如图 6-1 所示。

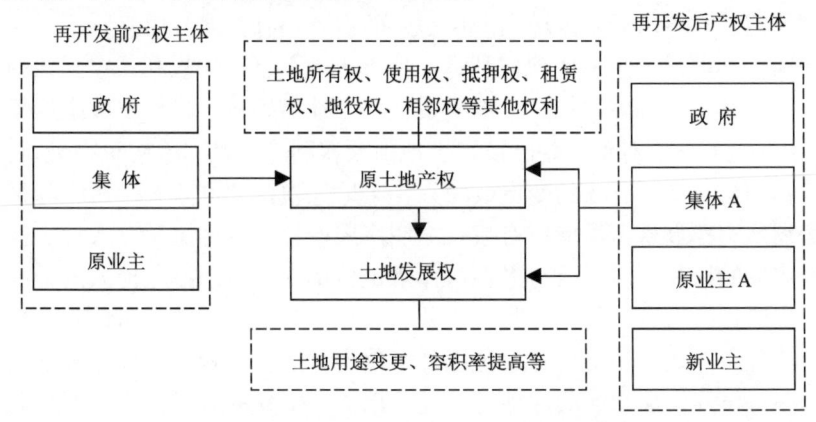

图 6-1 再开发产权与产权主体调整

6.2.1.2 相关权利调整

本书在连子康（2007）的研究基础上归纳了4种常见的产权调整类型：土地所有权调整、土地使用权调整、土地他项权利调整和房屋所有权调整。

①**土地所有权调整**　根据《中华人民共和国宪法》和《中华人民共和国物权法》的规定，土地所有权分为国家所有权和集体所有权。在再开发中，所有权的调整则分为国有土地所有权与集体土地所有权调整、集体与集体间土地所有权调整。再开发的对象既包括城镇内的国有土地，也包含城镇内及城乡边缘区的农村集体土地。若再开发在集体土地范围内实施，则首先要征收集体土地，进行市政基础设施和公共设施建设，划分地块，将农用地转为可使用的建设用地，并将国有土地使用权分配给土地使用者。在产权方面发生二次转移：土地所有权由农村集体土地所有权登记为国有土地所有权、政府将国有土地使用权登记给土地使用者。集体土地所有权之间的权属调整内容主要涉及"插花地"与"飞地"。对于"插花地"再开发后的权属问题，由土地管理部门出面协调，所有权双方协商，用明显地物标明双方的界线，按等量原则置换插花地带，并签订换地协议。对于"飞地"的权属调整，可以由土地管理部门出面协调，飞出方与飞入方间进行协商，由飞入方给飞出方相邻边界上等质等量的土地进行交换，并重新办理土地登记（张延军等，2007）。

②**土地使用权调整**　根据《中华人民共和国物权法》规定，土地使用权分为土地承包经营权（国有土地承包经营权、集体土地承包经营权）、建设用地使用权、宅基地使用权。在再开发中，土地使用权的调整主要是建设用地使用权。再开发的国有土地使用权存在3种形式的调整：第一，部分或全部土地使用者放弃再开发范围内土地使用权，从而失去对土地使用权的占有；第二，再开发范围内原土地使用者占有的土地使用权通过合并、分割、交换等方式发生调整；第三，其他土地使用者通过购买再开发区域内的房地产而占有国有土地使用权。

③**他项权利调整**　土地他项权利是在他人土地上享有的权利，主要包括地役权、地上权、空中权、地下权、土地租赁权、土地借用权、耕作权、土地抵押权等。在再开发过程中，对于一些已设定土地他项权利的建筑物或构筑物进行拆迁，随着建筑物和构筑物所有权的变更或消失，土地他项权利也需进行相应调整。

④**房屋所有权调整**　房屋所有权，又叫房屋产权，是房屋所有人独占性地支配其所有房屋的权利。房屋所有人在法律规定范围内，可以排除他人的干涉，对其所有的房屋进行占有、使用、收益、处分。在再开发过程中，房地产产权人可通过房地产置换方式，获得再开发范围外等值房地产；或者以入股方式投资再开发项目，获得再开发后增值的房地产；还可以买卖交易的方式将房地产让渡给政府或其他人，获得经济利益。

6.2.2 土地权属管理的法律与制度基础

6.2.2.1 权属管理的法律基础

城镇建设用地再开发权属调整必须在现行相关法律框架下进行，才具备法律效力。大体上，权属调整的法律基础包括实体法和程序法。实体法包括《中华人民共和国宪法》《中华人民共和国土地管理法》《中华人民共和国城市房地产管理法》《中华人民共和国土地管理法实施条例》《中华人民共和国担保法》《中华人民共和国物权法》等。这些法律内容包含了土地产权制度、土地权属管理的相关规定。而程序法规定了土地权属管理的具体落实程序，包括《土地登记规则》《土地权属争议处理暂行办法》等。这些法律具体规定了权属调整过程中土地登记办法和权属争议处理办法。

6.2.2.2 权属管理的制度基础

（1）土地产权制度

中国产权制度集中体现在《中华人民共和国宪法》的第 10 条，即城市的土地属于国家所有。农村和城市郊区的土地，除由法律规定属于国家所有的以外，属于集体所有；宅基地和自留地、自留山，也属于集体所有。国家为了公共利益的需要，可以依照法律规定对土地实行征收或者征用并给予补偿。任何组织或者个人不得侵占、买卖或者以其他形式非法转让土地。土地的使用权可以依照法律的规定转让。一切使用土地的组织和个人必须合理利用土地。

（2）权属确认制度

国家依法对土地所有权、土地使用权和他项权利进行确认。国有土地使用权确认根据《中华人民共和国土地管理法》第 11 条规定的办法实施，即"单位和个人依法使用的国有土地，由县级以上地方人民政府登记造册，核发证书，确认土地使用权。"农村集体土地所有权、使用权的确认根据《中华人民共和国土地管理法》第 11 条及《中华人民共和国土地管理法实施条例》第 4 条的规定实施，即"农民集体所有的土地，由土地所有者向土地所在地的县级以上人民政府土地行政主管部门提出土地登记申请，由县级人民政府登记造册，核发集体土地所有权证书，确认土地所有权。"再开发过程中的土地所有权、土地使用权和他项权利的确定要依据现行的权属确认制度，经过土地申报、地籍调查、审核批准、登记发证等法律程序。

（3）权属登记制度

城镇建设用地再开发的权属调整须符合中国的土地登记制度，登记后的权属才具有法律效力。中国目前实施的土地登记制度是改良的产权登记制度，具备以下特点。第一，采用形式主义立法。土地权利的取得和变更非经官方登记不发生效力，土地登记是土地权利变动的生效要件。第二，采用实质审查主义。土地登记机关不仅要审查申请人所具备的形式要件，还要对所申请登记的权利变动状况是否符合国家相关法律法规进行实质性审查。第三，强制性登记。除国有土地所有权外，一切土地权利均需进行初始登记，初始登记后土地权利的变更均必须进行变更登记。第四，登记有公信力。土地权利一经登记即具有法律效力，即使土地登记簿上记载的土地权利变动事项按照实体法不成立或无效，对于善意取得土地权利的第三人仍具有法律效力。第五，颁发权利证书。土地登记机关将土地权利和权利变动事项登记到土地登记簿后，还要向土地权利人颁发土地权利证书，作为由土地权利人持有的享有该土地权利的法律凭证。第六，登记簿按物编成。中国的土地登记簿是以宗地为标准，按照宗地号的顺序编成。

（4）权属纠纷调处制度

城镇建设用地再开发权属关系复杂，牵涉面较广，比较容易引起权属纠纷。权属纠纷调处是权属调整的必要手段，权属纠纷不清，则难以进行权属调整。中国经过多年实践，形成了土地权属纠纷调处制度，其一般按以下程序进行：权属纠纷发生后，首先由当事人协商解决，即由当事人在自愿、互谅基础上，按照有关法律规定，在不损害他人权益的前提下，直接进行磋商，自行解决纠纷。如果协商不能解决，则向人民政府土地管理部门申请调处。人民政府土地管理部门在受理土地纠纷后，一般采用调节和行政裁决两种办法调处。如果当事人对有关人民政府的处理决定不服的，可以自接到处理决定通知之日起30日内，向人民法院起诉。

6.2.3 土地权属调整的利益公平与交易成本

城镇建设用地再开发产权调整的实际操作中，会产生一些难以忽视的问题，如均衡各利益主体的利益分配、降低房地产产权交易成本等。能否合理处理这些问题是再开发产权调整成功与否的关键。以下重点针对再开发中利益相关者的利益公平和交易成本问题展开论述。

6.2.3.1 利益相关者利益公平问题

城镇建设用地再开发产权调整的实质是在各利益相关者间公平、公正、合理地协调和重新分配再开发过程中形成的各种利益。根据上述再开发的产权主体分析可知，主要利益相关主体包括政府、土地权利人和集体经济组织。

（1）政府与土地权利人的利益

城镇建设用地再开发中，政府和土地权利人间的利益冲突主要表现在公共利益与私人利益及土地增值收益分配的冲突。私人希望占有更多土地，以增加私人利益，而政府也希望获得更多土地，以取得更多土地出让金，为城市发展奠定更多公共基础并提供更多社会服务设施。为协调公共与私人利益，再开发产权调整应充分考虑政府与私人的利益需求。此外，因土地用途改变或利用强度提高而获得的土地增值收益，也是政府与土地产权人冲突的焦点。作为国有土地所有权人的代表，政府可以行使占有和分配土地增值收益的权利，但这对土地权利人难言公平，导致土地使用者产生被剥削感，从而抵触再开发项目，阻碍再开发实施。因而，政府全部占有土地增值收益不太现实，关键是要如何协调政府与土地权利人间的土地增值收益分配。前文分析的土地发展权提供了公平分配土地增值收益的视角，即首先采用"市场价格"合理补偿土地权利人，然后通过税收手段，对土地权利人的土地增值收益征收一定比例的增值税，实现涨价部分归公的目标。

（2）政府与集体经济组织的利益

城镇建设用地再开发的对象还包括城市内部和城市边缘区的农村集体土地。城市内农村集体土地再开发为城市建设用地将产生可观的土地增值收益，引发政府和农村集体经济组织（农民）之间的利益合理分配问题。按照现行《中华人民共和国土地管理法》的规定，集体土地征收补偿是按照农地用途和宅基地价值，即按原用途补偿，而对于用途变更产生的土地增值收益，农村集体经济组织难以分享。按照土地发展权的分配思路，本书认为应适当加大对农村集体经济组织的补偿，使农村集体经济组织能够适当分享土地增值收益。

6.2.3.2 交易成本

城镇建设用地再开发权属调整过程中，还存在交易成本问题。再开发中产权调整，包括权利的分解、转让和创新，导致交易关系变得异常复杂。每次产权交易，均存在权属确定、讨价还价等交易成本问题。交易成本的产生源于参与交易各方信息的不对称。产权交易的收益，需要扣除交易成本，交易成本越低，收益越高。再开发产权调整涉及环节较多，存在部分或全部产权调整的可能，因此交易成本具有不确定性。一般而言，即便权属调整顺利，也包含产权调查、产权价值评估、产权谈判协商、信息、产权登记、管理人员劳务支出等费用。倘若产权存在纠纷，则交易成本更高，存在纠纷调处、法律诉讼等费用。此外，还存在大量的隐性成本如时间成本，这些交易成本由谁来承担，如何减少产权调整的交易费用，在再开发产权调整的相关制度和程序设计中需充分考虑（张秀智，2004）。

6.2.4 产权调整的原则与依据

再开发产权调整的原则和依据，是协调利益关系、缓解产权调整矛盾、有效促进再开发有序开展的行为准则，需要从整体上宏观把握、局部上关键处理，同时要注意问题解决的时效性和社会公平性。产权调整要在相关法律规章制度下展开，依据明确的再开发权利归属，合理调整再开发产权。

6.2.4.1 产权调整的原则

（1）依法原则

城镇建设用地再开发权属调整的整个过程，应始终遵循法律法规中关于土地产权的相关规定。如《中华人民共和国土地管理法》的第12条：依法改变土地权属和用途的，应当办理土地变更登记手续。《中华人民共和国土地管理法实施条例》规定，依法改变土地用途的，必须持批准文件，向土地所在地的县级以上人民政府土地行政主管部门提出土地变更登记申请，由原土地登记机关依法进行变更登记。按照法律程序，通过申报、地籍调查、产权估价、权属审核、注册登记和颁发证书等程序明确产权主体，核实、调整和确定土地和房地产权属状况。依法登记的产权受法律保护，任何单位和个人不得侵犯。在权属调整过程中要严格遵守相关的法律法规和法定程序，做到有法可依，有法必依。

（2）公平公正原则

开展城镇建设用地再开发的目的是改善城市风貌，促进土地节约集约利用，提高人们的生活水平，是一项惠民、利民工程。因此在再开发过程中，要充分保障被征收人的权益，在权属调整中坚持公开原则，实行公告制度，广泛征求相关权利人的意见，充分尊重相关权利人的意愿，接受社会公众的监督。处理问题时，要尊重原有产权关系，委托独立的第三方评估、勘测机构进行科学评估，按照市场经济规律协调各种关系，权属调整不得造成相关权利人的损失，保证原土地权益人的权益不减少，并且权属调整应与各方权利人充分协商，使再开发土地权属调整工作透明化、公正化和公平化，相关权利人的权益不受侵犯。

（3）等质等量置换原则

等质等量置换，即在再开发中按照法定程序和社会主义市场经济规律，充分运用等价交换、等质量替代的原则，通过协商，进行权属置换，从而保证再开发区域内的权利人生活水平不下降，相关权利人的接受程度较高，保障再开发项目的顺利实施（张延军等，2007）。

（4）公众参与原则

权属调整中的公众参与可以理解为同公众（相关权利人和利益相关者）之间的一种协调和双向交流，其目的是提高城镇建设用地再开发项目的社会可接受性和可行性，从而保证再开发项目的有效开展和预期效果的实现。通过项目公示、公告等手段，让公众充分了解权属调整的相关信息，及时公布权属调整方案，广泛征求公众意见，接受公众监督。

6.2.4.2 产权调整的依据

（1）相关的法律规章制度

再开发权属调整需要在相关法律规章制度的框架内进行，严格按照相关法律规章制度的规定完成再开发的权属调整工作。要充分认识权属调整的敏感性、矛盾的易发性、根据相关法律规章制度，结合地方实际，制定合理的再开发权属调整方案。如前文所述，相关的法律规章制度包括《中华人民共和国土地管理法》

《中华人民共和国土地管理法实施条例》《中华人民共和国物权法》《中华人民共和国城市房地产管理法》《城市房屋权属登记管理办法》《土地争议处理暂行办法》《确定土地所有权和使用权的若干规定》等条例或办法的相关规定。

（2）明晰的产权关系

为合理调整城镇建设用地再开发的权属，需要明确各权利人的产权关系，以此为依据进行调整。确定再开发权属关系要按照勘测定界、权属清理、审查确认、现场公示、登记发证的基本步骤，明确再开发范围内的权属关系，核实发放相关权利证书。存在权属纠纷的，应在充分协商的基础上，通过协商、仲裁、诉讼等手段确定产权归属。

6.2.5 产权调整的方式方法

6.2.5.1 产权调整的方式

微观上，城镇建设用地再开发的产权调整包括两种：第一，再开发范围内产权主体的调整，如将甲的产权调整给乙；第二，在同一产权主体下，对作为客体的土地或房地产进行调整，如面积、位置、空间结构、用途等。宏观上，再开发的权属调整是土地资源在国民经济各部门间调整，如从工业生产部门调整到高科技生产部门。

本书在张秀智等（2010）的研究基础上，归纳了城镇建设用地再开发产权主体调整6种常见方式。

①**征收** 征收主要是再开发过程中，国家将农村集体土地所有权调整为国有土地所有权。

②**置换** 在城镇建设用地再开发过程中，不同产权人之间互换土地使用权。

③**买卖** 再开发区内土地使用权人将其土地产权卖给其他产权人，直接获得收益。

④**入股** 对再开发资金不足的项目，可以鼓励城镇国有土地使用者或房屋所有者以其拥有的房地产折价入股，参与再开发项目。城镇建设用地再开发项目，开发区内部分地块土地用途发生变更，可以成立股份公司进行经营。如四合院整理项目，部分四合院改为经营性旅馆，鼓励原四合院产权人以产权折价入股，成立股份公司经营四合院旅馆。入股的国有土地使用权，可以通过征收土地年租金，将其纳入到土地有偿使用轨道上。

⑤**有偿出让** 政府将再开发项目内剩余经营性土地以国有土地使用权出让方式让渡给其他主体，或纳入政府土地储备库中。获得的土地收益用于再开发项目的成本支出和其他城市基础设施建设。

⑥**行政划拨** 政府将再开发项目内符合行政划拨性质的用地（如学校、公园、绿地等）交给相应的产权单位使用。

6.2.5.2 产权调整的方法

前文主要论述城镇建设用地再开发调整的方式，在实践中，国际通行的有面积法与价值法两种常见权属调整方法。

①**面积法** 面积法是指依据再开发前的面积和位置，按照等当量的原则确定调整后土地面积和位置的方法。应用此方法计算土地面积时，不需要对调整前后土地价值进行评测，而是基于等面积的原则，经过细微修正后实现土地权属的调整（王月，2010）。调整后土地面积的公式为：

$$Y = X_1 + X_2 - X_3 - X_4 \qquad (式6\text{-}1)$$

式中：Y 表示调整后面积；X_1 表示原有土地面积；X_2 表示个别条件优越带来的加算面积；X_3 个别条件优越带来的负担面积；X_4 表示按照分摊的公共用地负担面积。

②**价值指数法** 价值指数法是依据再开发前后土地评估价值，按照比例分配土地进行权属调整的方法，即在决定权利价值时，要使权利在再开发前后价值总额一致，土地分配造成的价值以货币形式加以补充。为方便土地价值评价，通常采用价值指数标量。价值指数是根据土地的自然属性、经济属性和生态属性，通过对土地价值影响因素的评价得到的一个无量纲指数。土地权属调整只需根据土地价值的大小确定调整前后的面积折算比例即可（段浩，2008）。价值法的一般技术流程详见图6-2。

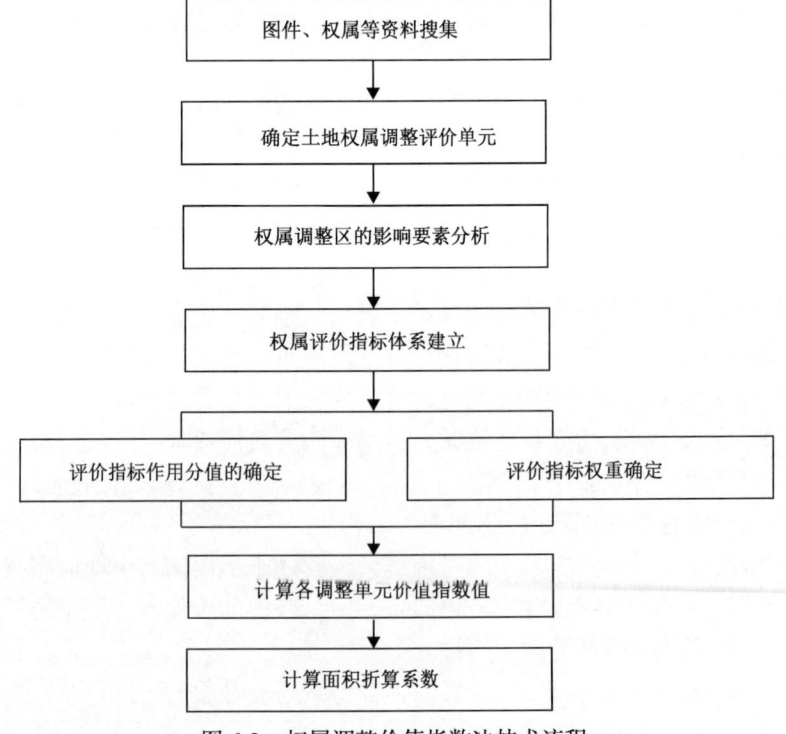

图6-2 权属调整价值指数法技术流程

6.2.6 产权调整的规范化程序

再开发产权调整较为复杂，既需要处理土地所有权、土地使用权、土地租赁权、房屋所有权等多个权利关系，也需要协调国家、政府、农村集体经济组织、土地使用者等多个权利主体的利益。为科学合理地推进再开发权属调整工作，十分需要一套规范化的实施程序。本书在姜仙春等（2013）研究基础上，结合再开发实践，归纳了再开发产权调整的基本程序。

①再开发权属调查与确认　再开发项目实施前，需要查明土地所有权、使用权以及其他权利的主体、具体边界；明确是否存在土地权属纠纷，认真解决好土地权属争议问题。有关单位应开展专项调查，依据现有土地调查和土地登记资料明确原有土地的确权登记发证情况，利用相关技术方法查清项目区土地利用与权属现状，所得的一切产权资料都应得到相关权利人确认，作为再开发产权调整的依据。若存在权属争议则须在再开发项目立项前予以解决，否则不予以立项。

②再开发权属调整意愿调查　调查项目区内的土地所有者和土地使用者是否同意再开发及产权调整的意愿。

③调查结果及再开发范围公告　将调查结果，包括同意进行再开发和权属调整的土地权利人和土地使用人的个体总数及其所占面积、再开发的权属确定情况、再开发的权属争议情况、反对进行再开发和权属调整的土地权利人和土地使用人的个体总数及其所占面积、再开发的范围等情况向所有权利人公告。

④现状摸查和价值评估　政府组织摸查再开发范围内现状（具体包括人口规模、居民经济收入状况等社会现状；国有土地、集体土地及用地性质等用地现状；土地权属、房屋权属等权属状况；建筑总量、建筑面积等建筑物状况等），并进行地籍测量，明确每一个权利主体土地所有权、土地使用权、房屋所有权的位置、面积。在现状摸查和地籍测量的基础上，客观评估再开发区域内的房屋建筑质量，确定土地和房屋等级和价值，为权属调整提供数据支撑。

⑤编制权属调整方案　根据地籍测量与宗地权属调查、再开发现状摸查、现状土地及构筑物质量和价值评定等基础资料，制定再开发权属调整方案。权属调整方案的内容包括：项目区土地权属现状，再开发权属调整范围，权属调整方式。在分配土地权益时，应确保项目区原权利主体利益不减少，同时按照等质等量等价的原则进行权属调整。再开发权属调整方案应充分征求项目区相关权利主体的意见，保证权属调整方案得到大于 2/3 的土地权利主体同意。

⑥再开发权属调整方案公告及异议处理　权属调整方案应在再开发项目区内进行公告，公告期不少于 15 天。公告期内，对权属调整方案有异议的权利主体，应书面提出，组织进行协商，协商不能解决的，由第三方进行仲裁或经司法程序解决。

⑦方案备案报批　权属调整方案经过公告并征求意见后，上报政府相关部门批准。

⑧**落实调整方案并签订协议** 按照经公告和异议处理后的权属调整方案进行权属调整,与相关权利主体签订调整协议,同时冻结项目区内的土地变更登记,避免出现混乱。

⑨**变更登记** 权属调整后,相关权利主体要及时去国土部门进行权属变更登记,经变更登记的权属才具有法律效力。

城镇建设用地再开发权属调整的规范程序如图 6-3 所示。

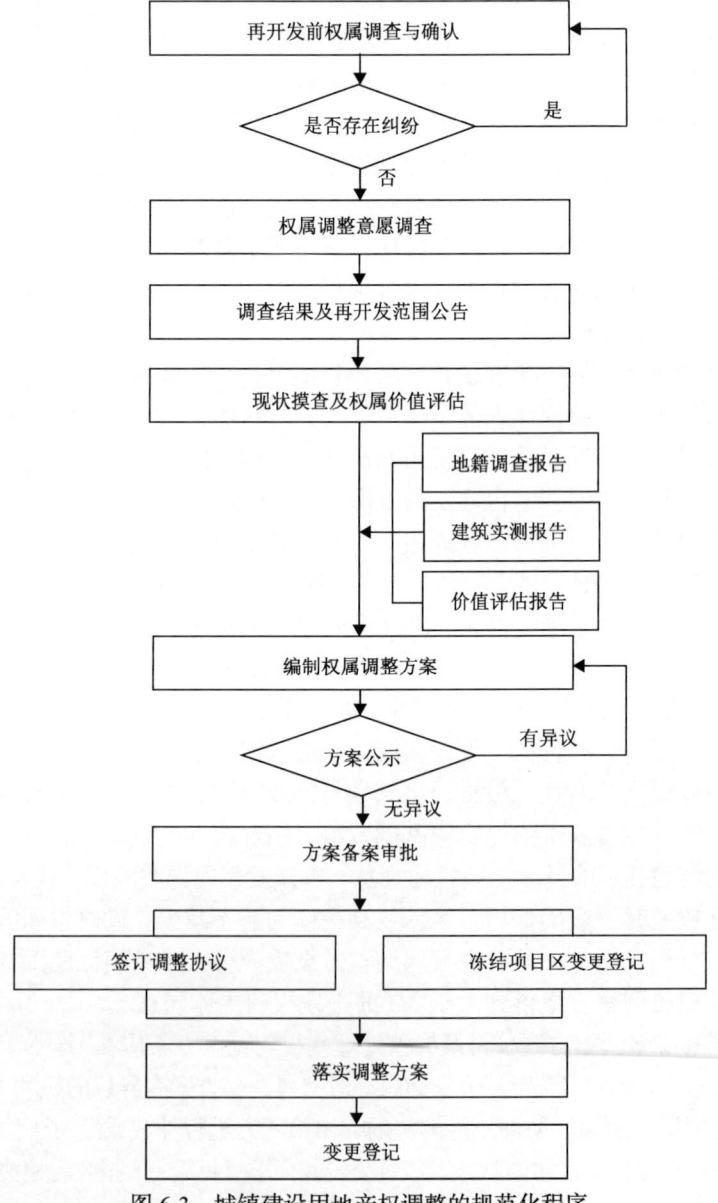

图 6-3 城镇建设用地产权调整的规范化程序

6.3 收益分配

在产权调整的基础上,首先界定城镇建设用地再开发增值收益的内涵,利用博弈模型,分析再开发利益主体的多方博弈过程;据此分析再开发增值收益的原则和依据,运用土地发展权的相关理论方法,合理分配再开发增值;最后评估再开发增值收益分配方案效果,为协调各方利益,避免利益矛盾冲突提供一定的参考。

6.3.1 再开发收益的内涵界定

6.3.1.1 土地价值与房地产价值

土地与房地产价值分析是再开发的重要环节。价值分析可确定再开发前后的土地和房屋价值变化,核定参与再开发项目居民和单位拥有的土地和房地产价值。分析再开发土地和房地产价值内涵,合理评估土地和房地产价值,为再开发增值收益分配奠定基础。

(1) 土地价值的内涵

土地价值的内涵在学术界存在较大争议,主要存在两种观点,即一元价值论和二元价值论。一元价值论包含土地无价值论和土地有价值论。无价值论者认为土地是自然物,本身无价值;土地资本有价值,但它并不是土地本身。有价值论者认为土地价值是由土地资本价值与土地自然价值在内在耦合机制的运行中生成的。即使是完全未经人类劳动参与、尚未进入交易的天然土地,都是有价值的。而二元价值论认为,土地由自然土地和人工土地所构成,前者无价值而后者有价值,二者构成统一的整体。其中,土地物质为自然土地,土地资本为人工土地。城镇建设用地投入了一定的人力物力财力,属人工土地,具有土地价值。根据英国学者戴维·皮尔斯等人提出的自然环境资源价值可知,土地的总经济价值至少包括直接使用价值、间接使用价值、发展权价值和存在价值(张秀智,2004)。首先,土地的直接使用价值是指土地直接作为当前消费和生产要素的价值。如用于居住、商业、工业等用途下的土地价值。其次,土地的间接使用价值是以间接方式参与消费或生产的土地价值。如城市地标建筑,很多人没有直接使用,但能从感官上感受到它。再次,土地的发展权价值是指为保护土地资源,现阶段不开发、不利用,留待未来进行开发和利用而愿意支付的保护性费用。如城市周边的农用地,选择继续用作生产粮食的农地,还是转为建设用地,就存在发展权问题。最后,土地的存在价值是指人们对某一土地资源的存在而愿意支付的保护代价。如历史街区的老房子,具有一定的历史意义,人们为了保护它愿意花费一定的资金成本和人力成本,这些成本构成老房子的存在价值。

(2) 房地产价值的内涵

一般来说,房地产包括土地(地产)和地上附着物(房产),是土地、地上附着物及附带的各种权益的总称。房地产具有自然特性、人文特性和区位性。房地产具有商品的一般特性。因此，房地产价值主要由其价格体现，房地产的价格是其价值的货币表现形式，一般以交易价或租金的形式来表示。同时房地产价格也是一种权益价格，包含房地产的各种权利。随着经济社会的复杂化，房地产价值的内涵逐渐丰富，从单纯的房地产买卖交易价值发展到多种评估价值，包括房地产的市场价值、经济价值、使用价值、存在价值、投资价值等。再开发中的房地产价值主要是指房地产的使用价值和市场价值。

6.3.1.2 再开发外部性收益

外部性又称为"溢出效应"，是指一个经济主体（生产者或消费者）在自己的活动中对旁观者的福利产生了一种有利或不利影响，这种有利影响带来的利益（或称"收益"）或不利影响带来的损失（或称"成本"），都并非生产者或消费者本人所获得或承担。正外部性是指某种经济行为给外部造成积极影响，使他人成本减少，收益增加，负外部性的作用则相反。再开发存在较多的外部收益。随着城市的发展建设，市政基础与公共服务设施逐渐完善，对再开发区域的房地产价值产生一定的外部收益。但另一方面，城市规划设计不当，大拆大建，基础设施不完善等则会对再开发房地产价值产生负面影响。其中，再开发房地产价值的变化程度能够最直观衡量再开发的经济效果。

（1）再开发的正外部性收益

外部性收益是城镇建设用地再开发土地增值收益的重要组成部分。一般而言，基础设施改善、土地供求关系变化、土地政策转变和土地用途转换等外部因素均会引起再开发区房地产价值变化，产生正外部性。

（2）再开发的负外部性贬值

然而，任何事物都有两面性，城镇建设用地再开发也不例外。在城镇发展过程中，同样存在负外部性，使得再开发用地贬值。主要因素有：第一，城市规划设计不当导致用地效率低，基本设施不完善而使得再开发项目用地贬值；第二，再开发区域周边的人文环境和生态环境恶化，降低房地产价值，如再开发区域周边存在垃圾填埋场。

6.3.2 再开发利益主体博弈分析

6.3.2.1 再开发利益相关者分析

归纳相关文献可知，城镇建设用地再开发的利益主体主要包括中央政府、地方政府、开发商、原土地权利人等直接利益主体，金融机构、中介组织、非政府组织（NGO）、新闻媒体、专家学者等间接相关者。而直接参与再开发的实施主体主要包括地方政府、开发商和土地权利人。

（1）地方政府

作为城镇建设用地再开发的行政主体，地方政府对推动再开发起着举足轻重的作用。分权改革后，地方政府逐渐成为一个独立的利益主体，并且具有独立的价值取向和政策目标，其利益诉求也在发生变化。地方政府在再开发中拥有行政审批权、许可权、行政立法权、行政司法权及土地行政监察权等，在再开发中发挥主导作用。在追求地方利益最大化的过程中，地方政府会表现出极为明显的"经济人"特征。当地方利益与公共利益目标存在冲突，而政治风险较小的情况下，地方政府基于理性"经济人"的行为会更偏向于自身利益。再开发与区域经济增长、产业结构升级及土地利用效率提升等密切相关，不仅可带来巨大的经济利益，伴随着城市环境、城市面貌的改变，还能产生不可估量的社会效益。因而地方政府会基于自身利益考虑，不断创新现有土地使用制度。这种激励机制不断激励地方土地市场，推进再开发实施。与此同时，再开发需要强大的资金支持，吸引外资或民营资本成为地方政府的必然选择，使得地方政府需要满足开发商的盈利需求。

（2）开发商

作为城镇建设用地再开发的市场主体，开发商通过其资本力量参与再开发，其根本目的是追求利润最大化，希望通过较小的成本获得具有巨大增值收益的土地。开发商的逐利行为具有双重性，一方面可以推动城镇经济发展和再开发，另一方面，如果缺乏有效监管，其行为导致的负外部性也会损害社会公众利益。因此，政府要担当再开发的行政监督角色，控制再开发的用途转变或强度改变，即城镇土地的发展权。城镇建设用地的增值收益主要源自土地发展权的行使，开发商可以通过向政府申请购买土地发展权，实现合法的变更使用。开发商通过投入资金或劳动力，推动土地用途从低效益向高效益转变，提高城镇土地利用效率，但其本质还是"经济人"的经营行为。按照贡献性原则，开发商应当享有再开发的投资性增值。再开发中，开发商常常与地方政府形成合作联盟，积极配合政府的政策安排，以期得到政府放松规划管制或给予其他政策支持。当开发商与政府的利益不一致时，开发商往往采取规避策略，规避政府的规划管制，甚至非法突破规划管制条件来满足自身利益需求。而在与土地权利人的互动过程中，开发商一方面要满足土地权利人的利益诉求，另一方面又要依赖资源优势压制土地权利人的过分利益诉求。

（3）土地权利人

土地权利人是城镇土地的现状使用权人或所有权人，主要包括国有土地使用权人、集体土地所有权人和集体土地使用权人。在再开发中土地权利人参与主体广泛，地位特殊。对于原土地权利人来说，再开发能否带来切实利益是其最关注的问题。原土地权利人在再开发中属弱势群体，主要获得土地的现状价值以及地上附着物的所有权价值、搬迁成本、临时安置费等，无法参与再开发的增值收益分配，即无法享受土地发展权的利益。随着土地有偿使用制度的实施，土地真实市场价值凸显，而中国的征地补偿标准存在偏差，原土地权利人难以参与土地增值收益的分配，导致土地权利人利益受损，从而引发利益冲突和矛盾纠纷。在再开发的利益博弈中，政府和开发商容易形成利益共同体，政府通过征收等方式储备土地，然后出让给开发商，令土地在用途转变、强度提高、再开发建设中产生增值收益。政府和开发商在这部分增值收益分配中处于主导地位，而土地权利人只能被动接受。随着土地权利人对土地增值的认识程度逐渐提高，其对土地未来价值及自身应获得收益的预期逐渐增加，进而对再开发产生抵制情绪，提出高额的补偿要求，导致再开发项目难以顺利实施。可见，仅对土地权利人实施土地现状价值补偿，完全将其排除在土地增值收益之外，无益于再开发的实施。再开发中应充分考虑原土地权利人的利益，适当让土地权利人参与土地增值收益分配。

6.3.2.2 再开发利益主体的博弈关系分析

厘清城镇建设用地再开发中利益主体的博弈关系是分析利益分配的前提和基础。不同利益主体间相互博弈，互相摩擦碰撞，不能有效协调时，再开发很难有效推进。因此，有必要理顺再开发利益主体之间的博弈关系，使之达到平衡。

根据所涉及的各利益主体，再开发中形成了"中央政府－地方政府－开发商－土地权利人"间的多种委托－代理结构的利益相关者关系。由于中央政府不直接参与再开发，因此再开发的直接参与利益主体主要是地方政府、开发商和土地权利人三者。如图6-4所示，通过建立一个包括地方政府－开发商－土地权利人的三方利益博弈模型，分析三者的利益博弈关系。其中政府部门以保持社会稳定、最大程度增加财政收入为目标；土地权利人以维持生存、获取就业保障等最基本的利益为目标；而开发商以能够低价获得土地、赢得土地增值利润的最大化为目标（丁金华，2011）。

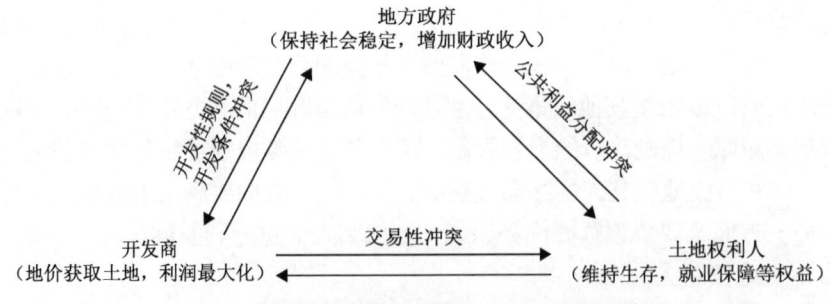

图6-4 城镇建设用地再开发三方利益博弈关系

资料来源：（丁金华，2011）

（1）地方政府与土地权利人之间的利益博弈

地方政府与被拆迁人的利益冲突主要在于公共利益的分配。作为公共利益的监管者，政府从城镇长远发展利益出发，考虑公共利益的均衡分配，而土地权利人则更多考虑自身需求,希望能拥有更多的公共物品和公共服务。

在拆迁博弈环节中,如果地方政府以规范、合理的谈判方式解决拆迁问题,土地权利人的土地产权得到法律的充分保护,那么双方就容易达到"政府高标准安置,土地权利人支持拆迁"的博弈均衡,从而顺利完成拆迁过程。相反,如果政府强制低标准拆迁,就可能形成土地权利人抵制征地的对抗局面,加剧双方间的矛盾。

(2)地方政府与开发商之间的利益博弈

地方政府与开发商的利益冲突主要体现在开发规则和开发条件上。政府为合理发展城镇空间,通过制定开发条件和规则来限定开发商行为,而开发商则试图通过提高容积率、改变用地性质等突破开发规则和条件,追求自身利益的最大化。

在土地交易博弈过程中,只有"政府高价出让土地,开发商留下来投资"这种交易状态才能使得地方政府与开发商博弈均衡。在市场经济下,开发商为追求土地开发利益的高回报,接受地方政府出让土地的市场价,而政府通过成功高价出让土地,也获得了高额利润。否则如果交易失败,双方都无法享受利益最大化。

(3)开发商与土地权利人之间的利益博弈

开发商与土地权利人的利益冲突主要在于拆迁补偿和安置标准等交易性过程中。相对处于强势地位的开发商而言,土地权利人属弱势群体,由于缺乏具有约束力的契约协商机制,双方容易在交易中引发矛盾和冲突。

只有土地权利人获得一定满意的补偿,选择"支持拆迁",才能达到"土地权利人支持拆迁,土地开发商留下投资"的博弈均衡,形成互利双赢的局面。否则如果土地权利人因自身权利无法满足,采取"抵制拆迁"态度,开发商和地方政府都因拆迁失败而无利可图,从而加剧矛盾。

6.3.2.3 再开发利益主体博弈过程分析

(1)博弈假设

由 6.3.2.1 节叙述可知,地方政府、开发商、土地权利人是再开发的主要参与者,他们在再开发过程中均存在各自的利益诉求。为了便于分析,本书对参与博弈的 3 个主体做出了两个假设。一是地方政府、开发商、土地权利人三方利益主体均为理性"经济人",以实现自身利益最大化为目的;二是假设利益主体三方之间信息不对称,地方政府是制度设计者,在大多数情况下,地方政府在再开发中占据主导地位。再开发中利益主体三方在博弈过程中的利益和成本如下:

地方政府的收益 B_g 包括政府的政绩、城市空间形态和功能完善带来的公共利益、土地出让金的收入以及城镇土地资源合理配置的社会经济效益等;成本 C_g 包括土地征收费用、居民的拆迁安置费用及居民的社会保障等。

土地权利人的收益 B_r 包括再开发中获得的拆迁补偿费用与生产生活保障等社会福利;成本 C_r 包括既有的房地产租金收益与未来区位升值带来的潜在增值,未来的生活保障等风险。

开发商的收益 B_d 是获得再开发的合理利润、形象工程带来的品牌宣传与开拓市场的潜在收益等；成本 C_d 为再开发过程中的拆迁安置及可能涉及的各种费用、拆迁中的矛盾和利益冲突及土地、规划、金融等有关政策带来的风险。

（2）博弈互动过程

本书采用 3 个阶段不完全信息动态博弈模型分析利益主体的博弈互动过程。第一阶段，地方政府在再开发过程中采取的态度有"积极推动"和"不介入"两种策略选择。开发商和土地权利人根据地方政府的博弈策略做出相应的回应；第二阶段，土地权利人在地方政府做出决策后有"支持"与"不支持"两种策略选择；第三阶段，开发商的博弈策略有"参与"和"不参与"。考虑到博弈过程中的信息不完备，假设开发商两种策略选择的概率分别是 P 和 $1-P$。从博弈树的策略组合（图 6-5）看，开发商选择参与的期望收益为 $P(B_d-C_d)$，只要 B_d 大于 C_d，则开发商能实现盈利，参与再开发是其合理选择。地方政府和土地权利人的期望收益分别是 B_g-C_g 和 B_r-C_r。因此，只有各利益主体的收益大于成本，即出现地方政府积极推动、土地权利人支持、开发商积极参与，才能顺利推动再开发。

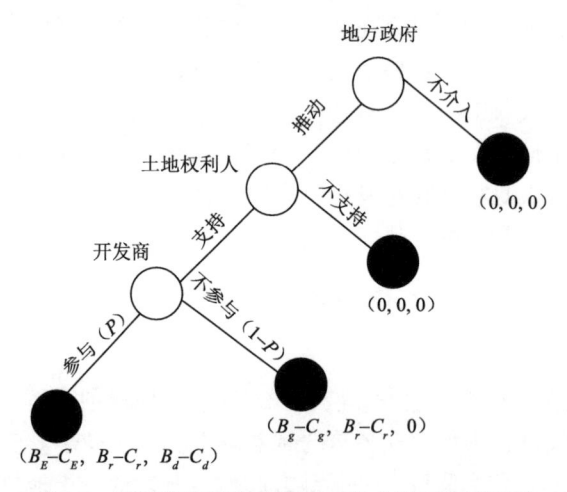

图 6-5 城镇建设用地再开发利益主体三方博弈树

由此可知，城镇建设用地再开发的利益冲突本质是利益主体间的利益调整问题，只有各方收益均大于成本时，再开发才能顺利推进。其中，土地权利人的利益效用是再开发能否实施的核心，因此，在利益分配中要适当保护土地权利人的利益。

6.3.3 再开发收益分配的原则与依据

6.3.3.1 增值收益分配理论依据

土地收益分配是土地市场运作的核心与土地制度的重要组成部分，城镇建设用地再开发收益分配合理与否不仅关系到城镇土地资源的合理配置，还涉及多方利益。因而，本书在何芳等（2014）研究基础上，归纳相关的利益分配理论，为再开发利益分配研究奠定理论基础。

①利益分配层次理论　利益分配包括初次分配和再次分配两个层次。在利益分配层次中，公平与效率的关系受到学界的激烈讨论和社会各界的高度关注。中国在处理收入分配公平与效率关系的政策导向中，从改革开放前计划经济时期将公平放在第一位，到改革开放后转为更加注重效率，再由效率优先转为兼顾效率与公平。按照马克思的收入分配理论，结合中国市场经济的特点，初次分配是指在市场机制的作用下，对国民收入做必要的扣除之后，在参与生产活动的生产要素个人所有者及企业和政府之间的分配。再分配，是政府对初次分配后的国民收入通过政府税收、政府支出等途径实现的。再分配具有调节职能，即调节地区之间、部门之间、社会成员之间的初次收入分配结果，合理调整高收入群体与低收入群体间利益关系，保证社会经济均衡发展和社会公平。初次分配是再分配的前提和基础，再分配又是初次分配的必要条件和保障，再分配建立在初次分配基础上，用于再分配的国民收入源于初次分配的原始收入，再分配在数量和规模上都受到初次分配根本性的制约。

初次分配公平，主要体现在国民收入做必要的扣除之后，每位生产参与者获取与自己在生产中的贡献相适应的报酬，不允许任何人利用自己的地位或权力攫取不合理收入。再分配是对初次分配的补充和校正，理应遵循"更加关注公平"的原则。也就是在政府的主导下，旨在使那些初次分配中无受益或受益较少的社会成员得到一定的补偿，尤其是使经济弱势群体得到应有的经济支持和帮助，从而缩小社会成员过分悬殊的收入差距。这一过程实际上是政府通过税收实现"抽肥"，通过公共财政支出实现"补瘦"，形成富人多纳税，国家财政支出补贴穷人的再分配调节格局，以实现富人和穷人在分配上的相对公平（陈丽华，2009）。

②要素分配理论　要素分配理论是将劳动、资本、企业家才能、技术、知识、人力资本等统称为生产要素，并试图按照要素的贡献分配报酬。该理论起源于萨伊的"三位一体"分配理论逐渐发展为马歇尔的"四位一体"分配理论和克拉克的边际生产力分配论。萨伊的"三位一体"要素分配理论以效用价值论为基础，核心思想是生产性服务和企业家概念。该理论认为劳动、资本、土地3种要素在生产中都提供了服务，创造了价值或效用，那么这些生产要素的所有者必然要按照贡献程度获得各自的收入，即劳动－工资，资本－利息，土地－地租，即"三位一体"的分配公式。马歇尔"四位一体"的要素分配理论是在萨伊"三位一体"论的基础上创建的均衡价格理论。该理论认为国民收入是由劳动、资本、土地和组织（企业家能力）4个要素共同创造的，在市场经济中的收入分配是由各生产要素在联合生产中各自对产出的实际贡献决定的，这样的分配过程与制度结构或

制度安排无关，而且各要素在分配过程中的收入总和，恒等于各要素在生产过程中对总产生的实际贡献的综合。克拉克的边际生产力分配理论以边际生产力理论为基础，也是对萨伊"三位一体"论的发展和创新。克拉克的理论支柱是将土地收益递减规律扩展到其他要素上，认为劳动和资本的收益也遵循递减规律。在自由竞争的市场中，只有劳动和资本停留在边际生产力水平上不会发生新的变动、吸引或转移，才使得产业达到供需平衡的状态。因此，在静态经济条件下，3个生产要素在生产中的贡献正好等于它们各自的边际产量，它们在分配中的收入正好等于各自边际产量。而在动态经济条件下，实际工资与静态标准间存在一定距离，因为价格并非长期保持在相当于成本的水平上。由此可见，克拉克的分配理论是边际效用论、生产要素论和规模报酬递减理论的结合。

6.3.3.2 增值收益分配原则

基于上述理论，本书归纳并提出了土地增值利益分配应遵循的原则，具体包括：

（1）"谁拥有谁受益"原则

各种生产要素参与分配的依据在于生产关系，法律上表现为产权关系；生产要素参与收入分配是要素所有权或产权在现实上、经济上的实行形式，是体现所有制或产权的利益关系所必须具有的经济上的实现形式。所以，土地所有权是土地增值收益分配的前提条件和经济依据。

在中国现行土地制度下，土地使用者无论使用何种城市土地、无论土地优劣、是否取得利润都需要向作为土地所有者的国家缴纳一定数额的地租。在市场经济条件下，国家有权凭借土地所有权参与城市土地的利益分配，是对土地剩余价值的征收，这是国家土地所有权在经济上实现的形式。而集体土地所有权应与国有土地所有权地位平等，因此应该按照城镇土地发展权归属，"谁拥有谁受益"原则，保障国家土地所有权和集体土地所有权参与土地增值收益分配。

（2）贡献性原则

根据前述马歇尔的"四位一体"要素分配理论，分配份额的大小实际上取决于各生产要素的价格。在市场经济条件下，只有购买了生产要素付出相应的价格或者生产要素才能进行生产，而购买者就需要在收入分配中收回他所付出的价格或者生产成本，并且在生产成本上再获取一份投资利润。而且国民收益越大，生产要素各自的份额也越大。

按照城镇建设用地再开发后的地租构成看，级差地租Ⅰ是由土地的位置优劣而产生的。被征土地的位置具有原始性，是客观上自然存在的，因此土地所有权人有权利获得部分建设用地级差地租Ⅰ。同时，由于国家的城镇基础设施建设，交通干线等投入改变了被征土地的经济区位，由此产生的级差地租要归投资人–国家所有。此外，城镇建设用地的级差地租Ⅱ，是由追加投资而形成，应归属于土地投资人。

因此在分配过程中应遵守按实际贡献获得收益的"谁贡献谁受益"的原则,如级差地租 n 若是在租约期内,由土地使用者对土地追加投资产生的超额利润(通常表现为土地使用者对土地实施改良获得的土地增值),则归土地使用者所有。该原则可以保证利益与成本的对应,受益越多,支付越大,还可以保证付费者具有足够的支付能力。

(3) 效率分配原则

效率是指投入与产出的关系,是对社会资源配置和利用的合理性、有效性的评价和度量。福利经济学派的代表帕累托提出了"帕累托效率"的思想。"帕累托效率"一定程度上解释了效率的标准:假定有固定的一群人和固定的可分配资源,从一种分配状态到另一种状态的变化中,在没有使任何人境况变坏的前提下,使得至少一个人变得更好。

以弗里德曼、哈耶克为代表的"效率优先论"主张,在处理公平与效率的关系时,效率是发展生产的前提,虽然追求公平是必要的,但是只有先实现效率才能更大程度地体现公平,绝不能因为公平而牺牲效率,因此要把市场竞争放在首位。弗里德曼追求经济上的最大产出,即追求最大的经济效益,肯定倡导私有产权与私有经济,反对国家过多干预与计划经济。他认为没有竞争就没有效率,福利政策不利于激发人们的进取心,反而有损于自由竞争与高效率的贯彻,同时还会因政府支出的增加而加剧通货膨胀。

在中国土地增值利益分配特别是初次分配的过程中,在公平与效率发生矛盾时,一般以效率为先,效率的提高会反过来促进公平的实现,片面地追求公平会阻碍经济发展。

(4) 公平分配原则

从古希腊时期的亚里士多德开始就有公平分配的思想,他主张在分配社会基本利益时根据每个人价值的大小而采取相应比例分配的"几何比例平等"原则。具体执行时,分配方式可分为两类:一类是其数相等,另一类为比值相等。可知亚里士多德在分配原则上坚持"算术平等"和"比值平等"相结合的原则,而且更加重视"比值平等",以此作为分配中"真正的正义"原则。

以罗尔斯、勒纳、罗宾逊为代表的"公平优先论"则认为在处理两者关系时,要以平等作为衡量是否公平的标准,若两者之间产生矛盾,则以平等作为最终目的的价值。罗尔斯提出了"分配正义"的概念,主张政府的目标应该是社会中状况最差的人福利最大化,而政府有必要使用公正合理的收入分配方式。

事实上"帕累托效率"中对于效率的解读,也蕴涵着公平的含义:分配更多利益给某些人的时候,以不减少其他人的利益为前提。因此,在追求效率的同时,更要考虑到公平分配的重要性。

国家若是从城镇土地增值中分配过高比例,会提高土地使用者的投资成本,损害土地使用者的利益;同时土地使用者之间也应该实现公平,即同等条件下应该获得相同的分配比例，否则会不利于激励土地使用者的投资积极性。

中国土地增值收益分配应基于公平促进效率，表现为土地收益的初次分配要公平，明晰产权及其价值归属，土地收益再次分配应基于效率设立激励机制。

6.3.4 再开发增值收益构成与分配

6.3.4.1 土地增值收益的构成

对于城镇土地增值的构成存在多种观点，有认为由地租增值和资本增加构成；有认为由自然增值和人工增值构成；还有认为由直接投资性增值、用途转变增值、供求性增值、政策法规性引导增值、技术进步增值等构成。本书借鉴了何芳（2014）对土地增值的构成分类，即：土地整体增值和个体增值两大类。

土地整体增值是指由于城市人口增长、社会经济发展、政策变化、土地供求关系变化、城镇建设发展等系统性因素变化引起的土地整体性增值，其不取决于土地投资人、使用权人和土地所有人等个体的主观努力。土地个体增值指因调整该地块用途、强度或对地块直接投入而导致个别地块的非系统性增值。其中，土地因变更用途或土地强度提高而获得的增值体现为土地的发展权价值（何芳，2014）。

总体来说，城镇建设用地再开发土地增值收益是多因素综合作用的结果，土地整体增值主要包括城镇建设发展型增值、土地供求型增值、土地政策型增值、货币型增值等；土地个体增值包括投资型增值、用途型增值和强度型增值等。再开发土地增值构成详见图 6-6。

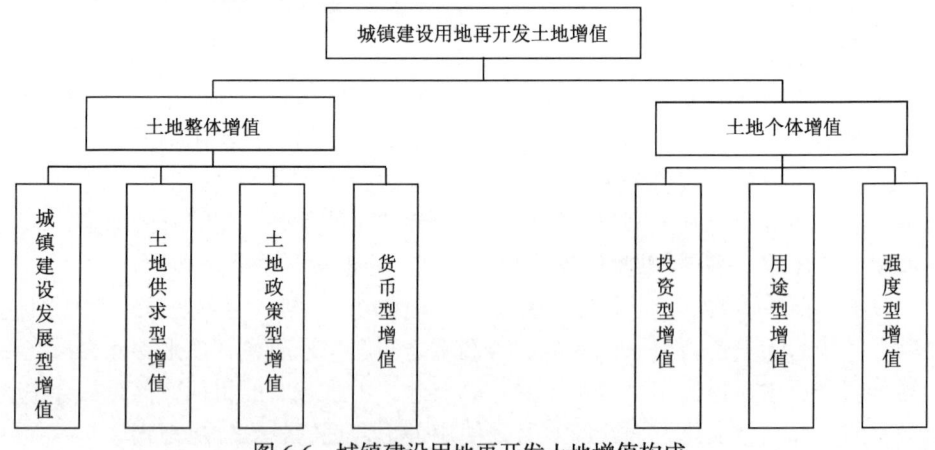

图 6-6 城镇建设用地再开发土地增值构成

资料来源：（何芳，2014）

（1）土地整体增值构成

①**城镇建设发展型增值**　城镇建设发展型增值是指因城镇建设发展相关因素引起的土地增值，包括城镇基础设施和公共服务设施的完善、城镇经济的发展、城镇人口的聚集和城市规划等因素带来的土地价值提升。

随着城镇经济的发展，城镇基础设施如道路、交通、通讯、能源、环境不断完善，公共服务设施如医院、公园、学校等不断增加，加上周边居住用地和商业用地的建设，人口不断向城镇聚集，城镇越来越繁华，区位条件逐渐变优，土地价值不断增加。这些因素都会促使土地整体价值增加。

②**土地供求型增值** 土地供求型增值是指由于土地供给不能满足不断增长的土地需求，导致土地价格上升而带来的土地增值。随着经济社会和城镇化的发展，对土地的使用与投资需求日益增加，而在严厉的耕地保护制度和日益重视的生态保护政策约束下，城镇扩展空间有限，土地供给弹性逐渐减小。目前中国处于快速城镇化发展期，城镇化引起的人口增长导致城镇居民的生产生活用地需求不断增加，土地供需矛盾日益突出，土地价格不断上升。另一方面，由于土地的保值增值性较强，加上土地需求量大，增值空间较大，让投资人对土地投资产生良好的心理预期，希望通过土地获得更大的收益，从而产生了对土地的投资（投机）需求，促使土地价格进一步上升。日益增值的各类土地需求与有限的土地供给间的矛盾日渐突出，土地供需失衡，致使土地价格不断上涨，促进城镇土地的整体增值。

③**土地政策型增值** 中国逐步实行的土地有偿使用制度，激活了土地利用潜力，有力促进土地整体增值。其中，对经营性土地的"招拍挂"政策，遵循价高者得的规则，促成开发商的"非理性"竞争氛围，导致土地价格上涨。

④**货币型增值** 货币型增值主要指利率、汇率等货币金融政策，以及通货膨胀等金融环境引起的土地价格增长。银行利率、汇率的调整、货币发行量的增加等货币政策直接影响着资金的流动性。宽松的货币政策如降低贷款利率、扩大信贷规模、降低存款利率，能够增加货币市场流动性，降低投资成本，增强土地投资意愿，拉动土地需求，提高土地价格。而在汇率市场，人民币升值导致国际热钱加速流入国内，增加对土地、房产等保值增值标的需求，促使土地价格上升。这些货币因素增加了土地需求，从而带动土地价值的提高。

（2）土地个体增值构成

①**地块的投资型增值** 地块的投资型增值主要是直接投资型增值，是土地一级开发商对城镇土地基础设施和公共设施的投入，改善了地块的区位条件，所提高土地价值。根据马克思的地租理论，土地的价格形成包括绝对地租和级差地租。其中，土地增值主要是土地开发投资产生的利润和对同一地块上的连续增加投资所产生的级差地租Ⅱ。

②**地块的用途变更型增值** 随着城镇经济发展，各种经济活动及其区位选择要求也发生变动，在土地供应一定的条件下，城镇用地结构逐渐发生演化，城镇中心由于区位条件好，地租支付能力高，土地由低收益用途逐渐向高收益用途转变。用途转变产生的土地增值成为地块的用途型增值。

③**地块的强度改变型增值** 地块的强度改变型增值是指因城镇地块的强度指

标变化而产生的土地增值。地块的强度一般用容积率、建筑密度、建筑高度等指标度量。其中最常用的指标是容积率。容积率越大,可开发的建筑面积越大,土地价值越高。因此,土地利用强度的提高会导致土地增值。

6.3.4.2 土地增值收益的分配

(1) 土地整体增值收益分配

由前文叙述可知,土地整体增值是系统性增值,是国家、政府长期投资积累的成果,是社会大众共同努力的结果,不取决于土地投资人、使用权人和所有权人的个体主观努力。根据级差地租理论,城镇建设发展、人口增长等因素引起的城镇建设用地区位条件的改善所产生的土地增值属于级差地租Ⅰ,土地所有者凭借土地所有权垄断所取得的地租为绝对地租。按照贡献性原则,绝对地租、级差地租Ⅰ均应归土地所有权所有。在中国现有的土地产权框架下,政府应获得城镇土地的整体增值收益。

(2) 土地个体增值收益分配

根据土地发展权的相关理论和方法可知,土地个体增值是土地发展权的价值内涵,均为通过土地用途的变更或利用强度提高而获得土地价值的提高。因此,运用前文基于发展权的城镇建设用地分配原理,本书认为,用途变更导致的土地增值实质是土地利用过程中客观、动态的土地优化结果。规划仅是实现经济需要的工具,只是运用公权力客观显现土地潜在价值。这种潜在价值的形成源于城市发展和用地结构动态变化,是客观存在的,是其本源,是原产权土地的贡献。但以另一视角分析,用途变更后的土地增值与周边城市基础设施的完善联系紧密,而政府是城镇建设发展的投资主体,因此用途变更引起的土地增值应在土地产权人与政府间共享。具体而言,原建筑面积部分的用途增值收益归土地使用权人所有,其他收益归政府所有。

土地强度的提升主要是为了平衡拆迁成本或降低地价成本,主要是政府、规划师以及开发商所协商的结果,是国家公权在土地价值上的体现。另一方面,由于土地强度提高而产生的负效应需要政府通过利用其公权收取增值进行补偿。因此,土地强度提升带来的土地增值收益应归属政府。

一级开发商对原土地进行相应的拆迁、整理及再开发的同时,需要完善原土地的基础设施和公共服务设施等配套标准。因此,规划条件下的土地价值往往还包含土地投资价值,按照"谁投资谁受益"的原则以及级差地租Ⅱ原理,土地投资型增值应归属一级开发商。

综上所述,在城镇建设用地再开发的增值收益中,政府可以按照一定比例分享土地增值收益,参与分配的方式包括收取土地出让金,征收土地增值税等。政府分享的增值收益是土地所有者权益价值,除按照规定上缴中央财政外,主要用于发展城镇建设，补偿再开发产生的负效应。原土地权利人除获得原土地现状的价值外，还可以获得再开发后的部分土地增值收益，由一级开发商通过征地补偿的方式分配。一级开发商可获得土地拆迁安置补偿投资、基础设施和公益设施建设等各种投资回收与增值回报。再开发的土地增值收益分配详见图 6-7。

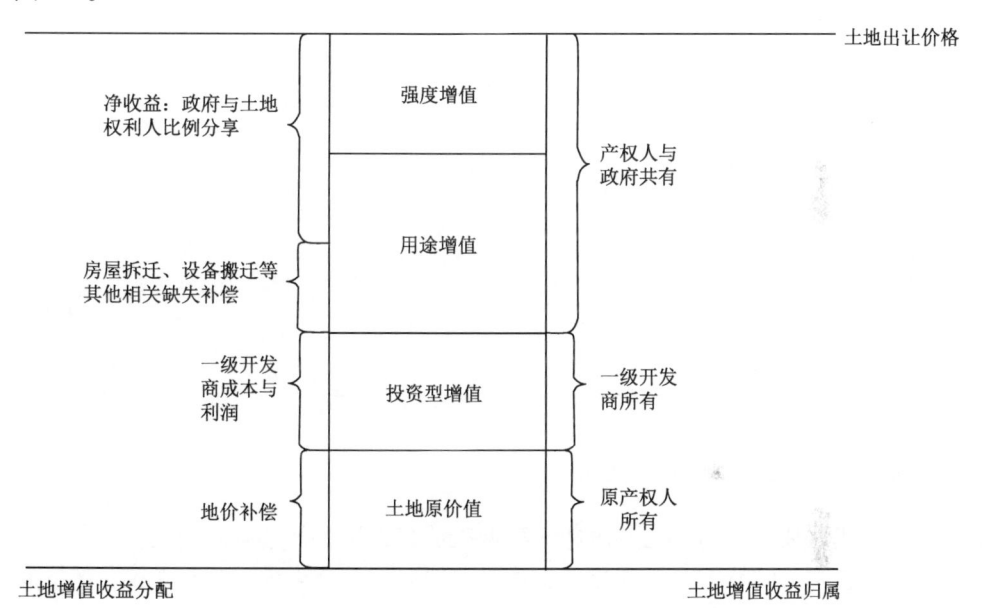

图 6-7 城镇建设用地再开发土地增值收益分配

资料来源：（何芳，2014）

6.3.5 再开发收益分配方案效果评估

城镇建设用地再开发催生了巨大的土地增值收益，而收益分配方案是否得当直接影响再开发的实施。在再开发收益分配中，合理的标准是要做到公平与效率的有机统一，即实现基于效率之上的公平和基于公平保障之下的效率。基于此，应从土地权利人对再开发的价值感知视角出发，构建再开发收益分配的评价指标体系，合理评价再开发收益分配方案。

6.3.5.1 收益分配评估指标体系构成

结合城镇建设用地再开发收益分配的特殊性，从经济、社会、生态 3 个层面建立 3 个一级指标、11 个二级指标的再开发收益分配评价指标体系。一级指标包括经济价值感知、社会价值感知和环境价值感知，二级指标是将 3 个一级指标进行细化分解，具体见表 6-1。

表 6-1 城镇建设用地再开发收益分配评估指标体系

一级指标	二级指标
经济价值感知	家庭生活费用
	便利程度
	房屋市场价值
	收入增加速度
社会价值感知	生活保障
	收入渠道
	就业机会
环境价值感知	整洁度
	邻里关系
	空气质量
	城市景观

6.3.5.2 收益分配评估方法

参与式评估是目前广泛应用的一种调查研究方法，其基本原则是通过研究者与研究区各主体间持续对话交流，实现专业知识和大众化认知在对立统一的框架下共同作用，获得对某个问题或环境更全面的理解。其中，参与式评估最常用的两种方法是半结构访谈和问卷调查。因此，再开发可以借鉴参与式评估方法，设计访谈提纲和调查问卷，通过走访再开发后的社区或居委会，宏观上了解再开发后的基本情况。然后访谈当地居民，针对再开发后部分居民在生活方式、社会保障及周边环境变化等的感知，调整和修改问题。选择一定比例的再开发土地权利人，进行入户调查。调查的内容包括：第一，居民的基本情况，包括性别、年龄、文化程度、家庭成员以及对目前生活状态的满意度；第二，对再开发后土地和房产的价值感知，包括房地产价值感知、再开发后环境、经济和生活保障的感知；第三，对再开发政策和形式的认知。通过入户调查，统计分析所得结果，然后具体分析再开发收益分配的效果，为再开发顺利实施提供一定的参考。

6.4 协调再开发的利益关系

不同再开发模式的利益分配有所区别。当前，中国的城镇建设用地再开发正处于逐渐成熟中，各地再开发的利益分配方式不一。其中，以上海、广州、深圳的再开发利益分配方式最具代表性。上海由于无法享受广东"三旧"改造下的自行改造和协议出让政策，其主要做法是在城乡建设用地增减挂钩的政策背景下，利用集体建设用地置换为国有建设用地的土地增值收益支付再开发的成本，以解决国有建设用地指标不足、集体建设用地低效利用、用地分散带来污染等问题，达到促进城乡空间结构重组和产业结构升级之目标。由于政府主导投资的特点，上海的土地增值收益主要为政府所享有。深圳的做法主要利用了土地发展权变更（用途改变和强度提高）所带来的收益，再开发的直接收益主要由土地原业主和市场开发主体所享有，政府则获取公益性用地和补交的部分地价来获益。广州的做法介于上海和深圳之间，由政府和原业主共同分享土地增值的收益，但收益分成的比例直接影响原业主和政府进行土地再开发的动力（田莉等，2015）。再开发的利益分配对再开发规划的实施和城镇未来的社会、经济、环境效益具有重要意义。因此，研究合理的再开发利益分配机制，协调再开发参与主体的利益诉求变得十分必要。

利益主体在一定的规则内做出行为选择，所以，作为制度主要供给者的政府，应通过一系列的制度安排实现利益合理调整，通过建立科学的利益机制，合理设定各利益主体的权限，匹配主体努力和主体所得，从而规范各方行为，保证再开发利益合理分配，逐步消除再开发中因利益分配不均而引发的社会问题。

6.4.1 规范地方政府的利益追求

地方政府在城镇建设用地再开发中居于主导地位，城镇发展的关键在于城镇治理行动者的理性选择与其互动结果。优化政府行为、克服"行为惯性"的关键是规范地方政府在再开发中的利益追求，将地方政府的行为动机纳入到城镇发展的长远利益中考虑，兼顾公共利益的运行框架内所建立的各利益主体均衡博弈的"多中心"模式。同时需要限制政府官员对个人利益的过度追求。通过树立正确的政绩观，引导官员从自身利益出发选择对委托人最有利的行动。通常情况，委托人（社会公众）只能观测到代理人（地方政府）的行为结果，即绩效。由于公共行为多表现为集体劳动性质，其客观环境又充满不确定性，再加之服务对象的多元性，人们很难监督地方政府的努力程度，也难以制定一定标准用以量化政府官员的绩效。为有效规范地方政府在再开发中的利益追求，应当建立一套以民本位思想为价值导向的绩效评估体系，规范地方政府在再开发中的行为。在评估过程中要将公众满意度作为首要标准，通过再开发区域居民的调查，了解居民的利益需求和政策建议，掌握居民对政府行为的满意度，确保评估能够真实反映受再开发影响居民的价值偏好。

6.4.2 规范开发商的利益追求

在科学有效绩效评估的激励和约束下，地方政府出于政绩考虑，会按照绩效评估目标规范开发商行为。一方面积极促进开发商与社区公众实行谈判制度，另一方面做好监督开发商再开发行为的工作。如在拆迁补偿上，将公众满意度作为项目拆迁成功与否的标准。对优秀的开发商提供一定的优惠激励政策，保证其投资回报率。对不合格的开发商实施一票否决，建立开发企业黑名单，追究其相关责任。那么，开发商在再开发过程中的拆迁概预算编制、房屋产权性质界定、房屋面积测量、拆迁补偿敲定、拆迁补偿金发放、房屋拆除等经常损害社区公众利益的环节中，就会三思而后行。以拆迁担保制度为例，目前，拆迁人按开发商意愿或想在短时间内完成开发商提出的拆迁工作，违法暴力的拆迁行为时有发生。建立拆迁担保制度可制约拆迁人的违规行为：拆迁人拿出一定资金作为拆迁担保，当拆迁人在拆迁过程中出现违反拆迁协议或有关法律规定问题，担保金优先用于补偿受害人。此外，在拆迁过程中，应鼓励被拆迁人适当参与。开发商在取得拆迁许可证后，要及时告知社区公众拆迁单位情况。如果被拆迁人认为开发商选任的拆迁单位资质不够，或有违法拆迁记录而不认可时，可与开发商协商另选拆迁单位。

特定的开发商往往与地方政府特定部门结合，形成实质上垄断。长远看，遏制开发商的利益过度膨胀，必须全程制约开发商的预期利益，打破实质上的垄断。以房地产评估机构为例，目前大多数房地产评估机构依附行政权力而存在，且与开发商关系密切。其出具的房地产评估报告往往带有浓厚的行政行为色彩，估价活动缺乏独立性，存在与开发商串通做虚假评估的现象。因此，为保障被拆迁人的合法权益，规范开发商的过度利益追求，需要建立专业素质高、责任心强、独立的第三方评估机构。任何组织或个人不得非法干预拆迁估价活动和估价结果。对拆迁房屋进行评估时，房屋评估机构应由拆迁人和被拆迁人以竞标方式共同协商选择，构建良性竞争平台。

6.4.3 发展社区建设

扩宽公众的利益保障渠道，充分发挥社区力量对完善城镇建设用地再开发利益分配机制尤为重要。社区是由一定数量居民组成、具有内在互动关系与文化维系力的地域性生活共同体，其地域、人口、组织结构和文化是社区构成的基本要素。信息社会和互联网的发展，使得居民能够更便捷地获取再开发信息，同时，居民还可以借助社区以较低成本表达自己的意见，更为灵活、积极且准确地保护自身的合法利益。当前中国主要有两种形式的居民自治组织：一是城市居民委员会；另一个是业主委员会，存在于商品化的住宅小区内。

社区自治能增强社区公众在三方博弈中的力量。地方政府应该以法律法规的形式积极推进社区建设的步伐，从而保障社区居民在再开发中的权益。一方面，社区通过收集其公众利益需求，积极建立社区公众、开发商与政府部门间的互动关系，促进社区居民对再开发决策、实施和监督的全过程参与。增加社区居民的力量，引导社区居民关心社区发展。另一方面，良好的社区构建使社区自身的各类资源得到有效整合和充分利用，表达社区居民的利益诉求和期望，维护自身利益。当再开发项目侵害社区利益时，力量分散且具备共同利益的个人通过社区组织存在进一步增强共同利益的倾向，实现社区居民在共同价值观基础上的更紧密的联系状态，从而在与外部系统博弈过程中争取主动，有效防止再开发中社区居民的利益流失。

6.5 本章小结

本章论述了再开发的产权调整和收益分配问题，主要归纳为以下4点。

第一，城镇建设用地再开发的增值收益实质就是土地发展权的价值，土地发展权的理论基础和法律归属可为再开发收益分配提供有力支撑。总体上，再开发增值收益既不能完全归公，也不能完全归私，而应在公有和私有间取得合理平衡。再开发增值收益也属于社会财富的一种，因此可以适当参考财产的分配机制。在初次分配中，政府应当尊重和承认土地权利人的土地发展权，保护公民基于土地所有权和发展权获得相应土地增益的权利。在征收土地时，应该以"市场价格"公平补偿被征收人。再次分配中，采用税收模式实现再开发增值收益的社会返还目标。

第二，城镇建设用地再开发的核心问题是产权调整。再开发的产权调整，既可从物权考察房地产产权权利的支配关系，也可从产权考察房地产产权调整带来的权利人的经济利益变动。具体来说，再开发中产权调整包括土地产权主体调整和作为再开发客体的土地权利调整。产权调整要在中国特定的法律与制度框架下，按照规范化的程序，运用适当的方式进行，同时注意协调利益相关者关系，降低交易成本。

第三，城镇建设用地再开发中增值收益分配已成为再开发实施成功与否的关键。再开发收益包括土地价值与房地产价值。再开发收益分配涉及利益主体多元，但直接参与再开发的主要包括地方政府、开发商和土地权利人。再开发的不同利益主体间相互博弈，互相摩擦碰撞，在不能有效协调的情况下，导致再开发难以有效推进。相关利益主体各方存在较大利益冲突，其本质是利益调整问题。只有各方收益均大于成本时，再开发才能顺利推进。厘清再开发收益的构成是分配的前提和依据。再开发的增值收益包括土地整体增值和个体增值。其中，整体增值收益归国家所有，个体增值收益在政府、土地权利人和开发商间按比例共享。最后，可从土地权利人视角出发，用价值感知法评估再开发收益分配方案的合理性。

第四，城镇建设用地开发中需合理协调再开发参与主体的利益诉求。规范地方政府在再开发过程中的利益追求，限制政府官员对个人利益的过度追求，建立一套以民本位思想为价值导向的绩效评估体系；规范开发商的利益追求，积极促进开发商与社区公众谈判制度，做好对开发商实施再开发的监督工作，同时遏制开发商的利益过度膨胀，打破事实上的垄断；积极发展社区建设，增强社区公众的博弈力量。

7 模式研究

制度是指导城镇建设用地再开发的前提,权籍调整与收益分配通过协调参与各方利益以保证再开放的顺利实施,是再开发的基础,而不同组织模式下制度的运作主体和实现方式存在差异,因此参与各方可获得效益更是差异较大。基于此,本章探讨政府主导型、业主主导型、市场主导型、规划主导型和混合型等组织模式的内涵、特点及适用范围。又由于再开发涉及区域广泛,不同再开发区域特点各异,以往"一刀切"式的再开发应用模式已很难满足当今社会要求,因此,本章进一步研究适合不同区域的再开发应用模式,分析更接近于治理实践应用的各种模式集成应用,最后提出基于定性分析 – 预测评价 – GIS 耦合方法,并系统集成,构建再开发应用模式的优选系统。

7.1 再开发组织模式

7.1.1 政府主导型

7.1.1.1 内涵

政府主导型再开发是指由政府牵头组织,直接参与全部再开发过程,属于自上而下型的组织模式(图7-1)。运作主体主要为政府的相关部门,如广州市城市更新局或各地的旧城改造办公室等等。政府作为再开发工作的组织策划者,不仅主导政策方向,而且直接参与其建设过程,主要包括再开发规划的编制、建设资金的筹措、原有建筑的拆迁补偿和回迁安置、工程施工进度和建设质量的监督、工程竣工验收等一系列与再开发相关的工作。

政府主导型组织模式完全依靠政府力量进行运作,其资金主要来源于政府的财政支出或政府融资,这对政府财力的要求较高,政府的财政状况或融资能力直接决定着再开发工作的顺利展开,因此这种模式适用性不高,可持续性相对较弱。

7 模式研究

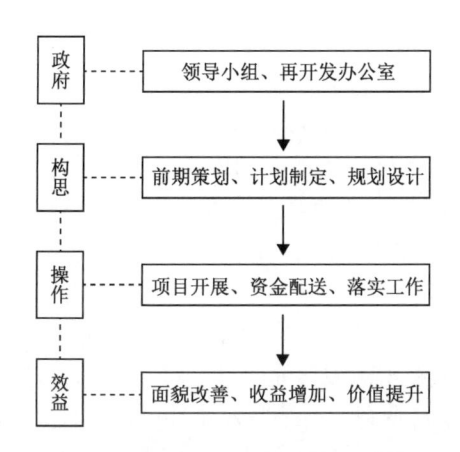

```
政府 ──→ 领导小组、再开发办公室
              ↓
构思 ──→ 前期策划、计划制定、规划设计
              ↓
操作 ──→ 项目开展、资金配送、落实工作
              ↓
效益 ──→ 面貌改善、收益增加、价值提升
```

图7-1 政府主导型组织模式示意图

资料来源：（王亚旗，2010）

7.1.1.2 特点

①**注重城镇发展整体利益和长远利益** "我们不希望一个个城中村变成一个个楼盘，也不希望通过改造后的城中村和旧厂房，由于各自去搞而造成更严重的城市病。"时任广州市常务副市长陈如桂曾如是说。作为城镇建设用地再开发的运作主体，政府具有其自身独有的优势。政府对再开发的考虑不仅涵盖物质空间形态的表面，而且更重视再开发背后可实现的城镇整体长远利益，再开发过程较为符合政府意图。因此，政府对再开发的利益诉求主要表现在将再开发空间作为控制手段，凭借其掌握的政治权力平衡与折中各种社会利益需求，并分配社会价值权威（曲少杰，2011）。再开发涉及的用地形态多样，且作为城镇发展到一定历史时期的必然产物，其涉及诸多因素，如历史特色、民俗风情、文化底蕴等人文因素，空间环境、城市风貌、生态条件等形象环境因素等。因此，政府主导型组织模式可较好地实现各利益主体和要素的平衡。

②**各相关部门统一协调** 城镇建设用地再开发是一项复杂的系统工程，在具体运行中涉及众多部门，如国土局、财政局、发改委、建委、规划局、交通局、环保局或再开发改造办公室等职能部门，各部门级别相当，并不存在行政管辖的上下级关系，以行政主体的政府牵头组织再开发，具有其独特优势。这种模式可有效调动各部门工作积极性，实现部门间通力合作，保证再开发的顺利展开。

③**再开发进度较快** 在政府主导下，针对再开发中遇到具体问题，可迅速出台相应的解决方案，也可制定一系列的优惠政策和措施，以调动业主参与再开发的积极性，诸如补偿形式的制定、人口的安置、未来社区的治理以及基础设施的完善等。在各部门分工协作和相关政策和措施引导下，可大量缩短再开发建设周

期，减少再开发时间，从而加快再开发进程（王亚旗，2010）。

④**政府财政压力大**　政府主导型模式所涉及的资金，基本由政府承担，而目前城镇建设用地再开发项目资金数目较大，尤其是需要成片改造的项目，政府很难投入足够资金，这是该模式最大的困难。在一些经济比较发达的沿海城市，诸如深圳、广州、珠海等，即使其经济实力较为雄厚，也很难独立完成大型再开发项目。而在相对欠发达的内陆城市，完全依靠政府投资再开发建设则更是难上加难。

⑤**业主的参与性不够**　政府主导型完全以政府为主体，在再开发中涉及的业主们则只是被拆迁和被补偿对象，完全处于被动状态，这导致他们参与性不够、积极性不高，并容易因自身利益与政府发生冲突，从而提高再开发建设成本费用，影响再开发进程。

7.1.1.3　适用范围

根据政府主导型模式的特点，可知其在城镇建设用地再开发中更多考虑的是长远和整体利益，该模式再开发是以社会和环境效益为优先目标，经济效益次之。虽在一些城市该模式也进行商业用地改造，但受再开发资金限制，进度极为缓慢。因此，本书认为该模式更适用于政府公益性再开发项目，如大型市政类基础设施建设、路网改扩建、文化遗产保护与开发等项目。

7.1.2　业主主导型

7.1.2.1　内涵

业主主导型组织模式以村集体、村民个人或用地主体作为城镇建设用地再开发主体，在政府相关政策引导下，村集体、村民共同出资或用地主体采取独资方式，根据整治规划、城市规划、经济产业布局等自行设计再开发方案，依靠自身力量独立承担房屋拆迁、建设、本地或异地回迁、商品房建设销售等全部再开发过程（周新宏，2007），如图7-2所示。相对于政府主导型，这是一种自下而上的组织模式。这种模式在具体运作中主要是业主自发成立相应的实业公司进行再开发建设，通过统计业主所拥有的宅基地以及房屋等财产，将财产量化为股份，符合条件的业主均可持有该实业公司的股份，再开发后按照业主所持有股份的数量分配收益。一般所成立的实业公司多数为房地产开发公司或综合性的公司（张鸿雁，2014）。

这种模式将再开发利益内部化，可充分发挥再开发主体的积极性，使再开发既符合业主的意愿，又能保证业主利益的实现。但该模式不依赖政府资金，如果所需资金较大而业主自身经济实力有限时，就很难顺利进行。同时，由于业主缺乏开发建设经验，往往也会降低再开发成果的品质和档次。

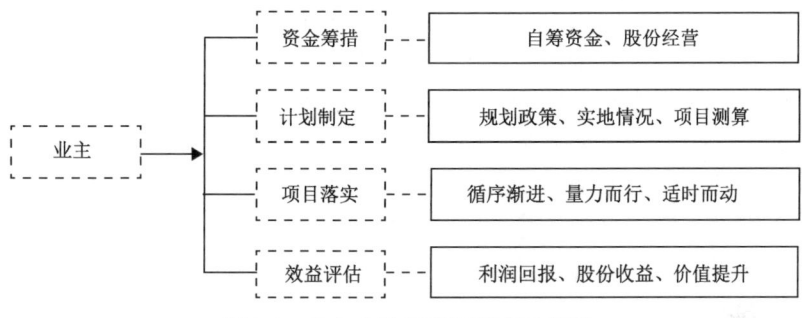

```
业主 → ┬─ 资金筹措 --- 自筹资金、股份经营
        ├─ 计划制定 --- 规划政策、实地情况、项目测算
        ├─ 项目落实 --- 循序渐进、量力而行、适时而动
        └─ 效益评估 --- 利润回报、股份收益、价值提升
```

图 7-2 业主主导型组织模式示意图

资料来源：（王亚旗，2010）

7.1.2.2 特点

①**业主积极性较高** 该模式最大的优点在于充分调动了业主参与再开发活动的积极性。主要体现在：首先，业主建立股份制公司，筹措资金参与再开发建设，从而实现业主与再开发后利益的有效捆绑，业主通过参与再开发获得利益共享，可获得利益的多寡直接与再开发效益挂钩，从而调动了业主参与再开发的积极性，也缓解了政府财政压力；其次，通过再开发建设，业主的居住环境、基础设施、市政设施等均可得到一定程度的改善，直接关系到业主自身的利益，因此业主积极参与再开发活动。

②**阻力较小、易于推动** 该模式以业主作为再开发主体，与其他组织模式相比，业主会更多基于自身利益考虑项目运作，由其他模式的被动接受变为主动操控，更能按照自己的意愿去展开再开发活动。因此，该模式在再开发中遇到的业主阻力最小，易于再开发的顺利进行。

③**依据现实情况制定再开发计划** 对再开发区域而言，业主比较了解该区域的现状，能够根据实际情况以及自身现实条件来确定具体内容，切合区域实际。进而，业主可根据再开发资金的筹集情况，结合再开发内容的迫切性，深思熟虑后确定再开发执行方案，做到"量体裁衣"。这样，一方面能避免其他模式可能造成的浪费，另一方面也可减少开发商过分追求经济利益所带来的负面影响。

④**易短缺再开发资金** 再开发是一项浩大的系统工程，在再开发中需要投入大量资金以保证建设顺利进行，业主自身虽具有一定经济实力，也可通过组建股份制公司来筹措资金，但对于比较庞大的再开发费用，仍会出现资金缺口，以致再开发项目难以顺利展开，这也是业主主导型模式的最大难题之一。

⑤**技术和管理水平缺失** 业主独立承担再开发的全部工作，导致缺少再开发相关专业人才，尤其缺乏懂流程、懂技术、善管理的高精尖人才，极易造成技术和管理水平的缺失。很多参与人员未必具备再开发经验，只能摸索前进，对可能出现的各种问题缺少预判，易导致运作的阻滞。同时，虽然该模式业主的积极性较高，但完全依赖业主自身能力，容易出现拆迁安置补偿的标准差异。如果管理者缺乏有效协调和管理能力，就存在引起业主间矛盾的可能性，致使项目难以顺利推进。而由于这种模式在资金、技术和管理存在的问题，也会影响再开发效果，诸如再开发形成的新的物质形态档次、品质不高，或与政府制定的规划方案相悖等。

7.1.2.3 适用范围

该模式适用于大部分再开发项目的建设，尤其适用于工业和商业项目的再开发。但其应以业主本身实力为选择前提。根据上述业主主导型模式特点可知，为保证再开发项目的顺利进行，业主应具备较高的实力要求，不仅经济实力较强，而且技术能力也较强。另外，再开发区域所需资金较少或业主自身经济实力较强的区域也可考虑该组织模式。

7.1.3 市场主导型

7.1.3.1 内涵

市场主导型组织模式是指政府将拟再开发地块通过"招拍挂"等合法程序予以出让，由获得土地使用权方进行投资改造的模式，属市场化的操作方式。该模式运行主体以开发商为主，开发商在政府指导下，以已确定的再开发规划为依据，利用市场机制自筹资金，独立承担再开发区域原业主的补偿、安置，以及房屋拆迁、建设、销售等全部再开发过程。

政府主导型和业主主导型模式均仅有政府和业主双方参与再开发活动，而市场主导型模式则加入了第三方，使得政府、业主、开发商之间存在两种可能形态。一种是城镇建设用地再开发地块属政府储备用地，政府和业主间已达成协议完成征购补偿，并在一定程度上完成基础设施建设，开发商与业主间并不存在直接利益关系，矛盾较小，开发商取得土地使用权后可立即开展再开发项目建设。如图 7-3 所示。另一种则是再开发地块仍属于业主所有，开发商获得土地使用权后，首先要与业主达成协议，完成房屋的拆迁、补偿和回迁等工作，在这个过程中政府更多属协调方，而非直接参与者，开发商在完成拆迁补偿后，才能进行后续工程。如图 7-4 所示。

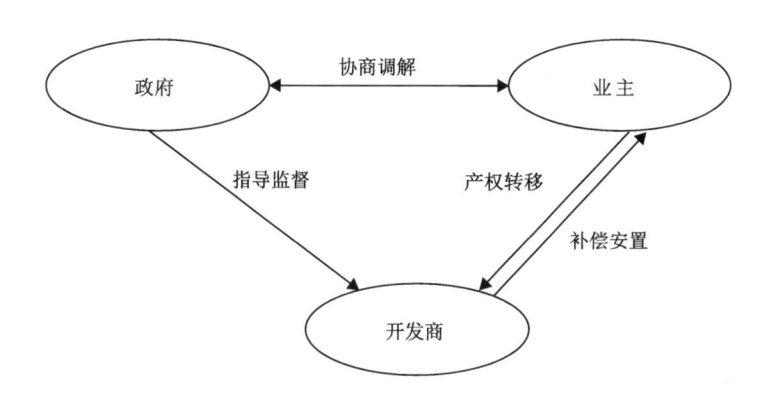

图 7-3　市场主导型再开发模式（政府储备）

图 7-4　市场主导型再开发模式（业主所有）

7.1.3.2　特点

①**再开发资金具有保障**　市场主导型最大的优点在于通过市场机制来保证再开发项目的顺利进行。作为再开发主体的开发商，大多经济实力较为雄厚，能够筹措到所需资金，并保证资金的连续供应。开发商在通过"招拍挂"等方式获得土地开发权时，已经过综合、谨慎的估算，充分评估资金投入、盈利、风险等之后，才会决定是否参与再开发项目建设。能够全面充分考虑再开发资金链环节中诸如资金周转、资金投入、经济收益等可能出现的问题，并可依靠自身筹措运作能解决这些问题（王亚旗，2010）。因此，开发商在资金这一环节上是基本具有保障的。

②**经验丰富，再开发质量有保证**　开发商的开发建设经验较为丰富，通过借鉴已有再开发项目经验等方式，在再开发工程进展中遇到的建设问题相对较少，可保证再开发的顺利进行，同时其一般拥有较为专业的再开发人才分工负责各项再开发工作，在经验和人才上的储备为项目顺利的运作、实施和管理奠定了良好的基础。同时，市场主导型模式一般由专业机构负责再开发，能够保证再开发区域的品质与档次，提供质量较为过硬、环境较为优雅的物质形态。

③**效率较高**　开发商是以盈利为目的，拥有专业化的合作团队、成熟的经营管理体系、雄厚的经济实力等软、硬件配置，能够保证城镇建设用地再开发项目的品质与档次，提高市场价值与影响力。如果从纯经济学视角分析，开发商作为

主体直接参与再开发项目的运行，效率最高（李俊夫，2004）。

④**以追求经济利益为主**　市场主导型模式在某种程度上是以可实现经济收益最大化为终极目的。因此在再开发中，建筑的容积率和密度等与经济效益直接相挂钩的因素会成为焦点，而忽视对社会环境效益的考量。对某些再开发区域，政府原本希望通过再开发实现区域整体协调，缓解区域基础设施陈旧、居住人口超过承载力负荷、居住环境恶劣等矛盾，而开发商纯粹追逐经济利益的方式，一方面容易突破规划限制，另一方面与政府意图相悖，容易造成原矛盾未得缓解反而加剧的后果。

⑤**业主参与度相对较低**　该模式中业主常常成为再开发能否顺利进行的最大阻力。首先，在拆除旧有建筑过程中，开发商与业主间常常会因拆迁补偿等问题难以达成一致，出现拆迁难问题。其次，该模式开发商易忽视原业主感受，而业主们更希望维持原有生活环境的建筑形态和风貌，致使业主参与再开发的积极性低，意愿不强。上述问题会直接影响再开发的建设进度。

⑥**存在开发风险**　开发商介入后，可以成立项目公司，按市场化方式综合开发，诸如介入征地、拆迁、补偿、安置等工作，负责建设和销售，导致再开发项目周期较长，期间存在一定的不可预测因素，如政府宏观政策调整、开发商自身运营状况、业主开发商间矛盾爆发等，皆可成为项目中断的缘由。开发商自身更易出现纰漏，诸如资金短缺、机构重组、人员变动、经济重心转移等都可能延长周期，甚至出现瘫痪成为烂尾工程。这样不仅增加再开发成本，更浪费时间，成为再开发区域的沉重包袱。

7.1.3.3　适用范围

这种模式主要适用于再开发区域较大，而政府或业主无力筹集足够资金的诸如较大型的商业、工业项目用地改造再开发等。由于开发商仅关注经济效益，该模式更适宜于土地价值较高的再开发区域的投资。根据上述市场主导型模式特点可知，在该模式下保证再开发项目的顺利进行，一方面需要政府与业主、开发商间积极沟通协调，另一方面也需加强政府对开发商的指导与监督，防止开发商过度关注商业利益，而忽视生态环境利益。

7.1.4　规划主导型

7.1.4.1　内涵

规划主导型模式指的是在实施再开发过程中以规划为依据进行的再开发活动（图7-5）。在某种意义上中国的规划具有法律效应，全面贯彻实施规划，可发挥宏观调控和引导作用，促进再开发活动健康、有序展开。规划主导型模式与其他模式的主要区别在于，再开发过程自身涵盖详细规划，并且严格按照这个规划进行（崔东娜，2007），其他组织模式的改造主体如政府、业主或开发商都有可能成为再开发的主体，但无论以谁为主体，都要求其必须严格按照已批准的再开发规划方案进行再开发项目建设，如对区域新楼盘的开发和基础设施建设等。规划在该模式中被赋予了最高地位，对于再开发项目的顺利完成，除指导作用外，更多地体现为法律赋予其的强制力。

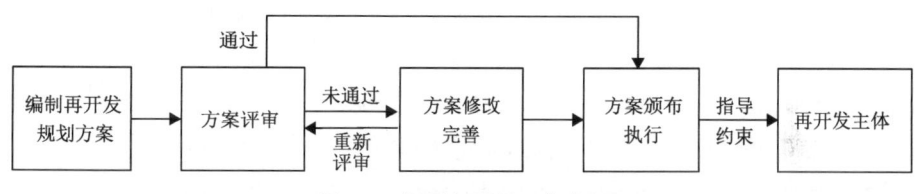

图 7-5　规划主导型运作流程

7.1.4.2　特点

规划主导型模式有利于实现区域可持续发展。它可以较好地处理再开发项目近期与长远关系、土地开发利用与生态保护关系，是科学指导再开发活动的重要依据，对规范再开发活动，保护和改善生态环境，实现区域社会经济环境效益最优具有重要意义。再开发规划方案均是根据区域社会经济自然等的实际状况以及未来发展趋势提出，因而，该规划与周边地区的自然、历史条件、对区域功能的定位和土地利用空间结构的设计均更加合理，有利于区域可持续发展目标的实现，也更符合政府的再开发意图。

但该模式主要是针对区域未来发展的整体协调度等考虑，对再开发主体意愿考虑不足，容易出现规划蓝图易描，实际运行难以持续的问题。

7.1.4.3　适用范围

在充分考虑规划主导型模式特点基础上，本书认为该种模式适应面较宽范，一般存有规划的区域均可考虑该模式。但目前国内实际应用较少。

7.1.5　混合型

7.1.5.1　内涵

混合型模式是指由政府、业主、市场中的两者或三者共同主导的再开发组织模式。采用混合型模式，可以最大限度地发挥各方优势，通过协调各方的相互监督以保全参与各方自身利益。但再开发是一项浩大的系统工程，其中权利、利益的分配错综复杂，参与各方为争取自身的最大利益，相互间容易产生矛盾冲突，或者相互推诿，因此良好的组织协调是保证再开发顺利运转的关键。

混合型模式可分为3种：一是政府与市场合作模式，二是业主与市场合作模式，三是多主体伙伴关系模式。

政府与市场合作模式主要是政府与市场商业性的合作模式。其中较为典型的是PPP（Public-Private-Partnership 公共私营合作制）模式，它是一种优化的项目融资与实施模式。政府通过给予私营公司长期的特许经营权和收益权来换取基础设施等公益项目的加快建设及有效运营，可减轻政府初期建设投资负担，使民营资本更多参与到项目中，提高效率，降低风险。这种模式优点在于前期发挥政府对再开发的优势，加快改造速度并保证被改造利益主体的权益；后期发挥市场资源配置优势，提高土地利用效益（白雪华等，2003）。

业主与市场合作模式主要是业主与市场商业性的合作模式，也是再开发中运用得较多的一种模式，具体有两种形式。第一，"土地入股"联合开发模式，采取业主以原有建筑或土地入股改造，并参与项目利润分配。开发商对业主的物业不再另行补偿，只按照国家有关政策补偿业主原有住宅建设成本和拆迁安置过渡费用。第二，"以地引资、以租代建"合作模式，也称为BOT（建设-运营-转移）模式，即业主提供再开发项目用地，由开发商垫资建设，建成后给开发商数年租赁经营权，年限到期由业主收回。这种模式对原有业主的经济要求较低，能够吸引社会资金达到改造的目的，并减小改造风险（王潇文，2010）。

多主体伙伴关系模式是由政府、企业和社会多个部门的利益相关者共同参与的、以伙伴关系为治理框架的混合型组织模式。再开发的多主体伙伴治理是一个互动过程，其主要通过伙伴之间的协商谈判达成合作协议，通过共同制定的规则和治理结构，来达到促使参与主体相互了解、相互信任、通力合作、自我管理、风险共担、利益共享，并最终实现增进公共利益的目的。

多主体伙伴关系模式再开发的关键利益相关者应包括地方政府、开发商、当地企业、社区组织和居民等。第一，地方政府。在这种模式的再开发中，政府的角色应是服务者和参与者而不是"掌舵者"。由于拥有大量的公共资源，地方政府可以作为再开发项目的发起者、伙伴关系的组织者、启动资金的出资者，同时作为伙伴关系一员，与其他主体在全部再开发过程中风险共担，利益共享。通过多方参与和公共监督尽可能地减少政府官员权力的寻租空间。第二，开发商与当地企业。涉及大规模推倒重建，开发商应在项目开始之初就加入伙伴关系组织，分享自己的商业运作、方案设计、项目开发等经验，以便更有利于再开发项目的前期决策和后期实施；仅为局部修缮或重建，可在后期以项目采购形式选择小型房地产开发商或承包商，或在实施过程中吸纳开发商进入伙伴关系组织。首先，当地企业多扎根于旧城或旧城社区，对保持旧城的经济多样性、激发旧城活力、解决社区居民就业具有重要作用；其次，在再开发的过程中，当地企业可以采取自行组成非政府组织或作为社区组织组成成员，参与伙伴关系，以争取自身利益并促进地区发展。第三，社区居民。可分为房地产业主和租户两类，居民单凭个人的力量，往往难以影响再开发，必须以组织的形式壮大自身力量，尤其需提高自身讨价还价水平，才能既维护社区的公共权益又保护居民的个人利益。为真正保障社区和居民的利益，行之有效的方法是由真正代表社区和居民利益的组织参与再开发的治理，社区变传统再开发中的被动接受为主动参与。第四，除上述关键利益相关主体外，其他非政府组织（如环境保护组织、文物保护组织、弱势群体保护组织等）也应在再开发中发挥帮助社会组织，监督项目实施等作用。

在多主体伙伴关系模式的再开发中，中央政府负责制定再开发的相关法律法规，并出资成立专门的再开发治理机构。再开发治理机构职能类似英国政府的旧城再生公司叠加旧城再生基金的职能，并接受社会独立审查机构的审查。中央政府基金通常用于地区的基础设施建设和社会发展，其目的是通过部分投资引导更多的私人投资进入，改善当地环境。地方政府是再开发项目的发起人和组织者。由地方政府提出某一地区的再开发需求，并牵头成立多主体参与的再开发伙伴关系组织，先行投入一定量的项目启动资金。再开发伙伴关系组织提出再开发项目方案，上报上级再开发治理机构审核，对符合国家相关法律法规规定和基金申请要求的项目，进行批准并发放再开发项目基金，明确基金用途，在实施环节中由独立咨询或审查机构跟踪基金的使用及再开发项目的进展。根据项目方案要求，伙伴关系组织对方案中需要社会资金投入的子项目向社会征集私人投资。方案实施过程中，再开发全程接受独立咨询机构监督，并及时向伙伴关系组织反馈实施效果，以便于方案的动态调整。同时，应保持项目实施过程中的信息透明，向公众和其他利益相关者公开再开发实施情况，接受公众的监督。

7.1.5.2 特点

①**有利于多方意图的综合考量** 混合型模式由政府、业主、市场中的两者或三者共同主导开发，因此在再开发中，通过协调沟通，可更好地保证实现各方意愿，尤其是政府和业主意愿可得到更大程度的满足，使再开发不仅成为经济增长的助推器，也可满足政府、业主对基础设施、文化保护等社会、环境效益的多种需求。业主与开发商合作，也可有效调动业主参与再开发的积极性，减少业主与开发商间的利益冲突，保证再开发项目的顺利进行。

②**有效解决资金瓶颈** 采用该模式展开再开发项目，有利于民间资本参与项目资金的筹集，有效解决政府、业主资金不足的问题。在开发商参与下，一些原本源于资金短缺而难以继续的再开发项目得以顺利实施。再开发中的融资风险及责任大多由投资者承担，政府、业主仅承担较低风险，且无需提供信用担保，既降低政府和业主的隐性债务，又减轻政府财政预算的压力。

③**资源整合取长补短** 通过该模式可使投资与参与各方重新整合，组成战略联盟，可协调各方不同的目标。同时，政府、业主和开发商可取长补短，充分发挥各自优势，优化运作与治理技术，提高城镇建设用地再开发效率和效果。在该模式下，开发商与扮演"投资经纪人角色"的政府或业主合作，在再开发前期即参与项目运作，可为其顺利进行提供先进治理模式、技术经验和雄厚的资本，全面提升再开发综合水平，也为其运作与治理带来勃勃生机（王亚旗，2010）。

④**风险共担** 该模式中开发商参与再开发项目运作时间较早，而其管理和投资的经验，有助于评估再开发项目的可行性及项目融资模式，并可在再开发的初始阶段有效解决全部再开发周期中可能存在的风险分配，从而提高再开发运作效率，降低风险。由于采用多方参与方式，在合作中，政府和业主分担风险较低，开发商为其自身利益进行充分评估风险后才会加入，总体上降低了各方的风险系数，有助于提高再开发融资成功的可能性。

7.1.5.3 适用范围

根据上述混合型模式的特点可知，其在政府意图、业主意愿和开发商利益方面可实现较为良好的平衡，因此该模式在城镇建设用地再开发项目中具有较为宽广的适用范围，尤其在国家重点支持项目中应用广泛。由于优势明显，当前该模式也已成为政府积极推行的组织模式，在全国很多地区均有采用，具有比较好的推广意义。

7.1.6 典型案例分析

7.1.6.1 政府主导型典型案例分析

目前，政府主导型组织模式的实际应用主要针对大型市政基础设施和公益项目。广州市白云区棠景街属市政基础设施再开发的典型案例，广州沙湾镇历史文化景区项目则是公益性项目再开发的另一较为典型的案例。

（1）广州市白云区棠景街再开发项目

棠景街是原棠溪、远景两个典型的"一线天"城中村。建街之初，该街除了机场路、三元里大道外，剩下的多为"断头路"。这些路全部是4～5 m宽的泥土路，路两侧则是密密麻麻的农民出租屋。据统计，423 hm^{2}的辖区内除10多个大型小区外，还有4500栋农民出租房。2000年后，政府开始投资市政道路建设。第一条改造的是乐嘉路，经过改造道路两边铺面租价升高数倍，环境得到改善。到2005年，当地政府完成了包括农贸市场、竹木市场、工业品市场、宅基房等70 hm^{2}违建物的拆除工作，先后改造完善了包括远景路、乐嘉西路、棠安路、水边街、松云街、合益街、南天大街、心谊路等在内的8条断头路和丁字路。在完成道路改造工程后，政府又投入大量资金改造棠景街的生态环境，颜乐天纪念小学前一个占地数千平方米的窝棚工地建成乐天广场，沙涌地段上万平方米的违章铺面被改建成沙涌公园，辖区新增的绿化面积达 9 hm²。棠景街周边环境的改善迅速提升了整个区域自身的价值。以远景路为例，2002 年，白云区政府投入 990 万元，拆除了规划路上 3.5 hm² 的违规建筑物，经过政府的整饰后，该路铺面租金比改造前上升了不止 10 倍。随着环境改善和白云新城规划的出台，棠景街一带已成为商家热土，年营业额近 10 亿元的广之旅公司总部、深圳华成百货集团等 150 多家全国知名企业总部纷纷落户棠景街。

(2) 广州沙湾镇历史文化景区再开发项目[①]

沙湾镇位于珠江三角洲中部，地处广州市"南拓"战略要地，是具有 800 多年历史的岭南古镇，传承了丰富、优秀的广府文化精华。沙湾古镇周边历经多年的工业发展，用地结构混乱，居住、工业用地相互混杂、相互影响，阻碍了沙湾古镇旅游业的发展。2008 年，在番禺区委、区政府支持下，沙湾正式启动古镇规划建设。古镇改造区域以古建筑群和街巷较集中的车陂和安宁西街区为核心，面积 18 hm²。

在 800 多年的发展历史中，沙湾形成并保留了璀璨的传统和民间文化，是岭南文化及广府文化的杰出代表。考虑到该区域的实际情况和未来发展方向，沙湾主要采取的是政府主导型再开发组织模式。

番禺区政府依据《中华人民共和国文物保护法》《广东省文物保护实施细则》《沙湾镇历史文化景区和文物的保护管理办法》等有关法规要求，制定形成了沙湾镇历史文化保护体系，确保在城镇建设用地再开发过程中，严格保护历史资源，控制协调文物保护单位、历史文化街区、近现代优秀历史建筑、景观视廊等周边的新建建筑高度和建筑风格。另外，按照"突出行业特征、民间特色、岭南风格"的原则，在再开发中凸显金融元素和岭南风情，以修旧如旧，恢复建筑原有特色为出发点，打造出一个在外观上既体现广府文化内涵，又表现金融建筑沉稳感及历史氛围的现代金融业服务街区。

城镇建设用地再开发前政府按照征询程序展开民意调查，确保沙湾古镇的改造确为民心所向。第一期保护修缮工程由沙湾镇政府总投资 2.1 亿元。主要是对沙湾古镇历史文化主体建筑和核心区进行保护性修葺，协调主要街巷沿线房屋的建筑风貌，结合"五个一"工程，加快改善古镇旧城范围内路、水、电气、排污、环卫、生活配套设施等公共服务设施。第二期工程改造计划除继续由当地政府投资外，也向当时的广州市"三旧"改造办公室申请专项平衡资金。该期为沙湾古镇改造区域，主要拆除重建。改造地块分别位于沙湾古镇的东、南、西入口，靠

---

① 部分资料来源于广州市城市更新局网站，http://www.gzuro.gov.cn/

近沙湾镇中心区，是沙湾古镇旅游景区和沙湾镇中心区的重要组成部分。主要改善沙湾镇现状内部道路网系统，有效衔接主要道路与对外交通，完善服务配套设施，提升旅游服务能力，完善古镇环境，提升古镇整体形象。

2012年初，沙湾古镇第一期保护修缮工作完成，并投入使用。通过再开发已形成独特的沙湾镇历史文化景区，提高旅游价值，增加游客量，增强"住""食""购""娱"等服务能力，直接提高沙湾镇的经济收益。在再开发中政府投入大量财力物力，改造沙湾镇周边基础设施、绿化环境等，改善区域基础设施完善度，提升环境质量。

综上所述，通过收集调查已有案例，可发现完全采用政府主导型组织模式的再开发项目较少，既存项目以大型基础设施改造或文化保护更新等公益性项目为主，这主要源于政府主导型自身的局限性。目前中国再开发普遍涉及区域均较大，需要大量资金支持，而单纯依靠该模式很难打通合适资金渠道，成为再开发项目顺利进行的瓶颈。因此，在实际再开发实施中，由于资金原因，一般较少采用该模式。

7.1.6.2 业主主导型典型案例分析

深圳市罗湖区渔民村再开发项目

深圳渔民村紧邻罗湖口岸，与香港仅有一河之隔，特殊的地理位置，使其成为改革开放后备受关注的核心区域，集天时地利人和于一身，成为深圳经济特区的第一个"万元村"。但是随着经济发展和外来人口增多，村民们为增加房租收入，纷纷加高现有房子层数，二层小洋楼变为"握手楼"，不仅扰乱渔民村整体景观，造成房屋通风和采光不良，水电、排水排污等基础设施布局不合理后果，还在村内埋下安全隐患。

2001年，渔民村成为深圳市旧村改造试点，村里成立了专门的旧村改造领导小组，全权负责再开发工作。在再开发中，渔民村未向国家和政府要求资助一分钱，通过成立村股份公司，自筹资金9000多万元，实现了依靠村民自筹资金，村股份公司自行组织改造，完成了全村的再开发工作。

2001年8月渔民村重建工程全面启动，2004年8月渔民村完成旧村改造工作。经过三年的再开发，渔民村拆除全部原有的"握手楼"，重新建成由1栋20层高的综合楼和11栋12层的小高层组成的新住宅区，总建筑面积约6.5万平方米，共有1300多套单元房。同时，渔民村也完成了全村水、电、气、电话线路、网络宽带等基础设施的改造，并增建很多诸如社区文化中心和老年中心等市政公共设施。

在再开发中，渔民村能根据再开发区域自身条件，针对存在问题，考虑村民自身意愿，统一规划设计、统一建设、统一治理协调，建立了较高标准的市政公用设施，合理划分和布局住宅区内各种功能用地，同时兼顾区域地方民俗特色，实现建筑景观风格与区域特色的协调。

综上所述，渔民村以股份公司作为实施主体，村民自筹资金完成重建，新建住宅除满足村民自身需要外，剩余住宅则委托物业公司统一出租，村民们每月坐享租金红利。通过重建不仅提高了村民居住生活质量，同时也为村民带来较为可观的经济收益。渔民村的再开发项目是目前较为典型和成功的业主主导型组织模式案例之一。渔民村再开发前后对比如图7-6所示。

图7-6　渔民村再开发前后对比图（后附彩图）

7.1.6.3　规划主导型典型案例分析

法国巴黎圣安东尼街区再开发项目

规划主导型模式在国内应用较为少见，欧洲城市则较常见。欧洲城市的市政府重视旧城保护与改造规划，他们认为周密详尽的规划是有效实施旧城保护与改造的基础。他们一般与规划师、建筑师事务所合作，组建专门从事旧城改造的规划编制工作机构，以保证编制人员的专业水准，避免因其他业务分散精力而降低业务水平。这些专业机构在认真调查及分析历史街区的历史和现状基础上，拟定详细的历史保护和改造规划方案，包括文物及重要历史建筑的保护方案，历史街区控制性详细规划，以及现有单体建筑的改迁方案等，内容涉及建筑的红线、高度、高度与道路宽度的比例、密度、外观、色彩、老建筑与邻近建筑的关系、内外结构、地下空间、使用功能、绿化、停车等方面。巴黎圣安东尼街区再开发项目属于比较典型的规划主导型再开发组织模式。

巴黎圣安东尼位于巴黎市中心东部，临近巴士底狱，是建于19世纪末期的居住、工业区，建筑以围合的中庭为特色，区域面积85 hm^2。自罗马帝国以来，圣安东尼街区就是通往巴黎城东的唯一路径，是中古时期法国国王往来巴黎与东郊文森城堡的必经地，在巴黎的城市建设中意义独特。然而自20世纪90年代初期开始，圣安东尼地区的新旧建筑风格冲突明显，经过扩建的道路造成旧广场视觉尺度消失，随着房地产商追求经济利益的最大化，蕴含丰富文化特色的中庭与过道也逐渐成为分割、破碎的残余空间（林志宏，2014）。

1994年初，巴黎市议会通过保护传统街区的提案，划定现状调查范围，同意针对该特定区进行再开发建设。经过规划，该地区拟保留300栋建筑和约70个中庭。规划不仅注意保护古建筑，更注重维持该地区的城市形态，包括道路尺度、建筑功能和景观等，同时规划还规定该地区建筑的功能及比例，要求建筑首层必须为商业用途，力图保持该地区居住、商业功能混合的特色。另外，对建筑高度、建筑元素保护也提出要求。通过规划主要实现3个目标：一是寻求新建筑物与旧街区的协调；二是延续本地区"住商混合"的特色；三是将部分街道中庭、后院与单栋建筑物等具备历史及人文意义的元素登记列册，以求既保护传统街区，又促进都市发展。总之，在实现保护历史建筑的同时，提供了经济发展和适应现代需求的可能性。通过对圣安东尼街区的再开发，虽然以往传统功能完全集聚中庭消失了，但这个历史公共空间，成为传统市区保护与都市适度更新并存特色的契机（林志宏，2014）。

经过案例分析可知，欧洲城市的旧城保护和改造规划与整个城市的发展规划紧密结合，更为重要的是，地方政府高度重视旧城保护与改造规划的严肃性。规划一经议会审定并颁布，即成为一项地方性法规，任何机构和个人都必须遵守，从而保证规划在实施中不走样，不更改。

7.1.6.4 市场主导型案例分析

武昌沙湖村再开发项目

沙湖村位于武汉三镇的武昌，属市中心城区。村域分布在城市主干道武青三干道的东、西两侧。该村东面是风景秀丽的沙湖，南面是昙华林历史街区，西面是武昌积玉桥旧城改造片，因其优越的地理位置、便利的交通、良好的商业文化氛围、丰富的景观资源等优势而成为近年来城市建设的热点地区，但同时也致使土地不断被征用，自然村落被迅速扩展的城市包围，仅剩下自然村湾、村属产业——沙湖钢材市场、果品批发市场、汽车4S店等用地。因此，进行再开发使其融入城市，彻底完成村庄的城市化势在必行，这对于完善城市结构形态，提升城市功能，提高城市建设总体水平，改善人居环境意义重大。

针对该项目区特点，政府积极发挥在再开发过程中的协调与指导作用，针对再开发中经常出现的资金筹措、市政配套落后等问题，以及开发过程中可能出现的安置补偿问题都事先调研及测算，提出了建设性的解决建议，即实行还建用地与开发用地捆绑方式出让，交由市场进行再开发。沙湖村作为武汉市16个试点再开发区域之一，也是第一个成功通过土地有形市场进行再开发资金筹措的村落，在武汉市的再开发项目中具有代表意义。

2004年，沙湖村开始再开发建设，成立沙湖经贸发展有限责任公司。2005年完成集体经济改制、户籍改登、撤村建居和建立社会保障等工作。2006年4月，该村"友谊国际"项目奠基，2012年3月，"友谊国际广场"项目奠基。现在的沙湖村，以土地入股，采取合作经营或出租的方式，拥有国宾楼酒店、金盛国际家居、长安汽车4S经销店、琪琳加油站等企业，人均年收入接近20万。"户均1台车，家平3套房"。而再开发前，村民靠挖藕、打鱼为生，人均年收入仅3000余元。

综上所述，市场主导型模式在再开发项目资金筹措方面具有极大优势，但其也存在短板，即容易与业主因补偿等问题发生冲突，从而影响再开发进程，同时在再开发中也容易出现因追求经济效益而与规划相悖等问题。因此，从武汉市市场主导型模式运作的成功案例可以看出，再开发建设作为一个政府、房地产开发商、村民和城市等多方利益博弈的过程，只有由各级政府政策的指导，充分发挥开发商建设资金、建设质量、建设效率等方面的优势，并积极引导开发商与村民共同参与、协商，尽量规避忽视环境整体协调性及业主感受问题，明确各方利益主体的职责和权益，才能保证再开发项目的顺利展开。

7.1.6.5 混合型典型案例分析

珠海市香洲区城中旧村再开发项目

珠海市香洲区共有26个城中旧村需要改造，总占地面积约300 hm^2，涉及原住村民7000多户，4万多人，加上外来人员，共约30万人。从2000年开始，珠海市围绕"改造城中旧村、创建精品社区"的总目标，高起点、高标准改造城中旧村，取得一定成绩，成为广东省推进城镇建设用地再开发的典范。珠海市在再开发中，以市场运作为主导，政府扮演着引导和监督角色并给予政策激励，同时与私人机构合作，并取得了良好效果，是运用混合型模式进行再开发比较典型的案例。

珠海市再开发组织模式采用"政府引导、政策推动、市场运作"。其再开发项目全部实行公开招标制，吸引社会发展商参与改造，实行市场化运作。市政府巧妙地运用政策手段和市场机制，通过制定规划和提供政策，引入竞争机制，调动开发商参与再开发项目的积极性。一项重要的政策措施就是"拆1免2免3"，即根据具体项目和地点的不同，开发商每拆1平方米的旧村，可免交2平方米或3平方米的地价，市政府为此减少了40亿~50亿元的地价收入。另一项政府规制的政策是针对当时房地产市场相对低迷状况，决定从2000年起的三年内，不再新批商品房用地和其他房地产项目的开工，为再开发项目建设的新住宅区积累需求，提供足够的市场空间。当然与此同时也实行开发商资金保证的准入制，约定其建好回迁房后再建商品房，以保证业主尽快回迁。

政府作为利益协调人将业主的切身利益放在首位也是珠海再开发项目的成功经验。政府制定了一系列有关拆迁安置政策和规定，用政策妥善推动安置，先后颁布了《珠海市香洲区改造城中旧村建设文明社区配套政策实施办法》《关于配合城中旧村改建盘活空置商品房的鼓励办法》等，这些政策可分为三大内容：一是制定统一的安置、搬迁补偿标准，由政府监督开发商执行，从根本上保障被拆迁业主的切身利益；二是规定可采取货币、住宅多种形式安置，由被拆迁业主与开发商协商；三是鼓励被拆迁业主和开发商租、购空置商品房进行安置，并给予适当奖励。

用政府"看得见的手"与市场"看不见的手"相结合的方式进行再开发项目建设，既避免再开发项目偏离政府城市发展的目标，又可以充分发挥市场配置资源的作用，珠海吸引社会发展商参与再开发项目建设的模式就单纯物质形态的改造来说是值得肯定和具有推广价值的好模式。但政府在制定政策时必须具备大量的信息基础，否则容易源于政府与开发商之间的信息不对称造成市场或政府失灵。另外，如何在开发商、业主与城市发展间平衡和协调利益关系对政府就是一次智慧与能力的考验。

珠海市成功将混合型模式应用在再开发中，在全国开创了先河，这为后来许多城市的再开发工作提供了模板和案例，其具有极高的参考价值。

7.2 再开发应用模式

7.2.1 综合整治改善型模式

7.2.1.1 内涵

综合整治改善型模式，指再开发后其土地利用性质和土地开发强度均未发生变化的模式。其重点在于改善人居环境，配套完善公共服务设施和交通、市政基础设施，优化公共绿地系统，恢复河网水系，构建舒适的步行系统等。其目的在于提高现有生产生活质量，逐步完善形成配套设施齐全、环境优美的生产生活区，从根本上提升再开发区域环境品质。该模式主要作用有3点。一是改善人居环境。打造宜居城区是再开发的出发点，也是该模式的重点。居民作为国家的根本，为其提供舒适宜人居住环境，是保证社会健康发展的关键。二是促进经济发展的需要。作为考量经济增长的一个重要测度，基础设施水平直接影响城市经济价值的实现，具有强大的辐射功能，通过完善基础设施和交通路网等市政设施，可以提升再开发区域内经济效益，也可在一定程度上缓解其对周边区域的压力。三是可以发挥提升城市整体水平的作用。再开发区内一般基础设施条件差，交通拥堵，空间环境局促，直接影响城市的整体面貌。在新型城镇化要求下，通过该模式可有效改善再开发区域城市面貌，促进城市整体水平的提高，从而保障城市的可持续发展。

7.2.1.2 特点

①**资金较易筹集** 综合整治改善型模式资金成本的测算具有较强可控性，且由于其再开发主要是针对区域配套设施的完善，所需资金量较小，相比其他应用模式，资金较易筹集。

②**区域原有问题很难得到根治** 在建筑方面，城镇建设用地再开发区域的整体布局、建筑的形态、结构、风貌等要素很难得到彻底改变，尤其是不彻底改变建筑结构，遇到火灾等自然灾害时，安全问题则会凸显。

③**公共活动空间未充分改善** 该模式很难充分改善区域的公共活动空间，诸如增加儿童和老人的活动场地、娱乐休闲等场地数量，局部性基础设施改善很难改变整体空间布局。

④**遗留问题较多** 该模式仅针对区域的综合整治改善工作，对区域历史遗留问题解决力度较弱，未来容易进一步凸显再开发区域深层次问题，固有问题仍不断积累，矛盾仍在不断激化，因此，该模式只能暂时解决再开发区域所面临问题，进行表象处理，终非根治良方。

7.2.1.3 适用范围和改造重点

通过分析综合整治改善型模式内涵和特点，可知其主要适用于建设年代较晚，建筑质量依然保存较好的区域，如20世纪80年代后建设的区域，区域内现状建筑拆除率应小于10%或不需拆除，仅需要完善区域配套设施。

综合整治改善型模式主要以整体修缮为主，重点对再开发区域内环境的治理以及基础配套设施的完善。保持城市基础设施建设治理的整体性、系统性，"拉链马路""窨井伤人"等现象应为改造的重点。

7.2.2 功能提升改建型模式

7.2.2.1 内涵

功能提升改建型模式，指再开发后土地利用性质不变，土地开发强度改变模式。该模式主要目的为在不改变用地性质的基础上，通过改、扩建原有性质建筑物，延续已有街区风貌和格局，提升或更新再开发区域功能，如旧村改造成新的城市居住区等。该模式的主要作用有3点。一是对仍可满足社会需要的再开发范围，该模式具有针对性强，资金投入较少、开发运作环节少，改造时间短等特点。该模式不需要大规模的拆除重建，可大幅度降低改造成本，也可减少因拆迁、安置等引发的社会问题。二是可有效改善民生。目前，再开发区域内大多存在基础设施配套不足，人居环境质量低下等问题，通过该模式重建现有建筑，可促进环境、交通、公共设施和经济平衡等要素的协调发展，改变原有"脏乱差"的居住环境，促进社会和谐。三是有利于保护现有城市文脉。该模式主要是针对现有零散分布的危破房或部分结构相对较差的建筑，对现有城市环境和文脉的一种适应性改变，改造强度相对较小，因此有利于保护现有的社会、邻里结构和城市文脉。

7.2.2.2 特点

①**可操作性强** 利用该模式进行区域局部拆建改建活动，涉及面较窄，牵扯元素较少，再开发过程基本处于可操控范围。同时，进行局部性再开发，资金量相对来说较小，相对较易筹集，一般也在再开发主体的可承受范围。

②**针对性强** 仅仅针对区域的局部地段进行再开发，其目标比较明确，针对性较强。该模式或是重点改造再开发区域功能与整体功能不协调，或是解决建筑单体与整体布局不协调，或是追求综合效益的最大化结果等，无论上述何种再开发都具有较强针对性。

③**未实现区域实质提高** 首先，再开发区域的整体面貌并未得到改善，仅实现局部改造；其次，再开发区域并未进行统一的规划和调整，局部拆建行为很难改善区域整体布局效果；再次，再开发区域的整体环境和基础设施建设涉及不够，再开发区域整体质量未得到足够改善。

④**新旧建筑混杂区域协调性低** 利用该模式进行再开发活动，现有建筑拆除量一般不超过总体建筑量的50%，新建筑风貌与原有建筑常常反差明显，整体建筑结构协调度较低。

7.2.2.3 适用范围和改造重点

功能提升改建型模式主要针对城镇再开发发展区，对原有街区整体风貌较好，具有一定规模的集中连片特色建筑的区域较为适用，同时其原有大部分建筑质量已较差，现有建筑拆除率低于50%的再开发区域适用于该模式。

功能提升改建型模式在满足城市规划要求下，首先，可适当调整建筑结构，提高建筑容积率，提高土地利用效率；其次应将以人为本原则作为首要改造目标，提高现有基础设施配套水平，消除安全隐患，改善人居环境，达到"以旧换新"目的；最后要注重生态环境质量的提高，建筑功能的调整应符合环境保护和建筑节能等规范的要求。

7.2.3 文化保护更新型模式

7.2.3.1 内涵

文化保护更新型模式，指再开发后的土地利用性质发生变化而土地开发强度不变的模式。该模式"保留其'形'，重塑其'神'"，即延续建筑原有文脉，对其再开发注入新的功能，实现功能的内部置换。其主要体现在修葺整治部分老旧建筑，改善现有基础设施条件，完善周边绿化、交通等市政设施。该模式通过延续街区的文化内涵，利用其历史价值及积淀的文化价值，发展旅游、商业、创意产业、工业设计等特色产业，为地区带来新的活力，实现经济、社会和环境效益的互动，同时达到保护历史文化的目的。这种模式对传统城市街区与生活予以综合保护更新，对城市历史文化特色的延续无疑是最真实生动的，也能较好保护和延续原有社会结构及社会生活形态，避免大面积拆迁带来的社会、经济等问题。

7.2.3.2 特点

①可实现历史文化价值的保护　再开发区域具有丰富的历史所赋予的时代特征，可帮助人们具体形象地认识一个城市，其建筑记载着一个时代的风貌，民风民俗则体现着某一城市独特的文化底蕴。该模式所进行的保留和修缮，有利于保护和弘扬城市本土文化，支撑城市历史文化的延续和发展。

②可实现经济价值的适度提升　在发展新型城镇化背景下，作为一个城市宝贵的历史资源，历史文化遗产日益凸显出其难以抵挡的魅力和难以替代的经济价值。其作为一种具有增值潜力的文化资本，不仅可以形成旅游业、商业等新兴产业以促进经济发展，同时还可触发周边地区经济复苏与繁荣，带起一系列产业的发展和兴盛，对城市经济发展具有重要的推动作用。

③可实现社会价值的显化　作为城市宝贵的精神财富，历史文化在一定程度上影响着整个城市及其内部居民的生活方式以及精神面貌，通过物质实体传递，从而使公众得到认同感和归属感，建立紧密社会联系，有助于促进社会的和谐发展，增进居民间联系。

④难获社会资金资助　由于文化保护区域历经年代较久，居住拥挤，基础设施落后，生活条件较差，保护性成本较高，所以项目的资金及运行机制成为保护更新成功与否的关键。随着市场经济体制的逐渐建立，单一政府投资模式越来越凸显局限性。因此如何调动市场积极因素使其成为保护更新的资金动力，显得更为重要。但投资商更多以获得最大经济效益为驱动，该模式可获得的经济效益有限，因此较难获得社会资金支持，造成保护难以维系。

7.2.3.3 适用范围和改造重点

文化保护更新型模式主要适用于已列入或建议列入的一些文物古迹，比较集中、较完整展现城市历史发展脉络且具有较高文化保护价值以及地方特色的历史文化街区。

文化保护更新型模式应主要以保护和修缮为主，除要注重历史建筑物的单体保护外，更应重视古道等城市空间结构的保护，突出历史建筑主题。严格按照"修旧如旧、建新如故"原则保护历史街区，严禁大拆大建，应以完善基础设施建设、保护周边环境为主，坚持文化保护与环境改善相结合；在不破坏再开发区域原有风貌的前提下，一定程度上对其进行开发，提高开发强度，实现经济效益。改造应重视延续原有历史文化特色，尽可能保持其完整性，注重整体保护。

7.2.4 产业升级新建型模式

7.2.4.1 内涵

产业升级新建型模式，指再开发后的土地利用性质和土地开发强度均发生变化的模式。该模式的改造目的主要以提升原有城市功能为主，在再开发区域进行大规模重建，主要改变原有的土地性质和开发强度，再开发后多形成商业、住宅和办公等多功能混合区，成为第三产业的发展载体，有利于促进产业转型所带来的升级和提高土地利用效率。该模式的产生源于城市化、社会条件变化所带来的城市衰败。城市化的不断发展，导致城市内部形成老城区被新城区包围；产业外迁、基础设施老旧、人口数量减少或质量降低等的变化，难以避免城市老城区衰败。城市规模日渐扩大，城市中心区过度消费，生产、生活环境恶化等导致城市特色逐渐消失，旧城区大量发展资源被新兴城区抢占，衰落日益明显。产生升级新建型模式的主要作用有两点。一是产业转型升级的需要。当前，中国大部分的旧城区都是以第二产业为主，土地效益和产值不高。该模式有助于加快产业结构优化和升级，促进经济快速发展，通过该模式向旧城内引入商务、会展、创意和旅游等新兴产业，全面优化产业发展格局，为经济的持续增长带来新的动力。二是可实现城市空间布局优化。由于旧城区开发年代较早，规划布局已不符合当代要求，各类用途的建筑相互混杂，区内缺少较为明显的空间界限，致使其空间布局难以合理。因此，需要通过科学规划，重组再开发区域空间资源，提高区域土地利用效率和紧凑开发程度，以合理空间资源配置支持城市未来发展，从而提升旧城社会经济竞争力，同时达到治理城市环境，促进社会经济良好发展的目标。

7.2.4.2 特点

①**市政、基础设施更为配套齐全** 诸如中小学、医院、体育设施、文化娱乐等各类市政设施都将得到配建。基础设施也将全面改造升级，道路、水、电、通讯等设施都较再开发前得以升级并形成完善系统。

②**建筑的整体结构和布局得到提升** 在建筑结构上，再开发区域原有建筑大多为砖混结构、木结构以及其他一些结构形式，存在较多不安全因素，而再开发后，原有建筑全部拆除，新建建筑项目都严格遵循国标标准要求，保障结构安全。在空间布局上，再开发前房屋的建造缺少统一的规划布局，基本处于自发建设状态，再开发后，所有的建设活动都将严格按照事先制定好的规划进行，整体布局将会更加合理有序。同时在建筑风格、容积率、建筑密度等方面也会较再开发前得到改善，从而提升建筑的整体形象。

③**环境质量明显改善** 再开发区域在拆除后重新进行规划建设，区域环境也必然占据规划中的重要位置，再开发后区域的绿地、广场、公共活动空间、老人和儿童的休闲场地等都将给予足够的考虑，从而改善整个再开发区域的生活环境质量。

④**成本过高** 实施该模式的再开发区域，要求拆除重建大部分建筑，工程造价费用相对较高，同时拆迁安置工作不仅耗费人力和物力，更是对财力提出很高要求。拆迁补偿、工程建设、基础设施、道路绿化、市政配置等全面展开，对资金的要求非常高。

⑤**实施过程存在一定难度** 首先，再开发实施过程涉及诸多环节，各环节均需大量资金支持，某一环节资金链的断缺随时都将引发再开发项目中断；其次，拆迁安置工作量亦超普通项目，各种资源的组织和调配需耗费较大的人力、物力和财力。

7.2.4.3 适用范围和改造重点

该模式主要针对建造时间较早、建筑质量差、布局零乱、配套设施不足、景观风貌质量一般、存在卫生或安全隐患等问题的旧厂房、仓储区，还有现有建筑物大多已难满足市民实际生活需要必须拆除重建的旧城区。

该模式的再开发区域必须严格满足城市规划要求，新建建筑应重视与周边环境的整体协调；应优先发展新兴产业，注重改善生态环境，重视开发的长远利益；加强配套完善区域的市政、公共等基础设施。

7.3 模式集成的典型应用

7.3.1 老城区再开发

老城区是指城市建成区中有一定的历史文化沉淀、经济明显衰退、房屋年久残旧、市政设施落后、居住质量较差的地区。20 世纪 90 年代以来，随着城市经济结构调整与城市化进程步伐的加快，部分城区配置效率低下、房屋破旧败坏、基础设施滞后、历史风貌与景观特色丧失等问题日益突出，开始出现旧城衰败现象。老城区再开发就是针对城市旧区环境较差、标准偏低、规划落后、经济衰退而进行的自我再开发过程。城市发展的过程是一个不断更新改造的新陈代谢过程，其积极意义在于阻止城市衰退，促进城市发展。由于城市发展惯性的作用，城市内部组织系统的变化调适往往滞后于发展变化，导致功能性和结构性衰退。改革开放前，中国老城区再开发主要是阻止城市物质性老化，如清除危旧房，改善居住环境条件等，而现阶段老城区再开发则主要针对社会经济结构深刻变化提出了高层次要求（崔冬娜，2007）。

7.3.1.1 组织模式

目前老城区再开发主要由政府负责制定相关政策，以市场运作为主，政府为辅进行再开发。在资金筹措上，大多以开发商为主进行资金筹措。再开发后的效益上，政府、开发商和业主三方都获得利益，政府主要获得城市整体环境质量的改善，开发商获得土地和投资回报，居民获得生活环境的改善或物质补偿。

7.3.1.2 应用模式

针对城市的物质性老化和结构性、功能性衰退，可采取改善物质环境，也可采用老城区再开发，不断地调整、完善城市结构与功能的综合整治改善型模式。欧洲工业革命之前，针对城市存在较严重的物质性老化的自然过程，各国对城市内部结构进行过不同规模的再开发。

工业革命后，随着城市化的加快和大工业生产方式兴起，城市结构和功能突变，城市建设杂乱无章，城市环境日益恶化。此时，城市改造的首要动因不再是有形磨损，而是无形磨损。以形体规划与功能主义为指导，强调新技术的应用，全局优化与重新布局整个城市或地区，重视产业结构和生产布局的调整与优化，这就是产业升级新建型模式。产业升级新建型模式解决了工业化与城市化带来的工业污染、住房拥挤、生态环境恶化等问题。

大规模再开发起源于第二次世界大战以后，全球经济的复苏，西方各国重新定位城市功能，纷纷对其市中心区有规划地再开发，促使贫困地区再发展，目的是给城市中心区注入新的活力，并提高落后地区的可居住性。城市形体的大规模再开发，有助于产业结构与生产布局的优化，但也带来了一些负面影响，诸如破坏了现存邻里关系、在级差地租的作用下，城市中心区土地过度利用导致中心区的衰败、破坏城市有机机能与历史文脉等。

7.3.1.3 改造效果分析

北京德胜门外大街老城区再开发项目

北京德胜门外大街老城区是老北京典型的关厢地区，在再开发前该区域三、四类危旧房达到70%～80%，而且区内人口密度大，市政基础设施差。为改变该区的落后面貌，早在20世纪90年代初期德外地区就被列为北京市和西城区第一批危旧房改造，但因改造资金缺口巨大且不具备再开发条件等问题导致该区域再开发项目一度停滞不前。2000年，《北京市西城区国民经济和社会发展第十个五年计划纲要》中将完成德外地区改造作为西城区实现功能街区建设的主要目标之一，其目标以改造德胜门立交桥、拓宽德外大街为主，以街带片，以路促区，在实施路、桥施工的同时陆续启动沿街两侧危旧房改造，从根本上改变德外地区6400余户居民的居住条件。在西城区政府的大力协调下，2000年7月北京德胜投资有限责任公司成立，负责德外大街市政道路拆迁及周边项目再开发，该区域再开发项目正式启动。德外地区通过市场化融资的方式，筹集再开发资金，实现了政府工程和市场化运作的有机结合，一方面减轻了政府财政压力，另一方面在政府参与协调下，加快了再开发进程，保证了区域再开发项目的顺利完成。

德外地区由于危旧房比例较高，且区域市政基础设施的落后，在再开发过程中主要采用产业升级新建型应用模式，通过再开发全部拆除原有的危旧住房，新建回迁小区交通便利，基础设施和市政设施完善，环境优美。同时区域经济规模扩大，中关村科技园区、德胜科技园等高新技术企业园区的建设，使原有老城区焕然一新，成为交通便捷、现代气息浓郁、商业服务业比较发达、科技优势比较明显的新型区域。

由于城市的发展，中国目前存在较多老城区，针对其展开的再开发项目也较多，总结现有较为典型成功的老城区再开发项目可以发现，老城区普遍涉及范围较大，区内住房破旧程度明显，基础设施水平较差等问题极为突出。因此，在再开发中较多采用的是政府指导、市场运作的组织方式，而应用模式多以产业升级新建型为主。但要注意的是，老城区发展历史较为久远，内部凝结着城市发展独有的历史气息，因此在再开发中，不能只是简单地推倒重来，而需积极规划，寻找与城市发展结合点，延续城市的历史生命。

7.3.2 城中村再开发

城中村是中国现有土地所有制下，在工业化与城市化发展过程中出现的一种新型的城市居住区。这种现象在沿海地区城市中表现得尤为突出。中国的城中村具有其自身的特征：在城市规划上，城中村是指在在城市总体规划建设用地范围内仍然保持和实行农村集体所有制，农村经济体制的农村社区；在经济和产权制度上，城中村位于城市内，但仍保留着农村集体所有制和农村经营体制；在建筑上，城中村就是在建成区内，在原有农村住区内形成的以一户一栋为基本特征的特殊空间形态，也称为城市里的村庄；在社会关系中定义，城中村现象是指在地理范围内已被纳入城市而社会属性仍处于农村的矛盾现象（李俊夫，2004）。

7.3.2.1 组织模式

目前城中村再开发主要由政府负责制定相关政策，以市场或业主作为再开发主体、政府为辅进行再开发。在资金筹措上，一些经济较为发达地区，城中村的业主大多经济实力较为雄厚，可成立再开发股份公司，自筹资金独立开展再开发项目或与开发商合作共同进行再开发项目建设；在其他地区则一般以开发商为主进行资金筹措，由开发商负责区域的再开发工作。

7.3.2.2 应用模式

根据城中村自身的特点，一般可采用两种再开发应用模式。第一，产业升级新建型模式。其再开发思路是，原住户全部迁往村外安置，待再开发完毕后回迁。该模式在资金筹措上具有较高要求，资金运作难度相对较大；另外，再开发拆迁工程量大，安置费用高，难以组织。第二，功能提升改建型模式。其再开发思路是，在保持城中村原有整体格局前提下，重点开发局部区域、关键要素，着重完善区域的市政设施和基础设施，同时改造区域整体环境，在保留区域原有风貌基础上，实现区域生活质量、经济效益等的提高。这种模式相对来说工程量较小，资金投入少，可以比较顺利地进行，主要适用于地处相对偏远，以原村民居住为主，外来人口少、规模小，与城市整体布局矛盾不显著的城中村。此外也适合具有历史文化或其他保护价值，不适宜大规模改造的城中村。

7.3.2.3 改造效果分析

广州城中村再开发项目

在1978年开始改革开放后的30多年中，广州市的建成区迅速扩张，原先分布在城市周边的农村被纳入城市版图，城市建设将原农村居民点包围起来，形成了为数众多的城中村。资料显示，广州市城市规划发展区内共有139个城中村，主要分布在海珠、白云、黄埔、天河、荔湾等老城区内。这些城中村普遍存在着建筑杂乱无章、建筑密度高、市政及生活基础设施不完善、生活环境质量低下、人口密度大、人员混杂以及防灾救护能力差等各种城中村衍生问题。从2001年开始，广州市按照城乡一体化的要求，着手对城中村进行再开发。本书以广州市猎德村和西塱村裕安围再开发项目为例，分析城中村改造效果。

作为广州整体再开发第一村，猎德村成为广东省城中村再开发的一个成功典范。2007年5月，该村整体再开发工作正式启动，在再开发中，猎德村采用市场融资、业主为实施主体的改造模式，首创了业主以土地产权（土地拍卖）置换开发商物业（安置房建设）再开发的新模式，有别于以往以政府为主导进行的城中村改造模式。而在应用模式上猎德村编制了《猎德村城中村改造方案》，按照该改造方案，全村实行产业升级新建型模式进行全面改造。猎德村通过市场与业主共同参与、采用整体改造的模式获得了极大成功，这也给其他城中村无限鼓舞，但这与猎德村自身独有的区位条件等优势密不可分，广州市随后的拆迁改造也证明"猎德模式"很难复制。

西塱村位于广州市荔湾区西南部，总面积 258 hm^2。村内水网发达，河涌鱼塘密布，景观风貌独特，是现有少数几个能展现芳村"水秀花香"典型特征的地区。同时，该村紧邻西塱地铁总站，连接环城高速及多条市域干道，便捷的交通，优越的地理位置使该村集体经济发展一直保持良好势头。裕安围作为西塱村所属自然村，在再开发前发展相对落后，建筑破败、乱搭乱建问题突出，环境"脏、乱、差"，水体污染严重，公共服务设施缺乏，治安环境较复杂。2010年起裕安围开始进行再开发建设，在再开发实施以及资金来源方面，主要采用业主自筹资金的方式，政府并不参与投入，而仅对部分重大基础设施工程和市政设施建设资金给予支持。在应用模式方面，根据裕安围自然环境优美、革命历史积淀深厚、岭南水乡风情浓郁的特点，再开发并非实施大拆大建，仅是拆除质量较差、危及居住安全的建筑，或通过整饰立面、屋顶、围墙而保留原建筑。同时，通过河涌及两岸环境的整治，创造良好的公共休闲区域，并配套必要的公共服务及市政配套设施，提升居住品质。通过再开发，该区域在经济、社会以及生态效益等均获得了较大的发展。[①]

猎德村和西塱村裕安围均是广州市城中村再开发较为成功的案例。通过上述两个村再开发的分析，可以看出不同的组织模式和应用模式所适宜的区域存在差异，即使是在同一座城市也并不存在具有普适意义的模式。市场融资并非城中村再开发的唯一方式，对于较小区域的再开发项目，完全可依靠政府支持业主为主体的方式运作。同时在再开发中，要注意完全的大拆大建容易造成区域历史风貌

---

① 部分资料来源于广州市城市更新局网站 http://www.gzuro.gov.cn/

的丧失，因此在再开发过程中应结合区域自身特点，制定相应的改造规划，选择适宜的再开发应用模式。

7.3.3 旧厂房再开发

旧厂房主要指20世纪90年代及以前建设的临时建筑、单层简易结构旧厂房，或者容积率较低，目前已属于淘汰行业的工业产业用地或废弃厂房。通过对旧厂房进行再开发，重新规划与调整原有工业的利用方式和用地结构，优化城市土地结构和布局，提高土地利用率和利用强度，增加土地产出率，从而达到建设用地节约集约利用的目标。

7.3.3.1 组织模式

目前旧厂房再开发采用较多的组织模式包括两种。第一，政府主导市场运作模式，即由政府先行收回土地使用权，对土地实施再开发，完善配套设施，再统一以招标、拍卖的方式供地。第二，用地主体自主改造模式，即允许旧厂房项目的用地主体采取独资等方式，根据城市规划、经济产业布局等要求实施自主改造，土地使用性质由工业改作商业金融等经营性用途，需补交新旧用途的土地差价。

7.3.3.2 应用模式

根据不同的土地利用类型和再开发目的，应用模式主要涵盖产业升级新建型模式和文化保护更新型模式。第一，产业升级新建型模式主要针对部分处于城市中心区的工业企业，用于区位条件优越，但产出效益与土地增值收益潜力相差悬殊的再开发项目，通过产业升级新建型模式将这些工业企业从城市中心区迁出，实现产业转型升级，由第二产业转移到第三产业。第二，文化保护更新型模式主要针对一些具有特色的工业厂房用地，在保留厂房外部形态的基础上进行再开发，实现厂房原有文化内涵的延续，利用其所积淀的文化价值，发展旅游、商业、创意产业、工业设计等特色产业，一方面实现产业转型升级，促进区域经济、社会和环境效益的提升，另一方面实现原有特色建筑的保护和升华。

7.3.3.3 改造效果分析

(1) 广州市T.I.T润政广场项目

广州辛庄仓库始建于1965年，位于广州市海珠区江燕路。该工业用地面积5083 m^2，总建筑面积7831 m^2。2011年，广州纺织工贸集团国有控股的广州市润政置业有限公司对该仓库进行再开发建设。按照广州市旧厂房改造规划治理要求，该旧厂房项目主要采用产业升级新建型模式。再开发后的辛庄仓库取名T.I.T润政广场，是一个集品牌服饰、潮流精品、皮具、珠宝、品牌服饰、潮流精品、美容、特色餐饮为一体的多功能时尚购物商业中心。再开发前，业主方年租金收入200万元，年税收35万元；再开发后，业主方年租金收入达到1200万元，年营业税收入205万元；带动税收预计达800万元。再开发后T.I.T润政广场成为海珠区江燕生活区的休闲购物场所，并为市民带来生活便利。

（2）上海市19叁Ⅲ老场坊再开发项目

19叁Ⅲ老场坊位于上海市虹口区沙泾路，原为1933年建造的"远东第一宰牲场"，当时全世界这样规模的宰牲场只有三座，而这是唯一现存完好的一座。该建筑面积约31 700 m^2。整个建筑高低错落，加工车间采用"无梁楼盖"，在当时非常先进。2006年上海创意产业投资有限公司获得该厂房的使用权，该公司采用文化保护更新型模式对其进行再开发，再开发后19叁Ⅲ老场坊成为集时尚发布、创意办公、休闲体验、娱乐总汇、配套餐饮为一体的新型创意园区。

通过对比分析旧厂房再开发项目可以发现，旧厂房在组织模式上多采用政府主导市场运作的方式，这主要是由于区域原有的用地性质和改造特点所决定的，而在应用模式上，原有建筑的结构形态和历史价值成为影响再开发应用模式选择的主要因素之一，"修旧如旧，建新如故"，延续旧厂房原有的历史文化价值，发挥其自身特色已成为针对旧厂房再开发的典型理念。

7.4 模式优选的方法与集成

不同组织和应用模式适用的城镇建设用地再开发区域不同，实际再开发中需根据区域特点合理选择再开发模式。随着现代科学方法和技术发展，当前模式的合理选择更多是降低人为因素干扰，重视利用定性与定量结合的方法，基于区域自身的社会、经济和环境条件，客观地确定合理的再开发模式。鉴于组织模式受政府行为决策影响较大，更多体现政府发展策略，难以定性结合定量方法来确定，因此本节主要讨论如何采用技术方法合理选择再开发应用模式。

7.4.1 模式优选方法

7.4.1.1 定性方法

再开发应用模式优选的定性方法主要有问卷调查法、德尔菲法和对比分析法。

问卷调查法，运用统一设计的问卷向被选取的调查对象了解情况或征询意见。定性调查本身是一种定性分析，其调查结果一般用于定量统计分析。由于城镇建设用地再开发涉及房屋拆迁补偿、移民安置、规划方案实施、旧城维护与治理、土地征收等与业主切身利益相关的诸多方面，因此公众对再开发具有较高参与积极性。但公众自身无组织性，比较分散，为更好地了解公众意愿，让业主参与到再开发项目中，可借助问卷调查法了解公众意愿和诉求。本书选取典型案例，介绍该方法在再开发的具体应用（详见附录1）。该问卷以实现再开发模式的合理选择为最终目的。问卷调查分为3次，第1次为预调查，小范围调查后发现并修改问卷中的问题；第2次为正式调查，在修改问卷后进行。第3次为针对所选再开发应用模式案例的评价调查。具体设计调查问卷涵盖两个内容：概略介绍和问卷实体。概略介绍主要说明本次问卷调查的目的、方法、术语及要求；问卷实体即问卷提出的问题清单（邓堪强，2011）。

德尔菲法，先征求专家意见，然后加以整理、归纳、综合，进行统计处理，并将结果匿名返回给各专家，再次征求意见，从而有控制的反馈。如此经过多次循环、反复，专家们的意见逐渐一致，结论的可靠性亦更为提高，从而为研究人员提供更接近实际、可行的选择或决策依据。考虑不同条件对再开发应用模式影响程度不同，可通过德尔菲法获取不同应用模式下影响再开发的经济、社会和环境指标权重。实际操作过程中，可邀请再开发相关领域的专家和部门领导填写意见征询表，确定不同应用模式下各指标的权重。本书选取典型案例介绍该方法在再开发中的具体应用（详见附录2）。专家调查问卷与前述调查问卷相似，也涵盖两个内容：问卷说明和问卷主体。问卷说明主要说明问卷的主要内容、术语解释、填写说明；问卷主体就是问卷本身（丁一，2014）。

对比分析法，按照特定的指标体系比较客观事物，以达到认识事物本质和规律并做出正确判断或评价。对比分析法通常比较两个（或更多）相互联系的指标数据，从数量上展示和说明研究对象规模大小、水平高低、速度快慢以及各种关系是否协调。在对比分析中，选择合适的对比标准对做出客观评价十分关键。再开发模式优选过程中，为避免人为主观因素影响，需要设定具体的指标因子，结合一定的时间、空间、经验以及计划等标准来比较分析不同模式间的异同点和优缺点。对比分析结果一般为定量分析中的指标量化、模型选择等服务。

7.4.1.2 定量方法

再开发应用模式优选的定量研究基本思路是根据再开发优化目标，宏观上预测区域社会经济发展趋势从而确定区域再开发模式的分配方案；微观上系统设计、组合和布局再开发地块，并评价不同方案的综合效益，获得不同地块所适宜的最佳再开发模式。因此，再开发模式优选定量研究主要包含两步，即预测和评价。

预测方法主要含时间序列法、回归分析法、系统动力学方法等。再开发模式优选是由经济、社会和环境子系统共同作用的复杂巨系统，系统与子系统、子系统之间以及各子系统内部都存在复杂的因果关系，使得再开发模式的选择存在多种可能性，这种特性与非线性物理学中的正负反馈机制极为相似。系统动力学用于具有复杂时变和多重反馈回路的系统问题求解往往较为有效，作为一种系统分析、运行和输出的大型决策分析模型，是解决复杂巨系统的有效方法，可以利用数理分析与建模仿真等手段预测不同应用模式分配方案对经济、社会和环境的影响，为再开发模式优选合理分配方案的确定提供依据。但系统动力学本身也存在缺点，即在一定条件下存在产生系统结构突变的可能性，导致难以判断系统发展的合理趋势。时间序列分析法、回归分析法、灰色预测法多用于短期预测和系统内某一要素、某一方面预测，但这些方法只能根据已有历史数据进行趋势回归，不能反映系统结构及要素间的反馈关系，难以预测未来可能的变化情况。因此，需要结合不同方法的优势来综合运用，本书利用时间序列分析法、回归分析法和灰色预测法等方法进行宏观趋势预测，确定再开发系统动力学仿真模型参数的合理值，保证再开发应用模式选择预测结果的合理性。

评价方法主要有模糊综合评判法、数据包络分析法、多因素综合评价法等。模糊综合评判法以模糊数学为基础，应用模糊关系合成原理，将一些边界不清、不易定量的因素定量化，根据多个因素对被评价事物隶属等级状况进行综合性评价的一种方法。该方法是主因素突出型的方法，在评价过程中，确定隶属函数和指标参数的模糊化会掺杂较多主观因素并丢失有用的信息，而且各指标权重的确定，也存在一定的主观依赖性。数据包络分析法是以相对效率概念为基础，以凸分析和线性规划为工具的一种评价方法（谭跃进，2012）。在一般评价方法中数据包络分析法具有其自身独特的优点，但也存在较大缺陷，即决策单元是从最有利于自身的角度分别确定权重，导致权重会随决策单元的不同而产生变化，所以难以比较每个决策单元存在的特性。多因素综合评价法按照一定的目标和原则，以评价单元为样本，选择对评价单元发生作用的因素和因子作为评价指标，并通过适宜方式予以量化、计算和归并，从而实现评价目标的一种方法。其最大特点并非逐个顺次完成指标的评价过程，而是利用一些特殊方法同时完成多个指标评价。由于多因素综合评价法结果科学规范，精度较高，又可以根据不同的评价区域，选择不同的评价因素，因地制宜地进行评价，也保证了再开发应用模式优选的可操作性。因此，本书认为多因素综合评价法是再开发模式优选的最佳选择。

7.4.1.3 空间定位方法

再开发优选模式的空间配置，以及空间指标的量化分析等过程都需要借助 GIS 的数据存储管理、空间分析等功能。GIS 即地理信息系统，于 20 世纪 60 年代首先在境外兴起，自诞生到如今经历 50 多年历史，无论自身功能还是应用，都取得较大进步。GIS 作为一门新兴学科，综合了多门学科技术，具有极强大的功能和作用。GIS 的理论和技术基础是计算机制图、数据库管理、摄影测量与遥感、计量地理学。GIS 是为解决资源与环境等全球性问题而发展起来的技术与产业。

GIS 在再开发模式优选中的基础应用，主要表现在首先利用 GIS 软件的输入编辑、存储、处理、分析和输出等 GIS 基本功能建立再开发基础数据库；其次利用空间分析和建模功能对部分评价指标进行缓冲区、叠加分析等空间分析。此外，GIS 的二次开发功能，能够利用 ArcGIS Engine 组件技术，采用 C++计算机语言进行程序设计，构建再开发模式优选评系统的总体框架，实现再开发模式优选评价系统研究。

7.4.2 方法集成与系统设计

在城镇建设用地再开发模式优选评价模型研究基础上，将模式评价模型与 GIS 紧密耦合，有效实现评价结果的自动提取。本书以 ArcGIS10.0 为平台，利用其 ArcGIS Engine 组件技术，以 C++语言为开发工具，构建再开发模式优选评价系统，评价不同再开发应用模式的综合效益，实现再开发模式的空间优化配置和管理信息化。

7.4.2.1 系统设计原则

再开发模式优选评价系统是一项复杂的系统工程，要求在系统结构上科学合理，功能上能充分实现应用模式合理选择的要求。系统设计应遵循如下原则。

（1）实用性原则

系统构建的最终目的是应用，子系统功能的实现均以辅助建设用地再开发模式优选评价为最终目标，构建实用性强、易于用户操作、目标明确、针对性强的系统。同时系统应具备完整的结构、实现基本 GIS 功能，界面直观、简洁、符合操作习惯。

（2）规范性原则

国家对于空间数据的精度、格式以及地理信息编码等均有相应的标准和规范，在系统设计过程中，应力求标准化、规范化和统一化，服从现有的国家标准和行业标准，与国家有关标准相适应，遵循统一、规范的信息编码，以便与其他信息系统进行传递与数据共享（黄杏元，2003）。

（3）完整性原则

系统建立涉及全部再开发模式优选评价的各个步骤与环节，在设计时充分考虑系统的完整性和完备性，具备从数据输入、编辑、处理、数据分析、预测、评价指标权重设置、指标管理、综合评价到评价结果输出的完整功能。

（4）可扩展性原则

系统应采用开放式的 C/S 体系结构和主流 GIS 二次开发平台及数据库软件系统，使系统具有良好的互操作性和可扩展性。系统通过组件式 GIS 为核心进行二次开发，采用模块化思想集成平台，当系统结构、数据库结构等发生变更时，只需修改相应模块即可，容易实现系统的升级和扩展。

（5）易操作原则

系统直接面对各层次用户，因此要求系统界面友好，联机帮助清晰明了，功能操作方便简单，易于掌握。

7.4.2.2 系统构建的基本思路

再开发模式优选评价系统设计的基本思路是以再开发模式优选评价模型研究为基础，遵循空间优化配置的原则，利用 GIS 技术构建。

再开发模式优选评价系统设计的基本框架，是以再开发现状数据为基础，在 ArcGIS 平台上进行二次开发，以实现再开发模式空间优化配置和管理信息化。评价系统在数据库建设和软件功能实现等进行探索，设计开发功能全面、性能稳定的再开发模式优选评价系统。

7.4.2.3 系统总体设计

再开发模式优选评价系统以 ArcGIS 组件为基础平台进行二次开发，用于辅助实现再开发模式优选，应具有基础数据处理、分析、预测和评价等功能。全部系统由基础数据库子系统、数据分析工具子系统和再开发优选子系统组成。总体设计如图 7-7 所示。

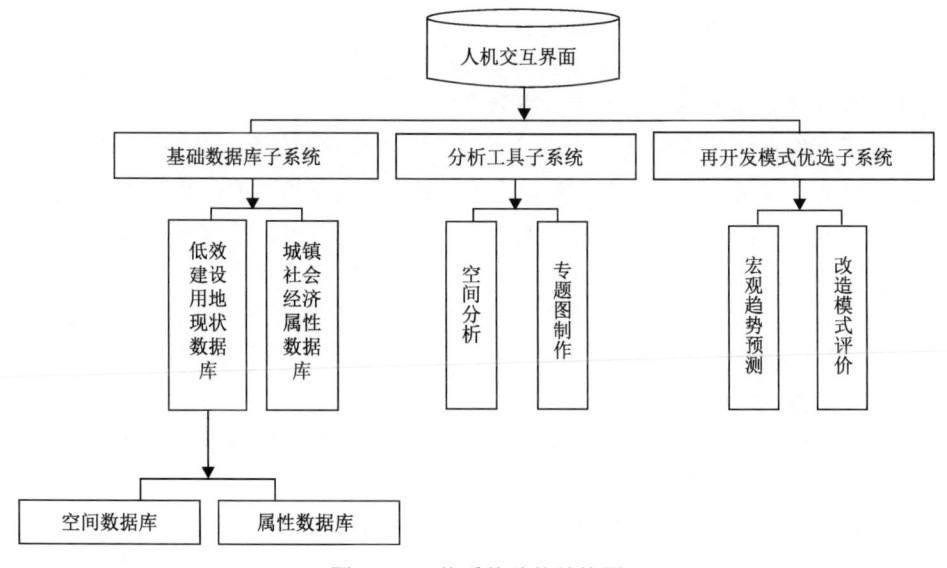

图 7-7 评价系统总体结构图

(1) 系统总体功能设计

再开发模式优选评价系统主要为再开发模式选择提供先进的技术手段支持。因此该系统应满足：具备存储、查询、处理、分析、输出、统计和更新等基本功能；能够评价分析再开发模式，实现信息的再加工；评价系统应具有良好的用户界面。具体功能如下。

①**再开发现状数据的管理功能**　再开发的现状数据和相关图件是再开发模式优选评价系统的基础。因此，系统应具有地图的基本操作（放大、缩小、漫游、鹰眼全图）、图层控制、数据输入、数据编辑、查询分析、统计分析、打印输出等功能。

②**再开发经济社会环境数据的管理功能**　再开发区域经济社会发展水平，对再开发模式的选择具有重要影响。合理确定区域经济社会发展水平，是选择合理再开发模式的重要保障。由于再开发相关的经济社会发展数据量较大，且空间分布差异明显，因此，利用 GIS 的 GeoDatabase 与空间分析功能，匹配经济社会环境数据与再开发现状数据。

③**再开发模式优选的宏观趋势预测功能**　再开发模式选择是基于应用模式分配方案的科学预测，而区域未来导向性的宏观趋势预测又是合理确定应用模式分配方案的基础。因此，系统具有预测再开发的经济社会发展趋势、人口及建设用地需求量等相关信息的功能。

④**再开发模式优选的评价功能**　再开发模式优选的根本目标是实现再开发后经济、社会和环境效益的综合最优。通过建立指标体系，确定合理权重，利用多因素综合评价法评价不同应用模式可实现的综合效益，是实现这一目标的手段。因此，系统具有评价再开发模式综合效益的功能。

⑤**再开发模式的空间优化功能**　再开发模式的空间优化是充分发挥每一再开发斑块优势，实现再开发模式的空间优化配置。但由于再开发斑块的空间差异性，决定了一般方法的难度，需要借助 GIS 实现这一目标。因此，空间优化是系统具备的功能之一。

综上所述，城镇建设用地再开发模式优选评价系统的各个功能相辅相成，密切联系，共同构成系统的整体功能。

(2) 系统运行环境

合理的软件环境和硬件配置为系统运行提供有力支持。系统运行的软硬件环境如下。

①**硬件环境**　系统的硬件环境是指系统运行的物质基础，硬件是 GIS 的物理外壳，系统规模、速度、精度、功能、形式、使用方法都与硬件有密切关系，受硬件指标的支持和制约，它包括计算机、数据存储设备、输入输出设备。系统配置应当遵循技术上稳定可靠、投资少、见效快、立足现在和顾及发展的原则。技

术上稳定可靠是指采用境内外经过实践检验证明其已为成熟的硬件和软件，同时以满足本系统的技术和性能指标为准则；投资少、见效快，即根据经济实力和技术力量，选择合适配置、能较快收到实际效果；立足现在、顾及发展是指应以完成目前的要求为主，并顾及系统的可扩充性和将来的发展（夏敏，2007）。根据以上原则，结合实际应用，本系统硬件配置如下：

普通个人计算机（PC）；CPU 3.20 GHz 以上；内存 2G 以上；硬盘 160G 以上。

②**软件环境** 系统开发的首要问题是软件选择，而软件选择的关键是其所依托的平台，这直接影响整个系统的运营成本、推广前景、使用便捷程度、维护可靠性、系统可扩充性、稳定性和安全性。基于以上考虑，本系统的软件环境如下：

操作系统：Windows7/XP；GIS 平台：ArcGIS Desktop10.0；支持软件：Microsoft Visual Studio 2010。

(3) 系统开发平台与工具

再开发模式优选评价系统是一个综合管理再开发模式的系统，需调用大量空间分析功能，考虑到应用需求和开发难度，本系统主要基于组件式 GIS 产品 ArcGIS Engine10.0 进行开发，程序设计语言为 C++，开发环境为.NET Framework 3.5，系统的运行环境为 Windows7/XP。

ArcGIS Engine 是美国环境系统研究所公司（Environmental Systems Research Institute，ESRI）开发的一个基于 ArcObjects 构建的可编程的嵌入式 GIS 工具包，支持多种应用程序接口，拥有多种高级 GIS 功能，而且构建在工业标准基础之上，其功能完全不逊于 ArcGIS 软件。ArcGIS Engine 除具有要素几何体和显示等基本服务、地理数据库存取、专题制图等一般 GIS 应用程序的基本功能外，还具有开发组件和运行时选件等高级功能，其性能非常强大。利用 ArcGIS Engine 的独立性和强大的 GIS 功能构再开发模式优选评价系统，不仅可实现如图层显示、地图缩放和漫游、要素查询、创建和更新地理要素及其属性等基本管理功能，还可集中实现与评价紧密相关的系统功能，如空间分析、专题制图、预测以及权重设置等。

7.4.2.4 系统功能实现

(1) 系统模块划分

依据系统功能设计需求，本系统主要包括地图操作、数据管理、空间分析、预测、应用模式评价和专题制图六大模块。每个模块除可实现独立功能外，用户也可按照再开发模式优选评价流程逐步实现应用模式空间优化配置过程。系统功能模块结构图如图 7-8 所示。

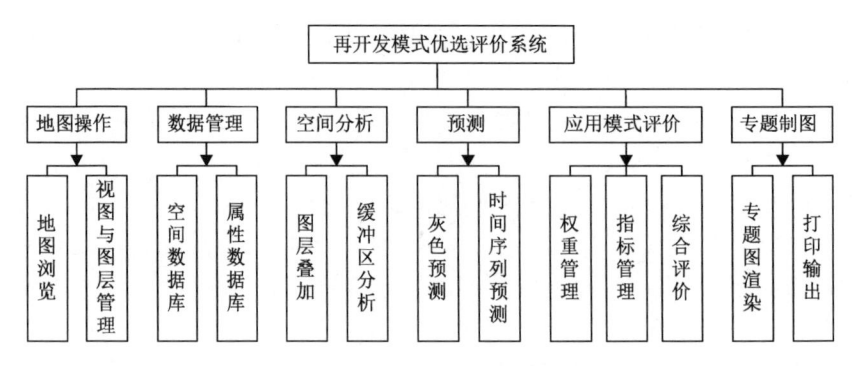

```
                        ┌─────────────────────┐
                        │ 再开发模式优选评价系统 │
                        └──────────┬──────────┘
        ┌──────────┬──────────┬────┼────┬──────────┬──────────┐
     地图操作   数据管理   空间分析  预测  应用模式评价  专题制图
      ┌─┴─┐     ┌─┴─┐     ┌─┴─┐   ┌─┴─┐   ┌──┼──┐    ┌─┴─┐
     地 视    空 属    图 缓   灰 时   权 指 综    专 打
     图 图    间 性    层 冲   色 间   重 标 合    题 印
     浏 与    数 数    叠 区   预 序   管 管 评    图 输
     览 图    据 据    加 分   测 列   理 理 价    渲 出
        层    库 库       析      预                 染
        管                        测
        理
```

图 7-8 系统功能模块结构图

地图操作模块包括地图浏览、视图与图层管理。地图浏览主要实现地图放大缩小与平移、全图显示、查询、添加图层、测量距离等功能；视图与图层管理主要实现图层的放大、缩小、平移与全屏、图层的加载、删除、移动以及图层属性查询等。数据管理模块包括空间和属性数据的管理，主要实现对地图中数据的基本操作，包括打开、保存、另存为以及退出等功能。空间分析模块主要包括叠加分析和缓冲区分析等空间分析功能。其中叠加分析可实现对地图图层的求交、求和、擦除、同一性以及更新叠加等功能，缓冲区分析实现按距离参数进行缓冲区分析功能。预测模块包括时间序列预测和灰色预测两种方法，可以实现对区域发展趋势的宏观预测。应用模式评价模块是系统核心，通过编程实现利用多因素综合评价法确定再开发模式的步骤和方法，在空间上直观反映建设用地再开发模式优化配置结果。专题制图是评价结果输出的载体，主要包括图层唯一值渲染、点密度渲染、分级别渲染、柱状图渲染和饼状图渲染，用户可根据需要打印输出评价结果。

（2）用户界面设计

用户界面设计是系统和用户之间信息交流的媒介，本系统界面设计充分考虑与用户的交互性，尽可能提供简洁、清晰、友好的用户主界面，如图 7-9 所示。主界面主要包括菜单栏、工具栏、状态栏、主窗口和图层管理器。系统利用 ArcGIS Engine 开发组件 MapControl 控件显示地图，TOCControl 控件与 MapControl 中的图层文件相关联，并利用 ToolbarControl 控件建立地图的工具栏。

菜单栏是系统布局的重要组成部分，其下拉菜单是将类型相同的功能进行归类、汇总。在菜单栏中，系统建立了 10 类菜单，分别为文件、视图、图层、空间分析、预测、专题图、权重管理、指标数据管理、综合效益评价和帮助。

工具栏可实现地图操作模块中的大部分功能，主要包括全图、放大、缩小、漫游、保存、打开、比例尺显示、图层控制、查询、添加图层、撤销和测量距离等按钮。

状态栏可以显示当前所显示图层的状态，包括图层显示的比例尺和坐标等。

主窗口是显示图层信息的主要窗口，能够响应鼠标的控制，进行地图的基本操作。

图层管理器可以实现图层的打开、关闭、移动以及删除等功能。

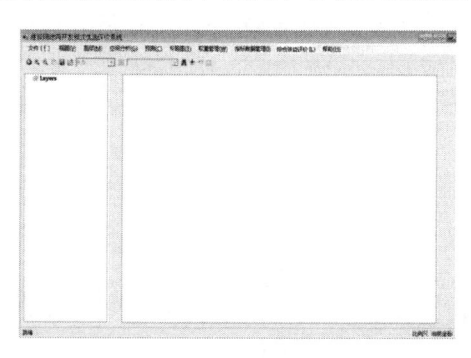

图 7-9　系统主界面

（3）地图操作模块功能实现

地图操作模块包括地图浏览和视图与图层管理。其中地图浏览工具可以直接调用 ArcGIS Engine 接口实现。地图浏览工具条包含了用户对地图操作的常用工具，可实现全图显示、地图的放大、缩小、平移、保存、图层添加、距离测量等基本操作。视图与图层管理工具主要实现对地图图层的基本操作，包括视图菜单栏和图层菜单栏。其中视图菜单可实现图层的放大、缩小、平移与全屏；图层菜单可实现对地图图层的加载、删除、移动以及图层属性查询。

属性查询模块实现了图属互查及条件查询的功能，用户可通过对要素的属性信息设定要求来查询定位空间位置。系统根据属性字段的类型不同，分为字符型字段查询、数值型字段查询和多条件查询 3 种。其中字符型字段查询使用"Like"进行模糊查询，数值型字段查询使用比较操作符和运算符来完成，如">""">=""<=""<""+""-""*""/"等。多条件查询需要组合多个条件，条件之间利用"And""Or""Not"来连接。在使用属性查询工具时，若查询条件有误或未找到符合该条件的要素，系统会弹出对话框提醒用户检查查询语句。

（4）数据管理模块功能实现

数据管理模块由空间数据库和属性数据库两部分组成，按照数据类型可分为城镇建设用地利用现状数据库和经济社会环境属性数据库，其中前者是以城镇低效建设用地现状（如"三旧"改造数据）调查成果为信息源，后者则包括与城镇建设用地再开发相关的经济社会环境数据，即土地利用现状数据、交通数据、基准地价数据、文化保护数据、环境保护数据、城市规划数据以及区域社会经济发展数据（如总人口、常住人口、国内生产总值、固定资产投资、房地产开发投资、基础设施建设投资、环境保护投资、工业投资、消费者水平）等。

由于基础数据量大、范围广，为有效管理基础数据，须构建一个结构合理、能够整合多种数据类型的基础数据库，并将其与系统其他模块相互联系。本系统主要利用 GeoDatabase 构建基础数据库子系统。GeoDatabase 是采用面向对象而提出的一种适用于关系型数据库管理系统的空间数据模型。相比较于其他数据模型，GeoDatabase 具有明显的优势，即可在同一数据库中集中管理各类空间数据。GeoDatabase 的空间对象集不仅可以表达关系型数据库中的地理数据，还可表达 Coverage 和 Shapefile 格式的空间数据。由于数据模型与数据格式的无关性，使得不同数据源在应用系统中可实现无缝集成，即在同一个系统中无需数据转换就可同时处理不同格式的空间数据（夏敏，2007）。利用 GeoDatabase 可将所有与再开发有关的空间数据和属性数据集成在同一关系型数据库中，形成统一的基础数据库子系统。

（5）空间分析模块功能实现

①叠加分析　叠加分析是实现应用模式优选评价的必要条件，诸如道路通达度、与周围环境协调度等指标值的确定，均需叠加分析的支持。在系统中，用户首先选择叠加分析的类型，其次在输入图层和叠加图层组合框中添加需要图层，用户可根据叠加精度的要求，设置叠加图层等级和容差值，也可依据实际需要确定叠加分析的范围。系统中的叠加分析按照不同叠加类型，可分为求交、求和、擦除、同一性、更新和异或 6 种类型。

②缓冲区分析　缓冲区分析以点、线、面实体为基础，按指定的距离在其周围生成缓冲多边形区域，是解决邻近度问题的有效空间分析工具。在评价系统中，距离道路的远近和与周围环境协调程度是影响应用模式选择的重要因素，而缓冲区分析是用来评价这两项指标的重要工具。在评价系统中，用户首先选择需要缓冲分析的图层，并设置缓冲距离和单位，若距离设置参数错误，则会弹出无效缓冲距离的提示框；其次确定缓冲输出图层存储的位置，然后点击分析按钮开始缓冲区分析，信息框里会显示缓冲区分析进度。若缓冲分析成功，会弹出缓冲成功的提示框，若缓冲分析失败，则会弹出缓冲失败的提示框。

（6）预测模块功能实现

根据前述宏观趋势预测模型的研究，该系统主要开发了时间序列和灰色预测两种方法。用户在预测过程中，为保证预测结果的精度和可信度，可分别采用两种方法预测。

时间序列预测提供朴素法、简单移动平均、加权移动平均和指数平滑 4 种预测方法。朴素法是复杂时间序列分析方法的出发点，是最简单的预测方法。简单移动平均法对历史数据求取算术平均数，并将其作为下一期预测值。加权移动平均法根据不同时间的数据对预测值的影响程度，分别给予不同的权数，然后进行平均移动以预测未来值。指数平滑法是生产预测中常用的一种方法，可用于中短期经济发展趋势预测,是所有预测方法中应用最广的方法之一。简单移动平均法对时间序列的历史数据全部加以同等利用;移动平均法则不考虑较远期的数据,并在加权移动平均法中赋给近期资料较大的权重;而指数平滑法则兼容了简单移动平均和移动平均的优点,即考虑历史数据,但是逐渐减弱其影响程度。也就是说指数平滑法是在移动平均法基础上发展起来的一种时间序列预测方法,其通过计算指数平滑值,配合一定的时间序列预测模型,预测对象的未来。在该系统中,用户可以通过输入历史数据,选择适宜的时间序列预测方法,预测对象的未来状况,并显示预测值的平均偏差、平均绝对误差、平均绝对偏差、跟踪信号、平均百分比误差和均方误差,判断预测结果的精度。

通过前文所述灰色预测法基本原理可知,灰色预测是一种对含有不确定因素的系统进行预测的方法。灰色预测通过关联分析,对原始数据生成预测值处理来寻找事物变动的规律,生成有较强规律性的数据序列,然后建立相应的微分方程模型,从而预测事物未来趋势的发展。根据灰色预测的基本原理,本系统首先输入事物的历史数据,计算得到一次累加和均值系列数据,并通过方程确定发展系数和灰色作用量;其次求解第一步建立的微分方程,即可获得预测模型,预测事物发展趋势,并可得到预测数据的残差和相对误差,检验预测结果的精度。

(7) 应用模式评价模块功能实现

应用模式评价模块是系统的关键,为方便用户使用及考虑系统各部分的独立性,同时结合多因素综合评价法的基本原理,该模块主要由权重管理、指标管理和综合效益评价构成。

权重管理包括对 1 级、2 级和综合指标的管理,用户可根据不同的应用模式和再开发区域,修改各级指标权重值,并将其保存在数据库中,相同类型指标权重值之和必为 1 才能修改成功。权重管理界面如图 7-10 所示。

图 7-10 权重管理界面

在指标管理模块中,用户可按照经济、社会和环境分别浏览、修改、添加和更新评价指标值,实现再开发模式优选评价系统数据库的管理和更新。

综合效益评价具体分为模式评价和等级评价两部分。其中,模式评价的目的是根据计算综合效益分值，评价再开发区域内各斑块最适宜的应用模式，从而实现应用模式的空间优化配置。模式评价又可分为单因素模式评价和综合因素模式评价两种，前者可计算区域内某一指标分值，而后者则可计算全部指标的综合分值，其中综合整治改善型、功能提升改建型和产业升级新建型应用模式在空间上的具体优化配置方案利用数字1、2、3表示。

等级评价的目的是根据评价指标分值，确定改造斑块需要改造的优先级别。等级评价分为单因素和综合因素评价两种，评价结果用1、2、3、4、5表示，数值依次表示等级降低，说明该斑块优先改造程度逐渐降低。

模式评价和等级评价最终的评价结果均会被自动渲染，以不同颜色斑块表示。

（8）专题制图模块功能实现

专题制图主要包括专题图制作和打印输出两部分，以实现专题图的制作、整饰和打印输出为目的。通过专题图渲染模块，可实现对评价结果图层的唯一值渲染、点密度渲染、分级别渲染、柱状图渲染和饼状图渲染。

同时可通过文件菜单栏的打印预览及打印工具实现专题图的打印输出。在系统中，用户首先完成专题图渲染方式的设置，其次打开打印工具，按打印需求设置页面，调整纸张大小、地图打印横纵向及页边距，通过左侧的打印预览窗口可实现对效果图的预览，确认无误后即可进行打印。

7.4.2.5 系统运行与使用

本书以广州市旧民居、旧厂房和旧村再开发斑块为例运行该系统，具体运行步骤如下。

①**启动系统，导入待评价改造斑块** 系统自动导入广州市旧民居、旧厂房和旧村斑块。

②**确定评价指标权重** 由于广州市文化保护更新型模式根据历史文化名城保护规划确定，因此本系统主要确定综合整治改善型、功能提升改建型和产业升级新建型3种应用模式的权重值。各评价指标权重和指标数据设置如图7-11所示。

③**评价不同应用模式下改造斑块的综合效益** 在再开发模式优选评价系统中，可根据不同评价目的和实际需要选择单因素或综合模式评价法。本例选用综合模式评价广州市再开发斑块的综合效益，评价运行结果如图7-12所示。需要说明的是，图7-12中的评价结果仅是依据微观层面斑块在不同应用模式下的综合效益分值获取，并未考虑宏观各应用模式的合理分配比例。系统运行结果仅用于检验系统能否良好运行和使用，并非本书最终研究结果。

由运行情况来看，在VS2012和ArcGIS engine 10.0软件开发环境下构建的再开发模式优选评价系统，实现了评价再开发模式综合效益，为用户合理选择建设用地再开发模式提供了科学高效的可视化操作工具。

图 7-11　三种模式下权重设置情况

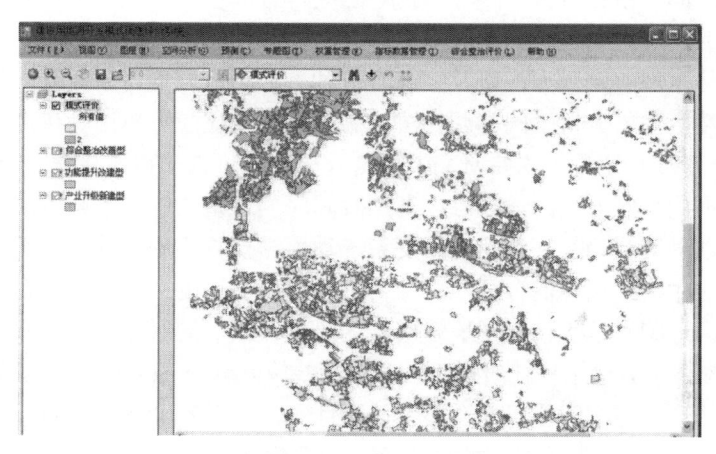

图 7-12　再开发斑块综合效益评价结果（后附彩图）

7.5　本章小结

  制度是城镇建设用地再开发的前提，权籍调整是再开发的基础，而再开发模式则是决定再开发成败的关键因素，模式的准确选择直接影响区域再开发能否顺利展开和实施效果优劣。本章主要根据再开发过程中参与主体及具体应用方式两个层面分析探讨再开发模式，并建立模式优选的方法和系统。

  在组织模式上，根据不同再开发主体，本书将再开发分为 5 种主要组织模式，分别为政府主导型、业主主导型、市场主导型、规划主导型以及混合型模式，并比较分析 5 种模式的内涵、特点和适用范围。分析内涵可知，不同主体直接影响再开发制度运行的顺畅程度，而不同主体所追求的再开发效果差异又影响再开发利益分配；又从资金、治理、再开发效果、风险、运作顺畅度、预期构想等方面分析 5 种模式特点，可知各模式特点迥异，优缺点对立现象明显；最后基于内涵和特点分析，根据再开发区域预期的再开发方向、利用方式及区域范围等差异，确定适宜于不同区域的组织模式。目前中国再开发组织模式多为政府主导，开发商配合实施，而该模式在过去实践中已被证实因忽视社会效益而难以成功。借鉴西方发达国家经验可知，多元化利益相关者的参与主体代替地方政府和开发商的二元合作、以伙伴关系为治理框架的混合型模式已成为可体现社会公平和顺应社会经济发展的再开发模式。

在应用模式上，根据再开发后土地利用性质和开发强度变化，分为4种应用模式：综合整治改善型、功能提升改建型、产业升级新建型和文化保护更新型模式。分析4种应用模式的内涵和特点，可知建筑的文化维护、建筑安全、空间格局、改造时间、潜在价值、环境保护等是决定选择应用模式的主要要素，而不同应用模式的适用范围也主要据此确定。

本章从定性、定量方法以及空间定位和方法集成，探讨了再开发应用模式的优选。定性上主要分析了问卷调查法、德尔菲法、比较分析法等在再开发项目实施中的具体应用。定量上主要研究了预测方法和评价方法在再开发中的实际应用：综合互补不同预测方法的优缺点，利用时间序列分析法、回归分析法和灰色预测法等方法预测宏观趋势，确定再开发系统动力学仿真模型参数的合理值，从而保证再开发应用模式选择的合理性；分析不同评价方法的适用条件，采用多因素综合评价法因地制宜地优选微观地块层面的最佳模式。同时考虑再开发应用模式评价中，传统评价方法工作耗时耗力，可视性差等问题，又由于再开发属复杂系统，应用模式的选择与空间位置存在很大关联性，故基于定性分析、定量模型的研究，利用ArcGIS的二次开发技术构建再开发应用模式评价系统，耦合GIS技术与专业评价模型，实现再开发应用模式的空间优化配置与科学决策。

8 全程评估

参照事物发展的生命周期流程，全程评估可分为事前、事中与事后评估，由此构成城镇建设用地再开发全程评估体系框架。按照再开发项目实施流程可细分为潜力评估、过程评估及效益评估；按照政策实施的流程可细分为政策的制定和执行评估及政策实施效果反馈评估。

8.1 潜力评价

8.1.1 再开发潜力定义

城镇建设用地再开发的目标，是利用行政、法律、经济和工程等措施，从用地功能、土地权属和土地收益等方面，对建设用地进行空间配置和重新组合，以满足新型城镇化发展的要求，在维护良好生态环境的前提下，实现经济社会的稳步均衡发展。微观而言，再开发针对具体项目地块，通过追加建设用地的劳动力、资本和技术等生产要素来改善土地利用条件，提高建设用地利用的水平，调整土地利用结构和功能，提高土地利用的程度和效率，从而为城镇发展挖掘潜力空间。从宏观区域层面上讲，再开发是一项综合技术手段和工程措施，其目的在于改善城镇的土地利用环境，保护和传承城镇历史文化，促进城镇社会、经济、生态环境的可持续发展。

城镇建设用地再开发的潜力，是指目标的实现能力和可挖掘的潜在能力。目标的实现能力，指以再开发理想目标为衡量标准，通过克服再开发实施阻力从而不断接近目标状态的能力。阻力增加，则目标的实现能力降低，相应潜力就减小。可挖掘的潜在能力，指以再开发对象的现状条件为基础，通过再开发不断改善自身条件，提高现状水平的潜在能力。现状条件越差，则可提升的空间越大，相应再开发的潜力就越大。结合本书再开发内涵和外延的界定，再开发的潜力内涵定义为：在一定时期、一定生产力水平下，依据"多规合一"规划，对现有城镇建设用地范围内，由于自然因素或经济活动所造成的闲置未利用或利用不充分、未充分体现土地利用价值、具有潜在开发利用价值的宗地，通过行政、法律、经济以及工程技术等多种措施和手段进行权益调整、功能重组以及实体改造，实现城镇有效建设用地面积增加、生态环境改善、经济和社会效益显著提高、历史文化得以传承和保护等目标的能力和可挖掘的潜在能力。

8.1.2 再开发潜力影响因素

8.1.2.1 宏观区域的影响因素

宏观区域层面的再开发，关注重点是全域建设用地利用的整体情况，是基于宏观视角的全局把握和潜力挖掘。因此，宏观区域层面的再开发潜力，主要受到来自城镇土地的生产要素投入、建设用地的实际产出以及城镇社会经济发展趋势等区域性宏观因素的影响。

土地的生产要素投入，主要包括资金投入和劳动力投入等。城镇建设用地再开发涉及人口安置、拆旧建新、环境整治以及公共服务设施完善等，所需工程建设资金量巨大，是否拥有充足的资金投入是影响区域再开发潜力的重要因素。随着中国市场经济的逐步完善，再开发通过引入市场机制，让更多的开发商和农村集体能够参与其中，带来大量的社会资金投入，较大程度地缓解地方政府财政压力。因此，区域地方政府的资金投入，社会资金的活跃度等对区域再开发的潜力挖掘较为关键。此外，再开发工程量大、施工周期较长，工程建设领域的社会劳动力投入也是保障再开发顺利进行的重要因素，对区域再开发潜力具有重要影响。

建设用地的实际产出，主要指城镇建设用地利用的经济效益。建设用地的经济产出对区域再开发潜力的影响主要体现在：一是经济产出能够体现区域发展的经济实力，为再开发提供充足的资金动力。二是区域经济产出反映全域建设用地利用经济产出的平均水平。对再开发而言，其对象建设用地利用效率较低，经济产出一般较全域的平均水平低。因此区域经济产出一定程度上能够反映出再开发潜在效益的提升空间。区域建设用地的经济产出越大，再开发的潜在效益越高，再开发的潜力也就越大。

城镇社会经济发展趋势，主要体现在城镇发展的潜力和可持续能力。城镇发展是动态过程，城镇的可持续发展能力是城镇建设用地再开发可持续进行的重要前提。城镇社会经济的发展趋势，受多方面因素影响，既包括境内外及所在区域的宏观发展环境和经济形势，也包括城镇内部的现状基础和发展现实条件等。即使现状基础较差，而发展的现实条件、周边发展环境和经济形势较好，城镇社会经济发展的趋势也较好，相应再开发的潜力也越大。

8.1.2.2 微观地块的影响因素

微观地块层面的城镇建设用地再开发，关注重点是具体地块的再开发潜力，是基于再开发地块自身条件的限制或优势、机遇而挖掘的目标实现能力，对象较为明确，不同地块间的差异也比较明显。因此，微观地块的再开发潜力影响因素主要包括地块的自然条件、经济区位、土地利用状况等。

自然条件，主要包括地块的地形、地貌和地质等状况。不同地块的再开发功能用途对地形地貌的要求不同。建设用地再开发要结合未来的再开发功能用途，提高对高程、坡度等因素的设计要求，充分考虑自然条件对再开发项目的限制性作用。若再开发地块自身具备良好的自然环境，则更容易吸引开发决策者的投资改造。此外，地质结构、地质灾害类型和空间分布对再开发项目地块也具有较大的影响。因此，自然条件是影响微观地块再开发潜力的基础性因素。

区位因素，反映再开发地块的潜在价值。区位是社会经济及其他人类活动在空间分布的位置，是自然、经济、交通等在空间地域上有机结合的具体表现，区位特征反映自然界的各种地理要素与人类社会活动空间位置间的相互联系。区域位置优势越明显、周边城市功能和人员条件优势越突出的地块，再开发实施能力越强。决定再开发地块区位优劣的因素很多，有中心城区的吸引、地价水平的高低、所在区域的商服繁华度，同时还有道路交通的通达度、公路分布以及对外交通的便捷程度等。此外，地块所在区域的基础设施和公共服务设施的覆盖程度等因素也决定了再开发地块未来的升值空间，影响再开发的潜力大小。

土地利用状况，主要指再开发地块的用地结构、程度、强度以及土地利用形态等。作为各项活动的载体，土地利用结构和程度等对土地利用效益显现具有重要影响。土地利用强度决定建筑拆迁改造成本、建筑密度等，土地利用结构则包含了各类用地的面积比例，包括道路广场比率、绿地率等。土地利用形态，决定再开发斑块的空间结构复杂程度，对再开发的项目施工和产权界定等产生影响。土地利用状况越接近规划合理值，则再开发成本越低，项目实施的可行性越高，项目的实施能力越强。

8.1.3 再开发潜力评价的原则

城镇建设用地再开发是一项复杂的系统工程，再开发的潜力既受到宏观区域层面的土地投入、产出以及城镇发展趋势等因素的影响，又受到微观地块的自然条件、经济区位以及土地利用状况等因素的影响。因此，再开发潜力评价须遵守以下原则。

第一，系统全面原则。城镇建设用地再开发是一项包含自然、生态、经济、社会、人文等的复杂系统工程，再开发后城镇有效建设用地面积增加、生态环境改善、经济和社会效益显著提高、历史文化传承和保护等多样性目标也决定了再开发涉及领域之广和目标实现的难度之大。再开发的潜力也相应受到宏观区域政策、社会发展环境、自然条件禀赋、地租地价等经济因素的影响。因此，再开发潜力评价指标体系必须考虑周全，综合反映再开发目标的实现能力和可挖掘的潜在能力。

第二，宏观和微观相区别原则。城镇建设用地再开发潜力，包含宏观区域层面的整体可挖掘潜力和微观地块层面的再开发实施能力。宏观区域层面，关注的重点是全域建设用地利用的整体情况，是基于宏观视角的全局把握和潜力挖掘。微观地块层面，关注的重点是具体地块的实际利用情况，是基于地块自身条件限制或优势而挖掘的再开发目标实现能力。因此，再开发潜力评价必须综合考虑宏观和微观层面的差异，分析不同层面的再开发潜力影响因素，分别构建相应的评价指标体系，提高潜力评价结果的真实性和可靠性。

第三，定性与定量相结合原则。城镇建设用地再开发潜力评价，应从定性分析入手，通过分析再开发潜力的宏观和微观影响因素，揭示再开发的影响机制和各影响因素间的内在联系。以此为基础，量化不同因素对再开发潜力挖掘的作用大小，并采用数理模型综合评价再开发宏观潜力和微观潜力的相对值，从而指导再开发规划编制与规划实施的进度安排。

第四，评价指标和方法可操作原则。可操作性原则，是开展城镇建设用地再开发潜力评价的前提。为保障评价的科学性和合理性，评价指标体系应力求全面且具有代表性，指标之间应无重叠交叉，评价的模型方法应客观合理且经济易行。但考虑现实技术条件下部分潜力因素量化困难，以及受限于统计资料的可获取性等障碍因素，再开发潜力评价应尽量选取可操作性强的指标和方法，对于难以量化的重要指标在不影响评价结果指导性质的前提下采用近似指标替代和补充。

8.1.4 评价指标体系构建

8.1.4.1 宏观区域潜力评价指标体系

依据前文所述的宏观层面潜力影响因素，从建设用地的投入、产出效益以及城镇用地强度、土地利用可持续发展度 4 个方面选取评价指标。对于建设用地的投入，政府的固定资产投资一般直接用于房地产开发、基础设施建设和旧城改造等活动，而鉴于社会资金活跃度涉及面较为广泛，具体在再开发中的资金投入难以直接量化并缺乏代表性，因此选择地均固定资产投资指标反映再开发的经济投入。至于劳动力投入，考虑到再开发项目运作环节的勘测调查、规划设计、资金管理、权益调整、建筑施工等涉及国民经济行业中的建筑、房地产、服务、金融业等多个行业，且主要以第二、三产业从业人员为主，因此选用第二、三产业从业人员占总从业人员的比重反映区域再开发活动的潜在劳动力投入情况。对于建设用地产出效益，主要通过城镇地均 GDP、单位土地工业产值以及单位土地社会消费品零售总额 3 个指标来反映。而城镇用地强度，主要通过城镇人均建设用地面积、低效用地面积占比指标来反映。至于土地利用可持续发展度，则主要通过城市人口用地增长弹性系数与建成区绿化覆盖率来反映。具体的评价指标体系见表 8-1。

表 8-1　再开发区域潜力评价指标体系

目标层	要素层	指标层
再开发区域潜力评价	城镇土地投入	地均固定资产投资额
		二、三产业从业人员占比
	城镇土地产出	地均 GDP
		单位土地工业产值
		单位土地社会消费品零售额
	建设用地强度	人均建设用地面积
		低效用地面积占比
	土地利用可持续发展度	城市人口用地增长弹性系数
		建成区绿化覆盖率

8.1.4.2　微观地块潜力评价指标体系

依据前述的微观层面的潜力影响因素，参考王海云等人（2015）的研究，本书从影响再开发微观地块的自然因素、区位条件、交通因素、公共设施完善度、土地利用状况、建筑开发强度和景观格局等方面选取评价指标构建微观地块的再开发潜力评价指标体系。具体的评价指标体系见表 8-2。

表 8-2 再开发斑块潜力评价指标体系

目标层	要素层	指标层
再开发地块潜力评价	自然因素	高程
		坡度
		灾害易损性
	区位因素	中心城区可达性
		地价水平
		商服繁华度
	交通条件	道路通达度
		公路分布密度
		对外交通便捷度
	公共设施完备度	基础设施完备度
		公用服务设施完备度
		文体旅游设施完备度
	建筑开发强度	拆迁改造成本
		建筑密度
		低矮房屋占比
	土地利用状况	土地未利用率
		道路广场面积占比
		绿地率
	景观格局	建筑协调度
		形状指数
		斑块大小
		斑块破碎度

8.1.5 案例分析

8.1.5.1 佛山市高明区再开发概况

佛山市高明区位于东经 112°22′34″～112°55′06″，北纬 22°38′46″～23°01′05″之间，地处广东省中部，珠江三角洲西部边缘，濒临西江，东与南海、三水隔江相望，南邻鹤山，西接新兴，北接高要。2012 年，高明区国民经济持续快速增长，综合实力进一步增强。全区实现生产总值 499.37 亿元，比 2011 年增长 30.0%。其中，工业总产值 577.89 亿元，增长 10.5%；农业总产值 32.11 亿元，增长 4.8%。全年完成固定资产投资 253.39 亿元，增长 14.7%。按常住人口计算，人均地区生产总值 118 201 元，比上年增长 10.1%。城乡居民生活水平不断提高。2012 年全区在岗职工年人均工资 28 705 元，比上年增长 20.1%；农民年人均纯收入 10 743 元，增长 13.3%。

随着高明区社会经济发展，在"山水城市"建设战略目标和资源环境约束下，高明区城镇低效建设用地再开发的需求不断增加。以"三旧"改造区为例，截止到 2013 年，高明区已纳入"三旧"改造标图建库范围的改造地块共有 420 块，其中"旧村庄"改造 52 项，改造面积 177.22 hm²；"旧城镇"改造 110 项，改造面积 1091.02 hm²；"旧厂房改造" 258 hm²，改造面积 1132.97 hm²。根据高明区发展程度、"三旧"改造现状和规模，改造模式可分为整体拆除改造、局部拆除改造、保留整治 3 类。目前高明区有较大"三旧"存量用地，"三旧"改造将是未来该区发展的必经之路。同时，高明区也是 2013 年第一次全国地理国情普查广东省试点区域，普查对试点区地表自然和人文地理要素的空间分布、特征及其相互关系的摸底的结果也为再开发地块的潜力评价提供基础数据。根据高明区"三旧"改造规划确定的拟改造类型，"三旧"改造图斑分为居住用地、商业用地、工业用地和其他用地 4 种用途，其中其他用地主要指市政办公、公共设施等用地类型。本书拟选择佛山市高明区"三旧"改造图斑作为本次地块再开发潜力评价的对象，主要针对居住用地、商业用地和工业用地 3 类，共有图斑 389 个。

8.1.5.2 佛山市高明区区域再开发潜力评价

（1）评价指标权重确定

本书在设计区域再开发潜力评价体系指标权重系数表的过程中，咨询了相关专家及高校学者，对指标体系中的各指标赋分。根据 AHP 分析方法要求，依此构建判断矩阵，经过计算机数据处理系统进行层次单排序和层次总排序，得到各因素权重值（表 8-3）。结果经一致性检验，判断矩阵一致性比例 CR=0.0094，符合 CR＜0.10 的要求，表明其权重设置较合理。判断矩阵具有满意的一致性。

表 8-3 高明区区域再开发潜力评价指标权重

目标层	要素层	指标层	单位	权重
再开发区域潜力评价	城镇土地投入	地均固定资产投资额（X_1）	万元/km²	0.1778
		二、三产业从业人员占比（X_2）	%	0.0976
	城镇土地产出	地均 GDP（X_3）	万元/km²	0.1087
		单位土地工业产值（X_4）	万元/km²	0.0779
		单位土地社会消费品零售额（X_5）	万元/km²	0.1852
	建设用地强度	人均建设用地面积（X_6）	人/m²	0.0874
		低效用地面积占比（X_7）	%	0.1067
	土地利用可持续发展度	城市人口用地增长弹性系数（X_8）	—	0.0951
		建成区绿化覆盖率（X_9）	%	0.0638

（2）指标合理值的确定

关于评价指标的合理值，主要依据不同指标的特征，通过查询国家或地方标准、同区域典型城市比较以及咨询相关专家等方式来确定（表8-4）。

①城镇土地投入

关于固定资产投资，由于不同地区的经济建设和城市发展水平差异较大，难以采用统一标准限定一个合理的投资量，考虑到目前社会经济发展阶段，高明区的城镇发展水平尚未达到饱和调整状态，与发达地区存在较大差距，因此本书选择高明区近10年的平均水平作为"地均固定资产投资额"的下限值，选择佛山禅城、高明、南海、三水、顺德的平均"二、三产业从业人员占比"作为高明区发展的下限值。作为"珠三角"的核心地区，深圳带头示范作用明显，对同区域其他城市的发展具有重要的借鉴和参考价值，因此本书采用深圳市的现状值作为城镇土地投入的上限值。

②城镇土地产出

与固定资产投资类似，GDP、工业产值以及社会消费品零售额这类经济指标，受城市发展水平影响较大，难以设置统一的合理标准值。与"城镇土地投入"的处理方法一致，本书采用高明区近10年的平均水平作为"地均GDP""单位土地工业产值""单位土地社会消费品零售额"3项指标的下限值，选择深圳市的现状值作为城镇土地产出的上限值。

③建设用地强度

关于人均建设用地面积，根据中国城市发展实际，已有学者认为"人均城市建设用地"指标为80~120 m²/人较为合理，可以满足城市功能的正常运转并维持城市生态环境的良性循环（尹树美等，2011）。结合高明区发展实际，设置高明区人均建设用地面积上限为120 m²，下限为80m²。关于低效用地面积占比，鉴于数据获取相对困难，本书直接采用高明区2012年标图入库的"三旧"改造图斑面积作为高明区的低效用地面积，采用佛山禅城、高明、南海、三水、顺德的平均水平值作为该项指标的下限值。结合部分专家的意见，设置3%为该项指标上限值，低效用地面积占比越大，区域再开发的潜力则越大。

④土地利用可持续发展度

城市人口用地增长弹性系数，指城镇建成区面积增长率与人口增长率的比值。随着社会经济的发展，人均用地面积应适当提高。对再开发而言，建成区面积增长率大于人口时，城镇的建设用地开发活动较为活跃，且实际利用的程度已显现粗放特征，再开发的潜力越大。参考深圳市的现状情况，采用3.42作为该项指标的上限值，选取佛山禅城、高明、南海、三水、顺德的平均值作为该项指标的下限值。关于建成区绿化覆盖率，高明区境内拥有广阔的林地和丰富的森林资源，近年来高明区致力于"绿色发展"的新型城镇化道路,提出建设绿色崛起示范区、建设国家生态县(区)的目标。因此,选择国家生态园林城市建设标准作为该项指标的下限值,相应选择生态保护与经济发展协调度较高的深圳现状值作为该项指标的上限。

表 8-4 高明区区域再开发潜力评价指标量化

指标层	单位	2012 年高明区现状值	上限值	下限值
地均固定资产投资额	万元/km²	2 701.90	10 989.47	1 298.01
二、三产业从业人员占比	%	82.17	99.98	92.09
地均 GDP	万元/km²	5 324.84	648 527.23	3 042.12
单位土地工业产值	万元/km²	3 970.69	26 821.51	2 223.58
单位土地社会消费品零售额	万元/km²	896.72	20 075.52	523.29
人均建设用地面积	人/m²	287.42	120.00	80.00
低效用地面积占比	%	19.75	3.00	18.40
城市人口用地增长弹性系数	—	14.75	3.42	1.69
建成区绿化覆盖率	%	40.81	45.00	40.00

资料来源:《中国城市统计年鉴》(2004~2013)《深圳统计年鉴》(2012~2013)《佛山统计年鉴》(2004~2013)《高明统计年鉴 2012》、佛山"三旧"改造标图入库数据

(3) 指标无量纲化与潜力等级划分

为提高评价结果的指导性,采用分段法设定合理的评价等级。依据指标的上、下限合理值设定,参考高明区实际情况,将每个评价因子划分为 4 个等级并确定级别范围。为消除不同指标间量纲的影响,采用比重法进行指标标准化处理(郝海等,2007)。

$$W_{ij} = \frac{x_{ij}}{\sqrt{\frac{1}{4}\sum_{j=1}^{4}(x_{ij}-\bar{x}_{ij})^2}} \qquad (式 8\text{-}1)$$

$$\bar{x}_{ij} = \frac{1}{4}\sum_{j=1}^{4} x_{ij}, (i=1, 2, 3\cdots 9;\ j=1, 2, 3, 4) \qquad (式 8\text{-}2)$$

式中,W_{ij} 为第 i 指标对应 j 级别的指标标准化值,x_{ij} 为第 i 指标对应 j 级别的指标实际值,$\bar{x}_{ij}$ 为第 i 指标对应 j 级别的指标平均值。x_{ij} 存在的取值范围为:$x_{ij}=(x_{ij大}+x_{ij小})/2$。对应只有单一极大值或极小值的情况,$x_{ij}$ 分别取极大值或极小值。所有评价指标标准化结果以及等级划分见表 8-5。

表 8-5　高明区区域再开发潜力因子分级及指标标准化值

组别	X_1 值域区间	标准化值	X_2 值域区间	标准化值	X_3 值域区间	标准化值
Ⅰ	<1 298.01	0.34	<92.09	29.51	<3 042.12	0.01
Ⅱ	1 298.01~6 143.74	0.97	92.09~96.04	30.14	3 042.12~325 784.68	0.64
Ⅲ	6 143.74~10 989.47	2.24	96.04~99.98	31.40	325 784.68~648 527.23	1.91
Ⅳ	>10 989.47	2.87	>99.98	32.04	>648 527.23	2.54
高明区	2 701.90	0.71	82.17	26.33	5 324.84	0.02

组别	X_4 值域区间	标准化值	X_5 值域区间	标准化值	X_6 值域区间	标准化值
Ⅰ	<2 223.58	0.23	<523.29	0.07	<80	5.06
Ⅱ	2 223.58~14 522.54	0.86	523.29~10 299.40	0.70	80~100	5.69
Ⅲ	14 522.54~26 821.51	2.1	10 299.40~20 075.52	1.97	100~120	6.96
Ⅳ	>26 821.51	2.76	>20 075.52	2.60	>120	7.59
高明区	3 970.69	0.41	896.72	0.12	287.42	18.18

组别	X_7 值域区间	标准化值	X_8 值域区间	标准化值	X_9 值域区间	标准化值
Ⅰ	<3	0.49	<1.69	2.47	<40	20.24
Ⅱ	3~10.7	1.13	1.69~2.55	3.10	40~42.5	20.87
Ⅲ	10.7~18	2.39	2.55~3.42	4.37	42.5~45	22.14
Ⅳ	>18	3.02	>3.42	5.00	>45	22.77
高明区	19.75	3.24	14.75	21.56	40.81	20.65

（4）结果与分析

依据多因素综合评价法，将不同级别的指标因子标准化值以及高明区实际现状的标准化值，分别对应指标权重进行加权求和，得到各级别的潜力值以及高明区对应的再开发潜力值。计算结果显示，宏观区域再开发Ⅰ、Ⅱ、Ⅲ、Ⅳ级潜力区的潜力值分别为 4.99、5.63、6.89、7.52，而高明区 2012 年的实际再开发潜力为 8.05，位于潜力Ⅳ级以上。

高明区的区域再开发潜力计算结果表明，高明区与佛山其他地区乃至深圳相比，整体再开发的潜力较高。这主要与高明区的土地利用整体效益偏低，远未达到集约利用的要求有关。分析各指标因子可知，影响高明区区域再开发潜力的最主要因子为"人均建设用地面积"和"城市人口用地增长弹性系数"。高明区 2012

年人均建设用地面积高达 287.42m²/人，远远高于适度标准的上限 120m²/人；而另一项指标城市人口用地增长弹性系数则显示，高明区的建成区面积增长率已远超过人口的增长率。这两项指标表明，高明区的建设用地扩张态势十分明显，已超过了实际人口的居住和生活需求。其次，影响高明区区域再开发潜力的次重要因子主要有"地均 GDP"和"单位土地工业产值"，这两项指标显示高明区与佛山市其他地区以及深圳市相比差距较大。建设用地的经济效益产出，直接影响区域再开发的经费投入和资金活力，从而影响再开发的实施能力。此外，建设用地的产出效益较低，而实际上建设用地又保持强劲的开发势头，这进一步表明高明区土地的粗放利用特征。因此说，高明区再开发潜力巨大。

综合可知，高明区土地集约利用程度较低，区域建设用地再开发潜力巨大。对区域而言，再开发能够促进产业结构调整，维护生态环境和谐稳定，激发区域社会经济发展活力；而城镇土地利用综合效益的提高，能够增强区域发展实力，转化为再开发动力，进一步促进再开发的有序开展。两者形成相辅相成、相互促进的良性循环。因此，高明区亟待转变建成区外延扩张态势，积极转向内涵式挖潜的土地利用方式，适当提高中心城区的综合容积率，充分盘活存量建设用地资源；同时，转变经济发展模式，调整城镇土地利用结构以促进城镇产业转型升级，合理规划城镇产业布局，提高再开发的实施能力。

8.1.5.3　佛山市高明区地块再开发潜力评价

（1）评价指标权重确定

在设计地块再开发潜力评价体系指标权重系数表的过程中，本书咨询了相关专家及高校学者，对指标体系中的各指标赋分。根据 AHP 分析方法要求，构建判断矩阵，经过计算机数据处理系统进行层次单排序和层次总排序，得到各因素权重值（表 8-6）。经一致性检验，工业用地改造能力评价指标体系矩阵一致性比例为 CR=0.0249，商业用地改造能力评价指标体系矩阵一致性比例为 CR=0.0620，居住用地改造能力评价指标体系矩阵一致性比例为 CR=0.0053，均符合 CR＜0.10 的要求，表明其权重设置较合理，判断矩阵具有较好的一致性。

（2）指标因子量化

在 ArcGIS10.0 平台下，利用 GIS 的多重缓冲区分析（Multiple Ring Buffer）功能建立各指标因子的潜力等级及相应的潜力分值图层。对个别无法空间化的指标则利用公式进行指标数据标准化，再利用 GIS 的自然断点法（Natural Breaks）分级工具进行潜力等级的空间划分。

①自然因素

利用 GIS 将 DEM 数据进行重分类后转为矢量数据，再与广东省第一次地理国情普查佛山试点数据库（以下简称"地理国情数据库"）进行叠加统计分析。

统计再开发地块分布及用地规模随高程、坡度的变化规律，结果表明：高程20 m以内的斑块数量占总数的85.46%，面积占91.12%。再从DEM数据中提取坡度分级图，将坡度划分为5个区间，其中坡度在2°以内，再开发地块数量占总数的24.08%，面积占18.97%；坡度在2°~7°范围内，地块数量占总数的46.70%，用地面积占41.79%。根据高程、坡度与再开发斑块分布个数与规模之间的规律划分自然地理因子等级，如表8-7所示。

表8-6 地块再开发潜力评价指标权重

目标层	要素层	权重 工业用地	权重 商业用地	权重 住宅用地	指标层	权重 工业用地	权重 商业用地	权重 住宅用地
"三旧"改造潜力评价	自然因素	0.108 9	0.119 5	0.033 1	高程	0.020 2	0.014 6	0.002 9
					坡度	0.017 0	0.038 2	0.021 6
					灾害易损性	0.071 7	0.066 7	0.008 6
	区位因素	0.038 9	0.369 3	0.260 4	中心城区可达性	0.010 0	0.083 3	0.173 6
					地价水平	0.028 9	0.037 2	0.026 0
					商服繁华度	0	0.248 8	0.060 8
	交通条件	0.413 2	0.149 2	0.130 5	道路通达度	0.155 6	0.102 5	0.097 8
					公路分布密度	0.112 0	0.027 8	0.020 4
					对外交通便捷度	0.145 6	0.018 9	0.012 3
	公共设施完备度	0.025 3	0.232 3	0.390 3	基础设施	0.017 3	0.066 7	0.122 9
					公用设施	0.003 1	0.147 5	0.239 7
					文体旅游设施	0.004 9	0.018 1	0.027 7
	建筑开发强度	0.216 1	0.051 5	0.058 3	拆迁改造成本	0.095 6	0.016 5	0.018 9
					建筑密度	0.040 2	0.024 7	0.024 8
					低矮房屋占比	0.080 3	0.010 3	0.014 6
	土地利用状况	0.074 9	0.046 3	0.047 6	土地未利用率	0.034 3	0.012 4	0.029 6
					道路广场比率	0.009 4	0.005 4	0.005 2
					绿地率	0.031 2	0.028 5	0.012 8
	景观格局	0.122 7	0.031 9	0.079 8	建筑协调度	0.052 0	0.009 4	0.006 3
					形状指数	0.010 6	0.001 3	0.003 1
					斑块大小	0.007 2	0.016 5	0.054 8
					斑块破碎度	0.052 9	0.004 9	0.015 6

表 8-7　再开发地块自然地理因子等级划分

潜力等级		V	IV	III	II	I
自然地理因子	高程/m	≤5	5～10	10～20	20～35	>35
	坡度/°	≤2	2～7	7～12	12～17	>17

根据"地理国情数据库"中的地质灾害统计成果，地质灾害点数量共 48 个，灾害类型分别为崩塌、滑坡、地面塌陷等。以地质灾害点为中心，500m 为级距做多重缓冲区，将缓冲区范围内的再开发图斑进行分级。500m 以内地质灾害为 I 级，共有图斑 9 个，占总面积的 1.03%，500～1000m 为 II 级，1000～1500m 为 III 级，1500～2000m 为 IV 级，2000m 以上为 V 级。地质灾害级别大于等于 IV 级的图斑个数为 334，占总面积的 57.1%。大部分再开发地块距离地质灾害点距离较远，受地质灾害点影响较小。

②区位因素

中心城区可达性　中心城区可达性以距中心城区距离衡量，根据"地理国情数据库"统计可知，约 35% 的再开发地块在距离中心城区 10 km 范围内，约 70% 在 17 km 范围内。因此，再开发地块整体具有较好的中心城区可达性。运用 Natural Breaks 方法对距离进行等级划分如表 8-8 所示。

表 8-8　再开发斑块中心可达性等级划分　　　　　　　　（单位：m）

潜力等级	V	IV	III	II	I
中心可达性	≤5 000	5 000～10 000	10 000～17 000	17 000～20 000	>20 000

地价水平　利用高明区基准地价级别图，根据基准地价级别划分内涵，分析各等级代表的地价水平高低，结合拟改造用途，得到再开发地块地价水平。按 Natural Breaks 方法进行分类，统计结果显示：一级基准地价对应再开发图斑共 26 个，占再开发斑块总数的 6.19%，面积为 79.52 hm^2，对应潜力等级为 V 级，二级基准地价对应再开发斑块共 110 个，占再开发斑块总面积的 52.95%，对应潜力等级为 IV 级，三级以上基准地价对应再开发斑块共 284 个，占再开发斑块总面积的 43.73%，对应潜力等级较低。

商服繁华度　商服繁华度是城市土地开发潜力的重要定级因素，受商业中心和集贸市场影响。其中，商业服务业繁华影响度的计算参照《城镇土地分等定级规程》（GB/T 18507-2014）标准，根据商服中心的地位和相对规模，将其划分为两级，一级商服中心的服务半径为一级商服中心到建成区边缘的最大距离。二级商服中心的服务半径按下式计算：

$$D = \sqrt{S/(n \times \pi)} \qquad （式8-3）$$

式中：D为某级商服中心服务半径，n为某级商服中心数量，S为评价范围面积。商服中心繁华度量化公式如下：

$$E_{ij商服} = F_{i商服}^{(1-d_{ij}/D)} \qquad （式8-4）$$

式中：$E_{ij商服}$为j点受i级商服中心作用分值；$F_{i商服}$为i级商服中心功能分值；d_{ij}为j点到i级商服中心距离；D为i级商服中心的影响半径。

各空间点的商服繁华程度最终影响分值是由各级商服中心的功能衰减分值叠加得到的。当空间某点受到两个或两个以上同级商服中心影响时，作用分值取最大值；当同时存在多级商服中心影响时，各级商服功能影响作用分仅取值一次并进行求和。

集贸市场繁华度，评价方法与商服中心繁华度类似。在集贸市场资料调查中，为确定各集贸市场的规模，收集了高明区20个集贸市场资料，包括占地面积、建筑面积、经营铺位、摊位个数、经营档位等。基本处理过程与商服相似。当空间某点受到两个或两个以上集贸市场影响时，作用分值取最大值，不叠加计算。

③交通因素

根据"地理国情数据库"，高明区四级以上道路总里程703.6 km，标准水泥路贯通全区城乡，其中高速公路共69.5 km，分别为广明高速、珠三角环线高速；一级公路共109.3 km。汽车站2个，分别为高明区新客运站、高明汽车站；港口码头共16个，高明港新货运码头为周边地区的货物中转站，西江沿岸线22 km。利用ArcGIS的Buffer功能，按道路边缘做缓冲区分析，距离分别为100 m、400 m、800 m，"三旧"改造区90%以上均落在800 m的公路缓冲区范围内，交通优势明显。

道路通达度 根据原国家土地管理局颁布的《城镇土地定级规程》中的通达度模型，确定主干道、次干道和支路的作用半径分别为500 m、300 m和100 m。依据定级规程中道路通达度的量化公式，在商业用地定级时，道路通达度作用分采用指数衰减公式计算，即：

$$F_{ij} = I_i^{(1-d_{ij}/D)} \qquad （式8-5）$$

式中：F_{ij}为i道路对j点的通达度作用分；I_i为i道路功能分；d_{ij}为i空间点距离第j条道路的距离。

在住宅用地定级和工业用地定级时，道路通达度作用分采用线性衰减公式，即：

8 全程评估

$$F_{ij} = I_i(1 - d_{ij}/D) \qquad \text{（式 8-6）}$$

各参数的含义同式 8-5。

当空间某点受到多条线段影响时，其作用分值取其中的最大值。

公路网密度 公路分布密度计算方法如下：以再开发地块边缘 1km 范围为缓冲区，统计缓冲区范围内的公路数量。该指标在一定程度上也反映了再开发地块的交通通达程度，利用 ArcGIS 的 Natural Breaks 功能进行分级。

对外交通便捷度 对外交通便捷度是反映土地交通区位的重要指标，主要影响地上人流、物流向城市外移动的机会、成本和频度。该指标通过影响人与人间的联系，以及各商业企业、产业单位的产品和原材料的运输成本来影响改造地块的潜力。目前，高明区对外联系的主要交通设施为长途汽车站、港口码头和高速公路。因此，对外交通便捷度的评价主要考虑长途汽车站、港口码头对于再开发地块潜力的影响。本次评价共选取高明区长途客运站 1 个，港口码头 16 个，高速公路出入口 22 个。

分别计算再开发地块与上述对外交通点的距离，并将距离标准化作为对外交通便捷度量化依据，最后运用 Natural Breaks 方法进行分级。

④公共设施完善度

基础设施 城市基础设施一般包括供水、排水、电力、电信、供热、供气等。从高明区基础设施现状及各有关部门调研情况考虑分析，供水、供电在高明城区基本无差别，均能够满足人们生产生活需要。电讯设施的建设已经比较完备，设施功能在城市各区域间的差异性很小，在评价中均不予考虑。高明区地处亚热带地区，不存在冬季取暖问题，因此供热因素可不予考虑。基于影响因素选择的差异性原则，评价过程中仅选择有显著地域差异的排水因素作为评价基础设施完善度的因子。

高明区排水管道均为雨污合流式，排水设施状况差异较大。总体来说，新区排水管线等设施优于旧区，旧区排水管管径较小。高明因地势平坦，管道坡度小，易造成管道淤积，需定时清理。个别区域因入水口少，有内涝积水现象。本书通过向有关专家咨询，计算再开发地块 1.5 km 范围内排水设施入水口数量，评价基础设施完备度。

公用设施 由于研究区的公共服务设施众多，为简化数据获取工作，故采用点状图层作缓冲区分析。根据"地理国情数据库"，提取学校、医院、诊所、邮电和农贸设施点等作为评价公共设施的指标。考虑到公共设施的辐射范围以及设施本身具有一定规模，其起始缓冲区为 400m，而后再按 200m 为级距作其余等级的缓冲区设置。再开发地块公共设施按数字 1~5 分级，等级越高，公共设施完备

· 225 ·

度越好。

文体旅游设施 根据"地理国情数据库",提取文化旅游设施面状要素,再按其边缘200m为级距作其余等级的缓冲区。再开发地块文体旅游按数字1~5分级,等级越高,公共设施完备度越好。

⑤**土地利用状况**

土地未利用率 本书中未利用地是指"地理国情数据库"中的荒漠与裸露地表。土地未利用率越高,则再开发空间越大,潜力等级越高。将"地理国情数据库"与再开发地块进行叠加分析,统计再开发地块内部未利用地的比率,结果显示,未利用率大于76%的再开发地块个数为53,占总面积的16.2%,未利用率大于48%的再开发地块个数为100,面积比重为24.5%。60.7%的再开发地块未利用率低于26%,面积比重约为50%。因此,再开发地块未利用地比率较低,再开发潜力较大。再开发地块土地未利用率运用Natural Breaks方法可分为5个等级。

道路广场用地比重 道路广场用地包括"地理国情数据库"中的道路、广场(指构筑物中的二级类硬化地表中的小类)。与再开发地块进行叠加分析,统计再开发地块内部道路广场用地比重,结果显示,91%的再开发地块内,道路广场用地比重小于10%。由此可见再开发地块需要进一步加强道路等基础设施建设,以提高再开发地块的潜力。再开发地块道路广场用地比重运用Natural Breaks方法可分为5个等级。

绿地率 绿地率指再开发地块范围内各类绿地的总和与再开发地块总面积的比率,绿地范围包括再开发地块范围内的所有草地、园地和林地,绿地率越高,环境状况越好,则再开发潜力越大。将"地理国情数据库"与再开发地块进行叠加分析,统计再开发地块内部绿地率,结果显示,绿地率小于10%的再开发地块个数为187,占斑块总数的48.07%,占总面积的29.68%。绿地率大于30%的再开发地块个数为111,占总面积的25.78%。再开发地块平均绿地率约为24%。再开发地块绿地率运用Natural Breaks方法可分为5个等级。

⑥**建筑开发强度**

建筑开发强度通过拆迁改造成本、建筑密度和低矮房屋建筑占比3项指标来反映。在适当的范围内,拆迁改造成本越高,建筑密度与规划理想值差值越小,相应的再开发潜力越小,低矮房屋建筑比例越高,再开发困难度越低,潜力越大。拆迁改造成本根据规划中的3种模式来估算,整体拆除模式成本最高,局部拆迁改造模式次之,保留整治模式成本最低。建筑密度为再开发地块各类建筑基底面积占总用地面积的比例,建筑密度的规划合理值应符合当地控制性详细规划规定。低矮房屋建筑占比为再开发地块内低矮房屋建筑基底面积占总建筑基底面积的比例。因此,要综合考虑建筑密度和低矮房屋建筑占比指标,以便客观评价再开发潜力。

⑦景观格局

景观格局能够综合反映区域环境生态体系，其变化受人类和自然等多重因素影响。景观斑块的形状、大小、数量及空间组合既是各种干扰因素相互作用的结果，又是该区域自然生态体系的影响因素。本书选择形状指数、斑块面积、斑块破碎度和建筑协调度 4 个指标，综合反映再开发地块的景观格局状况。

形状指数是通过计算某一斑块形状与相同面积的圆或正方形间的偏离程度来测量其形状复杂程度。斑块面积的大小能够反映其容量及潜力的差异，斑块面积越大，再开发潜力越大。斑块破碎度表示景观被分割的破碎程度，体现了景观空间结构的复杂性。斑块破碎度越高，说明人类对景观的干扰程度越大，导致景观由单一、均质和连续的整体向复杂、异质和非连续的斑块镶嵌体转变，斑块破碎度越严重，再开发潜力越小。

建筑协调度主要反映斑块的空间组合协调程度，由再开发地块与周围环境和现有用地类型的协调性表征，较高协调性与高质量生活、生态破坏性较小、较高满意度以及社会发展等相关联，利用 ArcGIS 的 Buffer 功能，选择再开发地块边缘 1 km 的距离作为缓冲区，并进行叠加分析确定缓冲区内所包含的现有建设用地斑块数量，从而量化建筑协调性指标。根据"地理国情数据库"，再开发地块形状多趋近正方形且破碎度较低，但面积普遍较小，近一半再开发地块面积小于 1 hm^2，一些再开发地块面积大，但形状较为复杂，建筑协调度达到Ⅳ级以上的图斑个数仅占 22.62%，面积约占 35.46%，这些图斑面积平均潜力不到Ⅱ级，因此再开发潜力评价需结合上述指数综合分析。

（3）结果与分析

利用 ArcGIS 将量化后的指标属性赋值到各图斑，采用加权指数和法，分别获取再开发地块的综合潜力分值，运用 Natural Breaks 方法将潜力值分为 5 个等级。研究区再开发地块潜力评价等级结果如图 8-1 所示。

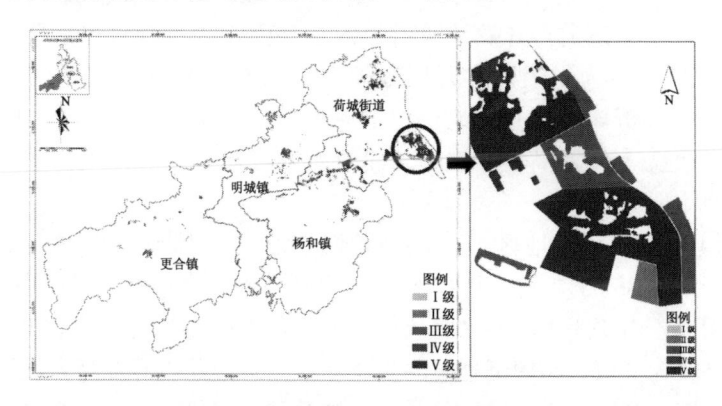

图 8-1 高明区地块再开发潜力评价图

①地块再开发潜力分级数量结构

高明区全区再开发地块共 389 个，其中潜力为Ⅲ级地块数量最多，其次是潜力为Ⅳ级和Ⅱ级的地块，共占总数的 84.84%，潜力Ⅴ、Ⅰ级的数量最少。分析各镇街情况，明城镇潜力级别最低，最高潜力级别为Ⅳ级，再开发地块多集中在潜力Ⅱ级；荷城街道潜力级别最高，该区 93.55%的再开发地块潜力为Ⅲ级以上（含Ⅲ级）；杨和镇Ⅴ级再开发地块占该类地块总数的 3.37%，仅次于荷城街道；明城镇再开发地块集中在Ⅱ级，Ⅲ级以上（含Ⅲ级）再开发地块个数占 45.65%。具体如图 8-2 所示。

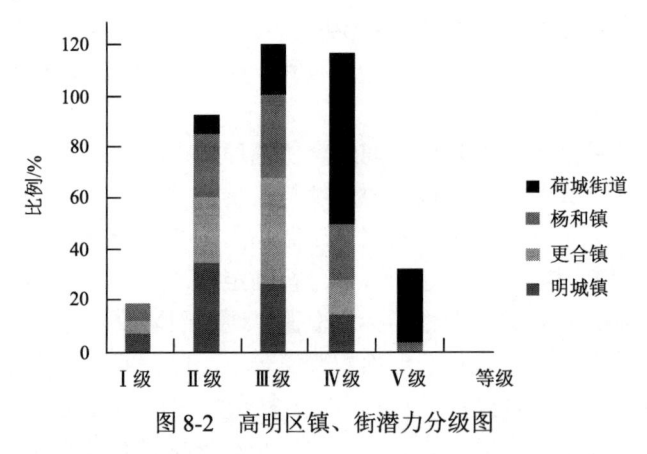

图 8-2　高明区镇、街潜力分级图

②地块再开发潜力空间分布

从空间分布来看（图 8-3），高明区潜力Ⅰ级的再开发地块多分布在西南地区，总面积为 77.61 hm^2。分析该类再开发地块单个评价指标情况可知，70.37%的再开发地块建筑协调度为潜力Ⅰ级，82.76%的再开发地块公共设施完备度为Ⅰ级，89.66%的再开发地块斑块大小为潜力Ⅰ级，93.1%的商服繁华度为潜力Ⅰ级。因此，影响该类再开发地块潜力的主要因素为景观格局、公共设施完备度和区位条件。潜力Ⅴ级的再开发地块多分布在北部和东部地区，总面积为 1037.01 hm^2。分析该类再开发地块单个评价指标情况可知，93.75%的再开发地块交通通达度为Ⅴ级，高程、坡度、建筑协调度均在Ⅲ级以上，因此，综合潜力得分较高。

更合镇为低山丘陵地区，山地植被覆盖率高，林地面积占该镇总面积的 67.05%，全镇约 86.05%为农用地，涉及的再开发地块类型多为旧厂房，拟改造用途为工业用地，由于距中心城区距离较远，公共设施完备度不高，再开发地块斑块面积小且较为分散，与周围环境的协调度不高，因此再开发潜力较低。

荷城街道为高明区中心城区，是全区的政治、经济、文化、金融、信息和科技中心，地势平坦开阔。该区再开发地块个数多且潜力大，个别潜力较低的再开发地块分布在荷城街道东南部边缘地区，导致其潜力值低的因素主要有距学校等公共设施较远、面积小、绿地率低等，其拟再开发用途多为工业用地。由于其自然因素、区位条件、交通条件均具有明显优势，只需加强公共设施建设即可大大提高再开发地块的改造潜力。

杨和镇位于高明区中部，林地面积仅次于更合镇，占全镇总面积的67.29%。该镇再开发地块多分布在北部靠近荷城街道的地区，这些地块分布较集中，据中心城区近，潜力较大，还有少数再开发地块零星分布在中部、南部地区，其面积较小，建筑协调度较低，拟再开发用途为风景名胜用地，虽然再开发潜力较低，但对促进整个地区山水城市建设具有重要意义。

明城镇是高明区中心腹地，再开发地块总体潜力较低，较低潜力再开发地块在该镇西部地区，拟再开发用途以工业为主，地价较低，区位优势不明显，公共设施完备度低，斑块面积小。高潜力再开发地块分布在中部地区，拟再开发用途以居住为主，这些再开发地块交通通达度高，公共设施完备度较高且建筑协调度高。

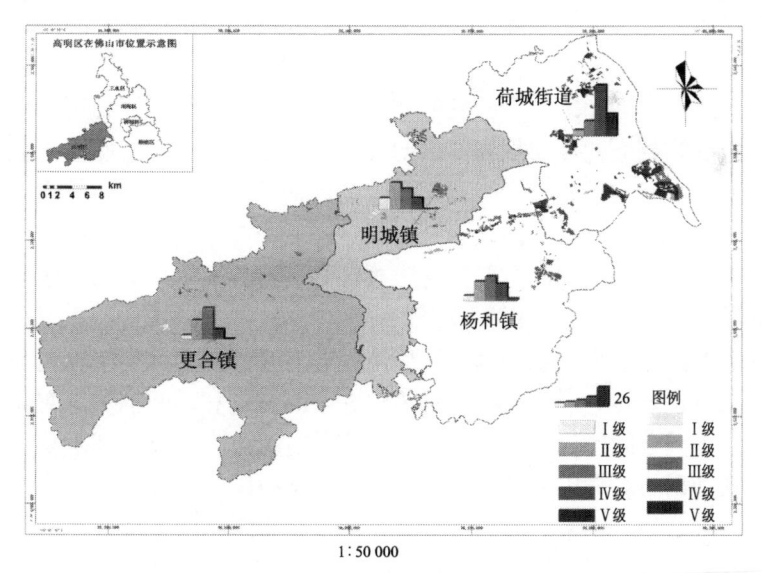

图8-3 高明区再开发地块潜力空间分布图

8.2 过程评价

8.2.1 再开发过程定义

"过程"，《现代汉语词典》（第六版）解释为：事情进行或事物发展所经过的程序，同时将"程序"解释为"事情进行的先后次序"。哲学中将"过程"定义为：物质运动在时间上的持续性和空间上的广延性，是事物及其事物矛盾存在和发展的形式。在质量管理领域，《质量管理体系要求》（GB/T 19001-2008）将"过程"定义为：将输入转化为输出的相互关联或相互作用的一组活动。

不同的行业和领域，对"过程"存在不同的定义，但总结起来，"过程"包含几个要素：输入、输出、时间和空间上的相关持续活动。对城镇建设用地再开发而言，其对象即是低效建设用地。而建设用地既具有自然资源属性，同时也拥有社会经济属性。建设用地利用或再开发过程，既涉及建设用地的物质性实体改造，也包含建设用地附属功能重组、权属调整、收益分配等社会经济活动。因此，再开发是一项综合产权制度、经济制度、社会政策、公共管理、文化保护、工程建设等诸多领域的综合性技术。再开发的前提基础和准备条件，主要包含政策制度和运行主体。政策制度决定了再开发产权界定和调整的合法性，运行主体决定了再开发的资金来源和利益分配。政策制度和运行主体构成再开发活动的输入。再开发的目的和任务，即传承和保护历史文化、提高建设用地利用的经济、社会、生态综合效益、拓展城镇发展空间等，构成再开发活动的输出。连接再开发输入、输出的相关持续性活动即是再开发的实施过程。中国实行土地利用的规划制度，再开发通过编制相应的专项规划，以明确再开发的目的任务、性质用途、规模布局、时序安排和保障措施等，统筹再开发活动的开展，并制定相应规划的年度实施方案，明确再开发的规模地块、开发强度、利用方向等以推进再开发的有序进行。因此，再开发的过程，主要包含宏观统筹的再开发专项规划实施过程以及微观实施的再开发项目实施过程。

①**规划的实施过程** 规划具有不确定性和未来导向性，其实施过程就是将规划编制的预定计划转为现实过程，具体包含空间演变和时间推进。空间演变在空间上表现为不同空间区位土地利用类型的变化过程。空间评价基于某一特定的时点，对现状类型与规划类型的空间对比，能够从空间吻合性角度评价规划实施过程的效果。规划是对未来的谋划或展望，然而由于未来的不确定性，规划具有一定的实施期限，须对规划目标的实现实行年度计划控制，从而保证规划的顺利实施。规划实施过程的时序安排，是依据不同地块自身实施能力的评估，确定规划实施的先后顺序。

②**项目的实施过程** 参考《工程项目施工过程阶段评价模型及其应用》（宣以霞，2008），项目的实施过程包含两类。一类是项目的实现过程，即人们为创造项目的产物而开展的各种业务活动所构成的整个过程。项目的实现过程由一系列的项目阶段或工作过程构成，任何项目都可细分为多个不同项目阶段或工作过程。项目包括定义与决策、计划与设计、实施与控制、完工与交付4个阶段，而每个

阶段又可续分为5个环节，分别为启动、计划、执行、控制和收尾。另一类是项目的管理过程，是指在项目实现过程中，人们开展项目的计划、决策、组织、协调、沟通、激励和控制等活动所构成的过程。在多数情况下，不同项目的实现需要由不同项目管理来控制。

8.2.2 再开发规划时序评价

8.2.2.1 时序安排影响因素分析

时序，即再开发的先后顺序。城镇建设用地再开发涉及城镇发展战略、产业结构调整、社会网络重构、生态环境改善、历史文化传承和保护、产权调整、收益分配、资金筹措和拆迁安置等一系列问题，需要多部门的综合协调与多方参与。同时，城镇发展中各系统元素处于不断变化中，元素之间的协同、调整和自适应使得再开发处于持续更新中。因此，再开发既不是一蹴而就的浩大工程，也不应采取大规模的成片改造，而应是一种分阶段、递进式、及时修正调整的渐进式过程。合理有序的再开发时序，是保证再开发顺利开展、稳步推进的重要前提和依据。

国内有两批学者较为系统地论述了城市开发与再开发的时序及其影响因素。一是张士廉等人（2013），认为城市综合体开发时序是由空间上的地块开发顺序、时间上业态的建设顺序、资金上现金流量的对应关系、不同功能和收益等业态的组合构成的四维问题。其认为影响城市综合体开发时序的因素有很多，从实现城市综合体价值最大化和城市发展的角度看，市场发展预期、土地价值和企业发展战略、开发实力、业态选择、形象定位等是其主要的影响因素。这其中，既有开发企业针对具体项目面临的外部因素，也有由开发企业自身决定的内在因素，内在因素与外在因素相结合共同决定了城市综合体的合理开发时序。二是熊向宁等人（2009），认为旧城改造时序的确定应站在正确处理局部改造与城市总体建设的宏观角度统筹考虑，尽量减少人为主观因素对改造进程的影响，以确保改造时序的客观性与合理性。其认为分析旧城改造建设时序应从宏观即政府决策与城市建设目标角度，以及微观即旧城自身特征两个层面予以综合考虑，并将影响旧城改造建设时序的因素分为城市规划及建设发展目标、政府决策、旧城现状、社会经济、区域商品房价格五大类。

既有研究表明，城镇开发建设与旧城改造时序安排的影响，既包含宏观区域层面的外部因素，如市场发展预期、城市规划及建设发展目标、政府决策等，还应包含微观地块层面的内部因素，如地块现状、开发实力等。本书认为，城镇建设用地再开发时序安排的本质是城镇的动态发展过程，城镇社会经济进步以及科学技术提高等，按照先易后难、先急后缓的原则，优先解决当前条件下能够解决且具有相对较大潜在收益的再开发项目,将难度大、相对潜在收益较小的再开发项目延后实施的一项进度安排。因此,再开发时序的影响因素,主要包含再开发的实施能力和可挖掘的潜在收益。依据前文所述的"再开发潜力"的定义,本书认为再开发时序的最主要影响因素就是再开发的潜力,既有源自城镇土地的生产要素投入、建设用地的实际产出以及城镇社会经济发展的趋势等区域性宏观因素的影响,也有地块的自然条件、经济区位、土地利用状况等微观层面因素。

8.2.2.2 再开发时序确定

城镇建设用地再开发的时序,由相应区域和地块的再开发潜力决定。区域再开发的潜力,对再开发时序的确定表现为宏观层面的政府决策重心和相应的财政支持等。微观地块的再开发潜力,对再开发时序的确定则较为直观,表现为具体地块的再开发先后顺序。

以微观地块的再开发潜力为例,针对佛山市高明区纳入"三旧"改造标图入库的城镇存量低效建设用地,通过前文测算不同地块的再开发潜力,可以将高明区的再开发地块潜力划分为 5 个等级,其中Ⅰ级潜力地块总数占比 6.94%,Ⅱ级为 23.91%,Ⅲ级为 30.85%,Ⅳ级为 30.07%,Ⅴ级为 8.23%。相应可以将不同潜力等级,对应不同的再开发时序。潜力相对大的地块优先再开发,潜力相对小的地块相应延后再开发,由此得到微观地块的再开发理论时序安排。

依据高明区"三旧"改造的标图入库数据,高明区"三旧"改造的规划时序为 2010~2014 年,其中 2010、2011、2012、2013、2014 年分别计划改造地块 80、69、185、35、51 块。由此可知,高明区城镇建设用地对应的再开发年度计划为微观地块的再开发规划时序安排。

8.2.2.3 再开发规划时序契合度分析

受限于资料获取,且考虑到宏观区域再开发潜力和时序分析对微观再开发项目层面的指导性不强等因素,本书重点分析微观地块层面的再开发时序安排。对具体的再开发地块而言,按照规划制定的前期研究、规划设计和规划实施一般性流程,微观地块的再开发时序在不同阶段分别存在不同的时序,主要包括理论、规划和实施时序。因此,再开发规划时序的契合度分析,重点在于规划时序与理论时序的契合度、规划时序与实施时序的契合度。

①规划时序与理论时序的契合度 对比分析高明区地块再开发潜力和再开发规划年度计划,结果如图 8-4 所示。图中显示高明区地块再开发潜力与再开发规划的年度计划关系密切。潜力较低的项目占各年份总项目的比重在 2010~2013

年逐年增长，其中 2013 年再开发潜力为Ⅰ级、Ⅱ级的项目最多，占当年再开发项目比重分别为 13%和 38%，其次是 2012 年，Ⅰ级、Ⅱ级项目比重分别为 11%和 31%。相应的，再开发潜力较高的项目比重较大的年份为 2010~2011 年，2010 年Ⅲ级、Ⅳ级和Ⅴ级项目分别占当年总项目比重的 22%、48%和 10%，2011 年Ⅲ级、Ⅳ级和Ⅴ级项目分别占当年总项目比重的 36%、33%和 9%，2013 年无Ⅴ级项目。因此可以认为，高明区再开发规划时序基本符合再开发潜力较高的项目优先计划实施，再开发潜力较低的项目延后计划实施的时序安排规律，规划时序与理论时序的契合度较高。

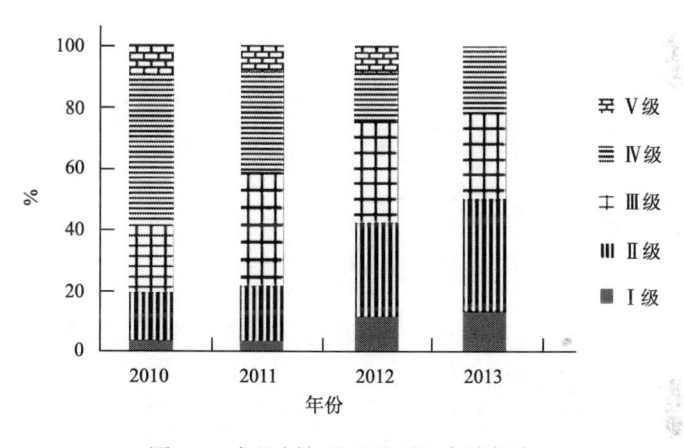

图 8-4　各计划年份改造项目实施能力

②**规划时序与实施时序的契合度**　再开发地块的实施时序，反映了再开发规划的执行情况。由于缺乏历史数据，本书仅采用 2013 年年底广东省第一次地理国情普查佛山试点数据作为基础数据，通过分析该时点的低效用地图斑地表覆盖情况，近似判断规划时序与实施时序的契合度（表 8-9）。根据 2013 年时点地表覆盖情况判断再开发项目实施情况，计划再开发年份为 2010~2012 年的再开发地块，房屋建筑区面积比重明显优于 2013 年，其中 2010 年和 2011 年，耕地、园地、林地、草地、荒漠裸露地表及水体（以下简称非建筑类）比重仅为 23%左右，2012 年约为 29%，2013 年截至普查时点，非建筑类比重为 40%。截至普查时点，计划再开发年份为 2014 年的改造区再开发工作尚未展开，因此其房屋建筑区面积比重最小，草地面积比重却高达 46.45%。总体来看，随着时间推移，再开发工作正按照规划的年度计划顺利展开，但仍有少量耕地、园地等不符合规划的用地类型存在。

表 8-9　按计划年份分类的再开发地块地表覆盖情况表　　（单位：hm²）

计划年份	耕地	园地	林地	草地	房屋建筑区	道路	构筑物	人工堆掘地	荒漠与裸露地表	水体	汇总
2010	20.09	4.03	14.01	74.55	286.96	24.42	52.59	18.82	2.56	3.85	501.88
2011	3.00	0.18	18.11	86.19	260.82	39.24	35.40	33.67	0	3.17	479.78
2012	47.83	11.78	80.74	133.82	554.28	63.75	60.58	71.61	4.69	27.22	1 056.30
2013	11.75	5.90	13.18	53.17	79.59	9.95	17.50	31.32	0.41	6.90	229.67
2014	8.59	0.86	7.84	62.04	29.67	1.47	2.02	13.91	0.59	6.56	133.55

8.2.3　再开发规划空间吻合评价

8.2.3.1　规划空间吻合性评价模型方法

基于王婉晶等（2012）提出的空间吻合性概念、内涵及模型，结合研究对象，本书认为，再开发规划实施空间吻合性分析是根据一定的标准和方法，在规划实施过程中，对评估当年的规划实施的变化过程、现状结果与规划对比的空间吻合情况进行的客观评判。具体而言，其评价性质为空间性、过程性评价，评价时点为评估的当年，评估对象为再开发规划实施空间效果，评价方法为空间吻合度模型，评估内容为当年的规划执行过程和规划执行现状结果。其中，规划实施过程评价是针对评估初期到评估末期发生变化的地块，分别判断变化过程和现状结果与规划目标的吻合程度。规划实施现状评价中的空间吻合性是指现状地表覆盖情况与规划的吻合程度。空间吻合度评价结果值区间为[0, 1]，当数量和空间位置均完全符合规划时，吻合度值为1，完全不符合规划时，吻合度值为0，吻合度值越小，表明规划实施效果越差。

（1）规划实施变化过程空间吻合度

规划实施过程评价是针对评估初期到评估末期发生变化的地块，判断其与规划目标的吻合程度。运用 GIS 的叠加分析与地图的代数运算法则得到研究初期 T_1 到研究末期 T_2 地表覆盖变化，考察变化地块是否符合规划方案的调整要求。

若规划实施过程中的空间吻合性为 P_1，时间跨度为 $T_1 \sim T_2$，则规划实施过程的空间吻合性 P_1 的计算原理为：P_1=1−已变化且不符合规划的部分/规划目标。3 个层面的空间吻合性计量模型分别如下：

规划实施过程中地类图斑空间吻合度：

$$P_{1bi} = 1 - \frac{C_{1bwi}}{G_{1bi}} \qquad (式8\text{-}7)$$

式中，P_{1bi} 为规划实施过程中某地类图斑的空间吻合度；i 表示某种地类，C_{1bwi} 为 $T_1 \sim T_2$ 期间发生变化且不符合规划的图斑面积，hm^2；G_{1bi} 为 i 地类的规划总面积，hm^2。

规划实施过程中功能区的空间吻合度：

$$P_{1gj} = 1 - \frac{C_{1gwj}}{G_{1gj}} \qquad (式8\text{-}8)$$

式中，P_{1gj} 为规划执行过程中某功能区的空间吻合度；j 表示某个功能区，C_{1gwj} 为 $T_1 \sim T_2$ 期间功能区中地类图斑发生变化且不符合规划的图斑面积，hm^2；G_{1gj} 表示 j 功能区的规划总面积，hm^2。

规划实施过程中区域空间吻合度：

$$P_{1q} = 1 - \frac{\sum_{i=1}^{n} C_{1bwi}}{G} \qquad (式8\text{-}9)$$

式中，P_{1q} 为规划执行过程中区域空间吻合度；n 为地类总数；G 为研究区总面积，hm^2。

（2）规划实施现状结果空间吻合度

规划实施现状评价中的空间吻合性是指现状地表覆盖情况与规划的吻合程度。可以从宏观上考察规划方案实施后再评价当年的各类用地落实情况及空间分布差异。

规划实施现状的空间吻合性为 P_2，评估时点为 T_2。则 P_2 的计算原理为：P_2=1−（现状规模−已变化且不符合规划的部分−规划未实施的部分）/规划规模。3个层面的空间吻合性计量模型分别如下：

规划实施现状中地类图斑的空间吻合度：

$$P_{2bi} = \frac{X_{2bi} - C_{2bwi} - NC_{2bi}}{G_{2bi}} \qquad (式8\text{-}10)$$

式中，P_{2bi} 为规划实施现状中某地类图斑的空间吻合度；X_{2bi} 为规划实施现状中 i 地类图斑的现状面积，hm^2；C_{2bwi} 为评估年 i 地类调入图斑中不符合规划的部分图斑面积，hm^2；NC_{2bi} 为评估年规划尚未实施的部分图斑面积，hm^2。

规划实施现状中功能区的空间吻合度：

$$P_{2gj} = \frac{X_{2gj} - C_{2gwj} - NC_{2gj}}{G_{2gj}} \qquad (式8-11)$$

式中，P_{2gi} 为规划实施现状中某功能区的空间吻合度；X_{2gi} 为规划实施现状中 j 功能区的现状面积，hm^2；C_{2gwj} 为评估年 j 功能区调入部分中不符合规划的部分图斑面积，hm^2；NC_{2gj} 为评估年 j 功能区规划尚未实施的部分图斑面积，hm^2。

规划实施现状中区域的空间吻合度：

$$P_{2q} = \frac{X_{2q} - \sum_{i=1}^{n} C_{2qwi} - \sum_{i=1}^{n} NC_{2qi}}{G} \qquad (式8-12)$$

式中，P_{2q} 为规划实施现状中某区域的空间吻合度；X_{2q} 为评价年研究区总面积，hm^2；$\sum_{i=1}^{n} C_{2qwi}$，$\sum_{i=1}^{n} NC_{2qi}$ 分别为评估年研究区所有发生地类调整的图斑中不符合规划方案的图斑面积总和，以及评价年研究区规划尚未实施的面积，hm^2。

8.2.3.2 再开发规划情况

依据本书城镇建设用地再开发的外延解析，"三旧"改造属于再开发的外延，且已在实践中开展。受限于资料获取难度，本书仅以高明区"三旧"改造的相关规划为例，分析再开发专项规划的主要情况。高明区"三旧"改造专项规划是根据《佛山市"三旧"改造专项规划》、土地利用总体规划以及上一级城乡规划修编的，以各类用地的合理安排、公共服务设施和市政基础设施配套、各类公园绿地配套、项目改造时序安排等为重点，是协调改造区人地关系，缓解土地利用冲突，促进产业结构调整及空间布局优化的重要手段。在全区"三旧"改造专项规划的基础上，各片区需按要求编制"三旧"改造控制性详细规划，进一步确定土地的规划用途，提出地块控制指标，明确公建配套规模和位置，保障"三旧"改造项目顺利进行。"三旧"改造规划实施情况分析能够客观评价规划实施阶段的项目进展情况，为调整和修编规划提供必要的理论依据，为规划的有效实施提供保障。

三洲旧区作为高明最大的"三旧"改造项目，计划改造年份为2010年，拟改造类型为城镇住宅用地、商务金融用地，以特色、生态、现代服务业为目标，以餐饮、休闲、娱乐项目为主导，力图打造成为兼居住、娱乐、文化等多种产业的高明东部组团的复合中心区。根据《佛山市高明区三洲旧区改造控制性详细规划》，改造规划面积如表8-10所示。根据规划要求，用地类型分为河流水域用地和规划建设用地两类，规划建设用地占规划总面积的92.49%，其中居住用地最多，占规划建设用地的 47.54%，其次是绿化与广场用地和城市交通用地，比重分别为 22.30%和 20.57%。

表 8-10　规划用地汇总表

序号		用地代码	用地名称	面积/hm²	占总用地/%
			规划总面积	235.88	
一			河流水域面积	17.72	
二			规划建设用地	218.16	100
1	其中	R2	居住用地	103.71	47.54
		R2	二类居住用地	94.76	43.52
		R2	拆迁安置用地	5.57	2.55
		R25	幼儿园用地	3.20	1.47
2	其中	C	公共设施用地	20.92	9.59
		C11	行政办公用地	1.00	0.46
		C21	商业设施用地	13.49	5.73
		C22	商务设施用地	1.02	0.47
		C32	文化娱乐用地	1.27	0.58
		C51	医疗卫生用地	0.68	0.31
		C63	教育科研用地	4.46	2.04
3	其中	S	城市交通用地	44.68	20.57
		S1	城市道路用地	43.18	19.79
		S22	社会停车场库用地	1.50	0.69
4		U2	市政公用设施用地	0.20	0.09
5	其中	G	绿化与广场用地	48.65	22.30
		G1	公共绿地	30.13	13.77
		G2	生产防护绿地	13.05	5.98
		G3	广场	5.57	2.55

资料来源：《佛山市高明区三洲旧区改造控制性详细规划》

8.2.3.3　再开发规划空间吻合度评价

（1）再开发地块现状地表覆盖

图 8-5 为三洲旧区 2013 年地表覆盖情况，房屋建筑区面积最大，占改造区总面积的 32.45%，其次是草地和河流水域，分别约占 22.58%和 18.29%，人工堆掘地和构筑物总和约占改造区总面积的 11.17%，其余为耕地、园地、林地、道路和荒漠与裸露地表。

规划实施空间吻合度分析不仅考察变化地类数量上是否与规划一致，还要考察其空间变化过程是否符合规划要求。只有变化总量和空间位置均符合规划目标才可判定为空间吻合。空间吻合度的评判结果因空间观察尺度不同而存在差异，因此，对空间吻合性的判断还应根据观察尺度而有所区别。由于用地分类体系不同，本书忽略地类图斑层面和功能区层面的空间吻合度，仅分析区域层面的空间吻合度。

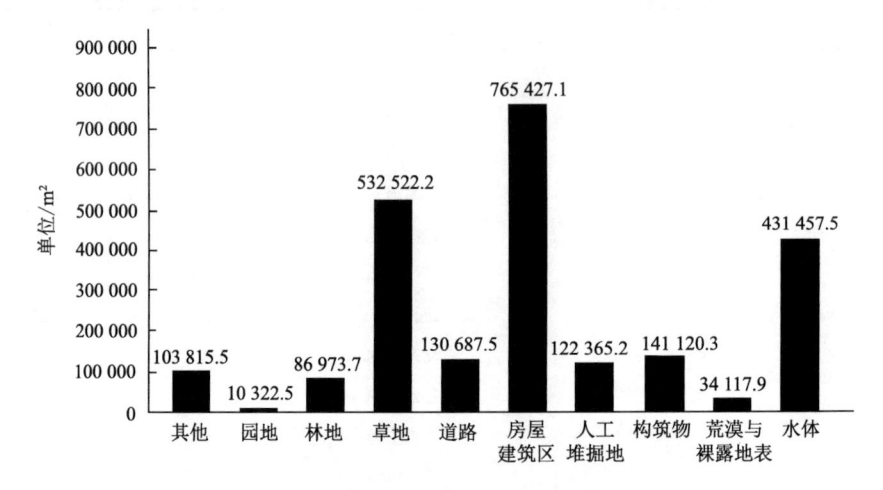

图 8-5 三洲旧区 2013 年地表覆盖面积

（2）规划实施变化过程空间吻合度

三洲旧区改造采取先迁后拆的方式进行房屋拆迁工作，公有房屋率先被拆除，私人房屋拆除工作于 2012 年 7 月开始启动。本书选取 2012~2013 年的变化过程作为规划实施变化过程空间吻合度的判断时段。将 2012 年的土地利用现状数据（图 8-6）与 2013 年"地理国情数据库"叠加，分析实施图斑数量及时空分布情况。由于土地利用分类标准与地理国情普查存在差异，"地理国情数据库"遵循"所见即所得"的原则，以地物的自然属性优先，其分类较土地利用分类更为详细。例如，土地利用现状分类中的城镇用地内部无细分，而"地理国情数据库"则真实反映城镇内地物的自然属性。从 2012 年土地利用现状数据中提取城镇用地边界，通过与"地理国情数据库"叠加分析发现，城镇用地范围内，2013 年的地表覆盖类型主要为房屋建筑区，占城镇范围总面积的 50.35%。其次是草地，占城镇范围的 20.29%，其中天然草地占 19.95%，其余为绿化草地。城镇范围以外主要地表覆盖类型为水域水面，占城镇范围外总面积的 43.92%，其次是天然草地，占比为 24.60%（图 8-7）。

由于城镇内部无法分析地表变化情况，2012~2013 年规划实施变化过程分析只针对城镇范围以外的区域，其地表变化情况符合规划过程的有：约 3.89 hm² 的旱地转变为建筑工地，1.65 hm² 的水域转变为人工堆掘地，0.3 hm² 的有林地转变为建筑工地。不符合规划过程有：0.37 hm² 的其他林地转变为天然草地，1.07 hm² 的水域转变为泥土地表，20.61 hm² 的水域变为草地，0.6 hm² 的水域变为旱地，2.34 hm²

的水域变为水田。

由于地类划分存在差异，图斑层面的吻合度分析较难计算，本书仅分析其区域空间吻合度，空间吻合度值的大小表示评价年吻合程度的高低，为 0～1 的正值，当其越接近于 1，说明相应的空间吻合性越高。根据式 8-10 计算，三洲旧区城镇范围外规划实施变化过程功能区空间吻合度仅为 0.72。通过分析可得出规划吻合度低的主要原因。三洲旧区规划水域面积为 17.72 hm^2，而实际地表覆盖水域面积却高达 42.65 hm^2，依据规划多出的水域应转变为居住用地，而从 2012～2013 年的地表覆盖变化中却暂未看到这种趋势，造成其区域空间吻合度较低。

（3）规划实施现状结果空间吻合度

根据三洲旧区"三旧"改造控制性详细规划表 8-10，规划用地类型分为河流水域和建设用地两类，因此，与"地理国情数据库"叠加后，耕地、园地、天然林地和草地、泥土地表等用地性质均不符合规划。在城镇范围内部，不符合规划的地类面积约占 34.12%，房屋建筑区占 50.34%，其主要地类为高密度低矮房屋建筑区，改造模式为保留整治模式。从现有收集资料难以判断其是否符合规划，需进一步实地考察。城市范围以外，不符合规划的地类面积约占 78.88%，其中水域面积占 43.92%，符合规划的房屋建筑物、道路、构筑物仅占 14.62%，建筑工地占 4.46%。由于"地理国情数据库"分类以地物的自然属性为主，没有划分居住用地、商业用地、工业用地等功能用地类型，故地类图斑空间吻合度无法通过计算得到，只能在较大尺度分析区域空间吻合度。空间吻合度值的大小表示评价年吻合程度的高低，为 0～1 的正值，当其越接近于 1，说明相应的空间吻合性越高。计算可知规划实施现状结果空间吻合度为 0.44。大面积的水域及天然草地仍是规划吻合度低的原因（图 8-8）。

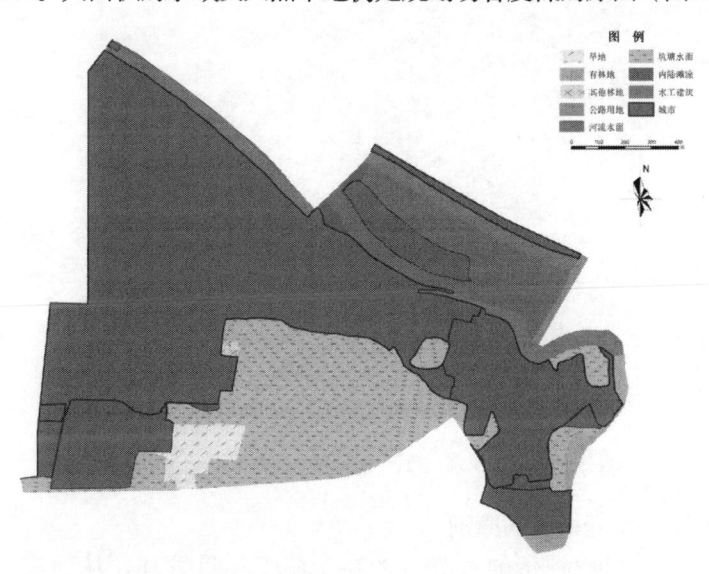

图 8-6 2012 年土地利用情况（后附彩图）

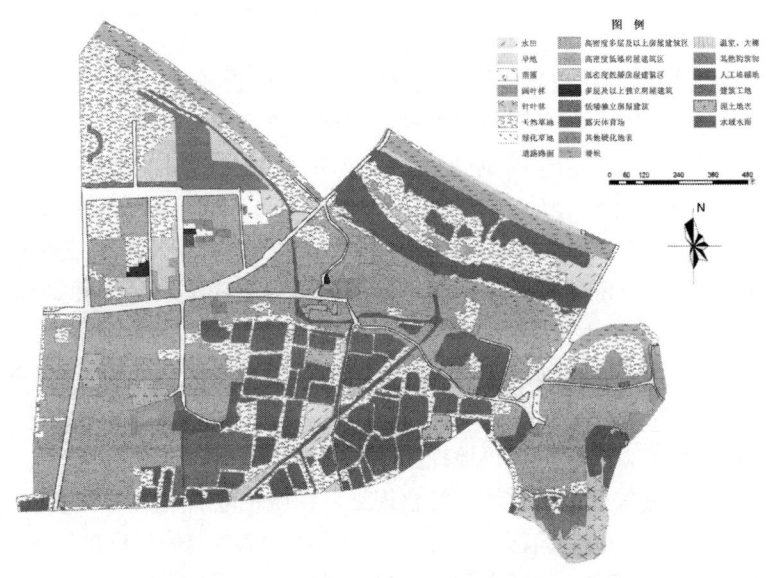

图 8-7　2013 年地表覆盖情况（后附彩图）

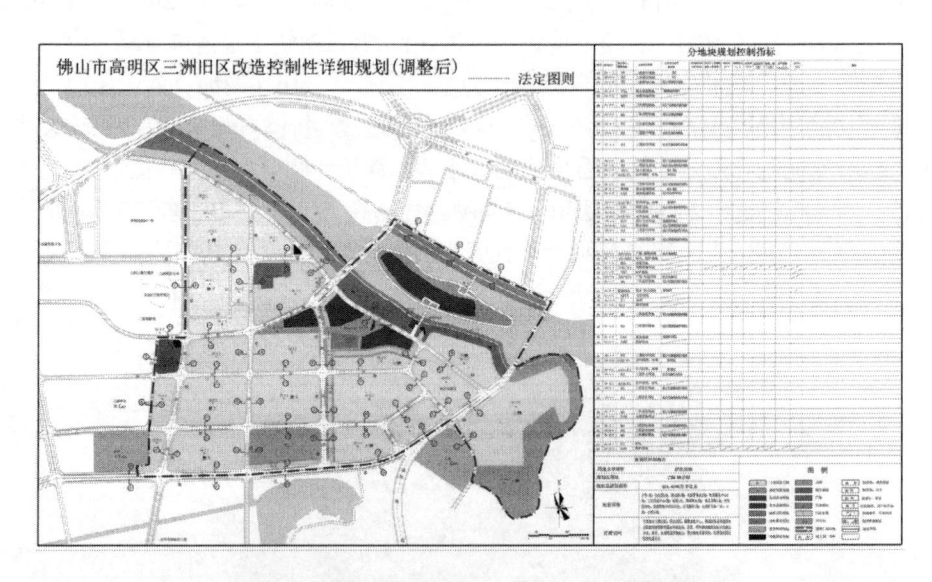

图 8-8　三洲旧区规划吻合度对比（后附彩图）

8.2.4　再开发项目施工过程评价

8.2.4.1　再开发项目施工阶段评价指标体系构建

（1）评价指标构建的原则

项目施工过程评价的最终目的在于施工项目管理，从而实现提升施工质量、有效缩短施工周期、降低施工成本、实现施工效益等目标。因此本书结合中国施工项目管理的相关政策法规，从施工的质量、进度、成本、安全4个方面评价项目实施过程。评价结果的合理与否，很大程度上取决于评价指标体系的构建，而指标的选取需要从指标的质量和数量两个层面考虑，应遵循如下原则。

①**全面系统性原则** 项目施工管理过程贯穿项目的前期规划设计、中期实施和后期验收等多个环节，是一个复杂的、开放的系统。城镇建设用地再开发涉及的开发主体、权属利益关系、施工的正负外部性等更为复杂，增加了再开发项目施工评价的内容和难度。因此，再开发项目施工过程评价指标体系应全面反映再开发的工程质量、进度、成本、安全等问题，系统体现出再开发项目的本质特征和整体性能。

②**代表性原则** 基于全面系统性原则选取的指标并非越多越好。评价指标需要具有代表性，才能直观反映再开发项目施工过程的效果，使得评价指标的指向与评价目标相一致，从而避免指标筛选的主观性与随意性，剔除与评价对象和内容无关或关系不大的指标。

③**相互独立性原则** 相互独立性原则意味着评价指标之间具有不可替代性。相同层次的指标应该从不同角度全面反映评价对象实际情况。同一类指标如果数量较多且存在重复，既增加评价的工作量，也强化某一类指标影响，相应弱化其他类指标评价效果，导致评价指标效果在一定程度上失真。

④**可操作性原则** 评价工作的顺利开展依赖于评价指标的可度量和可操作。评价指标选取的计算量度和计算方法必须一致，各指标含义需明确、规范且便于收集，各指标应须具有很强现实可操作性和可比性。同时，对定性反映再开发项目施工过程的指标，要求可进行规范化定量处理，便于模型方法的定量计算。

（2）评价指标体系构建

依据前文所述的再开发项目施工管理的质量、进度、成本、安全内涵，参考宣以霞（2008）的《工程项目施工过程阶段评价模型及其应用》，结合评价指标体系构建的原则，从工程质量、工程进度、安全文明施工、产值和内业资料选取评价指标。施工过程中的工程质量，包括正在施工中的项目以及已完工项目的质量情况，可从作业技术准备阶段、实施阶段和作业结果控制对施工质量进行监控。工程进度主要包括计划的完成情况和实际的现场进度。安全文明施工主要包括施工过程中可能引起的安全事故的预防、用电安全、高空作业以及对现代化施工环境的控制等。内业资料主要包括施工日志、隐蔽工程、分项、分部和单位工程的验收资料、原材料和试件的检测试验资料。产值加分，即实际完成产量与计划产值基数的比值。具体如表8-11所示。

表 8-11 再开发项目实施过程评价

目标层	准则层	指标层
项目施工过程评价	工程进度	计划完成率
		实际现场进度
	工程质量	作业技术准备
		作业技术实施
		作业技术结果
	安全文明	安全技术管理
		设备设施管理
		文明施工
	内业资料	施工日志
		验收资料
		试验资料
	产值	产值加分

8.2.4.2 再开发项目施工阶段评价指标量化方法

①**工程进度** 计划完成率为施工计划执行过程中已完成的施工量占计划完成量的比重。对已完成的施工量，评价人员可以通过检查工程实施记录中的实际完成量和累计完成量来核对施工计划书。实际现场进度，需要在施工现场认真实地测量，并及时做好记录，通过与工程图纸和工程预算书比对，按照符合施工计划的程度进行分级赋值。

②**工程质量** 工程质量要求达到国家现行的有关法律、法规、技术标准，并符合设计文件和合同中对工程的安全、适用、经济、环保、美观等特性的综合要求。施工质量的监控包含施工准备、施工过程和竣工验收的监控，分别对应作业技术准备阶段、实施阶段和作业结果的监控 3 项指标。作业技术准备阶段监控，通过定性分析作业人员、施工建材、机械设备以及施工方案等准备情况，可采用专家打分法进行量化赋值。实施阶段监控，通过定性分析质量控制点的监控、施工流程工序的执行等情况，采用专家打分法量化赋值。作业结果监控，通过定性分析再开发道路工程、房屋建筑工程等各项指标是否符合规定，采用专家打分法量化赋值。

③**安全文明** 安全技术管理指标,可以通过定性分析施工过程中的用电安全、高空作业安全隐患、材料装卸和搬运安全、防火防爆防毒等安全措施，参照相关的施工安全技术规范，采用专家打分法量化赋值。设备设施管理，主要通过检查施工的机械设备老化程度、临时构筑物的折旧耐用性以及使用过程中可能的安全隐患等，采用专家打分法量化赋值。现场管理，主要通过定性分析场地布置的合

理程度、材料堆放的整齐程度、生产秩序和管理秩序是否规范、安全宣传效果等方面，采用专家打分法量化赋值。

④**内业资料** 内业资料的量化，主要通过检查相关资料的齐全、详细、清晰、规范来综合分析，分级赋值，需要评价人员认真检查相关内业资料的全面程度、记录字迹和表述规范程度以及公章签字等是否完备，采用专家打分法量化赋值。

⑤**产值加分** 产值加分可以直接通过公式"产值加分=当月的实际产值/基数"得到，当月的实际产值按照工程量和单价的乘积确定，基数由项目领导组确定。

8.2.4.3 再开发项目施工阶段评价的实施

前文构建的再开发项目施工过程阶段评价指标体系中，大部分指标难以直接量化，需要评价人员定性分析实际情况后，结合经验对指标进行分级赋值。再开发项目施工阶段评价要求实际评价人员对项目的熟悉程度、评价的方法流程以及项目相关的规范标准等具有较高的知识、技能和能力要求。因此，在实际评价中需要事先建立评价小组，由熟悉施工项目管理与工程技术相关事宜的工程项目管理专家构成，并接受一定时长的评价培训。

在完成评价小组的建立和培训之后，开始策划和准备相关的评价工作。首先是明确评价的基础信息，明确评价的目标、原则、时间和空间范围、约束条件以及结果输出等，规范评价的前提。其次是制定相应的评价计划，包括评价的详细日程表，人员任务安排，以及执行评价面临的潜在风险等。最后是准备评价打分表，依据项目施工过程评价指标体系，构建相应层次的指标得分表格，包括指标的实际情况记录信息、评分的标准以及指标得分的等级划分等。

完成评价的策划和准备工作后，开始评价的实施阶段。项目评价的实施是全部评价工作的核心环节，要求评价小组亲临现场详细、真实地收集相关的指标信息，记录指标的实际情况。评价组员依据培训的知识和积累的项目经验，在独立客观、互不干涉的原则下就调查收集的情况对该项目各项指标进行打分。最后整理相应的打分结果，对指标得分进行标准化处理。

最后阶段是评价结果与成果应用。该阶段要求评价小组采用多因素综合评价、主成分分析或 TOPSIS 法等定量化模型评价再开发项目施工过程，并依据评价结果分析各项指标的强弱势，最终提出改善项目施工的建议。

8.3 效益评价

8.3.1 再开发效益定义

效益，即效果与利益，包括项目本身得到的直接效益和由项目引起的间接效益。对城镇建设用地再开发而言，采用行政、法律、经济以及工程技术等多种措施和手段，通过建设用地的权益调整、功能重组以及实体改造等不断追求和实现"保护历史街区，传承历史文化；提高城镇建设用地利用的综合效益，提升城镇核心竞争力；拓展城镇发展空间，实现城镇可持续发展"3个方面目标。这些目标某种程度上体现了再开发在理论意义上可能实现的效益。而在实际实施中，再开发与劳动（包括物化劳动与活劳动）占用、劳动消耗相比实际获得的效果与利益则可称之为再开发的现实效益。理论效益属理想化状态，现实中通过不断调整再开发方式、追加再开发的生产要素投入、提高再开发技术水平、改善再开发系统环境等使得再开发的现实效益不断趋优，逐渐接近理想状态。

再开发的效益，包含直接效益和间接效益。直接效益一般来源于具体的再开发项目，属于微观地块的再开发效益，而单个地块的再开发效益，往往能够带动和提升周边地区整体效益水平，从而形成联动效应，间接产生宏观区域性再开发效益。再开发是一项社会行为，涉及多个相关利益主体，不同行为主体为满足自身的利益需求而采取不同的再开发行为，引起众多社会因素的变化。因此，再开发的效益具有综合性特征，包含不同社会群体的普遍需求。具体而言，主要包含以下5个方面。

①**经济效益** 经济效益是再开发项目成功的前提条件。宏观区域层面的经济效益，主要体现在地区经济发展速度和效率，以及经济发展规模等经济发展水平上。再开发通过用地结构和功能的调整，实现区域产业的转型升级，转变经济发展模式，带动区域经济的快速增长。微观地块的经济效益，主要体现在再开发主体的投入产出比和预期回报率，以及再开发地块的不动产价格和经济产出等。再开发主体的经济效益是在投资估算的基础上，对生产成本、收入、税金、利润、资金利润率和内部效益率等进行计算，决定再开发项目施工的可行性。再开发地块的经济产出是通过改变地块的用地功能和改善用地条件，来提高地块的级差地租等。

②**社会效益** 再开发的社会效益以"人"为核心，关注不同社会群体和个体间的利益均衡，包括城镇居民结构的改善、社会财富的分配、公共基础设施服务均等化、居住生活条件的改善、社会网络关系的重构以及生活方式的转变等。宏观区域层面的社会效益，体现在再开发能够优化区域社会结构，增加就业岗位从而提高区域就业率。通过"城中村"改造和城乡边缘区部分新农村建设，促进城乡一体化发展，改善中低收入者生活条件，提高城镇和农村居民的收入水平，减小贫富差距；促进建设用地集约化利用，减小耕地侵占，维护粮食安全等。微观地块的社会效益，则主要体现在再开发能够完善市政和基础设施，改善部分居民的居住条件、生活设施、道路交通和生态环境，消除老城区、"城中村"脏乱差等现象，大大改善社会治安。

③**生态效益** 生态环境是人类社会生存发展的载体和基础，城镇建设用地再开发，通过控制污染物排放、治理和削弱环境污染、提高生态绿化面积和环境基础设施建设等方式实现生态系统的稳定和服务持续。宏观区域的生态效益，主要体现在区域生态用地结构以及城镇生态景观空间格局优化，城镇生态绿地面积占比提高，各项污染物的排放和治理整体提升，实现人与自然的和谐统筹发展。微观层面的生态效益，主要表现为城镇生活垃圾和污水废水处理基站等生态基础设施的完善、河涌两岸的改造修复、公园绿地的修建扩建等。

④**文化效益** 城镇历史地段和历史遗址、传统而独特的风土人情和风俗习惯等具有较高的历史文化价值，是城镇发展的记忆载体和文化内涵。城镇建设用地再开发在对历史街区文化内涵全面深入解析的基础上，保护和尊重城镇历史文化的多样性，维护传统的社会功能和社会人文环境，并以有利于现在与未来发展的方式去动态地整合历史文化和当代文化，以发展的眼光维持历史街区社会环境的延续性。通过文化保护，提升城镇的价值内涵，即再开发的文化效益。

⑤**土地节约集约利用** 城镇建设用地再开发以低效用地为对象，以潜力挖掘为出发点，因此土地节约集约利用效益主要体现在节约用地和综合效益产出两个方面。宏观区域的再开发节约用地表现为：有效遏制城镇无序扩展的态势，减少城镇用地供应从而保护农业生产用地和生态用地，维护粮食安全和生态安全。微观地块的节约用地表现为容积率和建筑密度的相对提升，人口承载力以及公共活动空间的有效增加等。综合效益产出，与前文所述的经济、社会、生态、文化效益内涵一致。

8.3.2 宏观区域再开发效益评价

8.3.2.1 再开发效益评价指标体系

基于前述再开发效益内涵的解析，遵循全面系统性、代表性、相互独立性和可操作性原则（详细内容与本书前述再开发潜力评价指标体系、再开发项目施工阶段评价指标体系构建的原则原理相似），构建宏观区域再开发效益评价指标体系。考虑到文化效益难以直接有效的指标量化，再开发项目保护和传承历史文化，可通过吸引社会关注，提高项目所在区域的商业价值和旅游服务价值，间接转化为地区社会经济效益，因此文化效益指标暂由社会效益指标体现。对于土地节约集约利用，建设用地的容积率和建筑密度的有效提高，既能减少城镇土地的供应，减少耕地和生态用地侵占，又能提高建设用地的经济产出，从而间接转化为地区的经济、社会、生态综合效益，因此土地节约集约利用直接通过经济、社会、生态综合效益来替代。区域再开发的经济效益，从固定资产投入、地区生产总值、社会消费品零售总额以及产业发展等选择评价指标。社会效益，从人均收入、社会就业水平、地区人口承载能力以及建设用地的增长弹性等选择评价指标。生态效益，主要从污染物排放、环保投入以及城镇绿化等选择评价指标。具体的评价指标体系见表8-12。

表8-12 区域再开发综合效益评价指标体系

目标层	准则层	指标层	单位	指标趋向
区域再开发效益评价	经济效益	地均GDP	万元/km²	正
		地均固定资产投资	万元/km²	正
		地均社会消费品零售额	万元/km²	正
		地均财政收入	万元/km²	正
		单位建设用地二、三产业增加值	万元/km²	正
		第三产业占比	%	正
	社会效益	城镇居民人均可支配收入	元	正
		地均社会从业人数	万人/hm²	正
		人均住房建筑面积	m²/人	正
		人口密度	人/km²	正
		耕地消耗速率	%	负
	生态效益	建成区绿化覆盖率	%	正
		环保投资占政府支出比重	%	正
		生活垃圾无害化能力	吨/日	正
		污水集中处理率	%	正
		森林覆盖率	%	正

8.3.2.2 再开发效益评价模型方法

（1）改进的熵权法

客观赋权评估法根据历史数据研究指标间相关关系或指标与评估结果的关系进行综合评估，一定程度上避免因人的主观性而带来的偏差，因此采用客观赋权法中的改进熵值赋权法进行赋权（周惠成等，2007）。具体步骤如下：

①指标无量纲化

目前无量纲化的方法很多，实际运用中既要满足要求，又应适度追求方法的简便性。因此选择极值法对原始数据进行无量纲化处理。

②计算第 j 个指标的熵值 H_j

$$H_j = -k\sum_{i=1}^{n}\left(f_{ij}\ln f_{ij}\right), j=1,2,3\cdots m \qquad \text{(式 8-13)}$$

公式中 $f_{ij}=Y_{ij}/\sum_{i=1}^{n}Y_{ij}, k=\dfrac{1}{\ln n}$，当 $f_{ij}=0$ 时，令 $f_{ij}\ln f_{ij}=0$。

③计算第 j 个指标的熵权 W_j

$$W_j = \left(1-H_j\right)/\left(m-\sum_{j=1}^{m}H_j\right), j=1,2,3\cdots m \qquad \text{(式 8-14)}$$

当指标熵值 $H_j\rightarrow1$（$j=1,2,3\cdots$m）时，不同指标的熵权会因为相互间微小差别成倍数变化，这显然不合理。根据熵权原理，若不同指标的熵值差异不多，则意味着其提供的有用信息量基本相同，即相应熵权也应基本一致。因此，为增强熵权计算式的适用性，对熵值赋权法的计算式 8-15 进行改进。结果如下：

$$W_j = \dfrac{\sum_{k=1}^{m}H_k+1-2H_j}{\sum_{j=1}^{m}\left(\sum_{k=1}^{m}H_k+1-2H_j\right)}, j=1,2,3\cdots m \qquad \text{(式 8-15)}$$

(2) 改进的 TOPSIS 模型

TOPSIS 模型称为"逼近理想解排序方法"，是一种距离综合评价法。该方法能够客观全面地反映再开发效益的动态变化，通过在目标空间中定义一个测度，以此测量目标靠近正理想解和远离负理想解的程度来评估再开发效益，具有计算简便、对样本量要求不大以及结果合理的优势（曹贤忠等，2014）。与传统的 TOPSIS 法相比，改进的 TOPSIS 法主要针对评价对象与正理想解和负理想解的评价公式进行了改进（鲁春阳等，2011）。具体步骤如下：

①构建标准化决策矩阵：A=(a_{ij})m×n；此处可以利用熵权法计算中的无量纲化值。

②构建加权决策矩阵：V=A×W=(v_{ij})m×n，$v_{ij}=a_{ij}\times w_i$；将通过改进熵权法确定的指标权重向量 W 与标准决策矩阵相乘，得到加权规范化决策矩阵。

③确定正、负理想解：若 V$^+$ 为最偏好的方案（正理想解），V$^-$ 为最不偏好的方案（负理想解），则有：

$$V^+ = \left\{\max_{1\leq i\leq m}v_{ij}\big|i=1,2,\cdots,m\right\} = \left\{v_1^+, v_2^+, \cdots, v_m^+\right\}; \qquad \text{（式 8-16）}$$

$$V^+ = \left\{\min_{1\leq i\leq m}v_{ij}\big|i=1,2,\cdots,m\right\} = \left\{v_1^-, v_2^-, \cdots, v_m^-\right\}; \qquad \text{（式 8-17）}$$

④计算每个年份评价向量到正、负理想解的距离 D^+ 和 D^-：

$$D_j^+ = \sqrt{\sum_{i=1}^{m}(v_{ij} - v_i^+)^2}, \quad D_j^- = \sqrt{\sum_{i=1}^{m}(v_{ij} - v_i^-)^2};\quad\text{（式 8-18）}$$

⑤计算历年评价对象与最优方案的贴近度（即评价指数）C_j：

$$C_j = \frac{D^-}{D^- + D^+}, (1 \leqslant j \leqslant n);\quad\text{（式 8-19）}$$

8.3.2.3 案例分析

(1) 佛山市概况

佛山市位于中国南部沿海，广东省中南部，地处珠江三角洲平原地区，地质条件比较稳定，非广东省地质灾害易发区。全境介于北纬 22°38′～23°34′，东经 112°22′～113°23′之间。东倚广州，西通肇庆，南连江门、中山，北接清远，毗邻港澳，地理位置十分优越。佛山市与广州市共同组成繁荣的广佛都市圈，同时也是珠江三角洲的核心城市之一。市辖 5 个行政区（禅城区、南海区、顺德区、三水区和高明区），下设 12 个街道办事处 21 个镇，总面积 3848.49 km²。

佛山市地处珠三角腹地，也是珠三角地区工业重镇，改革开放以来是中国工业产值率先突破千亿的地级市。然而，长期以来的土地粗放利用使得佛山建设用地布局分散，土地利用率低，土地资源紧缺，已成为制约佛山产业结构进一步优化的瓶颈。2007 年佛山土地开发强度达 32.8%，至 2020 年，市域建设用地总面积将达 1357 km²，土地供求矛盾日益突出。为此，佛山各区开始积极探索，通过挖潜城市存量建设用地解决土地紧缺和新增用地量无法满足粗放型发展的现实问题，以"三旧"改造为代表的城镇建设用地再开发率先开展实施。2007 年 6 月，佛山市政府出台了《关于加快推进旧城镇旧厂房旧村居改造的决定》和三个相关的配套文件，有效指导"三旧"改造的工作推进。2008 年 9 月，针对改造过程中遇到的一些问题，又出台了《加快推进旧城镇旧厂房旧村居改造补充意见》，在"三旧"改造方面进行了更多的政策探索，同时各区也相应编制了"三旧"改造专项规划。2009 年审议通过了《佛山市"三旧"改造专项规划（2009—2020 年）》，至此以"三旧"改造为代表的城镇建设用地再开发活动全面启动。

(2) 评价结果与分析

依据佛山市再开发实践过程，2007 年"三旧"改造的概念率先提出，并逐步探索实施，2009 年《佛山市"三旧"改造专项规划（2009—2020 年）》出台后"三旧"改造被提上日程。依据规划的改造目标，2009～2012 年为规划的近期目标，2013～2020 年为规划的远期目标。因此，将 2007～2009 年定义为再开发的探索期；2009~2012年为再开发的发展期；2013~2020年为再开发的成熟期。鉴于成熟期刚开始，本书仅分析再开发探索期和发展期的效益变化。

依据式8-13至式8-19，计算佛山市2007年"三旧"改造实施以来，区域再开发综合效益及各项效益的变化过程，结果如图8-9所示。

①综合效益

再开发实施以来，佛山市区域综合效益除了在2007~2008年有小幅减小外，整体呈现不断递增的趋势。自2007年再开发启动，至规划近期目标年，佛山市整体综合效益翻了3倍，年均增长5%，可见再开发在挖掘建设用标潜力时，对区域的产业转型升级、社会经济稳定发展、生态文明友好等发挥了重要支撑作用。再开发探索期间，综合效益呈现先减后增的"V"字形变化趋势，主要是因为再开发涉及建设用地面积广，且相关产权关系复杂，历史遗留的复杂问题缺乏保障机制，阻碍了再开发的实施。同时因缺乏具体的规划指导，城乡规划和土地规划对再开发缺乏针对性。再开发程序复杂、利益分配机制不完善等，导致全域再开发工作难以有序展开，综合效益的提升效果无法显现。2009年以后，随着专项规划的出台实施，逐渐明确了再开发的目标界定、总体布局、用地强度、再开发模式以及实施机制等。同时，在国土资源部与广东省政府共建节约集约利用示范省背景下，佛山出台系列创新政策，为再开发提供制度保障。此外，前期已完成再开发项目的社会经济效益逐渐显现。因此，再开发的发展期综合效益逐年递增。

②经济效益

再开发实施以来，区域经济效益递增趋势明显：与2007年相比，2012年区域经济效益增长了569.6%，年均增长113.9%。2007年佛山市启动"三旧"改造工程，原本只是为了解决工业化、城镇化加速发展带来的用地指标紧张的问题，因此再开发探索期（2007~2008年）区域经济效益增长缓慢，仅增长了18.9%，从指标变化趋势可知第三产业占比无明显提高。但随着再开发工作的不断深入，再开发专项规划的出台实施，土地政策在调控经济中的作用逐渐显现。2008年单位建设用地第二、三产业增加值达到3.33亿元，比2007年增加近20%；土地利用结构的不断优化带动了产业升级和结构调整，规模小、效益差、能耗大的企业逐渐被低能耗、低污染、高附加值的优质大项目所代替，明显带动了建筑、建材、冶金、轻工、化工、机械、能源等10多个行业、40多个相关产业的发展；第三产业占比逐渐提高，土地利用方式的转变带动了经济发展方式的转变，对扩大和拉动内需发挥了重要作用，因此2009年以来区域的经济效益增速明显。

③社会效益

再开发实施以来，区域社会效益存在一定波动，但整体体现递增的趋势。再开发探索期社会效益递增的趋势逐渐明显，而在2010年发展期经历小幅调整后迅速提升。探索期间,各类再开发项目的展开为佛山提供大量的就业岗位,如天富来工业城新建厂房可容纳 23 家中型企业或 700 家小型企业,为 8 万人提供就业机会。而市政基础设施的完善,明显改善了部分居民的居住条件、道路交通和生活设施。2007 年,佛山市政府专门安排 1.2 亿元财政专项资金用于支持补助首批 122 个旧村居改造示范村建设,促进农民增收致富。通过指标分析可知,2010 年的社会效益的小幅调整主要是由于耕地消耗速度的增加导致。2010 年为佛山市上一轮土地利用总体规划(1997～2010 年)的规划末期,新一轮规划的颁布实施及第二次土地调查后的数据更新导致过渡年份的耕地面积发生较大的变化,不过随着再开发的推进,建设用地侵占耕地的趋势有所减缓,且 2010～2012 年实现耕地总面积增加 166.7 hm^2。

④生态效益

再开发实施以来,区域生态效益变化趋势与综合效益类似,除了在 2007～2008 年有小幅减小外,整体呈现不断递增的趋势。佛山市城镇建设用地再开发以节能减排治污为突破口,加快生态宜居型城市建设的步伐,污水集中处理和生活垃圾处理能力不断提高。2009 年以来,南海区关停了近 400 家陶瓷、玻璃、印染、小熔铸等污染企业,同时先后投入 10 多亿元对辖区内 610 km 的河涌进行整治,完成 167.2 km 污水配套管网建设,新建 39 个生活污水处理项目,每天集中处理 50 万吨污水。三水区西南涌改造项目,对河涌两岸 50 多家污染企业、200 多户零散居民所涉及 1000 多亩土地进行拆迁改造,建起了占地 25 hm^2 的沿江公园。通过指标分析可知,2007～2008 年,区域生态效益递减的主要原因是建成区绿化覆盖率的骤减。可见,佛山市再开发的生态效益尚有较大的提升空间,下一步的再开发成熟期应更加重视城区内绿化建设,提高公共绿地面积比重。

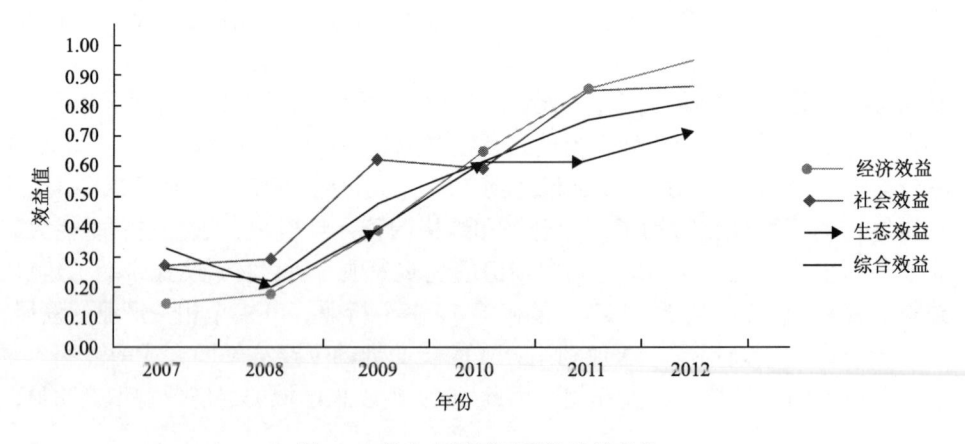

图 8-9 佛山市区域再开发效益变化

8.3.3 微观地块再开发效益案例分析

8.3.3.1 猎德村再开发前基本概况和特征

猎德村位于广州市天河区 CBD 珠江新城核心区范围内，毗邻珠江，距离广州新城市中轴线 200 m，交通网络发达，具有极其优越的区位条件。

（1）经济效益

早在 1991 年，原猎德村在原猎德农工商公司的基础上组成猎德股份合作经济联社，以发展二、三产业为主，创办水果加工厂和制衣厂等。90 年代以来，村集体以合作的方式开发高端商业项目，集体经济规模不断发展壮大。截至 2007 年再开发之前，猎德经济发展有限公司拥有的 19 块村经济发展用地和商业地块中的绝大多数已被开发完成。此外，原猎德村大多数村居依靠良好的区位优势和相对低廉的生活成本，吸引大量外来人口租住，给猎德村民带来可观的租金收入。

（2）社会效益

再开发前猎德村虽然已改制为社区，村民可以享受市民待遇，但实际上并未改建为城区，仅行政区划上归属市区，形态上仍呈现为城中村。因此，猎德村保留了一般意义上城中村的普遍形态，即基础设施落后、房屋密集、居住生活环境脏乱差，且过于紧密的巷道带来严重的消防隐患。由于猎德村区位条件优越，周边发达的商业区集聚了大量的从业人员，相对低廉的租房成本使得猎德村容纳大量外来流动人口，社会治安形势比较严峻。

（3）生态效益

历史上猎德村逐水而居，猎德涌从村中流过，将村庄分为东、西村，一河两岸景色秀美。但再开发前猎德村维持原村居环境，因缺乏有效的城市规划指引，村内公共绿地匮乏，环境基础设施条件落后，生活垃圾和污水处理能力较低，整体生态环境较差。

（4）文化效益

猎德村从宋朝开村，至今已有八百多年历史。历史悠久、人杰地灵，猎德村曾经出过 2 个进士、2 个解元、9 个举人以及 86 个秀才。经过近千年的积淀，猎德形成了自己的文化特色，村内保留着大量的古民居、古祠堂、古石板街等具有岭南水乡特色的建筑。重视文教、崇尚礼仪的民俗文化影响一代代猎德村民，赛龙舟、唱粤曲、菩萨行乡、清明祭祖、敬老宴等丰富的民间文化和习俗演传至今。

8.3.3.2 猎德村再开发后效益分析

（1）经济效益

猎德村实施再开发后，经济效益明显提高。首先是土地利用功能转变，再开发后猎德村以商业办公为主,地块增值潜力巨大。项目总建筑面积达 56.8 hm²,以兴国路为界大致划分为商业和办公东、西两个区域。项目包括 11 栋办公楼、3 栋商业联合体和 1 栋酒店。写字楼集中在西区,包括 3 栋 30～31 层的办公楼和南面 7 栋 30～52 层的办公楼,容积率达到 7.98。兴国路以西,主要是"扇形"的商业部分,"扇形"两翼分布两栋 55 层和 66 层的办公楼,"扇形"底部是 48 层的酒店。[①]土地用途转变,极大改善了当地的区位条件,带动周边区域地价提升。依据阳光家缘网数据显示,9 月份广州天河区猎德街道新建商品住宅签约均价由 2009 年的 21 306 元/m²,升至 2011 年的 55 644 元/m²,增值空间巨大。同时,村民房屋出租收益由改造前的每月每户 800 元提高至 4000 元,增长 5 倍;村民自有房屋价值由改造前的 4000 元/m² 提高至 30 000 元/m²,增长 7 倍多;村集体年收入从改造前 1 亿元提高到 5 亿元,增长 5 倍;村民每年人均分红从改造前的 5000 元提高到 30 000 元,增长 6 倍。[②]

  (2) 社会效益

  猎德村再开发实施以来产生了显著的社会效益,主要表现在 4 个方面。一是城市形象的改善。猎德村因其特殊的地理位置,能够拓展珠江新城 CBD 的用地空间,同时再开发后充实了珠江新城商业功能,其优质的景观风貌延续了珠江新城景观空间,大大改善了城市形象。二是改善了猎德村民居住生活条件。猎德村采用"原地改造、整体重建"的再开发思路,通过编制再开发专项规划,调整土地利用结构和用途,增加公共绿地和广场,改变原猎德"城中村"低密度、低容积率的空间形态,给猎德村土地利用、空间环境、居住条件带来跨越式优化。三是有效协调各方利益分配,维护社会稳定。猎德村再开发过程中,充分发挥基层组织的主导作用,尊重村民的知情权、参与权、表达权和监督权;政府监督而不垄断再开发,有效协调各方利益关系;开发商熟地开发,有效避免非法买卖土地行为。最终实现多方共赢,维护社会稳定,避免群体性事件发生。四是改善村民生活条件,保障可持续生计。再开发后地块增值空间巨大,房屋租金收益的提高能够有效提高猎德村民生活水平;预留发展用地上通过新建星级酒店,维持长久的可持续生计;行政体制的改革使得原村民纳入广州市社会保障体系,彻底改变了原城中村的城乡二元结构,实施城乡一体化发展。

  (3) 生态效益

  再开发之前的猎德村因缺乏有效的规划,公共绿地空间不足且分布散乱;村内环境基础设施条件落后,生活垃圾和污水处理能力较低;昔日清澈的猎德涌水质黑黄,淤泥发臭,大量生活垃圾漂浮;河涌沿岸通达性较差,滨水绿地缺乏景观设计

---

① 猎德村:广州城中村改造成功典范。http://house.21cn.com/estate/city/2009/10/16/6980505.shtml
② 广州"三旧"改造成效探访,节约集约用地结硕果。http://house.southcn.com/f/2012-05/11/content_45139366.htm

和规划管理，草坪枯萎，生活垃圾遍布。建成之后的新猎德村（安置区）通过有效规划，绿地率由原来的不到 5%提高到 30%，改造区域增加绿化面积 20 000 m²；对猎德涌采取水环境综合整治，"三涌补水"工程全自动化管理，实时调配水量，改善河涌水环境；依据猎德涌流域特点，对猎德村段河涌两岸空间进行梳理、改造，展现千年猎德村浓厚的南国水乡风情，保留龙舟池并恢复猎德码头、猎德炮台等重要的历史文化景观，使其成为广州河涌文化的核心之地。猎德村再开发通过绿地规划和河涌生态重塑，注重空间的整体规划设计，保证生态景观格局的稳定性与连续性，大幅提升区域生态环境效益。

（4）文化效益

猎德村在整体改造过程中十分重视村落传统历史文化的保护。在拆卸原有祠堂、调整地块用途的情况下，将村内重要的祠堂、庙宇和代表性的民居沿猎德涌两岸进行重新规划布局，选址复建了 5 个宗族的祠堂和龙母庙，形成了具有特色文化的宗祠文化区；为延续村民对传统村落和生活的记忆，改造以原有村落传统建筑为蓝本，沿村落原有河道建设了一条岭南清末民国时期建筑风格的历史文化风情街（袁征等，2011）。猎德还保留了近现代许多时代的痕迹，如新中国成立初期的苏式建筑风格的礼堂，"文化大革命"时期的标语，改革开放初期的小楼房，20 世纪 90 年代的小洋房，现代的规划小区等（廖文，2004）。此外，猎德涌"一涌两岸"的构思，对跨涌小桥、两岸古树、石板路和具有历史价值的沿岸构筑物、建筑和民居予以保护或局部整饰，使猎德涌传统空间尺度和环境氛围得到强化，继承延续岭南水乡风貌特色（王林盛，2011）。宗祠文化区背面新建龙舟湖，引入猎德涌水，延续代表猎德文化的龙舟大赛。

猎德村再开发前后对比见图 8-10 至图 8-17（后附彩图）。

图 8-10　再开发前 2006 年航拍图　　图 8-11　再开发后 2013 年航拍图

图 8-12　再开发前房屋建筑图 　　　　图 8-13　再开发后房屋建筑图

图 8-14　再开发前猎德涌图 　　　　图 8-15　再开发后猎德涌图

图 8-16　再开发前猎德牌坊图 　　　　图 8-17　再开发后猎德牌坊图

8.4 政 策 评 估

公共政策是指社会公共权威在特定情境中，为达到一定目标而制定的行动方案或行动准则。其作用是规划和指导有关机构、团体或个人的行动，其表现形式包括法律法规、行政规定或命令、国家领导人口头或书面的指示、政府大型规划、具体行动计划及相关策略等（谢明，2010）。对城镇建设用地再开发而言，建设用地功能重组和建筑实体改造，与建设用地产权调整和利益分配密切相关，且再开发专项规划必须与功能区划、城市规划、土地规划等各类规划衔接，具有显著的公共政策属性。因此再开发政策就是国家权力机关为规范和指导有关机构、团体或个人的再开发行为，实现再开发公共利益而制定颁布的法律法规、行政规定或命令。再开发公共政策具有引导和规范再开发实施主体行为观念、管制和约束相关主体职能、调节和控制再开发利益冲突、公正分配再开发利益等功能。

受限于人类认知活动以及政策活动本身的复杂性，任何公共政策都难以一劳永逸。随着经济社会的发展、人类生存经验的丰富和认知能力的提高，公共政策的编制程序或具体内容可能出现一些问题；且政策在具体实施和执行过程中也可能发生实际效果偏离预期等问题。因此为提高政策的有效性与合理性，必须重新审视政策的内容和价值属性，及时反馈和有效评估政策执行信息，从而调整、完善或终结政策，实现政策功能的可持续性。现代意义上的政策评估主要分为政策价值判断和技术分析两种，基于政策价值判断的政策评估，关注政策内容自身的价值判断与伦理考量，而基于技术分析的政策评估，则更加关注政策预期目标与政策实际效果的吻合程度。本书认为，对再开发而言，社会参与群体的多样以及利益关系的复杂，决定再开发政策价值伦理的公正性、合理性与社会性等，而再开发政策价值伦理是再开发政策实施的基本前提；再开发的社会经济驱动与自然生态限制等因素，决定再开发实施后的实际效果，继而再开发实施后的实际效果构成调整或终结再开发政策的重要依据。因此，再开发政策评估，就是依据一定的再开发政策价值标准和再开发实施效果的事实标准，对再开发政策从制定形成到执行实施全过程的综合判断，从而提高政策的制定水平和执行质量，促进再开发政策的科学化与合理化。

8.4.1 再开发政策评估的主要内容

再开发政策评估贯穿于政策的事前制定、事中实施以及事后效果反馈等各个环节。因此，再开发政策评估的主要内容包括再开发政策制定、再开发政策执行、再开发政策效果反馈。

①**政策制定** 公共政策的制定需要经历问题确认、政策议程、政策规划、政策

听证与合法化的过程。再开发政策制定阶段的评估也围绕这些环节展开。所谓问题确认，即将察觉到的社会问题进行特定的分析和解释，并运用明确的表述描述问题。社会问题的确认，是问题求解最基础也是最关键的一步，能够明确政策制定的必要性以及政策的预期效果。政策议程，即社会问题转为政策问题的关键环节，考虑到社会问题的复杂与政府掌握的公共资源相对有限，政策议程应综合问题解决的紧迫程度和公共各阶层利益诉求等多方面因素。政策规划，即在一定的原则下，针对明确的政策问题，设定政策目标并规划设计以及优选政策方案的过程。政策规划既需要政府部门的主导参与，也需要政策分析者及专家学者、社会团体、社会公众等其他各方参与，以保证政策规划的公平、公正、科学、民主。政策听证与合法化，是政策发挥作用的前提，是使政策能够被公众认可、接受并遵从推行的过程和程序。

②政策执行　政策执行即是政策的实施过程，是政策对目标群体发挥功效并实现政策目标的具体过程。政策的执行依赖政府部门通过一定的行政程序和技术，运用各种政策资源，经政策宣传、解释、服务、协调、控制等方式将政策观念性的内容转为实际的具体效果。再开发政策执行主要包括政策的宣传、解释、组织、落实与监督等内容。再开发政策制定以来，政府部门组织相关机构及专家人员，对政策内容、目标以及预期效果进行分解细化和解释宣传，使各级相关部门以及社会团体、社会公众等对政策具有充分认知，从而加以传达和贯彻实施。政策组织主要是为实现政策目标，准备相关的经费预算和必要的设备，组建相关的实施机构并协调各机构与执行人员的分工合作。对再开发而言，政策落实主要是再开发中项目方案编制报送、审批、资金管理、进度控制以及监管验收等环节实施的政策指导与程序规范化。政策执行是动态化过程，受执行人员素质和外界环境变化等多因素影响，政策执行中可能出现各种失真现象，因此政策执行机构须保持应变能力，重视政策监督，针对政策失真及时反馈相关信息并采取有效措施纠正。

③政策效果反馈　政策的实施效果反馈，是事实判断和价值判断的过程。政策实施效果的事实判断要求依据既定的事实，采用科学合理的调查统计和数据分析等手段对政策的投入与产出及目标实现程度等进行综合量化分析。政策实施效果的价值判断则主要是依据一定的价值标准，定性分析政策实施以来的社会影响程度和社会效益。事实判断以效率为出发点，而价值判断则以效益为出发点，二者相互补充。再开发政策的投入产出评估，依靠政策实施过程中的资本、劳动力以及设备物质等投入，与再开发获取的社会、经济、生态等综合效益的对比分析。政策目标的实现程度一般难以直接量化，主要是定性分析再开发政策解决问题的程度等，然后依据专家打分法按照程度分级进行量化。政策的社会影响程度则主要是评估再开发政策实施以来的社会满意度、社会生产力提高、社会稳定团结以及社会公平公正等方面。

8.4.2 再开发政策评估的指标

城镇建设用地再开发政策从问题研究开始，历经政策的制定、执行和效果反馈等多个环节，涉及的领域和主体关系复杂，因此再开发政策评估以简化再开发政策结构系统的复杂关系为出发点，选取适当的指标构建再开发政策评估指标体系。依据前述政策评估的主要内容，遵循全面系统性、代表性、相互独立性和可操作性原则，研究从政策的制定、执行和效果反馈上选取指标（表8-13）。

表8-13 再开发政策评估指标体系构建

目标层	因素层	指标层	指标筛选
再开发政策评估	政策制定	问题确认	社会问题的紧迫程度与解决必要性
		政策议程	社会问题的调查与分析的充分性
		政策规划	政策制定人员素质 理论依据的充分程度 政策目标与内容的明确性、可行性、公平性与有效性
		政策听证与合法化	公众熟悉与参与程度 意见反馈的处理效率与效果
	政策执行	政策宣传	宣传途径与力度 政策认知程度
		政策解释	相关配套解释与说明的详细程度
		政策组织	人员与物资配备程度 机构设置有效性 组织间的协调程度 执行的手段与技术
		政策落实	执行程度规范化程度 执行人员素质
		政策监督	监督主体的多样化 监督技术方法的科学性和有效性 问题的反应程度和解决能力
	政策效果反馈	政策投入产出	政策人力、物力与资金的使用效率
		政策目标实现程度	社会问题的解决程度 政策实施过程中风险的控制程度
		政策的社会影响程度	区域的经济发展、社会的和谐稳定、区域生态文明 再开发成本、项目周期、潜在经济收益 居住环境、社会保障以及安置补偿

①**政策制定** 政策评估依据前述再开发政策制定的4个环节选取指标。问题确认，主要是依据社会问题的内涵和界限，定性分析社会问题的性质、深度、广度、严重程度以及关联性等，从而设定相关指标评估问题的紧迫程度和问题解决的必要性。政策议程，是社会问题向政策问题转化的关键环节，政策议程的评估主要是考察问题调查与分析的充分性等。政策规划，是政策方案策划、内容设计与优选的过程，政策规划的评估主要考察政策制定人员的综合素质、理论依据的充分程度等程序的规范化，以及政策目标与内容的明确性、可行性、公平性、有效性等政策质量的优化。政策听证与合法化，主要考察相关社会群体与公众的熟悉与参与程度、意见反馈的处理效率与效果等。

②**政策执行** 再开发政策方案被采纳后开始进入政策的执行环节。政策执行是政策预期效果转变为实际效果的操作过程，主要包括政策宣传、政策解释、政策组织、政策落实与政策监督等内容。关于政策宣传，主要从宣传的途径、宣传力度与政策认知程度等选择指标。政策解释，主要考察政策相关的配套解释与说明的详细程度。政策组织，主要是为政策执行准备物资与人员，因此可以从政策执行的人员与物资配备、机构设置，以及机构与人员相互之间的协调程度、政策执行的手段技术等选取评估指标。政策落实，主要考察政策执行的程序规范程度、执行人员的素质等方面。政策监督，包含监督主体、监督方式以及结果处理等内容，因此可以从监督主体的多样化、监督技术方法的科学性和有效性，以及问题的反应程度和解决能力等选择指标。

③**政策效果反馈** 再开发政策效果反馈本质上是再开发预期效果与实际效果的对比过程，是有效分析和判断再开发政策实施后遇到的新情况、新问题的评估过程。政策效果反馈评估主要从政策的投入与产出、政策的目标实现程度以及政策的社会影响程度选择指标。具体而言，政策的投入产出主要考察人力、物力和资金投入的使用效率，衡量标准按照单位成本消耗所能产出的最大社会经济生态综合效益来建立。政策目标的实现程度，主要考察相关社会问题的解决程度、政策实施过程中风险的控制程度等。政策的社会影响程度，主要考察再开发政策实施以来不同利益主体间的诉求满足程度。对再开发而言，政府的诉求主要在区域的经济发展、社会的和谐稳定、区域生态文明等；开发商及再开发企业等则主要关注再开发成本、项目周期、潜在经济收益等；社会公众则主要关注居住环境、社会保障以及安置补偿等。

8.4.3 案例分析

8.4.3.1 广东再开发创新政策分析

广东省自2008年年底与国土资源部签订协议以来，提出以"三旧"改造促进节约集约用地，并出台《关于推进"三旧"改造促进节约集约用地的若干意见》(粤府[2009]78号,以下简称"78号《意见》")。"78号《意见》"正式提出"三旧"改造的概念,以"三旧"改造作为主要的再开发方式,创新了再开发政策。

为积极稳妥推进"三旧"改造工作,各地也相应出台并构建了"三旧"改造的政策体系。以广州市为例,其在省政府"78号《意见》"基础上,先后制定了加快推进"三旧"改造的工作意见、实施意见、"三旧"改造规划计划、土地出让金收缴使用、补偿安置标准、完善历史用地手续、城中村改造程序、城中村改造成本核算、简政放权、区域城中村统筹整体改造、旧厂房审批指引、改造方案编制指引、立案收件标准、廉政建设制度等一系列规范性文件;从具体实施过程来看,涵盖了项目改造方案的编制报送要求、立案条件、审批流程与规定、成本审核内容与标准、资金保障与监管、改造主体行为规范与监管、项目批后实施建设与监管程序等方面,"三旧"改造的政策体系基本确立。

"三旧"改造政策是为实现城镇建设用地再开发而在产权制度、土地治理制度和市场配置机制中进行的改革探索与制度创新,主要包含以下六大突破。第一,简化补办征收手续。集体建设用地申请转为国有的,报省政府批准,允许不再执行复杂(如听证、公告、办理社保审核、安排留用地等)征收手续,有效减少征地成本,提高效率。第二,补办农地转用手续,允许按现状完善历史用地手续。规定对于用地行为发生时法律和政策无要求的,允许不再执行听证、公告、办理社保审核、安排留用地等征收程序;规定落实处理并补办手续的,不再需要安排用地计划指标和缴纳农转用税费。第三,补充供地方式,在坚持"招拍挂"的前提下,允许协议出让。在改造中,在符合相关规划的前提下允许采取协议出让,提高改造主体的积极性。第四,协调土地收益在政府、土地使用权人、开发单位等主体间的分配。如对现有工业用地不改变工业用途,以提高容积率作为改造奖励;改变用途的,补缴土地价款后由原土地使用权人继续使用;旧城、旧村改造中,地方政府按照一定的比例将土地收益返还给被改造地块原使用权人或集体经济组织,用于支持村集体经济发展;土地纯收益中一部分由市、区政府按比例分成,区留成部分应设立专项资金,用于"城中村"整治改造和旧城更新改造项目,以及改造项目周边的市政基础设施、公共服务设施建设等。第五,完善集体建设用地使用手续,在根据当时的土地管理相关法律政策落实处理后,参照国有建设用地规定完善手续。第六,边角地、插花地、夹心地的处理。按城乡规划需要整合旧厂房用地以外的边角地、夹心地、插花地的,一并列入改造范围;旧村连片整体改造涉及的边角地、夹心地、插花地等,允许在符合土地利用总体规划和控制性详细规划的前提下,通过土地位置调换等方式,对原有建设用地进行调整使用。

总体而言,"三旧"改造相关政策以合理协调相关权利人利益分配为外在推动,以简化程序、完善手续为内在动力,展现出良好的发展前景,为区域城镇建设用地再开发政策创新奠定基础。

8.4.3.2 广东再开发政策评估结果

在《广东"三旧"改造政策评估研究》一文中,作者(谢戈力,2011)围绕广东省"三旧"改造政策的绩效,从"三旧"改造政策制定、"三旧"改造政策实施、"三旧"改造政策效果3个方面(A1~A3)选择政策评估指标,最终细化分解出6个二级指标(B1~B6)、13个三级指标(C1~C13)、46个四级指标(D1~D46)。针对这些评估指标,围绕企业"三旧"改造管理负责人、"三旧"改造和政策评估方面的专家、政策制定部门及政策实施部门的相关人员3大人群,分别设定调查问卷和访谈提纲,最后综合统计分析3类调查对象的调查成果,量化指标数据。采用层次分析法确定二级指标权重,采用专家打分法确定三四级指标权重,结果如表8-14所示。鉴于该研究中的指标基本符合前述再开发政策评估指标体系构建方法,差别化调研和翔实的数据使得研究成果真实可信。因此,本书以该文的"三旧"改造政策评估成果,作为广东地区再开发创新政策评估的案例成果。

表 8-14 "三旧"改造政策评估的指标体系

目标层	一级指标	二级指标	三级指标	四级指标
"三旧"改造政策绩效	政策制定(A1)	政策依据(B1)	政策依据(C1)	政策制定的理论依据(国内)(D1)
				政策制定的理论依据(国际)(D2)
				政策问题的严重度(D3)
				政策制定的必要性(D4)
		政策方案(B2)	政策方案的拟制及论证(C2)	调查研究的充分性(D5)
				方案论证的充分性(D6)
				政策制定人员的代表性(D7)
				合法性获得(D8)
			政策目标(C3)	政策目标的明确性(D9)
				政策目标的具体性(D10)
				政策目标的可行性(D11)
				政策目标的一致性(D12)
			政策内容(C4)	政策方案的完备性(D13)
				政策主客体的明确性(D14)
				政策手段的有效性(D15)
				政策方案的易理解性(D16)

续表

目标层	一级指标	二级指标	三级指标	四级指标
"三旧"改造政策绩效	政策实施（A2）	政策实施机制（B3）	政策内容（C4）	政策方案的公平性（D17）
				政策方案的一致性（D18）
			政策传达（C5）	政策宣传力度（D19）
				政策认知度（D20）
			政策落实（C6）	制度配套程度（D21）
				信息系统的完善性（D22）
				政策实施手段的合理性（D23）
				政策执行人员的素质（D24）
				政策对象的素质（D25）
				政策的稳定性（D26）
			政策监督与反馈（C7）	政策监督机构及其能力（D27）
				政策主体的反应能力（D28）
				政策主体的纠错能力（D29）
		政策的实施成本及效率（B4）	资源投入（C8）	人力资源投入水平（D30）
				资金投入（D31）
				其他社会资源占用水平（D32）
			资源利用效率（C9）	人力资源利用效率（D33）
				资金使用效率（D34）
	政策效果（A3）	直接效果（B5）	政策目标的实现程度（C10）	"三旧"改造带动的经济增长及其增长率（D35）
				"三旧"改造涉及的拆迁案件量及其减少率（D36）
				其他政策目标达成度（D37）
			政策问题的解决程度（C11）	中、短期内政策问题的解决程度（D38）
				长期政策问题解决程度的预期（D39）
				引发新的政策问题（D40）
		附带效果及效应（B6）	政策综合影响（C12）	对公众支持"三旧"改造意识的影响（D41）
				对改造区域综合竞争力的影响（D42）
				对改造区域市场竞争机制的影响（D43）
			满意度（C13）	政策客体对政策的满意度（D44）
				政策实施方对政策的满意度（D45）
				公众满意度（D46）

该文中的指标量化采用分级赋值法，对每个四级指标都制定详细的五级评分标准，得分区间为0～5分，少数指标采用扣分制或加分制，其余指标根据现实状

况与理想标准的符合程度评分。对收集到的信息和问卷调查结果进行综合分析，得到每项四级指标的得分，经加权汇总后得到最终的评估结论。该研究结果显示，广东省"三旧"改造政策评估总分为83.42分，总体情况显示为良好。各项指标得分具体分析如下。

广东省"三旧"改造政策制定（A1，分数为80.71）中，政策方案（B2）的得分只有78.83，虽然该政策目标表达清晰，可行性较强，但现有政策的目标定位主要是促进"三旧"改造的进度，并未将"三旧"改造后的质量控制提到同等重要的层面。此外，政策方案的易理解性和公平性都有待提高。对于广东省"三旧"改造政策实施（A2，分数为79.40），在政策实施机制（B3，分数为81.00）上，缺乏完善的信息系统，电子政务服务水平有待提高。此外，政策实施机制对相关部门的约束力不够，监督机构有待完善。在政策的实施成本及效率（B4，分数为73.00）上，"三旧"改造政策实施所需的资金规模过大，机会成本较高，专项资金的利用效率和公平性有待提高。对于广东省"三旧"改造政策效果（A3，分数为86.45），在政策的直接效果（B5，分数为91.43）上，解决了中短期和长期问题，但是"三旧"改造政策也可能引发新的问题，例如：政策倾斜可能出现对其他政策对象非公平现象；在政策的附带效果及效应（B6，分数为76.78）上，政策客体对该政策的满意程度较高，但认为仍存在提高的空间。

8.5 全程评估体系

8.5.1 全程评估体系的内容与特征

城镇建设用地具有资源和资产双重属性，资源属性决定其利用方式、利用程度和利用效果，资产属性决定其产权归属和收益分配。因此，再开发包含权籍管理以及资源利用两大核心问题。地籍提供具有法律依据的、精确的、连续的空间位置、数量、质量等方面的基本资料，是调整土地关系、合理组织土地利用的基本依据。权属是调解土地争执、恢复界址、确认地权的依据，是确保土地所有者和土地使用者合法权益的基础资料。资源利用主要是针对城镇建设用地结构不合理、空间布局混乱，土地利用效率较低等问题，通过调整城镇建设用地利用模式和空间结构，实现城镇土地的集约、高效、可持续利用，并最终获取经济、社会、生态、文化等综合效益。因此，权籍管理是再开发的核心与基础，是建设用地利用的重要前提和依据；而资源利用是再开发的主要目的和任务。权籍管理中，国家通过制度设计，并出台相应的政策，保障再开发中权属调整与收益分配的可操作性、规范性与合法性。实践运作中，再开发主体依据相应的专项规划，采取一定的再开发组织应用模式和方法来完成建设用地的功能重组和实体改造。再开发全程评估，即是根据一定的标准对再开发创新政策与实践运作做出优劣判断的活动。

按照事物发展的生命周期流程，全程评估可以分为事前评估、事中阶段性评估以及事后评估3类，并由此构成再开发全程评估体系框架。按照再开发项目实施流程可细分为潜力评估、过程评估以及效益评估；按照政策实施流程可细分为政策制定评估、政策执行评估、政策实施效果反馈评估（图8-18）。事前评估，强调再开发政策与项目实施之前的预测性，通过事先调查研究，预测社会问题解决的目标效果，以及再开发项目实施的目标实现能力和可挖掘的潜在能力，从而合理设计政策内容和再开发规划方案，为再开发顺利进行提供基础性指导和规范。事中阶段性评估，强调再开发政策执行和项目实施中的阶段性控制，通过实时跟踪和信息采集，及时评估再开发中的实施进度、实施质量，以及实施计划的落实吻合情况，从而控制再开发实施不断适应动态变化的系统环境。事后评估，强调再开发政策和项目实施一段时间后的效果验证，是以客观事实为依据，综合评判再开发实施以后社会、经济、生态等各方面影响，比较分析预期效果与实际效果的差异，从而为完善相关政策和后期项目提供参考依据。

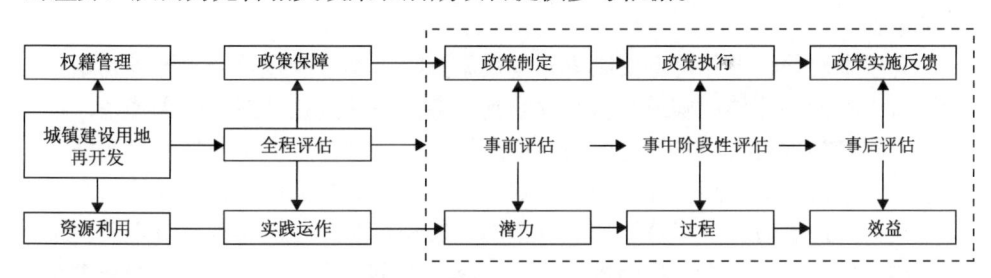

图8-18 再开发全程评估体系

8.5.2 全程评估体系的功能

8.5.2.1 事前评估功能

城镇建设用地再开发的事前评估，是在选择和确定再开发政策或再开发项目时开展的评估工作，其根本目的在于分析和识别再开发政策或项目实施的可行性和优劣性，从而决定再开发政策方案的取舍以及再开发项目实施计划的安排。具体而言，再开发事前评估的主要功能表现在以下两点。

①**事前评估是再开发政策的价值判断** 再开发公共政策具有引导和规范再开发实施主体行为观念、管制和约束相关主体职能、调节和控制再开发利益冲突、公正分配再开发利益等功能，是再开发活动得以开展实施的前提基础和重要保障。再开发政策的核心目标在于实现公共利益，因此其合理性、公平性和社会性等价值和伦理属性是决定政策是否出台实施的前提。事前评估通过对再开发政策进行

价值判断，能够及时发现和解决政策方案的问题，有效避免和防止政策预期的不良社会影响。

②事前评估是再开发实施计划的依据　再开发的实施计划，本质上是再开发项目的时序安排，是按照先易后难、先急后缓的原则，优先解决当前条件下能够解决且有较大相对潜力收益的再开发项目，将难度大、相对潜在收益较小的再开发项目延后实施的一项进度安排。建设用地再开发时序的最主要影响因素就是再开发潜力，因此，事前进行再开发潜力评估，能够为再开发项目的进度安排和实施计划提供依据。

8.5.2.2　事中阶段性评估功能

①事中阶段性评估能够对再开发政策和项目实施跟踪监测　城镇发展过程中各系统元素处于不断变化中，元素之间的协同、调整和自适应使得城镇建设用地再开发处于持续更新中。因此，再开发是一种分阶段、递进式、及时修正调整的渐进式过程，事中阶段性评估基于动态反馈原则，能够对再开发政策和项目实施过程进行实时的跟踪监测，及时将再开发实施过程中的问题和信息反馈给管理者和决策者。

②事中阶段性评估能够控制再开发实施策略以利于有效落实再开发计划　再开发事中阶段性评估能够总结再开发实施中各阶段的内在联系和因果关系，根据再开发政策和项目实施过程中的跟踪检测结果，比较和分析再开发项目实施时序推进、空间演变的实际情况与项目规划计划间的偏差及原因，针对政策执行过程中受执行人员素质和外界环境变化等多因素影响可能存在的各种失真现象，及时反馈相关信息并采取有效措施进行纠正。再开发事中评估结果，能够指导再开发实施过程采取相应的策略实现自我修正，从而控制再开发进程，实现再开发预期目标。

8.5.2.3　事后评估功能

①事后评估是检验再开发政策和项目实施效果的基本途径　再开发政策在执行后取得的效果，以及再开发项目完成后获取的区域和地块经济、社会、生态、文化等综合效益，表面观察的效果与实际真实状况可能存在一些误差，为避免政策实施的盲目性和再开发项目实施的负向外部性，有必要运用实际数据和资料，构建全面系统的评价指标体系来检验和分析再开发实施后的效果，形成科学的评价结论，从而有利于提高再开发政策和项目管理科学化水平。

②事后评估是决定再开发政策最终走向的重要依据　政策实施后的最终走向，一般包含政策延续、政策调整和完善、政策终结。再开发公共政策不仅能够指导、规范和控制再开发的实施，同时对社会公平、公正性价值伦理以及社会稳

定影响深远，担负着国家治理的重要职能，因此再开发政策的走向必须具备充足的理论和现实依据。而再开发的事后评估，依据既定的事实，采用科学合理的调查统计与数据分析等手段对政策的投入与产出、政策的目标实现程度等进行综合量化分析，同时依据一定的价值标准，定性分析政策实施以来的社会影响与社会效益，对再开发政策实施后的效果做出事实性和价值性双重判断，为再开发政策的最终走向提供科学合理的依据。

③事后评估是提高再开发项目投资效益的需要　再开发项目具有利益主体多样、产权关系复杂、工程周期较长以及社会影响程度大等特点，因而再开发投资的综合成本较高。从政府部门、开发商以及业主、相关权利人的角度看，再开发实际能够获取的再开发效益与成本的比较是决定再开发项目能否顺利开展的重要依据之一。在当前城镇转型发展与资源环境制约矛盾加剧、社会物质精神文化追求不断提升的现实背景下，城镇建设用地再开发正在大规模试点实施，迫切需要对再开发实施后的实际效果保持清晰而客观的认识。因此，再开发项目的事后效益评估，能够满足现实客观需求，从而刺激再开发项目投资，提高再开发项目的投资效益。

8.5.3　全程评估体系的实施

8.5.3.1　评估的事前准备

全程评估体系，综合再开发政策评估和再开发项目实施评估两大内容，贯穿事前、事中、事后3个阶段，涉及社会、经济、生态、文化、政治等多种因素，信息资料依赖度高，时间跨度较长，且专业性较强，因此全程评估的实施需要充足的事前准备，才能保证各项评估结果的真实可信，提高评估结果的指导性。

第一，研究出台评估相关政策法规。加强全程评估在再开发应用的顶层设计和统筹规划，加快再开发的政策体系和法规建设，全面提高全程评估在再开发的实践应用。加快全程评估的政策研究。进一步明确全程评估在再开发中的重要地位，构建再开发事前、事中及事后评估政策体系，贯穿再开发中的各个环节，研究制定相应政策，围绕政策的制定实施和各项工程的开展，实现再开发动态化、常态化、实时性的监督管理和评估监测，使再开发全程评估成为必不可少的业务流程中的一环，保障再开发各项活动开展的合理性。推动全程评估的法制建设。发展完善再开发全程评估内容体系，构建完善的再开发全程评估政策机制。在此基础上，明确再开发全程评估在相关法律制度中的重要作用，详细规定再开发评估的法定程序，力求责任明确、分工细致，具有较强的可操作性。

第二，建立健全评估工作体系。建立再开发全程评估的工作体系，做好再开发全程评估的组织管理机构与人才队伍规划，培养专门的评估人才，设立全程评估制度，全面提高再开发的评估质量。再开发全程评估组织机构是发挥评估功能，实现评估目标的重要载体。高质量的人才队伍是评估实施的力量源泉，而科学的评估制度是规范再开发全程评估的保障。推进专门化的评估组织管理机构设立，实现再开发全程评估的专业化运作，主要包括建立覆盖再开发全过程的评估组织和配备高质量的人才队伍。以服务再开发过程，为再开发决策、实施、监督等工作提供合理的依据为目标，设立再开发全程评估组织治理机构，为再开发全程评估提供强有力支撑。培养专业化的评估人才，整合熟悉再开发业务的工作人员，以及具有相关评估经验且理论知识储备较丰富的专家学者，培养一流的再开发评估专家队伍。建立健全评估师等职称认证体系，提升评估人员的职业化水平。构建激励公平、公正、公开的评估成果和人才评价体系，突出评估人才对再开发的贡献。坚持以人为本，建立长远、优越的人才培养体系，能保证再开发评估人员的全面发展，可培养人才，也能留住人才。完善再开发全程评估制度，制定事前、事中及事后评估办法，明确评估的内容、方法和程序。建立长效评估机制，使再开发全程评估成为一项程序性业务工作，保障再开发各项活动开展的合理性，维持全程评估功效持续性供给。

第三，制定相应的评估方案。评估方案的质量对评估活动的指导性和有效性具有重要的支撑作用，因此评估工作开展之前，需要结合具体评估事项制定相应的评估方案。不同阶段以及不同对象的评估差别较大，需要针对评估方案明确内容：明确评估的对象，划定再开发政策以及再开发项目边界；明确评估目的，与再开发阶段相吻合；建立评估标准，为评估指标量化提供依据；选择评估方法，明确评估指标与模型，发挥各项定量与定性方法优势。

8.5.3.2 评估的组织实施

第一，建立规范评估程序步骤。规范再开发全程评估的程序步骤，制定评估的相关技术标准规范，组织开展评估技术标准培训，使得再开发全程评估方法合理、程序规范、质量保障。推动《城镇建设用地再开发评估准则——评估程序》的制定，全面覆盖再开发评估业务，构建再开发评估准则体系，具体包括程序准则、再开发业务评估的步骤和环节，引导评估师重视评估程序。同时积极宣传评估程序重要作用。评估行业协会要营造良好的评估执业氛围，加强再开发评估程序的审核和监督，严格规范再开发全程评估程序，推动再开发全程评估的发展。

第二，资源分配与任务分解。依据明确的评估方案，制定详细的评估进度安排以及各项经费、物资等使用规范。分解复杂的评估内容，并依据评估人员的专业特长下达任务，做好人力、财力以及物力的资源分配。建立和健全有效管理措施，明确各分工人员的职能与任务，规范评估人员的行为准则，保障再开发全程评估的进度与规范性。

第三，资料收集与信息处理。利用各种调查手段，全面收集再开发实施前和实施后经济、社会、生态、文化、政治等指标数据；同时深入再开发项目施工现场，实时动态跟踪项目实施情况，收集再开发项目施工记录信息；针对不同对象，分类设计调查问卷，组织开展专业访谈，调查收集再开发政策实施过程中的相关情况和反馈信息。最后在资料收集的基础上，加工整理以形成标准化指标数据。

第四，评估执行与结果运算。采用专家打分法、层次分析法、熵权法等定性或定量模型对评价指标进行权重赋值；采用多因素综合评价法、TOPSIS 模型、主成分分析法等量化模型计算评估结果。综合分析不同模型方法间的优缺点，对比分析不同方法的计算结果，合理选择针对性、操作性、科学性较强的计算结果作为最终评估结果。同时，积极探索再开发的评估技术，建立逻辑清晰的再开发全程评估技术体系，明确再开发各环节的技术要求，围绕再开发的具体实施与评估需求，开展重点环节的评估技术研究，提高再开发评估的科学性。

8.5.3.3 评估总结与成果应用

第一，评估成果分析与总结。针对评估最终成果，分析再开发实施前政策制定的必要性与合理性、再开发项目潜力大小和影响因素；分析再开发实施过程中政策的执行、再开发规划执行和项目施工的情况，动态监控各环节与预期目标的吻合程度；分析再开发实施后政策的社会效果以及实际目标完成情况、再开发项目的宏观和微观综合效益。总结再开发各阶段和全过程存在的问题并分析原因，为做好评估成果应用做准备。

第二，评估成果应用与建议。针对评估成果的分析结论，及时采取相应措施完成成果应用。再开发实施前，对评估结果为优秀的再开发政策，及时采取相关的程序发布并传达落实，针对政策存在的具体问题，提出相应的完善或废止建议；将再开发项目的潜力评价成果转化为具体的规划内容和年度执行计划。再开发实施过程中，及时反馈相关结论信息并采取有效措施，控制再开发进程的规范化。再开发实施后，总结相关经验并有效推广，推动下一步再开发的顺利完成。

第三，评估成果整理与归档。将全程评估收集的数据资料、所有报告、图件及矢量数据库等，按照事前、事中和事后评估以及政策评估、实践评估，分类别、分层次构建评估成果数据库，并及时做好归档工作。

8.6 本章小结

本章参照事物发展的生命周期流程，引入全程评估概念，从事前评估、事中阶段性评估以及事后评估 3 个层面构建了再开发全程评估体系框架。针对实践运作按照再开发项目实施流程全程评估细分为潜力评估、过程评估以及效益评估；针对政策按照政策实施流程细分为政策制定评估、政策执行评估、政策实施效果反馈评估。最后，总结分析了再开发全程评估体系的内容与特性、功能以及具体的实施措施。开展事前评估，能及时发现再开发项目的可行性、潜力及可能存在的问题，为再开发规划与决策提供参考依据；开展事中阶段性评估，能监控再开发项目实施的进度，落实与掌控再开发规划计划，避免偏离再开发方向；开展事后评估，能够总结再开发项目经验，检验再开发实施效果，为今后其他再开发项目提供参考。

  本章的内容不仅详细阐述了再开发全程评估的理论方法和实践案例，而且提出全程评估运用在再开发项目中可操作的实施建议，为推进全程评估在再开发实践中的应用提供了有益的参考。

参 考 文 献

艾东, 栾胜基, 郝晋珉. 2008. 工业废弃地再开发的可持续性评价方法回顾. 生态环境, (06): 2464-2472.
巴顿. 1994. 城市经济学——理论和政策. 北京: 商务印书馆.
白海峰. 2008. 大遗址环境整治与区域发展的互动. 西安: 西北大学硕士论文.
白旭飞, 刘春成, 侯汉坡. 2007. 大都市卫星城空间布局模式的启示. 科技管理研究, (10): 129-131.
白雪华, 吴次芳, 艾亮辉. 2003. 土地整理项目融资 PPP 模式. 中国土地, (1): 20-23.
薄丽洁. 2012. 槐泗河水环境整治预测评价研究. 扬州: 扬州大学硕士论文.
鲍海君, 吴次芳, 贾化民. 2003. 土地整理规划中公众参与机制的设计与应用. 浙江国土资源, (06): 29-32.
毕宝德, 柴强, 李玲, 等. 2010. 土地经济学(第六版). 北京: 中国人民大学出版社.
蔡希. 2008. 武汉市棕地开发策略研究. 武汉: 华中科技大学硕士论文.
曹贤忠, 曾刚. 2014. 基于熵权 TOPSIS 法的经济技术开发区产业转型升级模式选择研究——以芜湖市为例. 经济地理, 34(04): 13-18.
陈柏峰. 2012. 土地发展权的理论基础与制度前景. 法学研究, (4): 99-114.
陈静, 丁静. 2011. 土地价值理论初探. 财苑博览, (9): 127-128.
陈丽华. 2009. 初次分配和再分配中公平与效率的权衡. 经济问题, (1): 25-28.
陈萍萍. 2006. 上海城市功能提升与城市更新. 上海: 华东师范大学硕士论文.
陈小祥, 纪宏, 岳隽等. 2012. 对城市更新融资体系的几点思考. 特区经济, (08): 132-134.
成得礼. 2008. 对中国城中村发展问题的再思考——基于失地农民可持续生计的角度. 城市发展研究, 15(3): 68-79.
程雪阳. 2014. 土地发展权与土地增值收益的分配. 法学研究, (5): 76-97.
崔冬娜. 2007. 城市土地整理模式探究. 哈尔滨: 哈尔滨工业大学硕士论文.
党红, 申翔. 2002. 关于旧城更新思路的探索——以江苏省宿迁市为例. 现代城市研究, (03): 32-35, 40.
邓堪强. 2011. 城市更新不同模式的可持续性评价. 武汉: 华中科技大学博士论文.
丁金华. 2011. 城乡土地再开发的利益博弈与协调路径. 江苏农业科学, 28(2): 13-17.
丁一, 王红梅, 沈明, 等. 2014. 广州市旧城更新改造模式的优选研究. 城市规划, (5): 15-21.
丁一. 2014. 旧城更新改造模式的优选研究——以广州市为例. 广州: 华南农业大学博士论文.
董德利, 徐邓耀. 2000. 浅析城市土地整理. 国土与自然资源研究, (02): 8-10.
董德显, 雷国平. 2010. 土地利用规划学. 北京: 科学出版社.
董玛力, 陈田, 王丽艳. 2009. 西方城市更新发展历程和政策演变. 人文地理, (05): 42-46.
杜伟, 曾令秋. 2002. 企业参与城市土地整理产业化的前景与对策. 中国房地产金融, (03): 31-34.
段浩. 2008. 农地整理的产权调整和收益分配研究. 南京: 南京农业大学硕士论文.
段潇潇, 张占录. 2012. 城市化过程中的土地发展权. 中国地产市场, (09): 86-87.

方可, 章岩. 1998. 旧城更新中如何保持"城市的多样性". 现代城市研究, (03): 49-51.
方彦. 2009. 棕地再开发适宜性评价研究. 南京: 南京农业大学硕士论文.
方耀楣, 聂顺君. 2010. 公众参与旧城改造的模型设计. 中国房地产, (09): 67-69.
冯兵. 2003. 城市核心竞争力及其培育策略研究. 规划师, (06): 80-83.
冯丽. 1996. 城市更新再认. 北京建筑工程学院学报, (01): 49-53.
傅红, 莫妮娜. 2006. 旧城改造中对城市个性延续的探讨. 西南民族大学学报(人文社科版), (06): 224-226.
富永健一. 1992. 社会学原理. 北京: 社会科学文献出版社.
高艳梅, 李景刚, 张效军. 2013. 城市改造与城市土地利用效益变化研究——以佛山市禅城区"三旧"改造为例. 生态经济, (01): 59-63.
龚清宇. 1999. 规划结构限度与大规模再开发中城市设计障碍. 城市规划, (09): 53-57, 64.
郭湘闽, 刘漪, 魏立华. 2007a. 从公共管理学前沿看城市更新的规划机制变革. 城市规划, (05): 32-39.
郭湘闽, 买炜. 2007b. 旧城更新规划的实施管理难题与 GIS 应用对策. 城市发展研究, (06): 41-46.
郭湘闽. 2007. 房屋产权私有化是拯救旧城的灵丹妙药吗?. 城市规划, (01): 9-15.
郝海, 踪家峰. 2007. 系统分析与评价方法. 北京: 经济科学出版社.
何丹, 江红. 2012. 欧美棕地的治理与再开发. 城市问题, (08): 85-90, 96.
何芳. 2014. 城市土地再利用产权处置与利益分配研究——城市存量土地盘活理论与实践. 北京: 科学出版社.
何元斌, 林泉. 2012. 城中村改造中的主体利益分析与应对措施——基于土地发展权视角. 地域研究与开发, 31(4): 124-133.
贺夏蓉. 2014-09-02. "监督执纪问责" 的内涵及要求. 中国纪检监察报.
华芳, 王沈玉. 2013. 老城区保护与更新规划设计导则编制探索——以杭州老城区为例.城市规划, 37(06): 89-96.
黄贝琪. 2012. 棕地复兴. 重庆: 重庆大学硕士论文.
黄汉江. 1990. 建筑经济大辞典. 上海: 上海社会科学院出版社.
黄敬军. 2003. 江苏省露采矿山环境保护(整治)模式及其适宜性评价. 中国地质灾害与防治学报, (04): 65-69.
黄晓燕, 曹小曙. 2011. 转型期城市更新中土地再开发的模式与机制研究.城市观察, (02): 15-22.
黄杏元. 2003. 地理信息系统概论(修订版). 北京: 高等教育出版社.
洪名勇. 1998. 论马克思的土地产权理论. 经济学家, (01): 29-34.
姬艳. 2012. 延安历史文化名城景观保护与规划研究. 咸阳: 西北农林科技大学硕士论文.
姜华, 张京祥. 2005. 从回忆到回归——城市更新中的文化解读与传承. 城市规划, (05): 77-82.
姜仙春. 2013. 河北省土地整治权属管理研究. 保定: 河北农业大学硕士论文.
赖寿华, 吴军. 2013. 速度与效益: 新型城市化背景下广州"三旧"改造政策探讨. 规划师, 29(05): 36-41.
勒施. 2000. 经济空间秩序. 北京: 商务印书馆.
雷霆, 胡月明, 王兵, 等. 2012. "三旧"改造实施评价的指标体系构建. 安徽农业科学, (21): 10955-10957, 10963.
李建华, 张杏林. 2011. 英国城市更新. 江苏城市规划, (12): 28-33.

李建萍, 张建红, 王存政, 等. 2011. 工业废弃场地再开发的土壤环境评价与修复研究. 环境工程, (04): 109-111, 120.

李晋. 2013. 合肥20世纪80~90年代住区环境整治研究. 合肥: 安徽建筑大学硕士论文.

李军. 2005. 中国历史文化名城保护法律制度研究. 重庆: 重庆大学硕士论文.

李俊夫. 2004. 城中村的改造. 北京: 科学出版社.

李培培. 2013. 棕地再开发中利益主体决策行为研究. 武汉: 华中科技大学硕士论文.

李小敏. 2005. 城市规划及旧城更新中的公众参与. 城市问题, (03): 46-50.

李雪梅. 2010. 城市土地整理的理论与实践. 河北农业科学, 14(06): 133-136.

李雪芹. 2008. BOT模式在城市土地整理的应用研究. 时代经贸(中旬刊), (S8): 73-74.

连子康. 2007. 江汉平原土地整理权属调整研究. 武汉: 华中农业大学硕士论文.

梁艳丽. 2012. 棕地开发的法律问题研究. 南京: 南京大学硕士论文.

廖常君. 1997. 城市邻里关系淡漠的现状、原因及对策. 城市问题, (02): 37-39.

廖文. 2004. "城中村" 美丽城市的遗憾——以广州猎德村为例. 城乡建设, (12): 14-15.

林志宏. 2014. 历史文化街区的保护与再利用案例——维系城市新旧交融的和谐: 巴黎圣安东尼传统街区保护与都市适度更新. 世界遗产, (5): 102-104.

刘光盛, 王红梅, 胡月明, 等. 2015. 中国土地利用工程标准体系框架构建. 农业工程学报, 31(13): 257-264.

刘磊, 杨雪伦. 2009. 中西方城市更新对比研究——中国城市化道路的探索. 河北建筑工程学院学报, 27(03): 66-69, 85.

刘锐. 2007. 可持续发展理论在城市土地整理中的应用——城市土地的循环整理. 中共四川省委省级机关党校学报, (02): 29-31.

刘书楷, 曲福田. 2008. 土地经济学(第二版). 北京: 中国农业出版社.

刘天齐. 1991. 城市环境综合整治与八项制度. 中国环境管理干部学院学报, (0) 1-6, 11.

刘筱非, 杨庆媛, 谭净, 等. 2005. 城市土地整理: PSR机理模型及制度环境改善的对策——以重庆市江北区为例. 重庆邮电学院学报(社会科学版), (05): 794-797.

刘新平, 王守清. 2006. 试论PPP项目的风险分配原则和框架. 建筑经济, (02): 59-63.

刘宣. 2009. 旧城更新中的规划制度设计与个体产权定义——新加坡牛车水与广州金花街改造对比研究. 城市规划, (08): 18-25.

刘怡, 谭永忠, 王庆日, 等. 2011. 城镇存量建设用地的内涵界定与类型划分. 城市发展研究, (12): 53-57.

刘易斯·芒福德. 1989. 城市发展史——起源、演变和前景. 倪文彦等译. 北京: 中国建筑工业出版社.

刘征. 2008. 北京市三环路丰台区段空间环境整治规划研究. 哈尔滨: 哈尔滨工业大学硕士论文.

龙腾飞, 顾敏, 徐荣国. 2008a. 城市更新公众参与的动力机制探讨. 现代城市研究, (07): 22-26.

龙腾飞, 施国庆, 董铭. 2008b. 城市更新利益相关者交互式参与模式. 城市问题, (06): 48-53.

鲁春阳, 文枫, 杨庆媛, 等. 2011. 基于改进TOPSIS法的城市土地利用绩效评价及障碍因子诊断: 以重庆市为例. 资源科学, 33(3): 535-541.

陆红生. 2007. 土地管理学总论. 北京: 中国农业出版社.

陆媛, 杨忠伟, 杨露. 2015. 多元利益主导下的"棕色用地"再开发引导初探. 国际城市规划, (02): 107-111.

马刚, 李海宇, 徐逸伦. 2005. 城市土地潜力分析——以南京市为例.地理与地理信息科学, (03): 56-59.

孟芊. 2014. 我国发展规划编制中的多元主体参与研究. 中国行政管理, (05): 77-82.

苗圃. 2014. 马克思和恩格斯的城市观. 北京: 中共中央党校博士论文.

闵师林. 2005. 当前我国城市土地再开发实证研究——以上海浦东新区为例. 中国房地产, (02): 29-32.

聂华林, 任海军. 2005. 城市土地产权论纲. 甘肃理论学刊, (03): 62-66.

彭群. 2001. 土地整理产业化概述. 中外房地产导报, (11): 16-17.

齐建敏. 2012. 旧城改造项目融资模式研究. 天津: 河北工业大学硕士论文.

曲少杰. 2011. 广州"三旧"改造中历史文化保护与利用研究. 城市观察, (02): 95-105.

曲伟强. 2009. 城市更新的利益机制分析. 济南: 山东大学硕士论文.

荣玥芳, 郭思维, 张云峰. 2011. 城市边缘区研究综述.城市规划学刊, (04): 93-100.

阮仪三. 1996. 旧城更新和历史名城保护. 城市发展研究, (05): 22-24.

邵任薇. 2014. 城市更新中的社会排斥: 基本维度与产生逻辑. 浙江学刊, (01): 117-123.

宋立焘. 2013 当前中国城市更新运行机制分析. 济南: 山东大学硕士论文.

苏敏. 2006. 城市设计视点下的环境整治研究. 西安: 西北大学硕士论文.

孙国好. 2007. 建国以来土地政策评析. 长春: 吉林大学硕士论文.

孙强, 王锴, 白潇潇, 等. 2012. "文化、生态、发展"三位一体的城镇综合整治规划探析——以徐州市铜山区汉王镇为例.规划师, (12): 50-56.

孙作玉, 谢红彬, 杨英武. 2009. 褐色土地利益相关者的环境冲突及其解决途径初探.环境科学与管理, (10): 1-5.

谈明洪, 吕昌河. 2005. 国外城市土地整理及对中国合理用地的启示. 农业工程学报, (S1): 154-158.

谭崇台. 2005. 发展经济学的新发展. 武汉: 武汉大学出版社.

谭跃进. 2012. 系统工程原理. 北京: 科学出版社.

谭祖雪, 周炎炎. 2013. 社会调查研究方法. 北京: 清华大学出版社.

佟讯. 2014-04-18. 全国土壤污染状况调查公报发布. 中国国土资源报.

万宝林, 陈鑫祥. 2011. 使用NewMapServer进行三旧改造信息系统的设计. 地理空间信息, (03): 92-93, 164, 189.

万里霜. 2009. 棕地再开发的风险、收益及财务措施研究. 中国流通经济, (03): 68-70.

汪芳, 严琳, 吴必虎. 2010. 城市记忆规划研究——以北京市宣武区为例.国际城市规划, (01): 71-76, 87.

汪坚强. 2002. "民主化"的更新改造之路——对旧城更新改造中公众参与问题的思考. 城市规划, (07): 43-46.

汪锐, 杨继瑞. 2006. 用科学发展观指导城市土地整理. 经济学家, (04): 53-59.

汪洋, 王晓鸣, 张珊珊. 2009 旧城更新系统动力学建模研究. 深圳大学学报(理工版), (02): 169-173.

王海云, 王红梅, 郑敏辉, 等. 2015. 基于规划的"三旧"改造潜力分析. 现代城市研究, (03): 78-85, 103.

王宏新, 甄磊, 周拯. 2011. 发达国家棕地再开发经验及启示. 中国土地科学, (02): 92-96.

王军, 余莉, 罗明, 等. 2003. 土地整理研究综述. 地域研究与开发, (02): 8-11.

王林盛. 2011. 广州城中村改造实例研究. 广州：华南理工大学硕士论文.

王沈佳. 2013. 建国以来我国土地整理政策的演变及问题探讨. 老区建设, (14): 29-30.

王婉晶, 揣小伟, 黄贤金. 2013. 基于空间吻合性的土地利用总体规划实施评价方法及应用. 农业工程学报, (4): 1-14.

王万茂. 2006. 土地利用规划学. 北京：科学出版社.

王习元, 陆根法. 2006. 市场化推进农村河流环境整治探究. 四川环境, (02): 87-89.

王潇文. 2010. 经济发展转型要求下广东"三旧"改造的经验与做法.规划创新：2010中国城市规划年会论文集.

王亚旗. 2010. "城中村"改造模式探究. 西安：西安建筑科技大学硕士论文.

王彦. 2007. 浅析城市棕色地带更新的概念与实践. 现代城市研究, (5): 62-63.

王颖, 阳建强. 2013. "基因·句法"方法在历史风貌区保护规划中的运用. 规划师, (01): 24-28.

王永莉. 2007. 国内土地发展权研究综述. 中国土地科学, 21(3): 69-73.

王月. 2010. 农村居民点用地整理中的土地权属调整问题研究：基于嘉祥县的实证. 曲阜：曲阜师范大学硕士论文.

王桢桢. 2010. 城市更新的利益共同体模式. 城市问题, (06): 85-90.

翁华锋. 2006. 国外城市更新的历程与特点及其几点启示. 福建建筑, (05): 22-23+17.

吴晨. 2002. 城市复兴的理论探索. 世界建筑, (12): 73.

吴丹. 2012. 基于社区的"三元互动"旧城更新规划策略研究. 武汉：华中科技大学硕士论文.

吴得文, 毛汉英, 张小雷, 等. 2011. 中国城市土地利用效率评价. 地理学报, 66(08): 1111-1121.

吴良镛. 1994. 北京旧城与胡同改造. 北京：中国建筑工业出版社.

吴亚娜, 杨君, 刘长红, 等. 2014. 两型社会背景下的棕地再开发探讨——以湖南省宜章县为例. 农学学报, (02): 47-50, 67.

吴左宾, 孙雪茹, 杨剑. 2010. 土地再开发导向的用地改造规划研究——以西安高新技术产业开发区一期用地为例. 规划师, (10): 2-46, 52.

夏敏. 2007. 农地适宜性评价空间决策支持系统研究. 南京：南京农业大学博士论文.

夏青. 2006. 建立可持续发展的历史文化名城保护更新机制. 城市建筑, (12): 15-17.

夏显力, 李世平, 赵敏娟. 2003. 城市土地整理研究. 地域研究与开发, (01): 66-68.

肖笃宁. 2009. 景观生态学. 北京：科学出版社.

肖红娟, 张翔, 许险峰. 2009. 城市更新专项规划的作用与角色探讨. 现代城市研究, (06): 35-39.

谢戈力. 2011. 广东"三旧"改造政策评估研究. 中国土地, (11): 48-50.

谢明. 2010. 公共政策概论. 北京：中国人民大学出版社.

谢桥. 2013. 民营资本参与旧城改造问题探讨. 财政监督, (11): 74-76.

谢姝. 2010. 建筑遗产周边环境整治模式探析. 太原：太原理工大学硕士论文.

熊向宁, 王芳. 2009. 旧城改造建设时序综合评价体系量化研究——以武汉市为例. 规划师, (03): 80-84.

徐姗姗. 2008. 基于系统动力学模型的城市发展生命周期研究. 哈尔滨：哈尔滨工业大学硕士论文.

宣以霞. 2008. 工程项目施工过程阶段评价模型及其应用. 合肥：合肥工业大学硕士论文.

亚历山大. 1985. 城市并非树形. 严小婴译. 建筑师, (24): 206-224.

亚历山大, 西尔沃斯坦, 安格尔, 等. 2002. 俄勒冈实验. 赵冰等译. 北京：知识产权出版社.

雅各布斯. 2005. 美国大城市的死与生. 金衡山译. 南京：译林出版社.

阳建强. 2000. 中国城市更新的现况、特征及趋向.城市规划, (04): 53-55, 63-64.

杨红, 陈百明, 高永, 等. 2005. 城市土地整理理论与实践探析. 地理科学进展, (03): 50-57.
杨建军, 张婧. 2012. 引入市地整理工具提高城市控规可实施性研究. 中国土地科学, 26(07): 10-15.
杨剑. 2010. 西安市高新区(一、二期用地)土地再开发策略研究.西安：长安大学硕士论文.
杨俊宴, 潘奕巍, 史宜. 2011. 旧城更新规划导则编制技术：基于土地集约利用的视角. 现代城市研究, (01): 21-27.
杨晓辉, 丁金华. 2013. 利益博弈视角下的城市土地再开发与规划调控策略. 规划师, 29(07): 85-89, 100.
杨晓辉. 2014. 城市土地再开发过程中的利益冲突与规划调控策略研究. 苏州: 苏州科技学院硕士论文.
杨英武. 2010. 城市褐色土地开发利益相关者的冲突及其协调策略研究. 福州: 福建师范大学硕士论文.
杨宇鹏. 2009a. 城中村改造监督机制浅析——以西安市为例. 法制与社会, (10): 290.
杨宇鹏. 2009b. 城中村改造监督机制研究. 西安: 西安建筑科技大学硕士论文.
杨作精. 1985. 城市环境综合整治的对象与基本任务——论城市环境综合整治. 中国环境管理, (04): 10-12.
叶东疆. 2003. 对中国旧城更新中社会公平问题的研究. 杭州: 浙江大学硕士论文.
伊利, 莫豪尔斯. 1982. 土地经济学原理. 藤维藻译. 北京: 商务印书馆.
尹宏玲, 徐腾. 2013. 我国城市人口城镇化与土地城镇化失调特征及差异研究. 城市规划学刊, (02): 10-15.
尹树美, 李明玉. 2011. 延吉市市地整理潜力宏观评价研究. 河北师范大学学报(自然科学版), 35(04): 423-427.
于今. 2011. 城市更新: 城市发展的新里程. 北京: 国家行政学院出版社.
余兰. 2007. 城市重点地区再开发基本策略研究. 上海: 同济大学硕士论文.
袁佳利. 2013. 湖南省风景名胜区民居改造与环境整治模式探索. 长沙: 湖南农业大学硕士论文.
袁家冬. 1998. 对我国旧城改造的若干思考. 经济地理, 18(03): 25-29.
袁征, 卢道典. 2011. 广州猎德城中村改造模式思考. 中国名城, (12): 17-21.
运迎霞, 田健. 2012. 触媒理论引导下的旧城更新多方共赢模式探索——以衡水市旧城区更新为例. 城市发展研究, (10): 60-66.
翟斌庆, 伍美琴. 2009. 城市更新理念与中国城市现实.城市规划学刊, 2(180): 75-82.
张春国. 2008. 泰安——亟待保护与开发利用的历史文化名城. 济南: 山东大学硕士论文.
张更立. 2004. 走向三方合作的伙伴关系：西方城市更新政策的演变及其对中国的启山. 城市发展研究, (4): 26-32.
张鸿雁. 2014. 城中村改造模式与策略研究——以青岛市某城中村改造为例. 青岛: 青岛理工大学硕士论文.
张建坤, 冯亚军, 刘志刚. 2010. 基于DPSIR模型的旧城更新改造可持续评价研究——以南京市秦淮区为例. 南京农业大学学报(社会科学版), (04): 80-87.
张杰, 庞骏, 董卫. 2006. 悖论中的产权、制度与历史建筑保护. 现代城市研究, (10): 10-15.
张杰, 庞骏. 2009. 旧城更新模式的博弈与创新——兼论大规模激进与小规模渐进更新模式. 规划师, (05): 73-77.
张军连, 李宪文, 刘庆, 等. 2003. 国外市地整理模式研究. 中国土地科学, (01): 46-51.

张俊, 于海燕. 2008. 城市土地整理中土地权属调整模式研究. 商业时代, (05): 74, 81.

张明, 董利民, 王雅鹏. 2005. 经营城市的新视角: 城市土地整理. 广东土地科学, (01): 18-21.

张平宇. 2004. 城市再生: 中国新型城市化的理论与实践问题. 城市规划, (04): 26.

张仕廉, 王康. 2013. 影响城市综合体开发时序的六个因素. 城市问题, (02): 25-28, 101.

张晓峰. 2012. 论我国城市更新的问题及优化. 济南: 山东大学硕士论文.

张新平. 2014. 试论英国土地发展权的法律溯源及启示. 中国土地科学, 28(11): 81-88.

张学圣. 2004. 都市更新公私合伙开发模式与参与认知特性之研究. 立德学报, 2(2): 59-76.

张秀智. 2004. 我国城市土地整理的基础理论研究. 北京: 中国人民大学博士论文.

张秀智. 2010. 中国城市土地整理理论与实践. 北京: 中国城市出版社.

张雅杰, 张丰. 2003. 浅谈我国土地整理多元化融资. 国土资源科技管理, (02): 13-16.

张延军, 刘彦彤. 2007. 土地整理过程中土地权属调整问题探讨. 农村经济, (6): 32-34.

张燕玲. 2008. 城市土地开发整理模式研究. 规划师, (03):20-23.

张友安. 2006. 土地发展权的配置与流转研究. 武汉: 华中科技大学博士论文.

赵律相, 胡月明. 2012. 旧村庄改造潜力评价研究. 广东土地科学, (06): 20-25.

赵沁娜, 戴亚素, 范利军. 2014. 美国棕地再开发的融资模式及其对我国的启示. 价值工程, (31): 15-17.

赵沁娜, 范利军. 2010. 多元利益视角下的城市"棕色土地"再开发管理. 城市发展研究, (05): 98-101.

赵艳莉. 2012. 公共选择理论视角下的广州市"三旧"改造解析. 城市规划, (06): 61-65.

赵银慧. 2010. 浅析"城市环境综合整治定量考核"制度. 环境监测管理与技术, (06): 66-68.

郑国. 2009. 城市发展与规划. 北京: 中国人民大学出版社.

郑巧凤, 张传新, 黄鹏, 等. 2010. "三旧"改造政府监督绩效评价研究. 中国国土资源经济, (08): 40-42, 45, 56.

郑新奇. 2004. 城市土地优化配置与集约利用评价——理论、方法、技术、实证. 北京: 科学出版社.

种颖. 2013. 城市更新中生态环境建设的问题和策略研究. 现代城市研究, (12): 84-88.

周惠成, 张改红, 王国利. 2007. 基于熵权的水库防洪调度多目标决策方法及应用. 水利学报, 38(01): 100-106.

周蓉. 2011. 城市中心区土地再开发功能定位研究. 长沙: 中南大学硕士论文.

周新宏. 2007. 城中村问题: 形成、存续与改造的经济学分析. 上海: 复旦大学博士论文.

周宇超. 2007. 区段征收及市地重划开发方式评选——以台北县为例. 新北: 辅仁大学硕士论文.

朱道林. 2007. 土地管理学. 北京: 北京师范大学出版社.

朱一中, 曹裕. 2012. 农地非农化过程中的土地增值收益分配研究——基于土地发展权的视角. 经济地理, 32(10): 133-138.

邹戴月. 2014. 城镇低效用地再开发路径研究. 上海: 华东政法大学硕士论文.

Archer R W. 1984. The use of land pooling. //readjustment to improve urban development and land supply in Asian countries. Human Settlements Division, Bangkok: Asian Institute of Technology.

Garnham H L. 1985. Maintaining the Spirit of Place. Arizona: PDA Publishers Co.

Ha S K. 2001. Developing a community-based approach to urban development. GeoJournal, (53): 39-45.

Hans Peter Noll. 2007. Brownfield redevelopment in the Ruhr(鲁尔区棕地再开发). 国际城市规划, 22(03): 36-40.

Larsson G. 1993. Land Readjustment: A Modern Approach to Urbanization. Aldershot: Avebury.

Lawless P. 1981. Britain's Inner Cities: Problems and Policies. New York: HarperCollins Publishers.

Mitchell A, Dodge B H, Kruzic P G, et al. 1975. Handbook of forecasting techniques. Stanford Research Institute. California: Menlo Park.

Nagamine H. 1986. The land readjustment techniques of Japan. Habitat International, 10(1): 51-58.

Roberts, Peter, Sykes H, et al. 1999. Urban Regeneration: A Handbook. California: Sage.

附 录 1

调 查 问 卷

感谢大家参与本次问卷调查。希望通过本次调查，研究小组能够找出××地区城镇建设用地再开发适宜的应用模式，将其应用于实践评价，以实现再开发成果满足公众需求。

本次调查不记录您的姓名、地址等信息。我们诚恳地希望得到您的支持与合作。

为便于大家更加明白本次调查的重点，以下将相关名词作概要的解释。

综合整治改善型模式，这种模式重点在改善人居环境，配套完善公共服务设施和交通、市政基础设施，优化公共绿地系统，恢复河网水系，构建舒适的步行系统，等等。

功能提升改建型模式，这种模式的主要目的是在不改变用地性质的基础上，通过改、扩建原有性质的建筑物，延续已有街区风貌和格局，提升或更新改造区域功能。

文化保护更新型模式，这种模式"保留其'形'，重塑其'神'"，即延续建筑原有文脉，对其改造注入新的功能，实现功能内部的置换。其主要体现在修葺整治部分老旧建筑，改善现有基础设施条件，完善周边绿化、交通等市政设施等。

产业升级新建型模式，这种模式的改造目的主要以提升原有城市功能为主，在改造区进行大规模的旧城重建，改变原有的土地性质和开发强度是其主要特点，有利于促进产业转型升级和提高土地利用效率。

填写说明：请将正确选项用"√"填写在"□"内。

第一部分个人资料

1. 性别

□（1）男□（2）女

2. 年龄

□（1）20-29岁□（2）30-39岁□（3）40-49岁□（4）50-59岁□（5）60岁及以上

3. 受教育程度

□（1）大学以下□（2）专科□（3）本科□（4）硕士□（5）博士□（6）

其他

4. 工作单位性质

□（1）行政事业单位□（2）企业□（3）高等学校□（4）研究机构□（5）其他

第二部分 不同再开发应用模式重要性

评分指标

	非常不重要	颇不重要	一般	颇重要	非常重要
分值	1	2	3	4	5

评分举例

提供娱乐设施	综合整治改善型模式	功能提升改建型模式	文化保护更新型模式	产业升级新建型模式
经济发展	□1☑2□3□4□5	□1□2□3☑4□5	☑1□2□3□4□5	□1□2□3□4☑5
环境保护	□1□2□3☑4□5	□1☑2□3□4□5	□1□2□3☑4□5	☑1□2□3□4□5
促进民生	□1□2□3☑4□5	☑1□2□3□4□5	□1□2□3☑4□5	□1☑2□3□4□5

1. 有效地利用土地及空间	综合整治改善型模式	功能提升改建型模式	文化保护更新型模式	产业升级新建型模式
经济发展	□1□2□3□4□5	□1□2□3□4□5	□1□2□3□4□5	□1□2□3□4□5
环境保护	□1□2□3□4□5	□1□2□3□4□5	□1□2□3□4□5	□1□2□3□4□5
促进民生	□1□2□3□4□5	□1□2□3□4□5	□1□2□3□4□5	□1□2□3□4□5

2. 对未来变化的适应性	综合整治改善型模式	功能提升改建型模式	文化保护更新型模式	产业升级新建型模式
经济发展	□1□2□3□4□5	□1□2□3□4□5	□1□2□3□4□5	□1□2□3□4□5
环境保护	□1□2□3□4□5	□1□2□3□4□5	□1□2□3□4□5	□1□2□3□4□5
促进民生	□1□2□3□4□5	□1□2□3□4□5	□1□2□3□4□5	□1□2□3□4□5

3. 促进区域经济发展	综合整治改善型模式	功能提升改建型模式	文化保护更新型模式	产业升级新建型模式
经济发展	□1□2□3□4□5	□1□2□3□4□5	□1□2□3□4□5	□1□2□3□4□5
环境保护	□1□2□3□4□5	□1□2□3□4□5	□1□2□3□4□5	□1□2□3□4□5
促进民生	□1□2□3□4□5	□1□2□3□4□5	□1□2□3□4□5	□1□2□3□4□5

4. 对环境改善的重要性	综合整治改善型模式	功能提升改建型模式	文化保护更新型模式	产业升级新建型模式
经济发展	□1□2□3□4□5	□1□2□3□4□5	□1□2□3□4□5	□1□2□3□4□5
环境保护	□1□2□3□4□5	□1□2□3□4□5	□1□2□3□4□5	□1□2□3□4□5
促进民生	□1□2□3□4□5	□1□2□3□4□5	□1□2□3□4□5	□1□2□3□4□5

5. 提高人口就业水平

	综合整治改善型模式	功能提升改建型模式	文化保护更新型模式	产业升级新建型模式
经济发展	□1□2□3□4□5	□1□2□3□4□5	□1□2□3□4□5	□1□2□3□4□5
环境保护	□1□2□3□4□5	□1□2□3□4□5	□1□2□3□4□5	□1□2□3□4□5
促进民生	□1□2□3□4□5	□1□2□3□4□5	□1□2□3□4□5	□1□2□3□4□5

6. 提供基础服务水平

	综合整治改善型模式	功能提升改建型模式	文化保护更新型模式	产业升级新建型模式
经济发展	□1□2□3□4□5	□1□2□3□4□5	□1□2□3□4□5	□1□2□3□4□5
环境保护	□1□2□3□4□5	□1□2□3□4□5	□1□2□3□4□5	□1□2□3□4□5
促进民生	□1□2□3□4□5	□1□2□3□4□5	□1□2□3□4□5	□1□2□3□4□5

7. 提供公共设施水平

	综合整治改善型模式	功能提升改建型模式	文化保护更新型模式	产业升级新建型模式
经济发展	□1□2□3□4□5	□1□2□3□4□5	□1□2□3□4□5	□1□2□3□4□5
环境保护	□1□2□3□4□5	□1□2□3□4□5	□1□2□3□4□5	□1□2□3□4□5
促进民生	□1□2□3□4□5	□1□2□3□4□5	□1□2□3□4□5	□1□2□3□4□5

8. 提供空气质量及降低噪音

	综合整治改善型模式	功能提升改建型模式	文化保护更新型模式	产业升级新建型模式
经济发展	□1□2□3□4□5	□1□2□3□4□5	□1□2□3□4□5	□1□2□3□4□5
环境保护	□1□2□3□4□5	□1□2□3□4□5	□1□2□3□4□5	□1□2□3□4□5
促进民生	□1□2□3□4□5	□1□2□3□4□5	□1□2□3□4□5	□1□2□3□4□5

9. 历史文化特色的保护

	综合整治改善型模式	功能提升改建型模式	文化保护更新型模式	产业升级新建型模式
经济发展	□1□2□3□4□5	□1□2□3□4□5	□1□2□3□4□5	□1□2□3□4□5
环境保护	□1□2□3□4□5	□1□2□3□4□5	□1□2□3□4□5	□1□2□3□4□5
促进民生	□1□2□3□4□5	□1□2□3□4□5	□1□2□3□4□5	□1□2□3□4□5

10. 与邻近环境的相适应性

	综合整治改善型模式	功能提升改建型模式	文化保护更新型模式	产业升级新建型模式
经济发展	□1□2□3□4□5	□1□2□3□4□5	□1□2□3□4□5	□1□2□3□4□5
环境保护	□1□2□3□4□5	□1□2□3□4□5	□1□2□3□4□5	□1□2□3□4□5
促进民生	□1□2□3□4□5	□1□2□3□4□5	□1□2□3□4□5	□1□2□3□4□5

11. 请您能提供其他的意见

感谢您参与本次问卷调查！

附 录 2

专家调查问卷

尊敬的专家：

您好！谢谢您在百忙之中抽出约半小时的时间对××地区城镇建设用地再开发后整体效益评价指标体系中的各个指标的权重进行打分。请尽量于×年×月×日前，通过电子邮件返回。再次感谢！

1. 相关概念解释

功能提升改建型模式：以对建筑物进行改建或者扩建，适应用地功能为主，改造后用地性质不变，开发强度变化较大；

综合整治改善型模式：以改善人居环境，完善基础服务设施为重点，改造后用地性质和开发强度均不变；

文化保护更新型模式：以保留原有建筑文脉，形成创意产业等生产性服务业为主，改造后用地性质发生变化，开发强度基本不变；

产业升级新建型模式：以提升原有城市功能，改善生态环境，发展第三产业为主，改造后用地性质和开发强度均有改变。

2. 问卷说明

此调查问卷的目的在于确定××地区城镇建设用地再开发后综合效益评价各影响因素的权重。问卷的评分尺度为1~9，分数越高则代表改造后获得效益越高。请您根据影响因素对四种应用模式影响程度的不同，在相应的表格中进行打分。

示例：四种应用模式对环境质量改善程度的差异

目标	因素指标	四种模式的影响分值			
		功能提升改建型模式	综合整治改善型模式	文化保护更新型模式	产业升级新建型模式
生态	环境质量改善程度	1	6	9	3

3. 问卷内容

目标	因素指标	四种模式的影响分值			
		功能提升改建型模式	综合整治改善型模式	文化保护更新型模式	产业升级新建型模式
生态	环境质量改善程度				
	新增绿化面积				
	景观功能改善程度				
	与周围环境协调度				
	资源节约水平				
社会	吸纳就业人口数				
	土地利用率				
社会	历史文化价值				
	道路通达度				
	公共设施用地比率				
经济	投资额				
	拆迁费用				
	地均工业生产总值				
	投资收益率				
	财务内部收益率				

问卷结束，对于您的大力协助表示诚挚的感谢！

后 记

时光荏苒，日月穿梭，转瞬间我从北国哈尔滨调入华南广州刚好八年。本科毕业后我一直从事土地利用与规划的实践活动与学术研究，在调入华南农业大学2年后我的研究方向发生了些许变化。华南特别是珠三角地区经济社会发展状况在城镇土地利用上的反映，引发了我对城镇内部存量建设用地挖潜的浓厚兴趣，于是在2010年年初将研究领域拓展到城镇建设用地再开发上。广州市虽然在"北上广深"中名列第三，但与其他3个城市相比，广州有自己鲜明的特点。相对于政治经济文化中心的首都、全国第一大城市的上海以及改革开放后全新打造的创新型城市深圳，广州则似乎更加安于悠久历史传承下的商贸服务定位。而其南国独有的自然环境、先行经济、岭南文化，在空间上相互作用和影响，使城镇建设用地在用地的类型、形式与氛围等呈现鲜明特征。如用地类型上的数量矛盾，表现在增量建设用地严重不足，而存量建设用地尚未充分利用；用地形式上相对包容，表现在城市区甚至核心区"城中村"的长期存在；在用地氛围上相对宽松民主，表现在相对较高的拆迁补偿费用等特征。因此，佛山市南海区最早开始了全国的"三旧"改造实践，广东省则很早就开启了建设土地节约集约利用示范省工作，客观上提出了城镇建设用地再开发的研究需求，也为我这方面研究奠定了实践基础，提供了研究对象，从而进一步激发了我拓展研究领域的兴趣。

本书观点囊括了六年来围绕该问题的思考、探索和研究，虽自知这方面知识有限、能力不高、非科班出身且正处于边学边做之途中，但仍然希望将这段时间内一直探讨研究的阶段性成果与读者分享。这既总结和凝练了自己教学与科研的转型，又沉淀和记录着大家的通力合作和共同思考。

虽然当前中国的土地整治工作仍以农地为主，但新型城镇化及新常态背景下的城镇建设用地再开发这一领域已逐步受到领导与学者们的关注，也渐次取得一定共识，不断丰富这一领域的理论探讨和实践应用。本书以城镇建设用地再开发为研究对象，重点梳理和分析其理论基础与实践案例，希望能够抛砖引玉，为致力于该领域研究的专家学者以及关注该领域治理工作的领导们搭建争鸣的平台。

本书各章执笔人如下：第1章，王红梅、刘光盛（华南农业大学）；第2章，王红梅、卢阳禄、王淼森（华南农业大学）；第3章，郑标（华南农业大学）、刘光盛；第4章，程迎轩（广东省土地调查规划院）、王红梅；第5章，朱雪欣（青岛理工大学）、程迎轩；第6章，刘光盛、朱雪欣；第7章，丁一（山西农业大学）、程迎轩；第8章，程迎轩、朱东亚（广州东图土地规划咨询有限公司）、王海云（广东省国土资源测绘院）。丁一博士完成了初稿统稿，程迎轩进行了二稿统稿及提交出版社稿件的编辑与排版，王红梅完成终稿的统稿。

　　书稿的编著出版，得益于诸多领导、同行的帮助和支持。特别感谢广东省国土资源厅及各相关直属事业单位、原广州市国土资源与房屋管理局及各相关直属单位的领导和专家们：涂高坤、李俊祥、杨堂堂、许史兴、宁晓锋、林良彬、史京文、刘小丁、林锡艺、郑延敏、丁华祥、郑敏辉、沈明、苏少青、吴凯钊、梁宇哲等；感谢国内高校及华南农业大学国土资源部建设用地再开发重点实验室、广东省土地利用与整治重点实验室的专家和同行们：中国地质大学吴克宁教授、云南农业大学余建新教授、东北大学雷国平教授、华南农业大学的胡月明、汤惠君、张玉、刘小玲等教授们；还要感谢技术公司实践经验的启示，诸如广州精地土地规划咨询有限公司的黄鹏博士、广州东图土地规划咨询有限公司的朱东亚等。

　　感谢东北农业大学土地规划前辈，我的老师——董德显教授，近80岁高龄仍帮忙审阅本书，并提出富有建设性的意见。感谢华南农业大学相关领导、同事对本书撰写、出版的关心与支持。感谢科学出版社对本书审稿与出版所给予的关心与支持，特别是蔡芹编辑，他为本书付出了大量心血。最后感谢我指导过的博士、硕士研究生们：丁一博士、朱雪欣副教授、程迎轩、卢阳禄、何玉婷（广东省梅州市兴宁市国土资源局）……他们的深入学习和持续研究为本书奠定了数据资料处理以及研究方法探求的基础。

　　本书也承载着我们的诸多遗憾。尽管得到华南农业大学所在地——广东省广州市的省、市级国土及规划部门鼎力相助，但本书在镇再开发这一层面涉及很少，无论案例还是理论都存在缺失；另外，增加部分城市建设用地再开发案例，效果会更好，各种遗憾只能期待未来深入研究来弥补。总之，拙著不足与纰漏之处，敬请各位专家学者以及对此领域感兴趣的同仁、读者朋友不吝斧正。

　　本书的出版得到了中国工程院2014年重点咨询项目（TM201402）、山东省自然科学基金面上项目（ZR2014DM016）、教育部人文社科规划项目（15YJAZH071）的资助，并作为其重要成果之一。

王红梅
2016年3月
于华南农业大学宁荫湖畔

彩 图

城市　　　建制镇　　　村庄

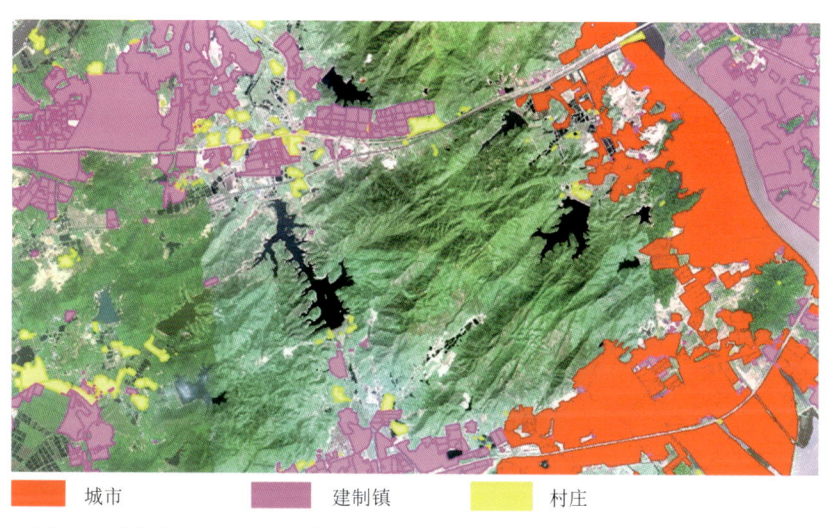

图4-4　珠海市2014年土地利用变更调查中城市、建制镇与村庄用地（局部）

图7-6　渔民村再开发前后对比图

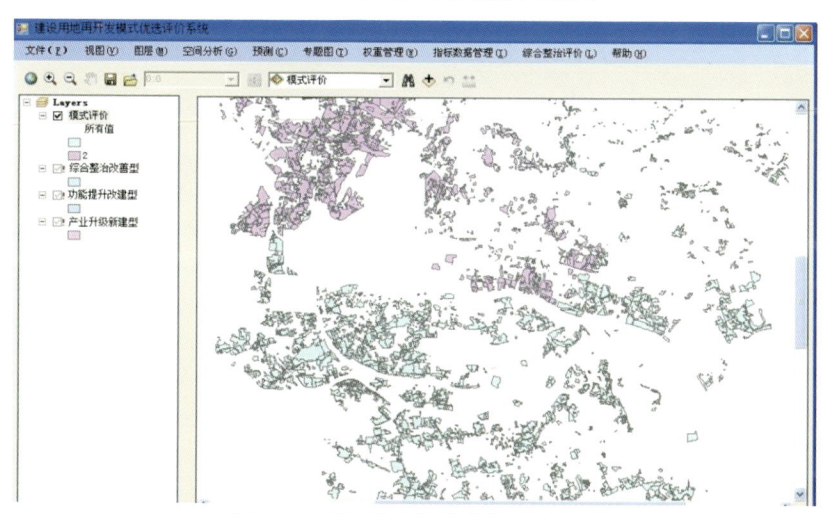

图7-12　再开发斑块综合效益评价结果

图8-6　2012年土地利用情况

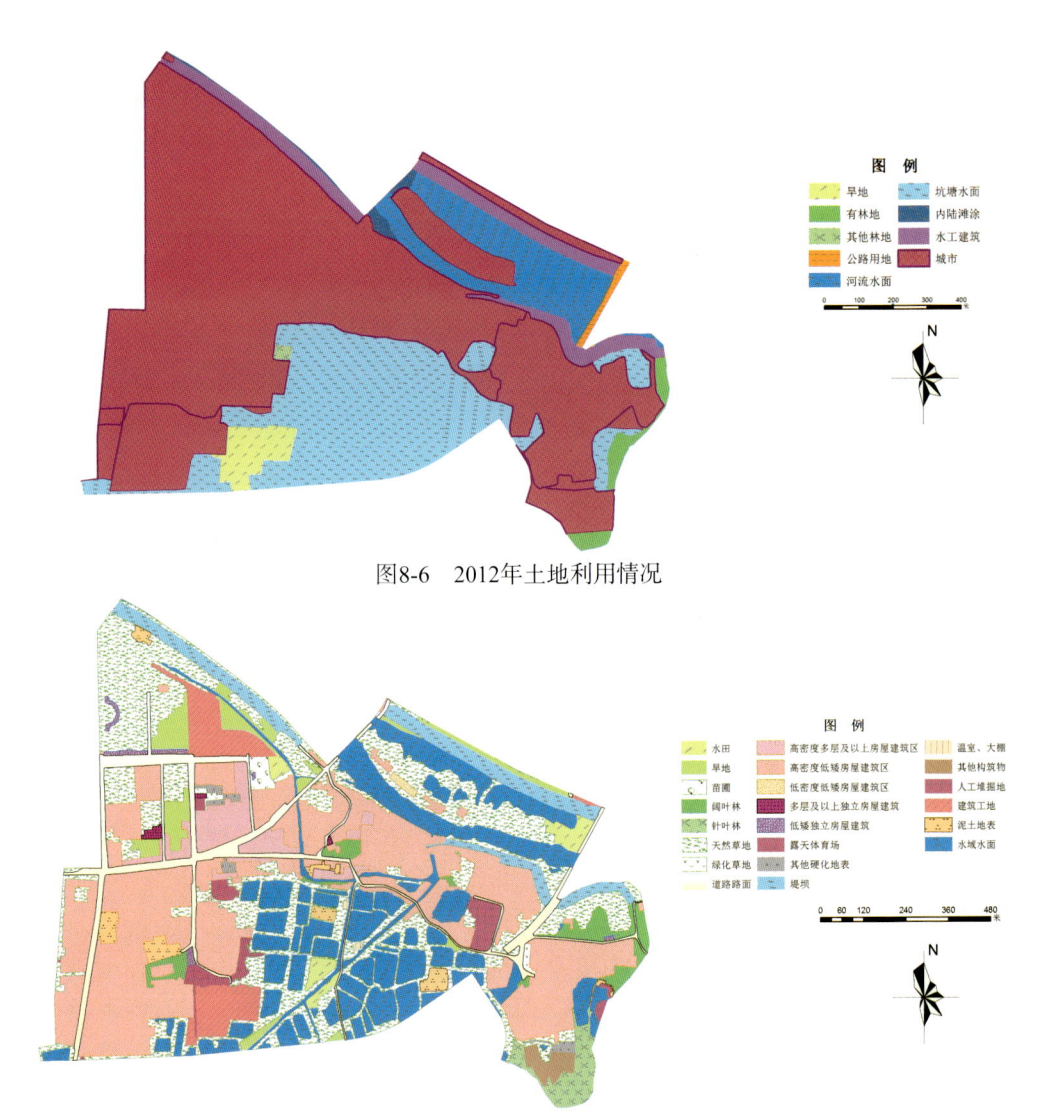

图8-7　2013年地表覆盖情况

图8-8　三洲旧区规划吻合度对比

图8-10　再开发前2006年航拍图

图8-11　再开发后2013年航拍图

图8-12　再开发前房屋建筑图

图8-13　再开发后房屋建筑图

图8-14　再开发前猎德涌图

图8-15　再开发后猎德涌图

图8-16　再开发前猎德牌坊图

图8-17　再开发后猎德牌坊图